Peter von Matt

Das Kalb vor der Gotthardpost

Zur Literatur und Politik der Schweiz

Carl Hanser Verlag

Frontispiz:
Rudolf Koller: Die Gotthardpost, Foto © 2011 Kunsthaus Zürich

1 2 3 4 5 16 15 14 13 12

ISBN 978-3-446-23880-0

Satz: Fotosatz Amann, Aichstetten
Druck und Bindung: CPI – Ebner & Spiegel, Ulm
Printed in Germany

FSC
www.fsc.org
MIX
Papier aus verantwortungsvollen Quellen
FSC® C006701

Inhalt

Die Schweiz zwischen Ursprung und Fortschritt

Zur Seelengeschichte einer Nation

Wir feilen sechs Jahrhundert schon
am selben alten Liede.

Gottfried Keller im Gedicht
Die Landessammlung zur Tilgung
der Sonderbundskriegsschuld 1852

Ein Bild beginnt zu sprechen

Ob das Kalb davonkommt? Als Kind hat man sich das oft gefragt, mit einer Mischung aus Bangen und Faszination. Das Bild mit der Gotthardpost tauchte ja immer wieder auf, in Kalendern und Zeitschriften, und mit ihm unweigerlich diese Frage. Die Geschwindigkeit der Pferde muss gewaltig sein. Die zwei braunen hinten wirken zwar eher brav, sie scheinen sogar langsamer zu traben, auch wenn das nicht gut möglich ist; die strahlend weißen aber mit ihren fliegenden Mähnen – sind sie überhaupt noch aufzuhalten, so, wie sie dahersprengen? Dabei sitzt der Postillion auffällig gelassen oben auf dem Bock. Er scheint das Gespann sogar noch anzutreiben. Sieht er denn das Kalb nicht? Ist ihm nicht bewusst, dass sein Gefährt kippen wird, wenn er das schutzlose Tier überfährt? Die Pferde werden sich in Zügeln und Sielengeschirr verheddern, und vielleicht stürzt die Kutsche sogar über die Mauer, die am Straßenrand zu denken ist – nach dem ominösen Muster in der oberen Bildhälfte. Ist der Mann von Sinnen und merkt nicht, dass die Pferde durchbrennen? Die drei rennenden Schimmel scheinen dem wackeren Gefährt vorgespannt wie die Pferde des Sonnengottes, die man von vielen Bildern kennt – nicht zuletzt von den Darstellungen, auf denen Phaëton, der Sohn des Helios, die Rosse seines Vaters nicht mehr zügeln kann und mit dem ganzen gleißenden Gespann in die Tiefe donnert.

Eine Projektion? Kann sein. Die Frage ist nur, warum sie sich aufdrängt. Es geschieht deshalb, weil das Bild in seiner komponierten

Dynamik verschiedene Geschwindigkeiten aktualisiert. Nicht nur die paradoxe Tempodifferenz zwischen den braunen und den weißen Pferden ist hier bedeutsam, sondern auch der Gegensatz zwischen den stehenden Kühen und dem stürmenden Gefährt. Die Kühe schauen einem Ereignis zu, das ihre Fassungskraft übersteigt. Vielleicht ist die aufgeschreckte Herde selbst ein paar Schritte gerannt und eben zum Stehen gekommen. Jetzt ist sie jedenfalls erstarrt in einer Mischung aus Angst und Neugier, und genau damit kommt dem Kalb seine besondere Rolle zu. Dass man um das junge Geschöpf fürchtet, beruht nämlich auf einer weiteren Geschwindigkeitsdifferenz. Das Kalb, auch wenn es rennt, tatsächlich sogar Staub aufwirbelt wie die weißen Rosse, kann diesen nicht entkommen, außer es erreicht im letzten Moment den Straßenrand. Rennt es denn geradeaus oder leicht schräg zur Seite hin? Beides ist möglich. In der gemalten Sekunde schwebt es in der Luft; kein Fuß berührt den Boden; das gibt der Szene einen unwirklichen Anstrich. Das Kalb, ein Teil der stehenden Herde, droht zum Opfer der zivilisatorischen Geschwindigkeit zu werden, die auf dieser Straße an der Südflanke des St. Gotthard zum Ereignis wird. *La Tremola* heißt der steile Abschnitt der Passroute, das kommt von *tremolare*: beben, zittern. Die Angst vor dem Abgrund, die Angst des stürzenden Phaëton, hat der Strecke den Namen gegeben.

Das Kalb hält also die Mitte zwischen den Polaritäten, die das Gemälde inszeniert. Aber diese Mitte ist kein Ort des Ausgleichs, sondern schnell und langsam in einem: von den rasenden Rossen gehetzt, von den stehenden Kühen verlassen. Sein schwingender Schwanz korrespondiert mit dem Schweif des Schimmels und der Peitschenschnur des Kutschers. Dadurch ist es in die Hauptbewegung integriert. Es macht sie mit, und ob es daran zugrunde geht, haben sich alle Schweizer Kinder mindestens hundert Jahre lang gefragt, seit Rudolf Koller, der Freund Gottfried Kellers, das Bild 1873 gemalt hat.

Koller war als Tiermaler berühmt. Er wohnte am Stadtrand von Zürich, beim Zürichhorn, direkt am damals noch ländlichen See, und hielt sich selbst einige wohlgeratene Rinder von unterschiedlicher Farbe, um die Objekte seiner Kunst in Wiesen, Gebüsch und Schilf stets zur Hand zu haben. So brav und altväterisch sich seine Werke auf den ersten Blick ausnehmen, sie übersteigen doch gelegentlich den realistischen Mainstream seiner Zeit. Es gibt Tierköpfe von einer so hyperrealistischen Fertigung, dass der Schimmer des Fells und der Glanz der feuchten Nüstern an moderne Stilexperimente gemahnt. Und oft entdeckt man in einer harmlos ländlichen Szene einen Stich ins Doppeldeutige. Die *Kuh im Krautgarten* zum Beispiel, die offenbar in eine eingezäunte Pflanzung eingebrochen ist, kniehoch im strotzenden Kohl steht und, breite Blätter kauend, den Betrachter fixiert, ist eine verblüffende Abwandlung des Apfelbisses im Paradies. Zwar fehlt Adam, aber diese mächtige Eva bedarf seiner gar nicht. Und in der Rolle des lieben Gottes, der sich den Sündenfall ansieht, steht der Betrachter selbst. Es ist ein Spiel der Verweltlichung, wie auch Kollers Trinkgenossen Keller und Böcklin es liebten.

Jacob Burckhardt entdeckt die weltgeschichtlichen Krisen

Der Hinweis kann den Blick schärfen für die Mehrdeutigkeiten auch im Bild von der Gotthardpost mit den rasenden Rossen, dem schwebenden Kalb und den glotzenden Kühen. Die Gleichzeitigkeit unterschiedlicher Geschwindigkeiten, die hier mit so raffinierter Selbstverständlichkeit vorgeführt wird, drängt sich als symbolisches Geschehen auf. Mit dem Wissen um Kollers Fähigkeit zu Andeutungen verstärkt sich die Lust, ihnen auf die Spur zu kommen. Genau in der Zeit, als der Maler an diesem Gemälde arbeitete, hielt Jacob Burckhardt in Basel seine Vorlesungen *Über das Studium der Geschichte*, die später, von seinem Neffen Jacob Oeri bearbeitet, unter dem Titel *Weltgeschichtliche Betrachtungen* berühmt wurden. In diesen Vorlesungen kam Burckhardt auf die Dynamik von Stillstand und Beschleunigung in der Geschichte zu sprechen, und er definierte die weltgeschichtlichen Krisen kurzerhand als »beschleunigte Processe«.[1] Eine Krise fällt zusammen mit einer bisher unbekannten Steigerung der geschichtlichen und zivilisatorischen Geschwindigkeit. Das kann katastrophale Folgen haben, aber auch Chancen eröffnen. Der extreme Fall sei, so Burckhardt, »den Meisten unerwartet, von Ahnungsfähigen aber längst vorausgesagt, eine Crisis des ganzen allgemeinen Zustandes; bis zur colossalen Ausdehnung über ganze Zeitalter und alle oder viele Völker desselben Bildungskreises. Der Weltprocess geräth plötzlich in furchtbare Schnelligkeit; Entwicklungen, die sonst Jahrhunderte brauchen, scheinen in Monaten und Wochen wie flüchtige Phantome vorüberzugehen und damit erledigt zu sein.«[2] Was wir geneigt sind als Prophetie für unsere Gegenwart zu lesen, war für Burckhardt, als er 1873 seine Vorlesung zum letzten Mal hielt, auch eine Aussage über seine eigene Zeit. Der Deutsch-Französische Krieg von 1870/71 hatte den wirtschaftlichen Boom der sogenannten Gründerjahre in Deutschland, Österreich-Ungarn und der Schweiz ausgelöst. Das besiegte Frankreich musste als Kriegsentschädigung fünf Milliarden Goldfrancs an Deutschland bezahlen. Man hatte erwartet, die Abgeltung würde Jahrzehnte dauern, aber Frankreich legte die Summe mit grimmigem Stolz in kürzester Zeit auf den Tisch. Jetzt gab es Kredite für alles; die Aktien stiegen in steilen Kurven, und jeder wollte profitieren. Die Folge war eine gewaltige, von den Regierungen fahrlässig geförderte Immobilienblase. Als sie platzte, waren die fetten Gründerjahre, die ihren Namen von der Gründung des neuen deutschen Kaiserreichs nach dem Sieg über Frankreich hatten, plötzlich vorbei.

Rudolf Koller malte sein Bild, und Jacob Burckhardt analysierte die veränderte Gegenwart. Burckhardts knappe Skizze nimmt in mancher Hinsicht Adornos Kulturkritik vorweg. Er sieht, dass »das Geschäft« nach dem Muster des amerikanischen »business« allenthalben überhandnimmt, riesige ökonomische Werte schafft, aber auch bisher gültige Normen einstürzen lässt. Ohne das Wort zu kennen, registriert er Tendenzen der Globalisierung (»cosmopolitischer Verkehr«), und auch was später »Kulturindustrie« heißt, findet seine Beschreibung schon hier. Burckhardts Skizze vom März 1873:

> Das erste große Phänomen nach dem Kriege von 1870/71: die nochmalige außerordentliche Steigerung des Erwerbssinnes [...]; Nutzbarmachung und Erweckung unendlich vieler Werthe, sammt dem sich daran heftenden Schwindel. (Gründerthum).
>
> Zum Staunen der ganzen Fachwelt: die Zahlungsfähigkeit Frankreichs [...].
>
> Parallele von unten herauf: die Menge und das Gelingen der Strikes.[3]

Das gemeinsame öconomische Resultat: Revolution in allen Werthen und Preisen, allgemeine Vertheuerung des Lebens.

Die theils schon eingetretenen, theils bevorstehenden geistigen Folgen:

Die sogenannten »besten Köpfe« wenden sich auf das »Geschäft« oder werden schon von ihren Eltern hierfür vorbehalten [...].

Die geistige Production in Kunst und Wissenschaft hat alle Mühe, um nicht zu einem bloßen Zweige großstädtischen Erwerbes herabzusinken, nicht von Reclame und Aufsehen abhängig, von der allgemeinen Unruhe mitgerissen zu werden. Ihr Verhältnis zur Tagespoesie, zum cosmopolitischen Verkehr, den Weltausstellungen; das Absterben des Localen mit seinen Vortheilen und Nachtheilen; starke Abnahme selbst des Nationalen.

Welche Classen und Schichten werden fortan die wesentlichen Träger der Bildung sein? welche werden fortan Forscher, Denker, Künstler und Dichter liefern? die schaffenden Individuen?

Oder soll gar Alles zum bloßen business werden wie in America?[4]

Das steht alles unter dem Leitwort der »beschleunigten Processe« als einem Synonym für weltgeschichtliche Krisen. Die Gegenwart von 1873 wird damit als exemplarisch krisenhaft begriffen. Auf Anhieb muss es nun absurd erscheinen, wenn Kollers Gotthardpost, das populäre Bild aus einer verschollenen Schweiz, mit diesen Vorgängen in Verbindung gebracht wird. Wie kann der Börsencrash von 1873 mit dem fliehenden Kalb etwas zu tun haben? Die dramatische Inszenierung unterschiedlicher Geschwindigkeiten auf Kollers Gemälde und Burckhardts gleichzeitiges Nachdenken über die Beschleunigung in der industrialisierten und kommerzialisierten Gesellschaft bilden aber doch eine Parallele, die aufmerken lässt. Hier wie dort ist mit der Schnelligkeit eine akute Gefahr verbunden. Gäbe es nicht das Kalb vor der Gotthardpost, könnte man die dahinsprengenden Pferde ja einfach für ein prächtiges Schauspiel halten. Die akute Bedrohung, die durch das fliehende Tier in das Bild kommt, macht diese Betrachtung unmöglich. Es liegt ein beklemmender Zug in der Szene, der durch das nahezu idiotische Dastehen der Kühe noch verstärkt wird. Wo die Geschwindigkeit wächst, gibt es Zurückbleibende, Abgehängte, Verlierer. Denkbar wäre es ja, dass der Maler die Kühe zu einem idyllischen Hintergrund arrangiert hätte, wie er es so gut verstand, zu einem Bild des friedlichen Behagens auf grünen Wiesen, einer zeitlosen Existenz, an der das Gehetze vorbeizieht. Dem ist aber entschieden nicht so. Die Tiere sind aufgestört. Zum Rudel gedrängt, stehen sie an und auf der Straße, in einer Staubwolke, betroffen von einem unheimlichen »Process«.

Alfred Escher tritt auf

Und doch: Wenn man weiß, dass zur gleichen Zeit ganz nahe beim Schauplatz dieses Gemäldes, in Airolo am Ende der Tremola, bereits der Eisenbahntunnel im Bau war, der diese Gotthardpost in wenigen Jahren überflüssig machen sollte, wird da das Gemälde nicht anachronistisch, eine nostalgische Veranstaltung im voraus? Am 31. Mai 1882 fährt der letzte reguläre Postkurs über den Pass, einen Tag später, am 1. Juni 1882, wird die Bahnlinie durch den Gotthard eröffnet. Das muss Kutscher und Karosse in das verklärende Licht des Abschieds rücken. Gewiss, aber genau hier kommt nun auch die Entstehungsgeschichte des Bildes ins Spiel, und in dieser ist das Werk überraschenderweise gerade mit dem Eisenbahnbau und dem Gotthardtunnel aufs engste verknüpft.

Koller hatte den Auftrag, ein Werk zu schaffen, das sich als Geschenk für den größten Eisenbahnplaner, -unternehmer und -financier der Schweiz eignen sollte, Alfred Escher, den Mann, der als treibende Kraft hinter der Gotthardstrecke mit dem sensationellen Tunnel stand. Er hatte vorher schon durch den Bau der Nordostbahn und die Gründung der Schweizerischen Kreditanstalt, heute Credit Suisse, Zürich zu einem Knotenpunkt des Schweizer Eisenbahnsystems und erstmals auch zu einer Bankenstadt gemacht. Bis dahin waren Basel und Genf der Stadt an der Limmat in beiden Belangen weit voraus gewesen. Der dramatische Aufstieg Zürichs zur Wirtschaftsmetropole der Schweiz, den die Basler bis heute nicht ganz verkraftet haben, ist wesentlich dem planerischen Genie und der phänomenalen Arbeitskraft Alfred Eschers zu verdanken. Er holte auch die Eidgenössische Technische Hochschule in seine Stadt und machte diese damit zusätzlich noch zu einem Zentrum der Wissenschaft. Als Escher an die Spitze des größten aller seiner Projekte trat, der Gotthardbahn, musste er als Direktionspräsident seiner Nordostbahn zurücktreten – um umgehend deren Verwaltungsratspräsident zu werden. Bei jenem Rücktritt aber sollten seine Verdienste um die Nordostbahn, welche Zürich mit dem Bodensee und mit den bestehenden Linien Basel-Genf und Basel-Luzern verknüpft und das drohende Abseits der Stadt verhindert hatte, durch ein repräsentatives Geschenk gewürdigt werden, ein Gemälde von Rudolf Koller. Man gab dem Tier- und Landschaftsmaler freie Hand. Er konnte auf die Leinwand bringen, was er wollte, und tat sich zunächst schwer damit. Ein Motiv vom Gotthard sollte es sein, das war ihm rasch klar, aber es wollte sich nicht ohne weiteres finden. Er reiste auf den Pass, wohnte einige Zeit dort oben im Hospiz, skizzierte alles Mögliche, darunter auch die Passstraße mit und ohne Verkehr und mancherlei rastende Reisegruppen im Gelände. Betrieb gab es genug; 70 000 Reisende benützten die Passroute im Jahr; zwanzig Fünfspänner waren auf der Bergstrecke im Einsatz. Irgendwann entschied sich der Maler für das Sujet der Gotthardpost, aber die erhaltenen Skizzen und Ölstudien zeigen, dass dabei einmal auch an ein Bild von der mühsamen Bergfahrt, ein andermal an eine Wegfahrt vom Wirtshaus gedacht war. Merkwürdig ist unter den Entwürfen die dramatische Skizze einer ausscherenden Kutsche in einer Rechtskurve, die den Postillion zwingt, die Pferde mit aller Kraft zurückzureißen und sich dabei nach hinten zu werfen.[5] Spätestens von dieser Idee an war das Moment einer akuten Gefahr ein Teil des Projekts. Es verwirklichte sich schließlich in dem von den Schimmeln gejagten Kalb neben einem geahnten Abgrund. Auch die Kurve ist im fertigen Bild hinter dem Gefährt zu erschließen, obschon sie mit dessen Geschwindigkeit nicht ganz vereinbar scheint.

Ob Escher, der »Zar von Zürich«, wie man ihn nannte, das Bild schätzte, wissen wir nicht. Es gibt keine überlieferte Äußerung, keinen Dankesbrief an den Maler. Vielleicht hätte er einen Eisenbahnzug mit langer Dampfwolke vorgezogen. Das war schließlich die Zukunft, für die er sich aufrieb. Sein Lebenswerk stand unter dem Zeichen der Eliminierung aller Postkutschen. Sie wurden durch ihn, was sie heute noch sind, eine liebenswürdige Erinnerung. Dieser sentimentale Hauch dürfte die außerordentliche Karriere des Bildes im Bewusstsein der Schweiz befördert haben. Geschaffen für den größten Tycoon des Fortschritts, den die Schweiz je hatte – der gleiche Bildhauer, der den Tell in Altdorf auf den Sockel stellte, stellte Alfred Escher auf eine hohe Säule vor dem Zürcher Bahnhof –, wurde es zur Ikone der guten alten Zeit. Das ist eine der vielen Paradoxien des Werks. Wäre es diese Ikone tatsächlich, müssten die Pferde gemächlich gehen, die Kühe friedlich daneben weiden und der Kutscher ein wenig auf seinem Posthorn blasen. Die verwirrte Herde steht, bildergeschichtlich gesprochen, für ein aufgesprengtes Idyll. Was als konservatives Manifest erlebt und geliebt wurde, trug in Wahrheit die Zeichen des zivilisatorischen Umbruchs und seiner Gefahren eingebrannt. Das potentielle Opfer ist das schwebende Kalb, ein klassisches Opfertier übrigens. Die Angst um das blökende Tier weckt im Betrachter Widerstand und Kritik gegenüber der neuen Geschwindigkeit, während die stürmenden weißen Rosse die Faszination davor nicht minder mächtig auslösen. Diese Verquickung von Fortschrittsglauben und Konservatismus, ein janusköpfiges Voraus- und Zurückschauen zugleich, ist eine Eigentümlichkeit der Schweiz im politischen wie im literarischen Leben. In diesem Land finden ja von Zeit zu Zeit auch Wettkämpfe statt, bei denen die Teilnehmer rückwärts einen hohen Berg hinaufrennen.

Ein Autor entrollt das Phantasiebild des Ursprungs

Kein Werk der Schweizer Literatur hat auf die europäische Zivilisation so mächtig eingewirkt wie das Gedicht *Die Alpen* des einundzwanzigjährigen Berner Naturwissenschaftlers Albrecht von Haller. Unter fürchterlichen Anstrengungen hat er es Vers um Vers erarbeitet. Vom Dichter, der im Rausch der Inspiration seine Verse aufs Papier wirft, war er so weit entfernt wie ein Holzfäller von einem Flötenspieler. Ein Jahr zuvor hatte er mit seinem Zürcher Freund Johannes Gessner eine große Wanderung durch die Gebirgsgegenden der Schweiz gemacht, insbesondere das Berner Oberland und das Engelbergertal. Das taten damals nur Naturforscher; ein Volksvergnügen war es noch nicht. Auch die beiden jungen Männer hatten wissenschaftliche Ziele. Ihr Vorbild war der Zürcher Botaniker, Geologe und Geograph Johann Jacob Scheuchzer, der, eine Generation älter als Haller, seit 1694 alljährliche Expeditionen in die Schweizer Berge unternahm und darüber nicht nur umfangreich, sondern auch mit europaweitem Erfolg publizierte. Haller war vor allem an Botanik interessiert. Davon zeugen noch heute die vielen Alpenpflanzen, deren lateinischer Bezeichnung sein Name angefügt ist, die *Pulsatilla halleri* zum Beispiel oder die *Primula halleri*. Er hat sie als erster beschrieben und bestimmt. Das große Gedicht, das er nach den bestandenen Strapazen schrieb, war denn auch geprägt vom wissenschaftlichen Blick des Verfassers. In seinen vielen Anmerkungen gab er unten auf den Seiten jeweils den botanischen Namen der Blumen an, die er oben poetisch besungen hatte. So heißt es etwa in der Passage über die Alpenflora:

> Der Blumen zarten Schnee, den matter Purpur färbet,
> Schließt ein gestreifter Stern in weiße Strahlen ein.[6]

Woran sich, für einen heutigen Leser nicht ohne unfreiwillige Komik, die Fußnote fügt: *Astrantia foliis quinquelobatis lobis tripartitis. Enum. Helv. p. 439.* Tatsächlich wird in den zwei Versen die Große Sterndolde erstaunlich präzis beschrieben. Was uns hier begegnet, ist ein kulturgeschichtlich faszinierender Moment: Die Naturwissenschaft kann sich noch ganz selbstverständlich auch poetisch ausdrücken, die Poesie stellt sich ohne Zögern in den Dienst der Naturwissenschaft. Die antike Tradition der Lehrgedichte ist noch intakt. Für die Wirkung von Hallers *Alpen* ist dies von Gewicht. Denn der Autor beschreibt ja nicht nur die Blumen und die Berge, sondern vor allem die Menschen, die in den Alpentälern und auf den Hochweiden leben. Und dieses Porträt eines Volkes sollte das europäische Bewusstsein verändern, nicht zuletzt deshalb, weil es sich für dokumentarisch genau erklärte und diese Faktentreue durch viele kommentierende Anmerkungen untermauerte. Es wurde als verbindliche ethnologische Studie über die alpine Bevölkerung aufgenommen. So wie die Sterndolde eine überprüfbare Realität der Alpen war, waren es auch die dortigen Menschen und ihre Sitten. Hier lag die Sprengkraft von Hallers Gedicht. Was es nämlich vor aller Augen rückte, war nichts anderes als die reale Existenz des Goldenen Zeitalters in den Schweizer Bergen. Jedermann konnte hingehen und die ideale menschliche Gesellschaft mit eigenen Augen betrachten.

Den Schlüssel zur Bedeutung des Werks im hier diskutierten Zusammenhang liefert der erste Satz der definitiven Fassung. Er benennt, was die Epoche der Aufklärung so eminent erregte: die Vision einer schrittweisen Verbesserung der Welt. Dass der Mensch und mit ihm die ganze Menschheit in ihrem Denken und Leben verbesserbar sei, dass man ihr also ganz grundsätzlich die *Perfektibilität* – so das magische Wort der Epoche – zusprechen müsse, war die Voraussetzung für die ungestüme Produktion von geschichtstheoretischen Entwürfen, die mit der Aufklärung begann. Man horcht deshalb auf, wenn schon der erste Vers der *Alpen* diesen Zusammenhang anspricht und dabei das Wort *verbessern* in Hinsicht auf die menschliche Gesellschaft tatsächlich gebraucht:

> Versuchts, ihr Sterbliche, macht euren Zustand besser

Man könnte in dem Vers durchaus einen Reflex jenes epochalen Impetus sehen, der die Menschheit auf dem Weg in eine immer bessere, vernünftigere, freiere Zukunft glaubte und diesen Weg auch vorzuzeichnen sich getraute. Eines der exemplarischen Zeugnisse dafür ist Condorcets *Esquisse d'un tableau historique des progrès de l'esprit humain* von 1793. Darin formuliert er im Schlusskapitel das hochgemute Fazit seiner Geschichtstheorie:

> Il arrivera donc, ce moment où le soleil n'éclairera plus sur la terre que des hommes libres, ne reconnaissant d'autre maître que leur raison; où les tyrans et les esclaves, les prêtres et leurs stupides ou hypocrites instruments n'existeront plus que dans l'histoire et sur les théâtres.

Der Moment wird also kommen, heißt das, da die Sonne auf der Erde nur noch auf freie Menschen ihr Licht werfen wird, die keinen andern Herrn anerkennen als ihre Vernunft; da die Tyrannen und die Sklaven, die Priester und ihre dummen oder heuchlerischen Machtmittel nur noch in den Geschichtsbüchern und auf den Theatern existieren werden. – Die Ironie der Sache liegt allerdings darin, dass Condorcet, als er dieses philosophische Glaubensbekenntnis niederschrieb, sich vor den Jakobinern in Paris verstecken musste, die ihn, den Parteigänger der Girondisten, guillotinieren wollten, und dass er kurz darauf, von den Verfolgern aufgespürt, tatsächlich ums Leben kam. Die zitierte Prophetie wurde ungewollt zu seinem Testament. Die Parole vom Fortschritt als welthistorischer Kategorie aber wird von nun an aus dem philosophischen und politischen Denken nicht mehr verschwinden; auch Kant ringt in seinen späten Jahren immer neu um diese Idee, Hegel und Marx werden sie zur Basis ihres Denkens machen.

Man könnte also in Hallers Auftaktvers: »Versuchts, ihr Sterbliche, macht euren Zustand besser«, der aus den 1730er Jahren datiert, einen Vorschein dieser Konzepte vom unaufhaltsamen Progress der Menschheit sehen. Doch die anschließende Beschreibung des Geschehens wird höchst zwiespältig. Ironisch werden die Menschen aufgefordert, alle Mittel von Kunst, Technik und Natur dafür einzusetzen, ihre Umwelt luxuriös zu verschönern: Springbrunnen in den Gärten, korinthische Säulen, Perserteppiche an den Marmorwänden, exotische Vogelnester als Delikatessen auf goldenen Tellern, aufgelöste Perlen in Bechern aus Edelstein, sanfte Musik beim Einschlafen, Trompeten beim Erwachen, glatte Straßen, ländergroße eingehegte Jagdreviere ... Und wenn das alles gelingt, dann – ja was geschieht dann? Dies geschieht: »Ihr werdet arm im Glück, im Reichthum elend bleiben.«

Die Verbesserung des gesellschaftlichen Zustandes läuft also in Hallers Augen allein auf Pracht, Genuss und Verschwendung hinaus. Diese Güter sind durchaus erreichbar, meint er, aber sie werden mit innerem Unglück und Elend bezahlt. Die Auftaktstrophe wird so zur rhetorischen Startrampe, von der aus Haller sein großes Panorama einer bereits existierenden guten und glücklichen Gesellschaft ausrollt. Der Imperativ: »Versuchts! Macht euren Zustand besser!« zielt also nicht in die Zukunft. Der Fortschritt, den er impliziert, ist vielmehr ein Schritt zurück in eine alte Ordnung, die es im Abseits immer noch gibt; sie müsste nur übernommen werden. Während alle späteren Geschichtsphilosophien mit einer Utopie vom fernen Ziel der Weltgeschichte operieren – »Il arrivera donc, ce moment [...]« –, erklärt Haller diese Utopie als bereits realisiert. Während jene Theoretiker eine mehr oder weniger lineare Perspektive in die Zukunft entwerfen, auf der der Fortschritt voranstürmen soll, biegt Haller die Zeitachse zurück in die Gegenwart, genauer: in eine alte Zeit, die in den Bergtälern noch andauert. Der Rest des Gedichts dient dann der Beweisführung durch einen Augenzeugen.

Wie auf dem Bild von der Gotthardpost eine Überlagerung unterschiedlicher Zeitstrukturen sichtbar wird, zu denen es Analogien in der Tempostruktur der gleichzeitigen Zivilisation gibt, entwickelt Haller ein paradoxes Modell des Fortschritts als Beharren, der Verbesserung durch Veränderungsverzicht oder sogar Rückwärtsbewegung. Dabei greift er zunächst auf die mythischen Vorstellungen vom Gang der Weltgeschichte zurück. Er hat die antiken Autoren von Kindheit an gelesen und kennt die Berichte vom Goldenen Zeitalter, als alles gut war in einer paradiesischen Welt, worauf dann der Abstieg begann zunächst ins Silberne, später ins Eherne, schließlich ins Eiserne Zeitalter. In diesem, heute also, herrscht nur Lug und Trug, Mord und Krieg, Bosheit und Vernichtung selbst zwischen Eltern und Kindern, Mann und Frau. So erzählte es einst Ovid am Anfang seiner *Metamorphosen*. Auch Haller schildert zunächst diesen alten Traum von einer »güldnen Zeit«, als »Honig mit der Milch in dicken Strömen lief« und »ein verirrtes Lamm bey Wölfen sicher schlief«. Dann aber macht er den Sprung von der Fabel in die historische Realität. Das Phantasieglück des Mythos ist in der Gegenwart zwar nicht so schlaraffenmäßig vorhanden, wie die Dichter es besingen, aber der erste Vers der vierten Strophe wagt doch den Satz, an dem alles Folgende hängt: »Ihr Schüler der Natur, ihr kennt noch güldne Zeiten!« Es gibt, heißt das, Menschen, die noch heute im Goldenen Zeitalter leben. In der ersten Fassung – der übergenaue Haller hat in den späteren Fassungen stets alle früheren Varianten in einem langen Anhang aufgeführt, hat also fortlaufend seine eigene historisch-kritische Ausgabe verfertigt – wurden die »Schüler der Natur« noch direkter als Schweizer Bergbewohner angesprochen:

Ihr Schüler der Natur, gebor'n und wahre Weisen!
Die ihr auf Schweizerlands beschneyten Mauern wacht;
Ihr und nur ihr allein kennt keine Zeit aus Eisen …

Anschließend wird präzisiert: Zwar leben die Menschen hier in einer rauhen Natur, nahe am ewigen Eis, mit langen Wintern und kurzem Frühling, aber die klimatischen Unbilden und die karge Nahrung haben zu einer größeren Zufriedenheit mit dem geführt, was man hat, und so das Daseinsglück gesteigert. Die Quelle aller Laster ist nämlich der Überfluss. Weil es diesen in den Bergen nicht gibt, gibt es auch keinen Neid, keinen Unfrieden, alle haben just, was sie brauchen, keiner will mehr, gleich und frei sind sie in diesem einfachen Leben, und so verbringen sie ihre Tage, Jugend und Alter, in einem andauernden, urzeitlichen Behagen.

Wohl dir vergnügtes Volk! o danke dem Geschicke,
Das dir der Laster Quell, den Überfluss, versagt;
Dem, den sein Stand vergnügt, dient Armuth selbst zum Glücke,
Da Pracht und Üppigkeit der Länder Stütze nagt.

Das ist schlicht gedacht und mühsam gedichtet, es widerspricht weiß Gott allen Erfahrungen, und man kann es keinem übelnehmen, wenn er die umständlichen Verse auch inhaltlich nur schwer erträgt.

Haller lanciert die Parolen der Revolution

Aber dies ist nun eben das Aufregende an der Sache: Die verwegene Behauptung vom umfassenden Glück der Schweizer Bergbauern hat den sensibelsten Nerv der Zeit getroffen. Wenn Hallers Aussage nämlich stimmt, dann sind alle Übel der Gegenwart: Hunger und Ausbeutung, Herrschaft der Fürsten, der Adligen, der Kirche, Zwangsehen aus Spekulation, Verbrechen und Kerker, Krankheiten, Kriege und Massensterben, alle sind sie dann auf den Abfall von der Lebensweise der Bergbewohner zurückzuführen. Für diese aber bringt Haller drei Begriffe ins Spiel, die zu den Schlüsselwörtern des Jahrhunderts gehören: *Natur, Vernunft, Freiheit.* Noch ist die Brisanz nicht erkennbar, die diese drei Begriffe in naher Zukunft gewinnen werden, aber das Gedicht ist eine Art Triebwerk, das die Entwicklung in Fahrt bringt. Wenn man bedenkt, dass Natur, Vernunft und Freiheit als Parolen die Welt verändern und das Ancien régime stürzen werden, begreift man die versteckte revolutionäre Energie in Hallers Schilderung eines real existierenden Volkes, das ausschließlich nach diesen Leitbegriffen lebt. Noch hat Rousseau seine Antworten auf die zwei Preisfragen der Akademie von Dijon nicht geschrieben, hat er die Überzeugung seiner aufgeklärten Zeitgenossen, dass der Fortschritt von Kunst und Wissenschaft die Menschheit auch sittlich weiterbringe, noch nicht untergraben. Und er hat noch nicht deklariert, dass die beklagenswerte Ungleichheit unter den Menschen durch die Aufteilung der Arbeit entstanden sei, dadurch nämlich, dass die einen sich die Erträge der Arbeit der andern aneignen können, wodurch sie die Kluft zwischen Elend und Luxus ins Extrem steigern. Was Rousseau in seinen Traktaten entwickelte, ging direkt über in die Thesen der Revolutionäre von 1789. Das kann man von Hallers Versen gewiss nicht sagen. Aber er bereitete die Terminologie vor, auf die Rousseau dann zugriff. Er bahnte die Stilisierung der Natur zu einem Raum des Heils und der Erlösung an; er entwarf sie als einen unbedingten Maßstab auch für die sittliche Ordnung unter den Menschen. Die *Alpen* wurden 1750 ins Französische übersetzt; als Rousseau seinen *Contrat social* schrieb, um 1760, war das Werk in Paris allgemein bekannt und vielfach gefeiert.

Hallers Gemälde hat System. Es ist nicht einfach die schwärmerische Darstellung dessen, was der heutige Gemeinplatz eine »heile Welt« nennt – ein Begriff übrigens, der mehr verwischt, als er verdeutlicht. Erstaunlich ist in seinem Panorama das Fehlen aller religiösen und staatlichen Institutionen, aller Gesetze auch, die das Zusammenleben der Geschlechter regeln. Natur, Vernunft und Freiheit sind die höchsten Instanzen; mit Ämtern und Gesetzen wären sie gar nicht vereinbar. Haller, der später unter einer quälenden Frömmigkeit litt und, als einer der größten Naturforscher seiner Zeit, geplagt wurde von Sündenbewusstsein und einem unerbittlichen Gott, erscheint hier noch als unbeschwert freier Denker. Nur so war es ihm möglich, eine Welt zu schildern, in der alle Träume der Aufklärung als längst verwirklicht erschienen:

Hier herrschet die Vernunft, von der Natur geleitet,
Die, was ihr nötig, sucht, und mehrers hält für Last.

Das ist die Ablehnung des Willens zu Besitz und Reichtum, in einer Verschmelzung von dem, was die Vernunft als richtig hinstellt und was der unverdorbenen Natur ein spontanes Bedürfnis ist. Und weiter:

> Hier herrscht kein Unterschied, den schlauer Stolz erfunden,
> Der Tugend untertan, und Laster edel macht.

Das betrifft die Struktur der Gesellschaft, den »Unterschied« der Klassen. Es zielt direkt auf den »schlauen Stolz« einer Oberschicht, der es gelingt, ihre Laster als Zeichen von Vornehmheit zu deklarieren und die sittlich höher stehenden Bürger zu unterdrücken. Deshalb fällt gleich darauf das Stichwort der Freiheit, und es ist durchaus politisch gemeint:

> Die Freyheit theilt dem Volk aus milden Mutter-Händen,
> Mit immer gleichem Maß, Vergnügen, Ruh und Müh.
> Kein unzufriedner Sinn zankt sich mit seinem Glücke,
> Man isst, man schläft, man liebt, und danket dem Geschicke.

Was der prächtige letzte Vers andeutet, dass auch die Liebe hier keinen gesellschaftlichen Zwängen unterworfen sei, wird wenig später weiter ausgeführt:

> Denn hier, wo die Natur allein Gesetze giebet,
> Umschließt kein harter Zwang der Liebe holdes Reich.
> Was liebenswürdig ist, wird ohne Scheu geliebet,
> Verdienst macht alles werth, und Liebe macht es gleich.

Während sonst Stand und Vermögen das Heiraten steuern, tut es hier also allein der menschliche Wert, und die Liebe fällt zusammen mit einer völligen Gleichheit der Partner. Eine Lenkung der Ehe durch Familieninteressen ist undenkbar. Dies zeigt das hübsche Verspaar:

> Die Liebe brennt hier frey, und scheut kein Donner-Wetter,
> Man liebet für sich selbst, und nicht für seine Väter.

Verliebtheit und Zusammenfinden geschehen kurz und bündig. Für Liebesgeschichten, die literarisch ertragreich wären, scheint hier kein Platz zu sein. Denn die Sache läuft folgendermaßen ab:

So bald ein junger Hirt die sanfte Glut empfunden,
Die ein geliebtes Aug in muntern Geistern schürt,
So wird des Schäfers Mund von keiner Furcht gebunden,
Ein ungeheuchelt Wort bekennet, was ihn rührt;
Sie hört ihn, und, verdient sein Brand ihr Herz zum Lohne,
So sagt sie, was sie fühlt, und thut, wornach sie strebt.

Leider setzt Haller dazu keine Fußnote, welche die dokumentarische Genauigkeit dieser Darstellung des alpinen Liebeslebens unter Beweis stellen würde. Es dürfte aber auch hier gelten, was er von seinem Bericht über die bäuerlichen Wettkämpfe sagt: »Diese ganze Beschreibung ist nach dem Leben gemahlt.« Haller hat zweifellos den Brauch des sogenannten Kiltgangs im Blick, der von der Kirche erfolglos bekämpft wurde. Die Burschen besuchten in der Nacht die unverheirateten Mädchen. Sie kletterten zu ihren Kammern hoch und wurden auch eingelassen, wenn sie auf Zuneigung stießen. Oft mussten sie sich dabei in harten Kämpfen gegen Nebenbuhler wehren. Beim frühen Jeremias Gotthelf spielt der Kiltgang eine bedeutende Rolle; er verurteilt ihn als eine unsittliche Praxis, die für die jungen Frauen oft genug tragische Folgen hatte. Dass Haller hier von sittlichen Bedenken völlig unbelastet erscheint, zeigt erneut den freien Kopf des jungen Wissenschaftlers und Poeten.

Eine Frage allerdings stellt sich: Wenn die politische Bedeutung dieser realisierten Utopie so offensichtlich ist, wie steht es da um das politische Bewusstsein der Alpenbewohner selbst? Ist dieses auf den puren Instinkt reduziert? Haller beschreibt die Bergwelt als wissenschaftsfreie Zone – »Zwar die Gelehrtheit feilscht hier nicht papierne Sätze« –, aber die jungen Leute erfahren, was sie von Geschichte und Politik wissen müssen, von alten, weisen Männern. Einer von ihnen – »Die Vorwelt sah ihn schon, die Last von achtzig Jahren / Hat seinen Geist gestärkt und nur den Leib gekrümmt.« – erzählt von den »Helden-Ahnen« und ihrer Tapferkeit in der Schlacht. Ein anderer erläutert die politische Situation im europäischen Rahmen. Und hier haben wir nun eine Strophe vor uns, welche die Ideologie der Schweiz fünfundsiebzig Jahre vor Schillers *Tell* bereits auf den Punkt bringt. Soll keiner sagen, sie sei heute nicht mehr virulent.

Ein andrer, dessen Haupt mit gleichem Schnee bedecket,
Ein lebendes Gesetz, des Volkes Richtschnur ist;
Lehrt wie die feige Welt ins Joch den Nacken strecket,
Wie eitler Fürsten Pracht das Mark der Länder frisst:
Wie Tell mit kühnem Muth das harte Joch zertretten,
Das Joch, das heute noch Europens Hälfte trägt:
Wie um uns alles darbt, und hungert in den Ketten,
Und Welschlands Paradies gebogne Bettler hegt:
Wie Eintracht, Treu und Muth, mit unzertrennten Kräften,
An eine kleine Macht des Glückes Flügel heften.

Ohne dass man es richtig merkt, setzt Haller hier die Gebirgswelt, die bisher auch im Gegensatz zu den Städten und den flachen Gebieten der Schweiz stand, mit der ganzen Eidgenossenschaft gleich. Das ist ein fingerfertiger Trick, der sich in öffentlichen Diskussionen bis heute erhalten hat. Die alte Eidgenossenschaft, die 1798 so kläglich zusammenbrach und auf Jahre hinaus zu einem Satellitenstaat Frankreichs wurde, war als Macht- und Unterdrückungssystem ohne Zweifel der klare Gegensatz zum Zivilisationsmodell in Hallers Alpentälern. In den Städten regierten die Patrizier und die Zünfte; sie beherrschten die zugehörige Landschaft mit Hilfe von Landvögten, die in hohen Schlössern residierten. Und weite Bereiche der heutigen Schweiz waren sogenannte Gemeine Herrschaften, das heißt, sie wurden als Kolonien von den Alten Orten regiert – ebenfalls mittels Landvögten auf festen Burgen. Dass die Vorstellung eines Landvogts mit Blick auf den legendären Gessler der Inbegriff des Unschweizerischen und gleichzeitig eine selbstverständliche Institution der alten Schweiz sein konnte, gehört zu den vielen Widersprüchen in der Geschichte dieses Landes. Noch die heutigen Isolationisten setzen die Europäische Union mit einer Horde von Landvögten gleich.

Und hier wird nun wichtig, dass der junge Friedrich Schiller als Student an der Militärakademie des Herzogs Carl Eugen von Württemberg ein so begeisterter Haller-Leser war. Es ist überliefert, dass er vor seinen Kameraden, auf dem Tisch stehend, Haller-Strophen rezitierte. Das Modell einer freien, von Natur und Vernunft gelenkten Gesellschaft in den Schweizer Gebirgstälern hat er also zuerst bei diesem Autor kennengelernt. Es ruhte auf den gleichen Grundbegriffen, die Schillers Denken und Schreiben sein Leben lang bestimmten: Vernunft, Freiheit, Natur. Und da er die Schweiz nie bereist hat, sie nie so scharfäugig vor Ort studierte wie Goethe es auf seinen verschiedenen Schweizerreisen tat, wurde ihm auch nie bewusst, wie künstlich und keineswegs wirklichkeitsgerecht Hallers Bild eines abgerückten, nach außen durch »beschneyte Mauern« abgeschlossenen Landes war. Schiller hatte es wieder vor Augen, als er seinen *Wilhelm Tell* schrieb, jenes Schauspiel, das seinerseits die Ideologie der Schweiz bis in die Gegenwart hinein bestimmte und immer neu härtete.

Warum verfälscht der Wissenschaftler die Wirklichkeit?

Man muss sich fragen, wie Haller, der Naturwissenschaftler, der nicht nur die Pflanzenwelt erforschte, sondern auch den menschlichen Körper hundertfach sezierte und das Wissen über Anatomie und Physiologie, insbesondere den Blutkreislauf und die Blutbahnen, bedeutend erweiterte, zu dieser Verquickung von empirischer Anschauung der alpinen Schweiz mit einem phantastischen Modell von gesellschaftlicher Vollkommenheit gelangen konnte. Er hat doch mit Sicherheit die vielen Krankheiten gesehen, die zehrende Armut, die Kinder- und Müttersterblichkeit, das in Wahrheit sehr begrenzte Glück dieser Bergbevölkerung. Er musste wissen, dass die Söhne dieser darbenden Familien zuhause kein Auskommen hatten und gezwungen waren, sich als Söldner auf allen europäischen Schlachtfeldern zu verdingen. Man braucht nur wenige Seiten der zwei großartigsten Autobiographien von Schweizer Bergbauernkindern zu lesen, Thomas Platters Lebensbeschreibung aus dem 16. Jahrhundert und jene von Ulrich Bräker, dem Zeitgenossen Hallers, aus dem 18. Jahrhundert, um die krasse Idealisierung, die im Gedicht *Die Alpen* getrieben wird, mit Händen zu greifen.

Warum also verstieß der Wissenschaftler gegen die Regeln der wissenschaftlichen Wahrhaftigkeit? Es gibt dazu mehrere Gründe, die nur in ihrem Zusammenwirken verständlich werden. Schon bei Johann Jacob Scheuchzer, mit dessen Werken Haller vertraut war und den er persönlich kannte, findet sich die Stilisierung des alpinen Menschen (homo alpinus) zu einem naturhaft ursprünglichen Wesen von exzellenter körperlicher Beschaffenheit. Scheuchzer, der sich bemühte, die biblische Sintflut mit den Mitteln der Geologie zu beweisen und als Zeugen insbesondere die versteinerten Tiere und Pflanzen beizog, war der Meinung, die Alpenbewohner seien noch immer im Zustand der ersten Menschen nach der Sintflut, also unberührt vom späteren Niedergang. Auch ihren Freiheitswillen und ihre praktizierte Demokratie führte er darauf zurück. Das ist eine verblüffende Theorie über den Naturzustand; sie liegt zwischen Hobbes' schroff negativer und Rousseaus verklärender Sicht, und man kann ihr die Originalität nicht absprechen. Auch wenn sie heute als Unsinn erscheint, war sie doch der respektable Versuch, die Lehren des Glaubens mit naturwissenschaftlichen Mitteln zu stützen und den Bruch zwischen Religion und Wissenschaft, der sich in den Augen der hellsten Köpfe bereits abzeichnete, zu verhindern. Der junge Haller, der auf Scheuchzers Sintfluttheorien schon nichts mehr hielt, konnte in dessen Lehre vom Homo alpinus doch eine wissenschaftliche Sanktionierung seiner Behauptung sehen, in den Schweizer Bergen herrsche noch das Goldene Zeitalter.[7]

Diese Behauptung war unabdingbar für Hallers eigentliches Ziel, das gerade in dem bestand, wovon die erste Strophe abzuraten schien, in der Verbesserung der Welt. Er wollte die Leser in den Städten pädagogisch bearbeiten, indem er ihnen das alpine Paradies unter die Nase rieb und gleichzeitig die Zustände in diesen Städten geißelte. Das vorgespiegelte Glück der Bergler sollte den Stadtbewohnern ihre delikaten Suppen versalzen, sollte deutlich machen, wie es im Flachland tatsächlich zuging:

> Elende! rühmet nur den Rauch in großen Städten,
> Wo Bosheit und Verrath im Schmuck der Tugend gehn,
> Die Pracht, die euch umringt, schließt euch in güldne Ketten …

Und die politischen Verhältnisse sind erst recht von krasser Scheußlichkeit:

> Dort spielt ein wilder Fürst mit seiner Diener Rümpfen,
> Sein Purpur färbet sich mit lauem Bürger-Blut:
> Verläumdung, Hass und Spott, zahlt Tugenden mit Schimpfen,
> Der Gift-geschwollne Neid nagt an des Nachbarn Gut.

Nun konnten sich zwar die Bewohner der Stadt Bern – Haller zählte zu einem der dort regierenden Geschlechter – davon nicht betroffen fühlen, weil sie ja keinen Fürsten kannten, aber das Regime der Gnädigen Herren, wie sich die Patrizier nannten, zögerte nie, unbotmäßigen Untertanen nötigenfalls zu allgemeiner Erbauung den Kopf abzuhauen. 1749, als Hallers Gedichte in der vierten Auflage standen, gab es den Versuch einiger eingesessener Bürger der Stadt, durch eine neue Verfassung die alten demokratischen Rechte wieder einzuführen. Ihre geheimen Zusammenkünfte wurden verraten, die Anführer, unter ihnen der Schriftsteller und Gelehrte Samuel Henzi, öffentlich hingerichtet. Der Fall machte europaweites Aufsehen; in Deutschland machte sich Lessing umgehend an ein Henzi-Stück, das er später als Fragment publizierte. Henzi selbst hatte ein Gessler-Drama geschrieben, was das revolutionäre Potential der Tell-Legende lange vor Schiller bezeugt. Die Aktualität von Hallers Polemik gegen die »Städte« war also auch im alten Bern durchaus gegeben, und dass dies den führenden Köpfen bewusst war, zeigt sich daran, dass es Haller später nie gelang, in seiner Vaterstadt zu einem einflussreichen Amt zu kommen.

Das Phantasiebild stammt aus der Antike

Das Ziel des hochgemuten Gesangs von den Alpen war also eine scharfe Gegenwartskritik, war eine entschiedene Beförderung jenes *progrès,* den Condorcet später so prägnant auf den Begriff brachte. Das künstlerische Verfahren aber, mit dem das Ziel erreicht werden sollte, erschien der damaligen Zeit so naheliegend, wie es heute abseitig anmutet. Es war der Griff in die antike Literatur, die Aktualisierung eines klassischen Musters. Dass Literatur einst schon dadurch ihre Berechtigung gewann, dass sie ein griechisches oder römisches Vorbild wiederbelebte, leuchtet heute wenigen Leuten mehr ohne weiteres ein. Die Franzosen hatten zu dieser Frage einen legendären Streit ausgefochten, gegen Ende des 17. Jahrhunderts: die *Querelle des anciens et des modernes.* Dabei wurde die Vorbildfunktion der Antike von den einen heftig attackiert, von den andern glühend verteidigt. Für Haller scheint es an der unbedingten Autorität der griechischen und römischen Klassiker keinen Zweifel gegeben zu haben. Auf jeden Fall sind seine *Alpen* unübersehbar nach dem Muster von Vergils *Georgica* und Horaz' *Zweiter Epode* gefertigt. Das Material des Augenzeugen wurde also in vorgegebene antike Erzähl- und Denkformen gegossen. Haller vertuscht das in keiner Weise. Er sieht in diesem Vorgang ja nicht mangelnde Originalität, sondern eine künstlerische Leistung. Deshalb verweist er nach der letzten Strophe der *Alpen* in einer Anmerkung ausdrücklich auf das erwähnte Gedicht des Horaz. Das ist keine Demutsgeste, die besagen soll: Ich muss gestehen, dass ich mich hier mit fremden Federn schmücke, vielmehr richtet es sich an jene, die es vielleicht nicht bemerkt haben: Seht her, wie ich hier mit dem großen Horaz gleichziehe!

Diese letzte Strophe ist einerseits eine Zusammenfassung des ganzen Poems über die Alpen, andererseits ist sie eine Verdichtung des erwähnten, sehr berühmten Horaz-Gedichts. Wer je Latein gelernt hat, musste einmal dessen Anfangsverse übersetzen: *Beatus ille qui procul negotiis / ut prisca gens mortalium / paterna rura bobus exercet suis.* Das heißt: Glücklich der Mann, der, weitab von den bedrückenden Geschäften, wie das ursprüngliche Menschengeschlecht die Äcker seiner Vorfahren mit den eigenen Ochsen pflügt. Hallers Schlussstrophe spricht in diesem Sinne die Alpenbewohner ein letztes Mal an (wobei er für den ererbten Besitz das eindrückliche Wort *angestorben* findet):

O selig! wer wie ihr mit selbst gezognen Stieren
Den angestorbnen Grund von eignen Äckern pflügt:
Den reine Wolle deckt, belaubte Kränze zieren,
Und ungewürzte Speis' aus süßer Milch vergnügt:
Der sich bey Zephirs Hauch, und kühlen Wasser-Fällen,
In ungesorgtem Schlaf, auf weichen Rasen streckt:
Den nie in hoher See das Brausen wilder Wellen,

Noch der Trompeten Schall in bangen Zelten weckt.
Der seinen Zustand liebt, und niemals wünscht zu bessern,
Das Glück ist viel zu arm sein Wohlseyn zu vergrößern.*

* Beatus ille qui procul negotiis. Horat. Epod. 2.

Die letzten zwei Verse spiegeln zurück zum ersten Vers des Werks: »Versuchts, ihr Sterbliche, macht euren Zustand besser«. Sie wiederholen die krasse Behauptung, dass das Glück der Alpenbewohner sich gar nicht mehr steigern lasse, mithin den absolut möglichen Höchstzustand, jenen des Goldenen Zeitalters eben, erreicht habe. Diese Absage an die Verbesserung ist aber in Hinsicht auf das Zielpublikum die genau gegenteilige Forderung: Es möge seinen Zustand derart verbessern, dass er an das Leben in den Bergtälern herankomme. Fortschritt als Rückschritt, die Parole: Voran! als ein: Zurück zu! Ist das nun konservativ oder progressiv?

Der antike Einschlag, den Hallers Unternehmen hat, ist für die politische Geschichte der Schweiz nicht belanglos. Um die Behauptung vom Glückszustand der Schweizer Bergbevölkerung aufzustellen, hat er die zweite Epode des Horaz, ein Gedicht von etwa zwei Seiten, auf die sechsunddreißig Seiten seiner *Alpen* ausgedehnt, in den Detailbeschreibungen aber griff er auf die *Georgica* des Vergil zurück. Dieser Autor hatte das Leben der Bauern im alten Rom bis zu den feinsten Einzelheiten der landwirtschaftlichen Technik in breiten Hexametern geschildert, mit einem Realismus, den Haller nun in seinen komprimierten Alexandrinern ebenfalls zu erreichen sucht. So presst er einmal die Beschreibung der diversen Formen alpiner Milchverarbeitung in eine einzige Strophe, ein Unternehmen, das uns heute auf kuriose Weise fasziniert, weil sich die Mühen der Sprachverdichtung im Pressen der Käsemasse zu spiegeln scheinen. Die Germanisten haben die zehn Verse allerdings lange Zeit als »unpoetisch« missbilligt. Da hier von weltweit bekannten Produkten der Schweiz die Rede ist, sei die Strophe zitiert. Sie ist ein exquisites Stück Nationalliteratur:

Indessen, dass der Frost sie nicht entblößt berücke,
So macht des Volkes Fleiß aus Milch der Alpen Mehl.
Hier wird auf strenger Glut geschiedner Zieger dicke,

Und dort gerinnt die Milch, und wird ein stehend Öl:
Hier presst ein stark Gewicht den schweren Satz der Molke,
Dort trennt ein gährend Saur das Wasser und das Fett:
Hier kocht der zweite Raub der Milch dem armen Volke,
Dort bildt den neuen Käs ein rund geschnitten Brett.
Das ganze Haus greift an, und schämt sich leer zu stehen,
Kein Sklaven-Handwerk ist so schwer als müßig-gehen.

Ähnlich genau, wenn auch um einiges eleganter, schildert Vergil im zweiten Buch der *Georgica* die Pflege der Weinstöcke und rühmt daneben den glücklichen Frieden des bäuerlichen Lebens, im betonten Unterschied zu Gier und Luxus in den Städten. Hallers Denkmodell ist offenkundig durchweg antik.

Also wäre auch das Schweizer Denk- und Phantasiebild vom einzigartigen Volk in den abgeschiedenen Bergen, das frei lebt wie die Urväter, von Zeit zu Zeit einen Tyrannen tötet oder freche Eroberer niedermacht, daneben aber friedlich die Herden weidet und gegen Abend gerne auf dem Alphorn bläst, ein antikes Produkt? Es ist es durchaus. Hallers Gedicht, das diesem Phantasiebild hohe Schubkraft verlieh und in Schillers *Tell* eine Wiedergeburt erlebte, stellt es unter Beweis. Aber was da im 18. Jahrhundert geschah, hatte sein großes Vorspiel schon im 15. Jahrhundert, in der Renaissance, die ja nicht nur in Kunst und Philosophie, sondern auch in der Politik auf die Antike zurückgriff. Der römische Geschichtsschreiber Livius wurde damals nicht nur wiederentdeckt, sondern mit seiner Galerie römischer Helden und Heldentaten auch zu einem unvergleichlichen Reservoir von Vorbildern politischen Handelns und patriotischer Tugenden. Die zusammenhängende Darstellung der Schweizer Gründungsgeschichte begann um 1470 mit dem *Weißen Buch von Sarnen*. Zwanzig Jahre vorher war das Konzil von Basel zu Ende gegangen. Es hatte unter der Protektion der Eidgenossenschaft gestanden und einen großen Teil der europäischen Intelligenz für mehr als ein Jahrzehnt in das Gebiet der heutigen Schweiz geholt. Livius, einer der Hausgötter des Humanismus, muss von da an unter den Gebildeten präsent gewesen sein. Das *Weiße Buch von Sarnen* unternahm es, auf knappem Raum eine Geschichte der Eidgenossenschaft in der Art zu schreiben, wie Livius es unter dem Titel *Ab urbe condita* für das

Römische Reich in vielen Büchern getan hatte. In Analogie dazu hätte man die Sarner Chronik und die rasch wachsende Zahl ihrer Nachfolgewerke *Ab Helvetia condita* nennen können – Geschichtsschreibung von den Ursprüngen her, als Kontinuum und bestückt mit vielen exemplarischen Heldengeschichten. Wie Hallers Gedicht den Stempel der Antike trug, trug ihn die eidgenössische Geschichtsschreibung schon seit ihren Anfängen.

Jede Kultur feiert ihren Ursprung, auch wenn sie ihn zu diesem Zweck erfinden muss. Jeder Staat kultiviert seine Gründungsgeschichte, auch wenn er sie zu diesem Zweck erst einmal anzufertigen hat. Man nimmt das Material, wo man es findet, notfalls auch aus den Berichten anderer Völker, und verbindet es mit den bestehenden mündlichen Überlieferungen. Zur Gründungsgeschichte als historischem Prozess gehört also zwingend die Herstellung einer Gründungsgeschichte als geschriebener Text. Die großen Chroniken, die von der Entstehung der Eidgenossenschaft und ihren weiteren Schicksalen berichten und deren Höhepunkt das gewaltige *Chronicon helveticum* des Aegidius Tschudi (1505–1572) ist, sind in ihrer gemeinschaftstiftenden Funktion ein zentrales Element der Schweizer Staatswerdung, ein politsches Ereignis von Rang.

Durch den Rückgriff auf Vergil und Horaz hat Haller das Selbstverständnis der Schweiz radikalisiert. Mit Hilfe des Mythos vom Goldenen Zeitalter hat er das Phantasiebild von einem guten, freien und glücklichen Volk in einer ursprünglichen Natur, das seit dem Humanismus in der Luft lag, zu unerhörter Prägnanz und propagandistischer Wirkungskraft gesteigert. Und dass man dieses Traumbild bei Bedarf von der alpinen Zone kurzerhand auf die ganze Eidgenossenschaft ausweiten kann, hat er beiläufig ebenfalls vorgeführt. Das verworfene Gegenbild dazu sind die »großen Städte«, Orte des Reichtums, der Unzucht und der Tyrannei, in welchem Kontext bereits auch das Wort Europa fällt. Die Wucht von Hallers Wurf, die man den zyklopischen Versen heute nicht mehr unmittelbar ansieht, wirkt in den ersten Jahrzehnten des 21. Jahrhunderts ungebrochen weiter. Noch immer kommen sich Leute, die stadtnah und an bevorzugter Lage in angenehmen Villen leben, als geborene Bergler vor, spielen im Nadelstreifenanzug den politischen Wurzelsepp und werden dafür von andern synthetischen Berglern begeistert beklatscht.

Wenn das Idyll gesprengt wird

Die Vorstellung eines friedlichen Hirtenlebens in der freien Natur, mit wohlgenährten Kühen und Ziegen, wo starke junge Männer um schöne junge Frauen werben und die Paare sich im Schatten mächtiger Eichen zum Liebeslager betten, gehört zu den ältesten Spielformen der weltweiten literarischen Phantasie. Das Bild ist im kollektiven Seelenleben so tief eingelagert, dass es jederzeit abgerufen werden kann. Wer es beschwört, wird sofort verstanden. Die Kurzform dieser Kunst heißt Idyll. Dass ein Schweizer und Zeitgenosse Hallers der weltweit berühmteste Idyllendichter seines Jahrhunderts wurde, Salomon Gessner aus Zürich, kann nicht überraschen. Im Gegensatz zu Haller, der auf ethnologische Zuverlässigkeit pochte, betrieb Gessner mit seinen eleganten Produkten aber ein reines Kunstspiel, leicht und schwebend wie ein Mozart-Menuett. Dennoch liegt auch über Gessners *Idyllen*, die er eigenhändig mit zierlichen Vignetten versah, ein Hauch der Schweizer Ideologie. Sie trägt zwar nicht die Geißel der Satire aufgesteckt, lässt nie den Donner von Hallers politischem Predigen hören, aber etwas von der Botschaft, dass es da mitten in Europa ein Arkadien gebe, an dem sich alle Welt ein Vorbild nehmen sollte – die Eitelkeit der Schweiz bis heute –, ist daraus doch zu vernehmen. So sehr das Idyll als literarische Form in der Gegenwart dem Hohn aller Medien ausgesetzt ist – obwohl die Tourismusindustrie von diesen Bildern lebt –, so sehr sollte es doch beachtet und studiert werden, wo immer es auftaucht. Denn das Idyll ist nicht einfach ein Stück Kitsch. Es besitzt eine potentielle Dynamik. Politisches und sozialkritisches Potential ist in ihm latent vorhanden und kann sich in dramatische Abläufe umsetzen. Das Idyll kann gestört, kann aufgebrochen, kann gesprengt werden. Dann läuft was. Und dann ist auch der Hohn nicht mehr berechtigt. Kollers *Gotthardpost* zeigt ein dergestalt gesprengtes Idyll und lässt seine mögliche Dramatik ahnen. Das Idyll ist seinem Wesen nach zeitlos; wo es aber gesprengt wird, tritt es in Auseinandersetzung mit der zivilisatorischen und geschichtlichen Zeit. Und es kommt zu Opfern.

Ein Schlüsselbeispiel für die Dramatik des gesprengten Idylls ist die erste Szene von Schillers *Wilhelm Tell*. Wir sind an einem lieblichen Ort am Vierwaldstättersee, »Schwyz gegenüber«. Wohl etwa die Gegend der heutigen Treib. Noch bevor der Vorhang hochgeht, hört man ein reiches Geläut der Kuhglocken. Die Kühe also wieder, das unabdingbare Ingrediens der helvetischen Ursprungslandschaft. Ein Hirt, ein Fischer, ein Jäger singen von ihrem ländlichen Leben. Dann wird es finster. Sturm kommt auf. Der See wirft Wellen. Und jetzt der Riss: Ein Mann rennt ins Bild. Er hat getötet. Die Häscher sind ihm auf den Fersen. Mord im Idyll. Bei Haller gehört der Mord in die Stadt. Seine Bauern kennen ihn so wenig wie die Pflüger Vergils. Wie einst der erste Mord die Vertreibung aus dem Paradies besiegelte, ist die Bluttat die radikalste Gestalt eines berstenden Idylls. Bei Schiller setzt damit sofort eine reißende Handlung ein. Sie endet erst, als zwei weitere Mörder, Tell und Parricida, ein guter und ein böser Killer, einander begegnen und sich ostentativ auf immer trennen. Man kann Schillers ganzes Stück unter dem Zeichen des Mordes im Idyll sehen.

Das nationale Traumbild vom stadtfernen Volk in der ursprünglichen Natur, frei, friedlich, vernünftig, hat in der Geschichte der neueren Schweiz eine Funktion, wie sie in Amerika das nationale Traumbild der *frontier* besitzt, wie sie in der deutschen Geschichte lange Zeit das Traumbild vom geeinigten Reich unter einem guten Kaiser besaß. Der Begriff des Reiches ist heute verabschiedet, er hat zu viel Unheil angerichtet; aber die Vision des vereinigten Landes war im getrennten Deutschland der Nachkriegszeit immer lebendig und gewann 1989 aus alten Reserven eine unwiderstehliche Kraft. Die *frontier* der Vereinigten Staaten war eine Realität. Auch der Traum vom Reich zielte im zersplitterten Deutschland des 19. Jahrhunderts auf eine konkrete politische Möglichkeit. Die Ideologie der Schweiz aber war immer illusionär, eine Überblendung der sozialen und politischen Wirklichkeit mit der antiken Legende von Arkadien und mit der literarischen Praxis der Bukolik. Dass sie die Schweizer Innen- und Außenpolitik auch im 21. Jahrhundert noch beeinflusst, zeigt, welche Macht solchen Bildern im kollektiven Seelenleben zukommen. Man kann sie verspotten, hassen, bekämpfen – aus den Gehirnen bringt man sie nicht. Jeremias Gotthelf hat dafür einmal ein drastisches Bild gebraucht. Es sei »gar einfältig« zu glauben, »der liebe Gott habe so einen Wäschlumpen in der Hand, mit welchem er alle Eindrücke, welche ein Volk durch alle Jahrhunderte durch erhalten, in einer halben Stunde durchstreiche«.[8] Das Problem für die Schweiz ist, dass die Welt ihr diesen arkadischen Selbstentwurf lange Zeit abgenommen und begeistert bestätigt hat. Weil er zum mythischen Material aller Völker gehört, glaubte man Hallers Behauptung, wollte man ihr glauben. Sie erklärte ja eine archetypische Sehnsucht als erfüllbar, mehr noch, als längst erfüllt und von jedermann zu besichtigen. Diese Besichtigung nannte man in der Folge Tourismus.

Dass der größte Welterfolg der Schweizer Literatur, *Heidi*, sich wie eine Parodie auf Hallers Unternehmen liest, ist nur konsequent. Und dass die zwei Heidi-Romane der Johanna Spyri heute immer noch den Tourismus in der Schweiz beflügeln, passt genau ins Bild. Während das Monument Wilhelm Tell bröckelt – erst in nationalen Krisen befestigt es sich jeweils wieder –, stellt *Heidi* die Lebenskraft des helvetischen Idylls auf nahezu beklemmende Art unter Beweis. Vielleicht hängt dies damit zusammen, dass Spyris sentimentale Geschichte die Grundopposition von abgerückter Bergwelt und kalter Großstadt zusätzlich noch mit esoterischen Elementen versetzt. Das gelähmte Kind aus der Stadt wird auf der Alp in kurzer Zeit geheilt. Dieses unverkennbare Wunder – »Nimm dein Bett und wandle!« (Johannes 5.8) – deckt den religiösen Zug in der Schweizer Ursprungsphantasie auf. Bei Haller findet er sich nicht. Nach Thomas Maissen gab es ihn aber schon im 16. Jahrhundert, und in den Vaterlandsliedern des 19. Jahrhunderts ist er vielfach präsent, insbesondere im Gedanken, dass Gott persönlich die Berge den Schweizern zu ihrem Schutz geschenkt habe. Einen »Wall von Gott« hat die alte Landeshymne sie genannt, obwohl die Schweiz ja nicht innerhalb eines Gebirgskreises liegt, sondern größtenteils ziemlich schutzlos um die Berge herum. Ironischerweise hat sich die Rede vom uneinnehmbaren Schutzwall der Berge erst richtig zu entfalten begonnen, nachdem in der napoleonischen Zeit die Heere der europäischen Großmächte, Franzosen, Russen, Österreicher, die Schweiz nach Belieben betreten, besetzt und zu einem einzigen, weit verzweigten Schlachtfeld gemacht hatten.

Wenn ein Land die *frontier* als Denkbild seiner zivilisatorischen Dynamik in der Seele trägt, die Vision von Aufbruch, Auszug und Landnahme, von unbeschränktem Weltgewinn, dann ist es bedenkenlos auf Ziele in der Zukunft ausgerichtet. *Richtig ist, was kommen wird.* Wenn ein Land aber eine Vision vom glücklichen Land der Väter in der Seele trägt, wo man weitab von Städten und Fürsten unter sich und zufrieden ist, nicht unterdrückt und nicht unterdrückend, wird jede Zukunft bedrohlich. *Richtig ist, was einmal war.*

> Sag an, Helvetien, du Helden-Vaterland!
> Wie ist dein altes Volk dem jetzigen verwandt?[9]

So lautet ein einst viel zitiertes Verspaar in Albrecht von Hallers politischer Satire *Die verdorbenen Sitten.* Es benennt schlagend das Doppelgesicht, das der Fortschritt in dieser Optik gewinnt. Norm und Maß liegen in der Vergangenheit. Wird da nicht jedes Vorwärts zu einem Zurück? Liegt die wahre Zukunft nicht hinter uns? Die zivilisatorischen Prozesse verlieren ihre Eindeutigkeit. Die Propheten der Zukunft werden zu Warnern vor ihr. Die Entwicklung der neueren Schweiz ist von dieser immanenten Spannung gezeichnet, die Literatur nicht minder. 1847 kam es deswegen zu einem Bürgerkrieg. Hätten sich die Großmächte nicht zurückgehalten, wäre das Ende der Schweiz wieder einmal denkbar geworden. Zu den Siegern gehörte die Partei jenes Alfred Escher, der anschließend drei Jahrzehnte lang freie Hand bekam, um aus der Schweiz einen modernen Industrie- und Bankenstaat zu machen. Er versetzte das Land in eine betäubende Dynamik, bis Gegner und falsche Freunde ihm das Bein stellten. Zur Krönung seines Lebenswerks, dem Durchstich des Gotthardtunnels, wurde er nicht mehr eingeladen. Wie das ominöse Kalb vor der Gotthardpost, die der wackere Koller für ihn malte, wurde er selbst ein Opfer des Fortschritts.

Gottfried Keller inszeniert den Riss durch die schöne Schweiz

Zu den Leistungen, die Alfred Escher nebenher erbrachte, gehörte auch, dass er den gleichaltrigen Gottfried Keller, der als Künstler und Bürger wiederholt zu scheitern drohte, jedes Mal rettete und so der deutschen Literatur zu einem ihrer größten Erzähler erst eigentlich verhalf. Er tat dies nicht allein, aber ohne ihn wäre es schwerlich geglückt. Keller, der Langsame, ökonomisch Unbeholfene, der ein Werk jahrzehntelang mit sich herumtragen konnte, ohne ein Wort niederzuschreiben, verfolgte die ungeheure Aktivität des befreundeten Gönners fasziniert, aber nicht ohne Misstrauen. Während Gotthelf diesen Escher offen hasste – er nannte ihn den »Feldherrn der Materie«[10] und »Direktor oder Diktator«[11] –, beruhten Kellers Bedenken darauf, dass ihm das Doppelgesicht des Fortschritts immer bewusst war und diese Bedenken sich mit den Jahren zu einem düsteren Pessimismus steigerten.

Das führte dazu, dass Keller, der die Natur und das darin eingebettete vaterländische Fest mit bacchantischem Aufschwung feiern konnte, in seiner späten Zeit eine unheimliche Meisterschaft in der Schilderung des gesprengten Idylls erlangte. Im tief skeptischen Altersroman *Martin Salander* findet sich dazu eine nahezu surreale Szene. Sie ereignet sich an einem dieser Feste, die für Keller einst die freudigste Erscheinungsform der neugeborenen politischen Schweiz waren und für die er auch prächtige Lieder geschrieben hatte, zum Beispiel jenes, mit dem er die letzte Seldwyla-Novelle eröffnet. Es beginnt so:

Drei Ellen gute Bannerseide,
Ein Häuflein Volkes, ehrenwert,
Mit klarem Aug', im Sonntagskleide,
Ist alles, was mein Herz begehrt!

Der das singt, zieht an ein Sängerfest. Das Lied ist nicht eben überwältigend, aber die letzte Strophe hat dann doch den unverwechselbaren Kellerklang, und man hört in ihr ein Echo von jener Paradiesesvision, die sich bei Haller einst mit der Idee der Schweiz verband und die auch der Dichter des *Grünen Heinrich* in jungen Jahren gelegentlich teilte:

Drum weilet, wo im Feierkleide
Ein rüstig Volk zum Feste geht
Und leis die feine Bannerseide
Hoch über ihm zum Himmel weht!
In Vaterlandes Saus und Brause,

> Da ist die Freude sündenrein,
> Und kehr' ich besser nicht nach Hause,
> So werd' ich auch nicht schlechter sein![12]

Martin Salander nun, der Held des erwähnten Romans, hat sich noch in vorgerückten Jahren in einer naiven, gelegentlich ans Närrische streifenden Weise die Begeisterung für die Schweiz erhalten und will die Risse, die im schönen Bild überall auftauchen und auf eine drohende Finanzkatastrophe hindeuten, nicht sehen. Entzückt wie ein Junge sitzt er einmal an einem der Volksfeste, die jetzt so überhandnehmen, dass man bald nicht mehr weiß, wer überhaupt noch arbeitet in diesem Land. Er glaubte, heißt es, »das Blühen des Vaterlandes in neuer Jugend zu genießen«. Und zunächst scheint sein Entzücken denn auch gerechtfertigt. Keller bestätigt es durch ein wundersames Geschehen mit behutsam religiösem Einschlag. In der Nähe von Salander, der in der Festhalle an einem der langen Tische sitzt, steht ein prachtvoller Pokal. Und hier schwingt sich die Erzählsprache zu jener wundersamen Prosa auf, in der alles ganz konkret bleibt und doch vibriert von zusätzlichen Bedeutungen:

> Die Abendsonne, welche eben unter die betreffende Festhalle hereinschien, spiegelte an der vergoldeten Innenwand eines großen Ehrenpokales, der vor ihm stand, mit rotem Weine frisch versehen, und der Goldschein leuchtete mit unbeschreiblichem Zauber in die durchsichtige Purpurflut.
>
> Martin heftete seine Augen auf das funkelnde Farbenbild, das, urplötzlich aus offenem Himmel gekommen, seine Gedanken zu besiegeln schien wie ein flammendes Siegelwachs.

Das hat den Anschein eines kleinen irdischen Wunders. Der Kelch ist vom Altar der Kirche auf jenen des Vaterlandes gerückt, und aus ihm heraus trifft ein farbiger Widerschein das Gesicht des patriotisch bewegten Mannes. In den zitierten Sätzen ist nichts, was einen Zweifel an der schönen Bedeutung des »unbeschreiblichen Zaubers« aufkommen lassen könnte. Das steigert sich in Folge noch und gewinnt überdies einen erotischen Anhauch:

> Ein rötlicher Schimmer aus dem Becher spazierte sogar über sein begeistertes Gesicht, was eine ihm gegenübersitzende anmutige Frau wahrnahm und es ihm sagte mit der Mahnung, er solle sich still halten, denn er sähe jetzt hübsch aus.

Doch genau da beginnt, lange bevor die Leser es merken, die Entzauberung. Sie ist umso unheimlicher, als sie sich vorerst noch wie eine weitere Steigerung ausnimmt.

> Geschmeichelt hielt er ein Weilchen das Gesicht unbeweglich still, bis auf demselben der Abglanz zu flimmern begann, gleich dem Wein in dem Pokale. Denn es lief eine schwache Erschütterung durch den langen schmalen Tisch herauf, welche auch den Inhalt des Bechers bewegte.
>
> Die Erschütterung rührte aber davon her, dass ein Festgenosse von zwei bürgerlich gekleideten Polizeibeamten unversehens aufgefordert wurde, sich zu erheben und mit ihnen hinauszugehen, und sich dessen weigerte, so dass der leicht gezimmerte Tisch einen Stoß empfing, als sie Hand an den Mann legten und ihn zum Aufstehen zwangen. Erbleichend fügte er sich und folgte ihnen, nicht ohne mit niedergeschlagenen Blicken verschiedene Dekorationen, bestehend in Rosetten, Schleifen und silbernen oder vergoldeten Emblemen, vom schwarzen Kleide zu nehmen, eins nach dem andern, so unbemerkt als möglich.[13]

Später spricht sich herum, dass der angesehene Mann und eifrige Festebesucher schwere Veruntreuungen begangen hat. Er hatte bereits seine Flucht nach Übersee organisiert, konnte aber nicht davon lassen, wenigstens dieses eine Fest noch mitzumachen. Sein Fall ist einer von Dutzenden, die jetzt täglich ans Licht kommen. Eine Welle von Betrug und Korruption geht durch die Schweiz und steht zu dem vaterländischen Festbetrieb in einem schrillen Kontrast.

Dies ist der subtilste Riss durch das helvetische Idyll, der je beschrieben wurde. Er gewinnt seine würgende Kraft dadurch, dass der Autor zunächst mit ungebrochenem Elan die Mittel seines preisenden Schreibens einsetzt und uns einlullt in den Traum vom schönen Vaterland. Dann läuft die »schwache Erschütterung« durch den langen Tisch, bewegt leise die Oberfläche des Weins im Pokal und macht auch den Widerschein auf Salanders Gesicht flimmern. Es ist das minimste mögliche Schwingen der Materie, ein Flirren eigentlich nur, das auch als Zeichen der Lebendigkeit begriffen werden könnte. Bis dann die Verhaftung des Betrügers zeigt, dass es die gesellschaftliche Krise der Schweiz ist, die hier in subtilster Gestalt durch das Idyll zuckt. So wie dieser Autor einst in hochgemuter Zeit ausgerufen hat, dass alles in diesem Lande politisch belebt sei – »denn heute ist alles Politik und hängt mit ihr zusammen von dem Leder an unserer Schuhsohle bis zum obersten Ziegel am Dache«[14] –, so führt er nun vor Augen, dass der Niedergang des politischen und ökonomischen Verantwortungsbewusstseins in der Schweiz nicht einfach der Fall einiger Halunken ist, die man einsperren kann, sondern sich durch alles hindurchzieht, alles affiziert und infiziert, das Ganze krank macht.

In den Vorarbeiten zu *Martin Salander* findet sich eine erschütternde Notiz. Geplagt vom Gegensatz zwischen den vielen Schützen-, Sänger- und Turner-Festen und der sozialpolitischen Krise des Landes, plante Keller, sich im Roman selbst auftreten zu lassen, an einem dieser Feste, und sich dabei wegen seiner einstigen Begeisterung und seiner poetischen Beiträge zum vaterländischen Betrieb anzuklagen:

> Der Autor stellt sich anlässlich des Festschwindels selbst dar als büßenden Besinger und Förderer solchen Lebens. Alternder Mann der unter der Menge geht und seine Lieder bereut.[15]

Die Szene blieb dann weg. Der Roman war so schon illusionslos genug. Aber wenn man weiß, welches Glück Keller einst aus dem Erlebnis einer neugeborenen Schweiz gezogen hat, wie sehr sie seinem bedrückten Dasein Halt und Sinn gab und die Lust weckte, sie in Gesängen zu feiern, kann man diese Notiz nur mit Trauer und Mitgefühl betrachten. Das prachtvolle Verspaar: »In Vaterlandes Saus und Brause, / Da ist die Freude sündenrein«, das er der Schweiz einst auf die knatternde Fahne geschrieben hatte, meinte jetzt in bitterer Ironie das Gegenteil. Vielleicht gibt es in Kellers Werk keinen traurigeren Satz als dieses winzige, auf einem Zettel überlieferte Selbstporträt: »Alternder Mann der unter der Menge geht und seine Lieder bereut.«

Richtig ist, was einmal war. – Richtig ist, was kommen wird. – Man könnte versucht sein, diese beiden Wahlsprüche zwei politischen Grundhaltungen zuzuordnen. Die eine ist konservativ-bewahrend, die andere progressiv-verändernd. Die eine ist fortschrittsfeindlich, die andere ist fortschrittsfreudig. Und weil man damit ein polares Muster vor Augen hat, drängt es sich auf, dieses auf den plakativen Gegensatz zwischen den Rechten und den Linken zu beziehen. Doch wenn das, was einmal war, gar nicht mehr da ist, sondern endlich wieder kommen soll, was passiert dann mit dem schönen System? Wenn es also heißt: Richtig ist, was kommen wird, aber kommen wird, was einmal war – ist dann der Konservative progressiv und der Progressive konservativ? Tatsächlich zeigt die Geschichte, dass die großen Umbrüche meistens unter der Parole standen: Zurück zu den Ursprüngen! Weil der Geschichtsverlauf von den Menschen überwiegend als Zerfallsprozess erlebt wird, als Verrat an den Werten einer besseren Vergangenheit (wann immer diese auch gewesen sein soll), verbindet sich jeder Versuch einer Verbesserung der Zustände früher oder später mit der Forderung nach einer Rückkehr zum gerechteren Alten. So bleibt das Urchristentum, bleibt die Radikalität von Jesus selbst der Stachel im Leib der installierten Kirchen. In der politischen Phantasie entspricht dem etwa die Kyffhäusersage, die davon berichtet, dass der Kaiser Barbarossa nie gestorben sei, sondern noch immer in einer Höhle des Kyffhäusergebirges in Thüringen schlafe. Er sitze an einem steinernen Tisch, und sein roter Bart sei inzwischen durch den Tisch hindurchgewachsen. Eines Tages aber werde er wiederkehren und eine neue Epoche der deutschen Geschichte begründen. Die schweizerische Variante dieser Überlieferung ist die Sage von den drei Tellen, die einst auf dem Rütli geschworen haben und nun in einer Höhle bei Seelisberg schlafen, bis sie irgendwann erwachen, ans Licht treten und in der schlecht gewordenen Schweiz die alten gerechten Zustände wieder herstellen. Solche Geschichten, auch wenn sie heute nur noch den Sagenforschern bekannt sind, verweisen auf den gefühlsmäßigen Hintergrund des politischen Handelns. Dieser lenkt die Entscheide oft stärker als die sachlichen Argumente. Das Phantasiebild vom Weiterleben des Goldenen Zeitalters in den Schweizer Bergen – »ihr kennt noch güldne Zeiten« – wurde zum Inbegriff des guten Ursprungs, der einer zweifelhaften Gegenwart jederzeit als deren Maß vorgehalten werden konnte. Von den einzelnen Elementen dieses Phantasiebildes, also BERGE UND FELSEN, KRISTALLE, BLUMEN, GRATWILD, ADLER, PASSWEGE, ALPWEIDEN, ALPHÜTTEN, BLOCK- UND STEINHÄUSER, BÄUERLICHES LEBEN, GEMSJÄGER, GLETSCHER, WASSERFÄLLE, LAWINEN, KÜHE UND ZIEGEN, GLOCKEN, MILCH UND KÄSE, BRÄUCHE, SAGEN, MUNDARTEN, WERKZEUGE, WAFFEN, KLEIDER, WETTKÄMPFE, MUSIK, LIEDER, FESTE, konnte jedes stellvertretend für das Ganze stehen und einen Komplex von Gefühlen aufrufen, der sich politisch einsetzen ließ. Diese Prozesse sind aus dem Gefühlshaushalt der politischen Schweiz nie ganz verschwunden. Wirklich in Frage gestellt werden konnten sie nur von Bewegungen, die dem Phantasiebild vom guten Ursprung ein ebenso leuchtendes Phantasiebild vom guten Endziel entgegensetzten, also etwa Condorcets zitierte Prophetie oder die Weltrevolution mit der Einrichtung einer klassenlosen Gesellschaft. Wenn man gerade die letztere Vision genauer betrachtet, überraschen die vielen Züge, die sie mit Hallers Alpenmärchen gemeinsam hat. Das marxistische Ziel der Weltgeschichte ist eine »güldne Zeit« von ähnlich phantastischer Beschaffenheit wie der Naturstaat in den Schweizer Bergen. Beide sind ungeheuerliche Behauptungen, weitab von jeder wissenschaftlichen Begründung, Produkte einer naiven Aufklärung, welche die barbarische Basis der menschlichen Natur ausblendet. Beide tragen die Merkmale religiöser Heilsversprechen und ziehen daher auch charismatische, auf Führung erpichte Figuren an, die es verstehen, aus verunsicherten Zeitgenossen glückliche Gläubige zu machen.

Das Phantasiebild gerät in Konflikt mit der Technik

Das Kalb vor der Gotthardpost ist das Opfer jenes Fortschritts, den das rasende Gespann der fünf Rosse nicht nur verkörpert, sondern auch feiert. Dass der Empfänger des Bildes mit dieser zwiespältigen

Illustration seiner eigenen Existenz wenig anfangen konnte, ist nachvollziehbar. Dennoch ist die kuriose Widersprüchlichkeit von größerer geschichtlicher Aussagekraft als es ein dahindonnernder Eisenbahnzug gewesen wäre. Denn in einem Land, dessen politische Phantasie sich aus jenem Alpenmärchen nährt, muss es unweigerlich zu Konflikten zwischen der Ursprungsvision und dem technischen Fortschritt kommen. Die drei Ideen, auf denen Hallers Utopie beruhte, Natur, Vernunft und Freiheit, enthalten keinen Zukunftsaspekt, der die progressive Veränderung der bestehenden Zivilisation fordern würde. Die Möglichkeit einer unerhörten Weltverwandlung durch die Wissenschaften und ihre Anwendung, die Technik, ist in dem Modell nicht nur nicht angelegt, sie wird sogar, wo sie sich anzudeuten scheint, dem Niedergang, dem Schlechten also, zugeordnet. Historisch gesehen aber entstand Hallers Vision des fortlebenden Heilszustandes genau in dem Moment, als die Naturwissenschaften die letzten Reste magischer und mythischer Weltdeutung abstreiften und sich nicht nur einer voraussetzungslosen Forschung widmeten, sondern auch begannen, ihre Resultate umgehend in der Warenproduktion zur Anwendung zu bringen. Als Benjamin Franklin, mit Haller gleichaltrig, entdeckte, dass der Blitz kein Wesen eigener Art ist, sondern ein elektrisches Phänomen, setzte er das neue theoretische Wissen sofort praktisch um: Er erfand und propagierte den Blitzableiter. Diese selbstverständliche Vernetzung von naturwissenschaftlicher Forschung, Theorie also, und angewandter Technologie, Praxis also, war neu. Sie wurde zur Grundbedingung des Maschinenzeitalters und initiierte nicht nur eine Weltveränderung bisher undenkbaren Ausmaßes, sondern führte auch zu gänzlich neuen Geschwindigkeiten der Zivilisation. Vor allem aber gab es nun zwei Modelle der Weltgeschichte. Das eine gehörte den Theologen und Philosophen; es versuchte auf die Frage zu antworten, wohin der Gang der Menschheit führe – in die ewiggleiche Misere von Kriegen und Elend, vielen Armen und wenigen Reichen oder aber zu Frieden und Freiheit für alle. Das andere Modell verkörperte sich in der vor aller Augen geschehenden, jeden Einzelnen betreffenden, unaufhaltsamen Umgestaltung der Welt durch Naturwissenschaften und Technik. Der Begriff des Fortschritts wurde zunehmend auf diesen Prozess hin verengt: Fortschritt als die andauernde Mutation der technischen Zivilisation. Diese vernetzt sich immer enger mit der Wirtschaft. Denn die Technik schafft Geld, aber dazu braucht sie auch welches.

Fortschrittskritik ist so alt wie der Fortschritt selbst. In der Schweiz mit ihrem Phantasma vom alpin-arkadischen Ursprung bestand von Anfang an jene Möglichkeit, deren sich auch Haller bediente, nämlich alles Negative in die »großen Städte« oder nach »Europa« auszulagern. Bald wurden nicht nur die Laster und der Luxus dort angesiedelt, sondern auch alle naturfeindlichen Auswüchse der technischen Zivilisation. Um 1900 herum machte der Heimatroman aus diesem Stadt-Land-Gegensatz ein erfolgreiches literarisches System, das seinen Absatz ironischerweise vorwiegend in den großen Städten selbst fand.

Es gibt allerdings eine Kritik an der technischen Zivilisation und ihrer Verknüpfung mit wirtschaftlichen Spekulationen, die nicht auf falsche Gefühle und konstruierte Idealwelten zurückgeführt werden kann, sondern sich dem unbestechlichen Blick auf die Gegenwart verdankt. Sie spielt in der Literatur der Schweiz eine bedeutende Rolle, weil einer ihrer größten Autoren, Gottfried Keller, dafür eine Ur-Erzählung geschaffen hat, die in einem gewaltigen Bild alles vorwegnimmt, was in den ökologischen Bewegungen des späten 20. Jahrhunderts ins breite Bewusstsein gebracht und politisch eingefordert wurde. Man kann diese Erzählung, kann ihre Darstellung von Natur und Wirtschaft unter das Stichwort *Nachhaltigkeit* bringen, wobei dieser Begriff allerdings einer vorauslaufenden Kritik und Präzisierung bedarf.

Viele sprachbewusste Zeitgenossen ärgern sich heute über den inflationären und oft eifernd-gefühlsbesetzten Gebrauch dieses Wortes. Auch hält man dieses gern für eine dilettantische Adaption des englischen Ausdrucks *sustainable/sustainability.* Tatsächlich aber ist *nachhaltig/Nachhaltigkeit* ein altes deutsches und auch schweizerisches Wort. Im Deutschen Wörterbuch der Brüder Grimm wird als ältester Beleg dafür eine Stelle bei Gotthelf angeführt. Der Kasseler Wirtschaftswissenschaftler Hans G. Nutzinger hat darauf hingewiesen, dass schon 1713 der kursächsische Oberberghauptmann von Carlowitz in einem Buch zur »Wilden Baum-Zucht«, das heißt zur Waldpflege, »die continuirlich beständige und nachhaltende Nutzung« der Forste gefordert hat.[16] Die Grundidee, dass aus einem Wald nur so viel Holz verwertet werden darf, als auch wieder nachwächst, so dass der Gesamtbestand immer gewahrt bleibt, ist also alt. Sie hat die deutsche und die schweizerische Waldkultur seit Jahrhunderten bestimmt, wobei in der Schweiz die Bannwälder der Lawinengebiete als besonders dramatische Beispiele hinzukamen. Dieser präzise Sinn des Wortes Nachhaltigkeit wurde allerdings verwässert durch die »Weltkommission für Umwelt und Entwicklung«, die sogenannte Brundtland-Kommission, welche 1987 in ihrem vielzitierten Bericht *Unsere gemeinsame Zukunft* den Begriff des *sustainable development* in die Welt setzte. So, als nachhaltige Entwicklung, geriet der genaue Ausdruck zum unscharfen Schlagwort, das heute unsinnigerweise auch auf die Nutzung von gar nicht erneuerbaren Energien wie Erdöl und Erdgas angewendet wird. Wer sich über die diffuse Allgegenwart des Wortes ärgert, hat also recht; er darf es aber nicht dem Wort selbst ankreiden.

Der Fortschritt schlachtet die Rieseneiche

Gottfried Keller hat in seinem Bericht über einen geschlachteten Baum das falsche und das richtige Verhalten gegenüber der Natur erschütternd dargestellt. Der Wald war für ihn ein Ursprungsraum, zu dem er immer wieder floh. Mit den Bergen konnte er nicht viel anfangen. In den Wäldern um Zürich war der schon früh als Versager und Nichtstuer Verschriene frei von den bösen Zungen in den engen Gassen der Altstadt. Und tatsächlich hat Keller noch Wälder gekannt, wie es sie heute nicht mehr gibt. Zwischen Zürich und dem Rhein erstreckten sich Eichenwälder von europäischer Berühmtheit. Keine Urwälder waren das, sondern umsichtig angelegt in Jahrhunderten. Täglich trieb man dort die Schweine hinein, die ja von den Eicheln lebten. »Die Schinken wachsen auf den Bäumen«, sagt ein mittelalterliches Sprichwort. Als die Kartoffeln aufkamen, bedurfte es der Eicheln nicht mehr, umso mehr aber schon bald der Eichen selbst. Denn von 1850 an explodierte der Eisenbahnbau im Land, und dieser brauchte Schwellen, und die Schwellen brauchten Eichen. So wurden die Baumriesen denn zu Tausenden abgeholzt und durch rascher wachsende Sorten ersetzt. Keller aber hatte die alten Eichenwälder noch erlebt und ihnen in seinem *Waldlied* ein herrliches Denkmal gesetzt.

Es ging bei Keller nie nur um die romantische Einswerdung mit einer zum Seelenraum stilisierten Natur. Sein Blick war stets auch ökonomisch und ökologisch. Und merkwürdigerweise ist gerade diese Sehweise eng verbunden mit seiner witzigsten Erfindung: der Stadt Seldwyla. Diese Stadt ist das Gegenteil von dem, wofür sie gemeinhin ausgegeben wird. Wer heute von Seldwyla spricht und von Seldwylereien, meint einen Inbegriff des Spießbürgertums, meint Kleinlichkeit, Knickrigkeit, Engstirnigkeit und fehlende Phantasie. In Wahrheit aber verstoßen Kellers Seldwyler gegen alle Normen der bürgerlichen Ordnungsliebe. Sie sind Verschwender, Genießer und Festbrüder, faul wie die Katzen in der Sonne und auf so unbekümmerte Weise liederlich, dass man es ihnen gar nicht übelnehmen kann. Mit etwa fünfunddreißig Jahren macht jeder von ihnen unweigerlich Konkurs, und dann wandern sie aus und bringen es in der Fremde tatsächlich zu etwas, oder sie beginnen zu fischen und sonstwie herumzuwerkeln und überleben – ja, wie können sie denn da überhaupt überleben? Überleben können sie wegen ihrer Wälder. »Unabsehbare Waldungen«, sagt Keller, ziehen sich auf den Höhen nördlich von Seldwyla dahin, und diese gehören allen, und so haben die Seldwyler immer warm im Winter, und die Stadt kann überdies so viel Holz verkaufen, dass auch die Fallierten und Verarmten noch genug zum Leben haben.

Keller entwirft mit dieser Stadt und ihren Bewohnern das Bild einer vorkapitalistischen Insel mitten in der zunehmend erfolgsorientierten, wirtschaftsbewussten Schweiz. Kapital bedeutet für die Seldwyler nichts anderes als die Möglichkeit zu unmittelbarem Genuss. Statt es umsichtig wieder anzulegen, sparsam im Sinne von Max Webers protestantischer Ethik, machen sie sich damit eine gute Woche, und dann schauen sie, wie es weitergeht. Beschützt von ihren »unabsehbaren Waldungen« führen sie ein glückseliges Lotterleben – was allerdings nur möglich ist, weil sie die Substanz dieser Ressourcen nie angreifen. Sie nutzen nur, was alljährlich anfällt. Das tun sie mehr aus Instinkt denn aus Berechnung, einfach weil man es mit dem genossenschaftlichen Besitz immer so gehalten hat.

1856 kam der erste Band der *Leute von Seldwyla* heraus, fast zwanzig Jahre später erst, 1874, der zweite. Die letzte Erzählung des zweiten Bandes, der Schlusstext also des ganzen Unternehmens, ist zugleich der epische Bericht über das Ende von Seldwylas zwielichtiger Herrlichkeit. Und weil die Seldwyler eine große Kumpanei von Lachfreudigen sind, wird der Kehraus ihrer unzeitgemäßen Lebensweise unter den Titel gestellt: *Das verlorene Lachen*. Die Novelle ist einerseits eine Liebesgeschichte und andererseits eine grimmige wirtschaftsgeschichtliche Analyse. Der Held der Novelle, mit dem schönen Namen Jukundus Meyenthal, ist in jeder Hinsicht der letzte Seldwyler: Er ist liebenswürdig, gutmütig und ein ökonomischer Versager. Nur haben sich nun die Zeiten geändert, und die großen Wälder retten ihn nicht mehr. Im Gegenteil, gerade weil er sich um sie Sorgen macht und sie erhalten möchte, gerät er in den Ruf eines schlechten Kaufmanns und macht Konkurs.

Das Ende der kleinen Utopie Seldwyla wird dadurch bewirkt, dass die Seldwyler nun auch so wirtschaften wollen, wie es im nahen Zürich unter der Führung Alfred Eschers inzwischen zu einem sensationellen Ereignis geworden ist. Eisenbahnen wurden aus dem Boden gestampft und Bankhäuser errichtet, und zeitweise überschlugen sich förmlich die Gründungen von Aktiengesellschaften. Nach 1872 kam es zu der erwähnten Finanzblase in Deutschland und Österreich, aber auch in der Schweiz, die schon damals keine Insel war. Geld war billig, die Aktienkurse stiegen unaufhaltsam, viele Aktiengesellschaften wurden allein zum Handel mit den Papieren gegründet, ohne Realwert im Hintergrund. Zum ersten Mal erlebten breite bürgerliche Kreise, dass man im Handumdrehen reich werden konnte, ohne auch nur einen Hammer oder eine Säge in die Hand nehmen zu müssen. Alles boomte, bis am 9. Mai 1873 die Wiener Börse zusammenbrach. Es war an einem Freitag, er wurde der Schwarze Freitag genannt und war der erste seines Namens in der Geschichte. (Jener andere Schwarze Freitag von 1929, der heute sprichwörtlich ist und in Wahrheit ein Donnerstag war, wurde nach ihm benannt.) Wien steckte Berlin an und Berlin New York. Die Finanzmärkte krachten zu Boden. Europa kam zwanzig Jahre lang nicht mehr aus der wirtschaftlichen Depression heraus.

Als dies geschah, saß Gottfried Keller an seiner Novelle über das

Ende von Seldwyla, und er übernahm die Wirtschaftskrise brühwarm in seine Erzählung. Die stolze Unternehmerfamilie vom Zürichsee, aus der des Jukundus Frau stammt, wird davon brutal betroffen, und in dem schrillen Elend scheitert auch die Ehe des letzten Seldwylers mit der schönen Justine. Sein kleiner Konkurs spiegelt sich im größeren, und dieser wiederum verweist auf die Krise der ganzen ökonomischen Welt.

Gottfried Keller, der eine Geschichte erzählt und keine wirtschaftswissenschaftliche Abhandlung schreibt, erspart sich den Blick in die Höllenszenen an den europäischen Börsen von 1873 (den sich ein Balzac allerdings nicht hätte entgehen lassen). Dafür verdichtet er alles symbolisch an einem einzigen Stück Wirklichkeit, einer riesigen Eiche. Deren Schändung steht stellvertretend für die Schändung der alten Wälder, die nun auch in Seldwyla eingesetzt hat, und die Schändung der Wälder steht ihrerseits stellvertretend für eine Ökonomie, die um des raschen Gewinnes willen den angestammten Instinkt für das Maß, für die Nachhaltigkeit im genauen Wortsinn, verloren hat.

Nicht mehr fröhlich leben wollen also diese neuen Seldwyler, sondern Geld wollen sie, so viel wie möglich und so rasch wie möglich. Keller: »Jetzt begannen die hundertjährigen Hochwaldbestände zu fallen und auch sofort dem Strich der Hagelwetter den Durchlass auf die Weinberge und Fluren zu öffnen.«[17] Das verweist auf den ursächlichen Zusammenhang zwischen Ausbeutung der Natur und Naturkatastrophe, der uns heute so bitter bekannt ist. Dann geht es auch an die jüngeren Wälder, und »die Berghänge« wurden »immer kahler«. Hier geschieht der schlimme Akt. Die hohen Stämme hat man seit jeher von Zeit zu Zeit geschlagen, um sie zu nutzen und die jüngeren gesund nachwachsen zu lassen. Jetzt aber werden schon diese niedergelegt und verschachert. Keller spricht unverblümt von »Baumschlächterei«. Das Waldlied verstummt. Und mitten in der Erzählung erscheint das mythische Opfer des falschen Fortschritts:

> Da wurde an einer schief und spitz sich hinziehenden Berglehne, welche der Wolfhartsgeeren hieß, ein schönes Stück Mittelwald geschlagen. Aus demselben hatte von jeher eine gewaltige Laubkuppel geragt, welche eine wohl tausendjährige Eiche war, die

> Wolfhartsgeeren-Eiche genannt. In älteren Urkunden aber besaß sie als Merk- und Wahrzeichen noch andere Namen, die darauf hinwiesen, dass einst ihr junger Wipfel noch in germanischen Morgenlüften gebadet hatte. Wie nun der Wald um sie her niedergelegt war, weil man den mächtigen Baum für den besondern Verkauf aufsparte, stellte die Eiche ein Monument dar, wie kein Fürst der Erde und kein Volk es mit allen Schätzen hätte errichten oder auch nur versetzen können. Wohl zehn Fuß im Durchmesser betrug der untere Stamm und die waagrecht liegenden Verästungen, welche in weiter Ferne wie zartes Reisig auf den Aether gezeichnet schienen, waren in der Nähe selbst gleich mächtigen Bäumen. Meilenweit erblickte man das schöne Baumdenkmal und viele kamen herbei, es in der Nähe zu sehen.

Der seltsam sperrige Name des Baumes spiegelt seine Einzigartigkeit, und dass dieser Name nach dem Zeugnis verschiedener Urkunden noch viel ältere Vorgänger hatte, zeigt, wie das gewaltige Wesen auch der Zeit und Vergänglichkeit widersteht. Ein Hauch von Ewigkeit umweht es, etwas im naturmythischen Sinne Göttliches. Deshalb kommen auch viele Leute, um den Baum zu sehen, zu berühren und ihren Kindern zu zeigen, Pilger einer natürlichen Frömmigkeit.

Wer sich an der Natur vergreift, vergreift sich an der Republik

Für die neuen Seldwyler steht fest, dass auch dieser Baum verwertet werden muss. Sie sehen in ihm nur das Quantum Holz. Dem Jukundus aber greift das ans Herz. Und es ist nun aufschlussreich, dass Keller als Grund für diese Empfindung seines Helden nicht einfach Ehrfurcht vor der Natur anführt, sondern auch politische Überlegungen. Jukundus versucht zunächst die Seldwyler, später sogar die Kantonsregierung zur Erhaltung der Eiche zu bewegen, jedes Mal mit staatsbürgerlichen Argumenten. Es wird daraus ein kleines Lehrstück föderalistischer Politik und Engstirnigkeit:

> [Jukundus] stellte vor, wie gut es dem Gemeinwesen anstehen würde, solche Zeugen der Vergangenheit als Landesschmuck bestehen zu lassen und ihnen auf allgemeine Kosten Luft und Tau und die Spanne Erdreich ferner zu gönnen; wie die verhältnismäßig kleine Summe des Erlöses nicht in Betracht kommen könne gegenüber dem unersetzlichen inneren Wert einer solchen Zierde. Allein er fand kein Gehör; gerade die Gesundheit des alten Riesen sollte ihn sein Leben kosten, weil es hieß, jetzt sei die rechte Zeit, den höchsten Ertrag zu erzielen; wenn der Stamm einmal erkrankt sei, sinke der Wert sofort um vieles. Jukundus wandte sich an die Regierung, indem er die Erhaltung einzelner schöner Bäume, wo solche sich finden mögen, als einen allgemeinen Grundsatz belieben wollte. Es wurde erwidert, der Staat besitze wohl für Millionen Waldungen und könne diese nach Gutdünken vermehren, allein er besitze nicht einen Thaler und nicht die kleinste Befugnis, einen schlagfähigen Baum auf Gemeindeboden anzukaufen und stehen zu lassen.

Die Stelle nimmt sich aus wie eine harmlose politische Komödie. Sie ist aber aussagekräftig für die Selbstverständlichkeit, mit der in der Schweiz schon des 19. Jahrhunderts Natur und Politik verknüpft werden. Während die klassisch-romantische Tradition die Natur zum außergesellschaftlichen Raum stilisiert, zum Ort eines grundsätzlich Andern, bald paradiesisch, bald dämonisch, ist sie bei Keller, obwohl tief verehrt, doch auch eine politische Wirklichkeit. Politik umfasst in der Demokratie alles. Sie ist nicht eine hässliche Sperrzone in einer sonst schönen Welt, nicht der unsympathische Bereich, in dem gestritten, über Menschen verfügt und Krieg ausgebrütet wird, sondern etwas, an dem jeder Einzelne beteiligt ist. Und wenn er ein guter Mensch ist, schlägt das auch durch in sein politisches Handeln; ist er ein Schuft, geschieht das gleiche. Daher kann, daher muss bei Keller das mythische Naturereignis der tausendjährigen Eiche zum Politikum werden. Der heilige Baum wird dadurch nicht entehrt; es ist vielmehr die Politik, die sich ihm gegenüber in ihrer Sittlichkeit entweder bewährt oder aber das Gesicht verliert und in geiziger Kläglichkeit dasteht. Die Schweiz mit ihrem Traumbild vom Naturstaat in den Bergen – Natur, Vernunft, Freiheit – muss im politischen

Handeln ein besonderes Verhältnis zur Natur wahren. Sie hat das vielfach getan, und sie hat vielfach dagegen verstoßen. Ein Beispiel für letzteres ist die Wolfhartsgeeren-Eiche.

Die Tragödie von Gier und Unvernunft nimmt ihren Gang. Jukundus, mit seinen politischen Vorstößen gescheitert, kauft in seiner Herzensnot den herrlichen Baum selbst. Er »säuberte den Boden und stellte eine Bank unter den Baum, unter dem es eine schöne Fernsicht gab, und jedermann lobte ihn nun für seine That und ließ sich den Anblick gefallen. Aber von diesem Augenblick an suchte auch jedermann, ihn zu benutzen und zu übervorteilen.« Er hat gegen seinen ökonomischen Nutzen gehandelt. Damit gilt er als kaufmännisch unzuverlässig; man meidet ihn als Geschäftspartner und versucht umso eifriger, ihn übers Ohr zu hauen. Er macht Konkurs. Alles, was er noch hat, muss er verkaufen, auch die Eiche. Damit ist deren Schicksal besiegelt. Wie sie gefällt, wahrhaftig geschlachtet wird, das gestaltet sich bei Keller zu einer unvergesslichen Szene. Als die Aktion bekannt wird, strömt das Volk herbei und lagert sich weit herum; »Tausende« seien es, sagt der Erzähler. Alle sind erfasst von einem »erregten Gefühl«, ohne recht zu wissen, warum. Es geht um eine spektakuläre Hinrichtung, das mag die Neugier anstacheln. Dass hier aber auch ein unersetzbarer Wert der Kultur und der von allen zu verantwortenden Politik vernichtet werden soll, dass hier das ganze Land Schaden nimmt, das wissen, außer Jukundus, nur die kummervollen Leser. Die Seldwyler scheinen in der Sache unempfindlich. Zur Strafe dafür verkleinert sie der Erzähler, kaum ist der Riese gestürzt, zu krabbelnden Winzlingen.

> Der Käufer des Baumes stellte sogleich ein Dutzend Männer ein, welche dessen Wurzeln frei machten und untergruben und volle acht Tage damit zu schaffen hatten. Als man endlich so weit war, dass der Baum umgezerrt werden konnte, strömte ganz Seldwyla auf die Berghalde hinaus, um den Fall mit anzusehen, und Tausende von Menschen waren rings herum gelagert, mit Speise und Trank wohl versehen.
>
> Starke Taue wurden in der Krone befestigt, lange Reihen von Männern daran gestellt, welche auf den Befehlsruf zu ziehen begannen; die Eiche schwankte aber nur ein weniges und es musste

Stunden lang wieder gelös't und gesägt werden in den mächtigen Wurzeln. Das Volk aß und trank unterdessen und machte sich einen guten Tag, aber nicht ohne gespannte Erwartung und erregtes Gefühl.

Endlich wurde der Platz wieder weithin geräumt, das Tauwerk wieder angezogen und nach einem minutenlangen starken Wanken, während einer wahren Totenstille, stürzte die Eiche auf ihr Antlitz hin mit gebrochenen Ästen, dass das weiße Holz hervorstarrte. Nach dem ersten allgemeinen Aufschrei wimmelte es augenblicklich um den ungeheuren Stamm herum. Hunderte kletterten an ihm hinauf und in das grüne Gehölz der Krone hinein, die im Staube lag. Andere krochen in der Standgrube herum und durchsuchten das Erdreich. Sie fanden aber nichts, als ein kleines Stück gegossenen dicken Glases aus der Römerzeit, das vor Alter wie Perlmutter glänzte, und eine von Rost zerfressene Pfeilspitze.

Durch die vielen, die da gemeinsam mitarbeiten, wird die Zerstörung als ein Werk des verblendeten Volkes verdeutlicht. Es geht um ein kollektives Schuldigwerden, einen Vorgang, der in der Schweizer Literatur seine eigene Tradition hat. Dieses Kollektiv wird auch in den wimmelnden und kletternden »Hunderten« sichtbar. Besonders hintergründig aber ist der Schluss der Passage, als die Leute den Wurzelboden durchwühlen. Das Außerordentliche des Baumes hat die dumpfe Vorstellung von einem Schatz erweckt, der da vergraben liegen könnte. Was sie finden, ist fast nichts, keine Kostbarkeit auf jeden Fall, allerdings, mit dem römischen Glas, der Beweis des mehr als tausendjährigen Alters der Eiche. Für den tatsächlichen Schatz, den sie in dem Baum besaßen, waren die Bürger blind. Dafür hofften sie, auf Gold und Silber in der Tiefe zu stoßen, und werden nun enttäuscht. Das wird leichthin erzählt, ist aber ein hinreißend genauer Kommentar zum Ganzen. Man kann es als symbolische Darstellung jedes Verstoßes gegen die Nachhaltigkeit lesen: Ein dauernder Wert, der sich täglich auszahlt, wird vernichtet um eines einmaligen Gewinnes willen. Schon der alte Aesop im frühen Griechenland hat über solches Verhalten eine Fabel geschrieben. Es ist die Geschichte von der Frau, deren Huhn täglich ein goldenes Ei legt und die den nützlichen Vogel eines Tages schlachtet, um an den vermuteten Schatz im Innern zu kommen. Sie findet aber nur die üblichen Eingeweide. Aesop darf als der erste Theoretiker der Nachhaltigkeit gelten.

Wie wichtig Keller die Geschichte der Wolfhartsgeeren-Eiche war, wird daran sichtbar, dass er deren Sturz noch ein zweites Mal zeigt. Unmittelbar nach dem zitierten Bericht wechselt der Erzähler die Perspektive. Der Baum und sein Sturz erscheinen jetzt von weiter Ferne, als optisches Phänomen am Horizont. Der es sieht, ist Jukundus, welcher als Gescheiterter aus Seldwyla wegzieht:

> Auf einer fernen Berghöhe, über welche eben Jukundus mit den Seinigen langsam hinwegfuhr, riefen arbeitende Landleute plötzlich, nach dem Horizont hinweisend: »Seht doch, wie die alte Wolfhartsgeeren-Eiche schwankt, weht denn dort ein Sturmwind?« Denn sie konnten die Leute nicht sehen, die daran zogen. Jukundus blickte auch hin und sah, wie sie plötzlich nicht mehr dort und nur der leere Himmel an der Stelle war.
>
> Da ging es ihm durchs Herz, wie wenn er allein Schuld wäre und das Gewissen des Landes in sich tragen müsste.

Gottfried Kellers Prosa arbeitet auch hier mit sehr feinen Signalen. Der leere Himmel ist einerseits eine sachliche Beschreibung des veränderten Horizonts, andererseits aber hat der Ausdruck einen unheimlichen Beiklang. Der sterbende Gott ist eine Schlüsselmetapher im Denken des 19. Jahrhunderts und in ihrem Gefolge auch die Vorstellung von einem leeren Himmel. Nietzsche hat sein Schlagwort »Gott ist tot« von Heines ebenso unerbittlichen, aber weniger plakativen Formulierungen übernommen. Gottfried Keller, der die persönliche Unsterblichkeit ablehnte, aber an einen weltimmanenten Gott glaubte – »Gott strahlt von Weltlichkeit«[18] –, bringt den leeren Himmel in Zusammenhang mit der geschändeten Natur und der verkehrten Politik. Die Leere geht hier nicht auf einen gestorbenen Vatergott zurück, sondern auf den verlorenen Einklang zwischen Natur und Staat, auf den im Werk des jungen Keller verschiedentlich angespielt wird. Auch das berühmte *Waldlied* kann man als rauschendes Sinnbild für die intakte Demokratie lesen. Der leere Himmel, der nach der Schlachtung des Baumriesen zurückbleibt, steht für das Verschwinden der sinnstiftenden Werte aus der demokratischen Gesellschaft. An ihre Stelle tritt der Profit, der zwar messbar ist, aber durch diese Eindeutigkeit nur den Schaden verdeckt, den er anrichtet.

Der beklemmende Satz, der auf das Verschwinden der Eiche am Horizont noch folgt, will zunächst schwer einleuchten. Warum soll Jukundus allein Schuld sein? Er hat ja alles getan, um den Baum zu retten. Keller versucht jedoch nur, die Erfahrung zu vergegenwärtigen, die dem Jukundus »durchs Herz geht«. Weil er in einer verblendeten Gesellschaft als einziger die Wahrheit erkennt, als einziger sieht, wie die Schweiz unter der Parole von Fortschritt und Prosperität sich selbst zu schaden angefangen hat, kommt es ihm vor, als müsste er ganz allein »das Gewissen des Landes in sich tragen«. Damit wird die politische Bedeutung des Baumes noch einmal herausgestellt. Und im Gegensatz zum frühen Keller, der sich in seiner Begeisterung für das erneuerte Vaterland unter Gleichgesinnten aufgehoben fühlte, erscheint jetzt der Umriss eines einsamen Mannes, der die Mehrheit auf falschen Wegen sieht.

Natur, Vernunft und Freiheit sind nicht nur die drei Säulen von Hallers Alpenvision. Sie bilden in einer spezifischen Ausprägung tatsächlich das Fundament der neueren Schweiz. Wo gegen eine von ihnen verstoßen wird, gerät das Ganze in Gefahr. Keller verdichtet die Natur im gewaltigen Baum und demonstriert in dessen Schicksal die Verknüpfung der Natur mit der politischen Vernunft. Diese ist ihrerseits abhängig von der Freiheit. Wenn sie zur Unvernunft wird, missbraucht sie die Freiheit und tut ihr, in zwingender Gegenwirkung, längerfristig Schaden an.

Das Phantasiebild widerspricht der Dynamik der Schweiz

Das Kalb vor der Gotthardpost und die Wolfhartsgeeren-Eiche sind je auf ihre Art Opfer der »beschleunigten Processe«, von denen Jacob Burckhardt spricht, des modernen Fortschritts also, und sie verkörpern je auf ihre Art den dramatischen Vorgang eines zerstörten Idylls. Für das kollektive Traumleben der Schweiz gilt der paradoxe Imperativ, dass das Idyll um des Fortschritts willen zerstört, um der Trias von Natur, Vernunft und Freiheit willen aber erhalten werden muss. Das

Idyll ist der Ursprung und damit, wie jeder Ursprung, unveränderlich. Die Gewalt, die der Ursprung über die Menschen ausübt, beruht darauf, dass er immer schon verloren ist, aber gerade so auch das Dauernde verkörpert. Nur als verlorener kann der Ursprung gegenwärtig bleiben und zum Maß der politischen und gesellschaftlichen Dinge werden. Der Satz von Karl Kraus: »Ursprung ist das Ziel«[19], der für Walter Benjamin so wichtig war, spricht diese Gleichzeitigkeit von Präsenz und Verlust aus.

Man kann nun einwenden, dass kein vernünftiger Mensch in der heutigen Schweiz noch die Vorstellung hegt, es habe in den Alpen je eine Gesellschaft gegeben, welche die menschliche Sehnsucht nach einem vollkommenen Zusammenleben erfüllte. Das trifft zweifellos zu. Aber die kollektive Phantasie ist eine komplexe Gegebenheit und arbeitet mit einer eigenen Logik. Wie oben gesagt wurde, lebt das politische Phantasiebild der ursprünglichen Schweiz in jedem einzelnen seiner Teile weiter, und zwar auch dann, wenn es als Ganzes schon lange nicht mehr beschworen und vergegenwärtigt wird. Die Symbolkraft der Teile ist weiterhin da. Selbst wenn der Bilderbogen durch die Vermarktung zum Klischeearsenal geworden und durch ungezählte Parodien abgewertet ist, kann er sich von den Einzelheiten her immer wieder regenerieren. Diese tragen das Zeichen des Ursprungs und verweisen so auf ein zwar nicht benennbares, aber erlebtes gültiges Maß.

Hier liegt vermutlich auch der Grund für die umstrittene These von der Schweiz als Sonderfall. An sich hat jedes Land seine Individualität. Die Differenzen im gesellschaftlichen und politischen Verhalten sind zwischen allen europäischen Nachbarländern enorm. Daran haben weder die EU noch der Euro etwas geändert. Es gibt so etwas wie einen nationalen Stil, der das sozialpolitische Leben eines Landes prägt. Durch ihn unterscheiden sich die Nationen für den außenstehenden Betrachter unübersehbar. Dass sich in der Schweiz aber hartnäckig die Vorstellung hält, sie sei in einer ganz anderen Weise ein Sonderfall, als alle andern Sonderfälle Sonderfälle sind, hängt nicht mit ihrer Viersprachigkeit und den Verfahren der direkten Demokratie zusammen, sondern mit dem Gedanken eines einzigartigen Ursprungs. Die Kernbehauptung ist dabei, wie in Hallers Alpenvision, die Abgeschlossenheit in den Bergen und die Selbsterhaltung aus eigenen Ressourcen. Auch das letztere wird ja von Haller unterstellt, wenn er den Käse »der Alpen Mehl« nennt, was heißen will, dass man hier auf kein Getreide angewiesen sei, wie es in den flachen Ländern wächst. Das ist zwar Unsinn, denn der früh beginnende Export von Milchprodukten aus den Alpentälern diente nicht zuletzt dem Import des dringend benötigten Getreides und seiner Verarbeitungen. Aber eine Gesellschaft wird von ihren kollektiven Phantasien zwingender regiert als von geschichtlichen Tatsachen. Die Phantasie kümmert sich nicht um den Stand der geschichtlichen Entwicklung. Wenn die Tatsachen ihr widersprechen, umso schlimmer für die Tatsachen. Weder die Ergebnisse der Wissenschaft noch die Argumente der Vernunft kommen an gegen die kollektive Phantasie. Ihre Macht ist in den Menschen so stark wie die Macht der Hormone. Die Schweiz ist kein Sonderfall, sie hat nur eine Sonderphantasie.

Die Schweiz war immer ein Land der Pässe, des internationalen Verkehrs, des Güteraustauschs und des Exports von jungen Männern, auch von Marketenderinnen, auf die europäischen Schlachtfelder. Im Gegensatz zum Phantasiebild war die Unterhaltung der Verkehrswege, die Bewirtschaftung der Transporte über die Passwege und auf den Seen am Alpenrand, war die Ausreise der arbeitslosen Jugend, ihr Auf-der-Strecke-Bleiben oder Heimkehren (sei's mit Geld, sei's mit fehlenden Gliedmaßen), seit jeher die entscheidende Dynamik der Schweiz. Dieser mächtigen Bewegtheit stellte das Phantasiebild ein Prinzip der zeitlosen Ruhe gegenüber. Es war, wie die These vom Sonderfall, ein Konstrukt von fortdauernder Wirkung.

Ein sprechendes Zeichen für diese Differenz der Vorstellungen ist der Unterschied zwischen Goethes und Schillers Tell-Konzept. Goethe hegte den Plan zu einem Tell-Epos, als Schiller noch lange kein Interesse an dem Stoff zeigte. Nach seinen poetischen Gepflogenheiten ließ er das Projekt im Kopf Gestalt annehmen, bevor er auch nur ein Wort zu Papier brachte. Dies geschah insbesondere auf seiner Schweizer Reise von 1797, als er vom 28. September bis zum 8. Oktober, ausgehend vom Zürichsee, über Schwyz und Altdorf auf den Gotthard wanderte und anschließend über Stans, Luzern und Zug zurück an den Zürichsee. Dort, in Stäfa, studierte er bei seinem Freund Johann Heinrich Meyer auch die Gründungsgeschichte der

Eidgenossenschaft in Tschudis *Chronicon helveticum*. Und von hier aus schrieb er am 14. Oktober, morgens im Bett, an Schiller, um ihm das Tell-Projekt mitzuteilen. Goethe hatte also das Werk während einer intensiven Erkundung der Örtlichkeiten und Szenerien entwickelt, in denen die Tell-Legende spielt. Er sah genau, dass die Innerschweiz durch die Pässe und Seewege eine Verkehrslandschaft war, keine abgerückte Zone in einem schwer zugänglichen Gebirge. Deshalb konzipierte er seinen Tell als Säumer, als einen der Männer also, welche mit ihren Maultieren die Güter des Nordens und des Südens über die Alpen transportierten. Wie so viele Projekte, die in seinem Kopf bereits weit gediehen waren, blieb auch Goethes *Tell* ungeschrieben, obwohl ihm Schiller in dem langen Antwortbrief vom 20. Oktober bewies, dass dieses Werk im Rahmen seiner dichterischen Entwicklung jetzt genau richtig sei und unbedingt verwirklicht werden müsse. Doch gerade durch diese Anteilnahme kam Schiller einige Jahre später selbst auf den Geschmack, und Goethe trat ihm den Stoff freundschaftlich ab. Schiller aber hatte Haller im Kopf und dessen Gebirgsvolk im zivilisationsfernen Naturstaat. Diesen führte er in seinem Schauspiel vor, zu Beginn in der Krise des gebrochenen Idylls, am Ende in der festlichen Wiederherstellung nach der Vertreibung der fremden Richter und Regenten. Jetzt war Tell kein Säumer mehr, kein Verbindungsmann zwischen Italien und Deutschland, sondern ein einsamer Jäger im Hochgebirge, dessen unbedingt autonome Existenz die Autonomie seines Volkes spiegelt. Der Aufstieg des Stücks zum Nationaldrama der Schweiz im 19. und 20. Jahrhundert – am Anfang war man über das Werk nicht eben begeistert gewesen – zementierte auch das Hallersche Phantasiebild in einer Weise, die bis heute aller Kritik und allen Verulkungen zu widerstehen vermocht hat.

Die politische Sprache verkümmert

Zu den modernen Auswirkungen der untergründig fortlebenden Ursprungsträume gehört der Isolationalismus, der in der heutigen Schweiz eine große Anhängerschaft besitzt und zu einer seltsamen Klaustrophilie geführt hat. Er operiert mit einem emotionalisierten

Begriff von Neutralität, der ohne genauere Differenzierung mit Autonomie und Unabhängigkeit gleichgesetzt wird. Dass die Neutralität einst ein Diktat der europäischen Großmächte war, welche die Schweiz nur tolerierten, wenn sie sich bei den Kriegen auf dem Kontinent der Parteinahme enthielt und die Pässe für alle offen hielt, wird dabei übersehen. Die Isolationalisten halten die Neutralität vielmehr für ein Produkt des nationalen Unabhängigkeitswillens und diesen wiederum für ein Ereignis, das sich aus den Ursprüngen des Landes herleitet. Im Rahmen des politischen Systems und der politischen Praxis eines mit dem europäischen Kontinent wirtschaftlich, verkehrstechnisch und nicht zuletzt kulturell eng verflochtenen Landes ist die politische Sprache des Isolationalismus in dramatischer Weise unterkomplex. Für die genaue Verbalisierung der Probleme, die sich zwischen der Schweiz und ihren Nachbarländern fortlaufend ergeben, taugt sie nicht. Sie ist aber von rhetorischer Effizienz und täuscht durch ihre Simplizität eine Simplizität auch der politischen Probleme vor. Sie reduziert deren Komplexheit durch plakative Begriffe und überlässt es den Verantwortlichen, die Differenz auszutragen.

Faktisch werden in der Schweiz heute zwei verschiedene politische Sprachen gesprochen. Eine produktive Kommunikation zwischen den beiden Positionen ist nahezu unmöglich, weil die um Begründungen und Argumente bemühte Rede sich einer rein behauptenden, dogmatisch geprägten Diktion gegenübersieht. Das ist nicht ungefährlich; denn wenn die politische Kommunikation ernsthaft gestört ist, wächst die Gefahr der Gewalt. In der Welt der Politik wird die Gewalt nur durch den freien Meinungsaustausch auf der Basis gemeinsam anerkannter Grundbegriffe verhindert. Bröckelt diese Basis, stirbt der Dialog ab. An seine Stelle tritt Lärm. Dieser muss nicht zu Gewalt führen, aber er ist, wo sie sich denn einmal regt, nicht nur nutzlos, sondern kann sogar als Brandbeschleuniger wirken.

Die beiden politischen Sprachen unterscheiden sich voneinander genau so, wie das Phantasiebild eines naturhaften Ursprungs in der abgerückten Natur sich unterscheidet von der Wirklichkeit einer extrem beschleunigten technischen Zivilisation mit ihrer weltweit operierenden Wirtschaft und einem unberechenbaren, jeder einzelstaatlichen Kontrolle enthobenen Finanz- und Bankensystem. Dieses trägt in seinen bizarren Abläufen wahnhafte Züge und ist, was die

Plötzlichkeit und fatale Wirkung seiner Aktionen betrifft, mit dem Verhalten eines freilaufenden Geistesgestörten vergleichbar. Das zeigt sich an so absurden, eigentlich kindischen Tatsachen wie der, dass ein Funktionär, der in diesem System die Spitze der Karriereleiter erreicht, sich selbst Dutzende von Millionen im Jahr ausbezahlen lässt, seien es Dollar oder Euro oder Franken, Summen, die im Leben eines Einzelnen völlig sinnlos sind und an infantile Denkbilder wie den Gold scheißenden Esel erinnern.

Warum die Mehrheit nicht immer recht hat

Einer immer verwickelteren Welt gegenüber mit einer beschränkten politischen Sprache zu operieren ist für die Auseinandersetzung mit dieser Welt etwa so wirksam wie Meißel und Hammer bei einer Computerpanne. Es bringt aber immense Vorteile im Umgang mit einer von dieser Welt verunsicherten Gesellschaft. Wie die Linke mit einem ungeklärten, aber als evident hingestellten Begriff von Gerechtigkeit operiert, tut es die Rechte mit dem soziologisch und politisch nie auch nur andiskutierten Begriff des Volkes. Dieses, sagt man, habe in einer Demokratie immer recht. Tatsache ist, dass die Mehrheit der Stimmberechtigten in einer Demokratie das Recht setzt, dass sie damit aber von Fall zu Fall auch unrecht haben, ja sogar ein Unrecht begehen kann. Nur mit Hilfe einer unterkomplexen politischen Sprache können diese schlichten Fakten in den öffentlichen Debatten verschleiert bleiben. Dass der Wille der Mehrheit gilt und gleichwohl politisch und human falsch sein kann, ist die Zwickmühle der Demokratie. Ihre leidenschaftlichsten Vorkämpfer und Analytiker haben das immer gesehen und sorgenvoll zur Sprache gebracht. Glanzvoll tat es der junge Alexis de Tocqueville schon 1835 in seinem berühmten Werk *Über die Demokratie in Amerika*. Er lancierte das Wort von der »Tyrannei der Mehrheit«, das bereits als solches die ganze Schärfe der Zwickmühle enthält. Und mit römischer Knappheit formuliert er das Problem:

> Ich halte den Grundsatz, dass im Bereich der Regierung die Mehrheit eines Volkes das Recht habe, schlechthin alles zu tun, für gott-

> los und abscheulich, und dennoch leite ich alle Gewalt im Staat aus dem Willen der Mehrheit ab. Widerspreche ich mir damit selbst?[20]

Anschließend setzt er dem Willen der Mehrheit die Instanz der ganzen Menschheit und ihrer gemeinsamen sittlichen Überzeugungen entgegen. Mit diesen kann sich der Wille der Mehrheit decken, er kann aber auch gegen sie verstoßen. Der Gerechtigkeitsbegriff der ganzen Menschheit ist das Produkt der Vernunft, und von der Vernunft her definiert sich der Mensch, definiert sich die Menschheit. Der Autor kann also präzisieren:

> Wenn ich daher einem ungerechten Gesetz den Gehorsam verweigere, spreche ich keineswegs der Mehrheit das Recht ab, zu befehlen; ich appelliere lediglich von der Souveränität des Volkes an die Souveränität der Menschheit.
>
> Es gibt Leute, die sich nicht scheuen zu erklären, ein Volk könne in Dingen, die nur es selbst angehen, die Grenzen der Gerechtigkeit und der Vernunft gar nicht gänzlich überschreiten, und man brauche sich daher nicht zu bedenken, der Mehrheit, die es repräsentiert, jede Gewalt einzuräumen. Aber das ist die Sprache eines Sklaven.

Ein erschreckender Schluss. Er unterstellt nichts anderes, als dass auch der Demokratie die Möglichkeit innewohne, systemkonsequent in eine Diktatur umzuschlagen. Und tatsächlich kann man nachweisen – auch der Historiker Herbert Lüthi hat mehrfach darauf aufmerksam gemacht[21] –, dass sich seit der blutigen Herrschaft der Jakobiner in Paris alle totalitären Diktaturen auf das Volk und dessen Willen berufen haben. Sie tun es heute noch und immer sehr laut. Tocqueville, der Theoretiker der Demokratie zu genau jener Zeit, als diese in vielen Kantonen der Schweiz erstmals folgerichtig verwirklicht wurde, in den Jahren nach 1830, kommt zuletzt zu dem alle Staatsformen einbeziehenden Schluss:

> Ich halte die Allmacht für in sich schlecht und gefährlich. Ihre Ausübung scheint mir die Kräfte jedes Menschen zu übersteigen. [...] Sobald ich daher sehe, dass man das Recht und die Möglich-

keit, schlechthin alles zu tun, irgendeiner Macht zugesteht, man mag sie nun Volk oder König, Demokratie oder Aristokratie nennen, man mag sie in einer Monarchie oder in einer Republik ausüben, sobald ich das sehe, sage ich: Das ist der Keim zur Tyrannei, und ich werde versuchen, unter anderen Gesetzen zu leben.

Genau besehen, ist das von Hallers dreifachem Fundament der Schweiz, Natur, Vernunft und Freiheit, gar nicht weit entfernt. Denn wenn die Freiheit sich an der Vernunft misst, tut sie dies an den Normen der ganzen Menschheit.

Nun kann man der Meinung sein, die Ausführungen eines französischen Adligen mit demokratischen Neigungen seien für die Reflexion der politischen Schweiz über sich selbst wenig relevant. Aber im großartigsten Roman, den die Schweiz besitzt, wird genau diese Reflexion unerbittlich durchgeführt. Gottfried Kellers grüner Heinrich wird auf seinem Heimweg von München von einem Rausch des politischen Vertrauens in die junge Republik erfasst, und er feiert die Mehrheit als das ordnungsstiftende Prinzip im Lande mit ekstatischen Worten:

Aber die Mehrheit, rief ich vor mich her, ist die einzige wirkliche und notwendige Macht im Lande, so greifbar und fühlbar wie die körperliche Natur, an die wir gefesselt sind. Sie ist der einzig untrügliche Halt, immer jung und immer gleich mächtig; daher gilt es, sie unvermerkt vernünftig und klar zu machen, wo sie es nicht ist.[22]

Man sieht, der Vorbehalt am Schluss ist minim. Natur und Vernunft kommen in der Mehrheit zusammen und begründen die Freiheit. In der ersten Fassung von Kellers Roman, 1855, blieb es bei diesem Überschwang; fünfundzwanzig Jahre später aber, 1880, als der letzte Band der zweiten Fassung erschien, hatte Kellers Denken in der Konfrontation mit der politischen Wirklichkeit eine harte Schule durchgemacht, und er fügte jenem Jubel einen bitteren Abschnitt bei. Es ist ein erschreckender und zugleich prophetischer Text:

> Dass große Mehrheiten von einem einzigen Menschen vergiftet und verdorben werden können und zum Danke dafür wieder ehrliche Einzelleute vergiften und verderben, – dass eine Mehrheit, die einmal angelogen, fortfahren kann, angelogen werden zu wollen, und immer neue Lügner auf den Schild hebt, als wäre sie nur ein einziger bewusster und entschlossener Bösewicht, – dass endlich auch das Erwachen des Bürgers und Bauersmannes aus einem Mehrheitsirrtum, durch den er sich selbst beraubt hat, nicht so rosig ist, wenn er in seinem Schaden dasteht, – das alles bedachte und kannte ich nicht.[23]

Das mutet an wie eine neue Variante des gesprengten Idylls. Aber diesmal ist das Opfer nicht ein Kalb aus einer aufgescheuchten Kuhherde und nicht eine tausendjährige Eiche, sondern der sittliche Kern der Republik. Diese lebte seit den kantonalen Umstürzen der 1830er Jahre und dem Bundesstaat von 1848 aus dem Vertrauen auf die Vernunft des Volkes, das heißt der jeweiligen Mehrheiten. Der alte Keller sah, dass dieses Vertrauen nicht mehr gesichert war – eine Meinung übrigens, die sein Kontrahent Gotthelf schon viel früher geteilt hatte. Im Schaffen des jüngeren Keller waren das Fest und das festlich versammelte Volk noch eine Verschmelzung von Ursprung und Fortschritt gewesen – man denke an das Schützenfest in der Erzählung *Das Fähnlein der sieben Aufrechten* mit der berühmten Rede des jungen Karl Hediger über die Schweiz. Im vaterländischen Fest wurde das Idyll aktuelle Gegenwart – bis sich die ersten Risse in dem schönen Bilde zeigten.

Der Einklang von Ursprung und Fortschritt als nationaler Traum, und warum der Gotthard so wichtig ist

Dieses Ereignis, dass Ursprung und Fortschritt in sichtbaren Einklang treten, ist ein geheimer Wunschtraum der Schweiz geblieben. Er stand als Antrieb hinter der legendären Landesausstellung in Zürich 1939, als die Schweiz mit den faschistischen Diktaturen im Norden und Süden konfrontiert war und Europa bereits am Rande des Krieges stand. Dieser brach dann auch noch während der Ausstellung aus.

Wie immer man jene Veranstaltung von heute aus auch beurteilt, die Bevölkerung der ganzen Schweiz erlebte sie damals als die Verwirklichung eines Traums; sie war das realisierte Idyll in dem hier pointierten Sinn und stand darin in der Tradition der von Keller verherrlichten nationalen Feste. Das war aber nur möglich, weil sie auch den technischen, industriellen und architektonischen Fortschritt emphatisch inszenierte. Dass daraus keine Dissonanz zwischen Rustikalität und Moderne entstand, dass das eine sich zu dem andern vielmehr in einer freundlichen Balance halten konnte, war nicht nur eine Leistung der Verantwortlichen, zu denen führende Architekten und Designer der Schweiz gehörten, sondern entsprach auch dem Gegenwartsbewusstsein der Bevölkerung. Die Eidgenössische Technische Hochschule von Zürich prägte die Ausstellung wesentlich mit und verhinderte mit der Präsenz ihrer Forschung das Abgleiten in den Schollenkult, der so sehr im Zug der Zeit lag. Er fand hier zwar schon auch seine Altäre, aber die drohende Dominanz wurde doch zurückgebunden. Ideologie- und zivilisationsgeschichtlich ist die Landesausstellung von 1939 wahrscheinlich das faszinierendste Ereignis der Schweiz im 20. Jahrhundert. Das Raffinement, mit dem hier Selbstverklärung mit präziser Information verbunden wurde und politische Bruchlinien um der Gemeinschaftserfahrung willen aus dem Gesichtsfeld verschwanden (die Flüchtlingsfrage zum Beispiel), ist nach wie vor das Studium wert. Gerade weil das Land von aggressiven Nachbarstaaten bedroht war, entwickelte es einen Mikrokosmos der Zeichen und Bilder, in denen es sich selbst erkannte und unverblümt feierte. Dabei galt die Regel der Überbrückung aller Gegensätze. Es herrschte ein kategorischer Imperativ der Versöhnung, der sich auch in der kulturellen Produktion jener Jahre niederschlug und der von der Politik leicht instrumentalisiert werden konnte. Als die Fronten nach dem Krieg wieder aufbrachen, war es dieser Geist, der »Landigeist«, wie man ihn beschwörend nannte, der einer kritischen Aufarbeitung etwa der Flüchtlingspolitik den härtesten Widerstand entgegensetzte und der die Eingliederung der Schweiz in die starren Kampflinien des Kalten Krieges beförderte.

Dass dieses Ereignis eines fast unwahrscheinlichen Zusammenklangs von Ursprung und Fortschritt in Zürich stattfand, der größten Stadt, dem Zentrum der zivilisatorischen Dynamik, war ein zusätzlicher Glücksfall. Damit wurde die Disharmonie von Stadt und Land, die sich seit je in der Gereiztheit gegenüber der Stadt Zürich manifestierte, im voraus neutralisiert. Schon bei Haller stand die Ursprungsvision im pointierten Gegensatz zu den »großen Städten«, und tatsächlich hat sich die Schweiz als Ganzes nie von ihren Städten, vom Kernphänomen Stadt her definiert – wie es etwa Frankreich mit Paris oder England mit London tun. Der symbolischen Gewalt der Berge waren die Städte nie gewachsen, obwohl in ihnen alle historischen Durchbrüche geschahen, von ihnen alle Energien der Veränderung, des Fortschritts also, und des Anschlusses an die »beschleunigten Processe« der Weltzivilisation ausgingen. Noch am Ende des 20., zu Beginn des 21. Jahrhunderts hat ein Schriftsteller wie Hugo Loetscher leidenschaftlich geklagt und geschimpft gegen die Übermacht des alpinen Symbolpotentials; niemand hat ihm widersprochen, aber genützt hat es nichts. Die Phantasie regiert die Menschheit, also auch die Schweiz, und wenn's drauf ankommt, sich mittels Bildern über sich selbst zu verständigen, tauchen auch heute weder die Zürcher Bahnhofstraße noch das Genfer Bankenviertel, noch der Basler Rheinhafen auf, sondern wie eh und je der nebelverhangene Gotthard, dieser helvetische Sinai.

Dass Max Frisch mit seinen Freunden Lucius Burckhardt und Markus Kutter zusammen für die erste Landesausstellung nach dem Krieg eine neue Stadt vorschlug, ein präzis gezieltes Gegensymbol, war auch der Versuch einer Umpolung der nationalen Zentralphantasie, und er scheiterte glorios. Es ist daher von einer verblüffenden Logik, wenn die stärkste nationale Symbolkraft heute vom neuen Eisenbahntunnel durch den Gotthard ausgeht. In diesem technischen Spitzenwerk verschmelzen wieder einmal Ursprung und Fortschritt, und sie setzen auch diesmal mächtige Gefühle frei.

Dabei ist der Gotthard eigentlich kein sehr alter Pass. Die Römer und ihre Kultur kamen über die Bündner Pässe in das Gebiet der heutigen Schweiz. Auch Furka und Grimsel sind in Verbindung mit den Walliser Pässen die historisch ehrwürdigeren Übergänge. Was den Gotthard auszeichnet, ist nur die Nähe zur Landschaft der Gründungsgeschichte um den Vierwaldstättersee und die dramatische, vielbeschriebene Gefahrenzone der Schöllenenschlucht. Am seltsamsten aber erscheint, dass dieser exemplarische Berg gar kein Berg ist, sondern ein Sattel zwischen Bergen und also kein markantes Gesicht hat. Das Matterhorn kann man als plastische Gestalt zeichnen, auch die Jungfrau und den Pilatus, den Gotthard nicht. Auf Kollers Bild von der Gotthardpost wird dies zum eklatanten Ereignis. Der Gotthard erscheint als die blaue Lücke am oberen Bildrand, in der ein leichtes Wölkchen schwebt. Wo er wäre, wenn es ihn gäbe, ist nichts. Und trotzdem wurde er während des Zweiten Weltkriegs zum Inbegriff des Widerstandes, und die Mitrailleure, die dort Dienst leisteten, die »Gottertmitr«, galten im Volk als die Elitetruppen der Schweiz. Die kollektive Phantasie geht ihre eigenen Wege, und wo nichts ist, kann sie auch dies zum Zeichen machen. Mythisches Potential hatte nur der Weg zum Gotthard. Goethe hat ihn mit vier Zeilen in dieser Eigenschaft erfasst, nachdem er am 21. Juni 1775 die Route selbst abgeschritten hatte:

> Kennst du den Berg und seinen Wolkensteg?
> Das Maultier sucht im Nebel seinen Weg,
> In Höhlen wohnt der Drachen alte Brut,
> Es stürzt der Fels und über ihn die Flut.[24]

Nicht den Teufel und seine Brücke also erwähnt er, obwohl der genaue Ort dieser Sage ins Blickfeld kommt, sondern das ungreifbar Urtümliche der Drachen, einer schauerlichen Vorwelt, durch die passieren muss, wer in das heiterleuchtende Italien will. Das Stichwort Maultier aber bindet die archaische Vision an die konkrete Praxis des damaligen Passverkehrs. Goethe hat die Maultierkolonnen, die täglich über den Gotthard zogen und mit kleinen Glocken behängt waren, damit sie im häufigen Nebel nicht verlorengehen konnten, mehrfach beschrieben. Die erste Fahrstraße über den Pass wurde erst 1830 eröffnet. Goethe hat sie nie gesehen.

Im Gegensatz zur gewissermaßen zeitlosen Existenz der ragenden Berge war der Gotthard von Anfang an ein Ort der technischen Herausforderungen. Seine Geschichte ist bis heute auch eine der Ingenieurskunst. Schon als Ort der Sage war er zugleich ein Ereignis des Fortschritts: Der Teufel, der die erste Brücke baute, war technisch begabt, während die Urner, die ihn überlisteten, indem sie ihm die versprochene Seele in Form eines Ziegenbocks überstellten, nur Bauernschläue vorweisen konnten.

Erheiternd ist übrigens, dass schon Haller vor der Frage stand, wie er den Gotthard denn beschreiben solle. Dessen symbolisches Gewicht verlangte nach einer Erwähnung. So machte er ihn kurzerhand zu einem himmelstrebenden Berg und ließ eine Strophe mit dem Vers beginnen: »Denn hier, wo Gotthards Haupt die Wolken übersteiget [...]«. Ein solches Haupt sucht man auf dem Gotthard nun wirklich vergebens.

Es hätte allerdings die Möglichkeit gegeben, die zwei Gipfel, die dem Pass am nächsten stehen, den Pizzo Centrale im Osten und den Pizzo Lucendro im Westen, zu einer Zwillingsgruppe zu stilisieren, mit dem Übergang in der Mitte, und so doch noch ein plastisches Gebilde zu gewinnen. Das ist aber nie versucht worden, obwohl die beiden Berge, je knapp dreitausend Meter hoch, von eindrücklicher Kontur sind. Ihre Namen sind indessen nicht ins allgemeine Bewusstsein gedrungen und auch heute nur den Alpinisten und Soldaten bekannt; im 18. Jahrhundert waren sie wahrscheinlich noch namenlos. Dagegen findet sich schon früh, auch etwa bei Scheuchzer, der Versuch, den Gotthard symbolisch aufzuwerten, indem man ihn zum Ursprung aller großen Flüsse Europas erklärte. Rhone und Rhein, Ticino und Reuss, Aare und Inn (mithin die Donau) sollten seiner Felsenbrust entspringen, wodurch er, in Analogie zum menschlichen Blutkreislauf, als das Herz nicht nur der Schweiz, sondern des Kontinents hätte gelten können. Aber geographisch ist die schöne Vision leider unhaltbar. Haller, den der mythische Gedanke vom zentralen Ursprung der Gewässer durchaus beschäftigt hat, zog dafür nie den Gotthard in Erwägung, sondern zuerst den Furkapass, später überraschenderweise das Schreckhorn. Die sechste Strophe vor dem Ende des Gedichts begann ursprünglich so:

> Aus Furkens kaltem Haupt, wo sich in beyde Seen
> Europens Wasser-Schatz mit starken Strömen theilt,
> Entspringt die helle Aar ...

Wozu Haller in einer Anmerkung erklärt, dass mit den »Seen« zwei Meere gemeint seien: »Der Rhodan nach dem mittelländischen Meere, die Reuß und Aare in den Rhein und die Nord-See.« Der Rhodan ist die Rhone, und was die Furka betrifft, stimmt die Aussage, dass die Wasser von hier zu den »beyden Seen« fließen. Nur für die Aare trifft es nicht zu, obwohl geographisch wenig fehlt. An der Aare aber war dem Berner sehr gelegen; schließlich strömte sie mitten durch seine Vaterstadt, und der Rest der Strophe ist ein Hymnus auf sie. Also ließ Haller die Aare in den späteren Auflagen am Schreckhorn entspringen, was geographisch nicht ganz falsch ist, obwohl das Lauteraarhorn, das Finsteraarhorn oder das Wetterhorn ebensogut in Frage gekommen wären, aber mit dem Ursprung der Rhone hat das Schreckhorn leider gar nichts zu tun, also auch mit dem Mittelmeer nicht. Die definitive Fassung ist demnach sachlich falsch, auch wenn sie prächtig tönt: »Aus Schreckhorns kaltem Haupt, wo sich in beyde Seen / Europens Wasser-Schatz mit starken Strömen theilt [...]«.

Das scheinbar kleinliche Kritteln an einem großartigen Gedicht rechtfertigt sich hier insofern, als dabei die Schwierigkeit sichtbar wird, den nationalen Wunschgedanken vom Ursprung der europäischen Flüsse aus einem einzigen Berg im Herzen der Schweiz zwingend zu begründen. Wieder einmal stellt die empirische Wirklichkeit der patriotischen Phantasie ein nüchternes Bein. So hält man sich denn in der Gegenwart lieber an das Werk der Ingenieure und Mineure, an den ruhmreichen Tunnel.

Die Opfer des Fortschritts bleiben eine Wunde der Schweiz

Weil der Fortschritt seinem Wesen nach in Opposition steht zum Ursprung, sind die Momente der Harmonie zwischen beiden so selten und werden sie so innig gefeiert. Im Kontrast dazu stehen immer die Opfer des Fortschritts. Kellers geschlachteter Baum hat denn auch seine Nachfolger gefunden. Meinrad Inglins Roman *Urwang* von 1954, die breite Darstellung eines von Bauern bewohnten Bergtals, das in einen Stausee verwandelt wird, trägt mit der ersten Silbe seines Titels das Signal des Ursprungs aufgeprägt. Das Romangeschehen aber führt die langsame Vernichtung einer naturumfangenen Kulturlandschaft vor. Den Untergang schmerzlich im Blick, bemüht sich die Hauptfigur, der Major, der deutliche Züge des Autors trägt, um eine Versöhnung mit dem Fortschritt, kann aber zuletzt nur traurig resignieren. Ein ganzes Tal also wird hier zum Opfer. Inglin versuchte, den in den Fünfzigerjahren fast wahnhaften Zwang der Elektrizitätsindustrie, alle nur irgendwie geeigneten Hochtäler in Stauseen zu verwandeln, mit den Mitteln der Literatur zu brechen. Er war damals der einzige Autor von Rang in der Schweiz, der im heutigen Sinn ökologisch dachte und sich ohne künstlerische Kompromisse ökologisch engagierte. *Urwang* ist ein bitter fortschrittskritisches, aber immer auch ein poetisch starkes Buch, in dem sich Voralpenlandschaften finden, wie man sie so leuchtend nie wieder gelesen hat.

Die Vernichtung eines großen, freistehenden Bergahorns wird zum Sinnbild für die ganze Naturschlächterei, die hier im Gange ist, und diese wiederum wird zum Sinnbild für das, was mit der Natur in der Schweiz von den 1950er Jahren an immer brutaler geschah. Die Leistung Inglins, die Bedeutung gerade auch des Romans *Urwang* für die Reflexion dieses »beschleunigten Processes«, ist bis heute nicht angemessen ins kulturelle Bewusstsein eingegangen. Inglin nimmt die Argumente der Technik minuziös zur Kenntnis; er polemisiert nicht plakativ; er stellt die Vernichtung des prächtigen Baumes fast wie in einem Gerichtssaal den Begründungen der Ingenieure gegenüber. Für ihn als liberalen Demokraten ist die Anhörung der Gegenseite staatsbürgerliche Pflicht. Vielleicht haben sich die späteren Grünen gerade wegen dieses ernsten Abwägens nie auf ihn berufen, der doch einer ihrer wichtigsten Vorgänger war. Einen technischen Grund nach dem andern tragen die Ingenieure vor, jeder ist mit dem vorherigen verknüpft und so zuletzt auch mit dem ganzen Stauseeprojekt. Was soll der Major da noch sagen? Dies:

> »Ja, ihr seid fabelhaft geschickte Leute«, erwiderte der Major bitter. »In schwierigem Gelände eine Straße bauen, in der kürzesten Frist einen Felsriegel durchbohren, mit einer Mauer ein ganzes Tal abschließen, das alles könnt ihr, aber einem schönen alten Baum ausweichen, das könnt ihr nicht.«[25]

Das Ende des Bergahorns erinnert an die Wolfhartsgeeren-Eiche, aber durch Inglins skeptischen Realismus gedämpft. Er macht das Fällen des Baums nicht zum Schauspiel, sondern schildert den Mord als Vorstellung des Majors:

> Er sah voraus, wie das Todesurteil vollstreckt wurde, wie die Holzer mit Beilen die bloßgelegten starken Wurzeln durchhieben und den Baum an langen, in der Kronenmitte befestigten Seilen umzureißen versuchten, wie der Baum sich furchtbar ächzend wehrte, um endlich niederzubrechen, und es griff ihm ans Herz.[26]

Der bewusste oder unbewusste Anklang an Keller ist offensichtlich. Damit stellt sich der Roman aber nicht nur in eine literarische, sondern entschieden auch in eine politische Tradition der Schweiz: Das Verhältnis zur Natur berührt immer auch Kernfragen der Demokratie und ihre Sittlichkeit. Dies zeigt sich zugespitzt dort, wo die Politik in Abhängigkeit vom großen Kapital und den Konzernen gerät und diesen bei der Vernichtung unersetzlicher Werte hilft. Das wiederholt sich in der aktuellen Gegenwart. Es läuft eine neue Offensive gegen die Alpen an. Internationale Financiers planen vielerorts riesige Luxusresorts, welche anschließend ausgedehnte Landschaften funorientiert bewirtschaften, das heißt mit technischen Tourismuseinrichtungen überziehen werden. Wer weiß, ob es die Engstlenalp, einen magischen Ort im Grenzgebiet der Berner- und Unterwaldner Berge, in ein paar Jahren so noch gibt?

Das literarische Spektrum der Auseinandersetzung mit dem Fortschritt in der Schweiz ist breit. Es erstreckt sich zwischen leidenschaftlicher Polemik, genauer Analyse und werbenden Versuchen der Versöhnung. Zu den letzteren gehörte Max Frischs bereits erwähnter Vorschlag zum Bau einer neuen Stadt. Der Hintergrund war die frühe Einsicht, dass dem schweizerischen Mittelland eine unabsehbare Überbauung, die katastrophale Versiegelung intakter Landschaften drohte. Sie ist inzwischen quälende Tatsache geworden, und ein Ende des Prozesses ist immer noch nicht in Sicht. Frisch und seine Kollegen schrieben damals:

> Die Resignation gilt als demokratische Weisheit. Und also wuchern unsere Städte, wie's halt kommt, geschwürartig, dabei sehr hygienisch […]. Es geht einfach weiter, Serie um Serie, wie die Vergrößerung einer Kaninchenfarm. Fährt man weiter, zeigt sich, dass das schweizerische Mittelland aufgehört hat, eine Landschaft zu sein; es ist nicht Stadt, auch nicht Dorf, es ist ein Jammer … [27]

Das war 1955, als die Schweiz, verglichen mit heute, noch ein wunderbar grünes Land war. Kurt Marti schrieb dazu später ein kleines Gedicht:

fünfziger syndrom

und kaum
war das kleine land
dem großen krieg
ohne zerstörung entkommen
begannen seine bürger
beflügelt vom fleiß
der ihnen schon immer
nachgesagt wurde
friedlich und freudig
mit der zerstörung
des landes[28]

Fortschrittskritik als ätzende Satire ist das berühmteste Theaterstück der Schweiz überhaupt, Friedrich Dürrenmatts *Besuch der alten Dame.* Ökologie spielt hier noch keine Rolle. Die drohenden Katastrophen in der missbrauchten Natur kommen bei ihm nur selten zur Sprache. Er war auf den Kosmos bezogen, die Sterne; diese vergammeln nicht, verfaulen nicht, kippen nicht um in Massen von Gift und Schlamm. Einmal aber, am Ende des langen autobiographischen Essays *Vallon de l'Ermitage* aus den ersten Achtzigerjahren, taucht eine Vision vom Verderben der Natur durch Menschenhand auf, ein Moment schwarzer Poesie, der einem in die Glieder fährt. Er ist realistische Beschreibung und symbolisches Bild zugleich, ähnlich den gemordeten Bäumen bei Keller und Inglin. Der letzte Satz holt die Erde wieder herein in das kosmische Ganze, aber als das einzige Gestirn, das von seinen Bewohnern verwüstet und vergiftet wurde. »Atommülldeponien«, heißt es, werden einst »die einzigen Zeugen« sein, »dass es den Raubaffen Mensch einmal gab«. Und weiter: »Erst wenn jene zerstrahlt sein werden, wird der Planet, der uns geschenkt worden war, um uns hervorzubringen, wieder jungfräulich sein.«[29] Das zielt auf das größtmögliche Opfer des Fortschritts: den ganzen Planeten Erde.

Der Raum der Schweiz wird vom ausgreifenden Denken Dürrenmatts gesprengt, und doch hat die Passage, die dergestalt endet, etwas sehr Helvetisches. Das Übel, ein riesiger Erdtrichter, in den der scheußlichste Abfall der Zivilisation geschüttet wird, befindet sich versteckt in einer reizvollen Fels- und Waldlandschaft am Jura, oberhalb von Neuenburg. Das Idyll, die Erscheinungsform des Ursprungs, als Tarnung des Verderbens.

Auch in der *Alten Dame* steht der Fortschritt zur Debatte, in der Gestalt der kapitalistisch organisierten Zivilisation. Eine demokratische Gemeinschaft verkauft für Geld, das heißt für jene Summe, die sie braucht, um den Sprung aus der Kümmerlichkeit in eine tolle Prosperität zu schaffen, einen ihrer Mitbürger und bringt ihn, in einem Akt pervertierter republikanischer Freiheit, um. Dies wird besiegelt durch das mächtige Chorlied nach antiken Mustern, das am Schluss von den Tätern gemeinsam gesungen wird, als Hymne an den Fortschritt. Das Ganze ist Polemik und Analyse zugleich, Polemik in der grotesken Vergröberung, Analyse in der Präzision, mit der die politischen Prozesse ablaufen. Opfer ist hier nicht nur der arme Mitbürger, sondern die Demokratie selbst. Dabei konnte Dürrenmatt noch nicht wissen, wie gezielt ein halbes Jahrhundert später die diskreten Financiers in das politische Leben der Schweiz eingreifen und die reguläre Bildung von Mehrheiten verzerren würden.

Die letzten vier Seiten von Dürrenmatts *Vallon de l'Ermitage* können stellvertretend für den breiten ökologischen Diskurs in der Schweizer Literatur stehen, an dem sehr viele Schriftstellerinnen und Schriftsteller auf ganz unterschiedliche Weise teilgenommen haben, es zum Teil weiterhin tun. Bei Otto F. Walter betrifft dies den mittleren Teil seines Lebenswerks, bei Franz Hohler durchzieht es als Ingrediens nicht nur das kabarettistische, sondern auch das erzählerische und sprachspielerische Schaffen. Thomas Hürlimanns Stück *Der letzte Gast* wäre hier zu erwähnen, viele Seiten bei Gertrud Leutenegger und E. Y. Meyer. Im Wallis schrieb Maurice Chappaz 1976 sein wortgewaltiges Pamphlet *Les maquereaux des cimes blanches,* übersetzt unter dem Titel *Die Zuhälter des ewigen Schnees.* Er geißelte darin die Verschacherung der Alpen und der ursprünglich bäuerlichen Welt des Wallis; die »cimes blanches«, die weißen Gipfel, werden von den »maquereaux«, den Zuhältern der Tourismusindustrie, prostituiert.

Eine Versöhnung gibt es für Chappaz nicht. Sein zorniger Gesang, der die kühnsten Mittel der modernen Poesie einsetzt, endet mit apokalyptischen Bildern, in denen die heutige Zivilisation nur noch in der Gestalt versunkener Ruinen existiert. Archäologen graben hier nach Zeugnissen aus unserer Zeit und finden gelegentlich eine Münze mit dem fetten Gesicht eines jener Zuhälter. Beide, Chappaz und Dürrenmatt, werden vom Schrecken über das, was mit der Natur in der Schweiz geschieht, zu Endzeitvisionen getrieben, in denen das grausige Treiben längst vorbei ist; der Fortschritt hat sich selbst vernichtet, und die Erde ist von den Misshandlungen durch die Menschen des 20. Jahrhunderts langsam wieder genesen. Hilflose Propheten.

Die wandernden Dichter spiegeln die Wirklichkeit des Landes

Sie gehen weg. Sie kehren zurück. Sie wandern aus. Sie wandern ein. Schweizer Schriftsteller und Schriftstellerinnen sind Grenzgänger. Dass auffällig viele Spitzenwerke Heimkehrergeschichten sind, ist bekannt. Desgleichen, dass auffällig viele Spitzenwerke im Ausland geschrieben wurden. Berlin zum Beispiel ist eine eigentliche Brutstätte für Schweizer Romane. Gottfried Kellers *Grüner Heinrich* ist dort entstanden, später, kurz nacheinander, die drei frühen Romane Robert Walsers, die den Beginn der literarischen Moderne in der Schweiz markieren. Aus jüngerer Zeit wären Gertrud Leuteneggers *Vorabend* zu nennen, Urs Jaeggis *Brandeis,* Adolf Muschgs *Roter Ritter,* Urs Richles *Loch in der Decke der Stube,* Silvio Huonders *Adalina,* Matthias Zschokkes *Maurice mit Huhn,* Thomas Hürlimanns *Vierzig Rosen,* Pascal Merciers *Nachtzug nach Lissabon.*

Auch Max Frisch hat in Berlin geschrieben, sein *Stiller* aber entstand in einer Vorfassung in den USA, sein *Gantenbein* in Rom. Beide spielen in Zürich, und die Stadt erscheint in tausend Details, die nur ein Einheimischer kennen kann. Die Distanz zur Heimat scheint für viele Autoren wie ein optisches Instrument zu wirken, das den Raum der Herkunft schärfer vor Augen rückt. Umgekehrt findet oft erst der Heimgekehrte den sicheren Standpunkt, von dem aus er über das fremde Land schreiben kann, Brasilien etwa in Hugo Loetschers *Wunderwelt*, einem seiner schönsten Bücher, aber auch das Berlin der Inflationszeit in Arnold Küblers unterschätztem Roman *Der verhinderte Schauspieler* oder Japan in Adolf Muschgs famosem Erstling *Im Sommer des Hasen*. Das Wort Fortschritt hat in der Literatur der Schweiz noch einen zweiten Sinn, den wörtlichen des Fort-Gehens.

Das Viatorische, die Reise als existentielle Prägung im Leben so vieler Schweizer Schriftstellerinnen und Schriftsteller, scheint jenem Traumbild von einem in sich ruhenden, sich selbst nährenden, nach außen unabhängigen und seine Isolation streng verteidigenden Gebirgsvolk krass zu widersprechen. Da die Literatur das kollektive Phantasieleben eines Landes vergegenwärtigt und es in fassbare Gestalt bringt, muss man sich fragen, ob sich denn die Lebensform derer, die diese Arbeit leisten, davon schroff unterscheiden kann. Müssten die Autoren nicht auch für ihr eigenes Dasein irgendwann das abgerückte Bergtal suchen? Wäre nicht zu erwarten, dass sie den intakten Ort, wo Natur, Vernunft und Freiheit zum realisierten *saeculum aureum* zusammenschießen, in ihrem privaten Leben leibhaftiges Ereignis werden lassen? Stattdessen hauen sie ab und suchen die Metropolen oder das Meer oder die Wüsten. Die geschlossene Grenze, die das Traumbild krönt, »Schweizerlands beschneyte Mauern«, wie Haller dichtete, versetzt die Schriftsteller nachweislich in Panik. An der Grenze fasziniert sie nur der Übertritt, die Durchlässigkeit, die hochgehende Barriere, sei's um rein-, sei's um rauszukommen. In der viatorischen Existenz der Schweizer Autoren lebt der uralte Aufbruch und Auszug fort, der das Land vor Jahrhunderten zum Machtfaktor in der europäischen Politik machte. Sie sind die Säumer und Reisläufer der Gegenwart.

Man kann skizzenhaft eine Typologie der viatorischen Strategien aufstellen, welche die Lebenskultur der Schreibenden kennzeichnen. Die Namenliste ist nicht vollständig; für den Einzelfall sagt sie wenig aus. Aber sie kann doch einen Eindruck davon vermitteln, wie die Autorinnen und Autoren das Verhältnis der Schweiz zur weiten Welt repräsentativ inszenieren und von welchen räumlich-geographischen Erfahrungen ihr Blick auf Dinge und Menschen geformt wurde. Ihre Grenzgängerei, ihr existenzbestimmendes Reisen, spielt sich in folgenden Formen ab (wobei die allgemein üblichen Aufenthalte in Ateliers und Künstlerwohnungen, die Lehraufträge an Universitäten und Colleges, auch die weltweiten Lesereisen hier außer Betracht fallen):

– *Man zieht als junger Erwachsener für mehrere Jahre weg.* Albrecht von Haller, Ulrich Bräker, Gottfried Keller, Carl Spitteler, Robert Walser, Charles Ferdinand Ramuz, Arnold Kübler, Regina Ullmann, Albert Bächtold, Meret Oppenheim, Felix Moeschlin, François Bondy, Laure Wyss, Rainer Brambach, Niklaus Meienberg, Iso Camartin, Adolf Muschg, Urs Widmer, Beat Sterchi, Thomas Hürlimann.
– *Man zieht irgendwann endgültig weg, ohne aber den Kontakt mit der Schweiz zu verlieren.* Heinrich Leuthold, Jakob Schaffner, Blaise Cendrars, Philippe Jaccottet, Robert Pinget, Kuno Raeber, Eugen Gomringer, Paul Nizon, Urs Jaeggi, Peter Bieri alias Pascal Mercier, Philipp Engelmann, Fleur Jaeggy, Verena Stefan, Gabrielle Alioth, Ralph Dutli, Martin Suter, Silvio Huonder, Matthias Zschokke, Christina Viragh, Zoë Jenny.
– *Man reist immerzu weg und wieder zurück, mit vielen Zielen in der Welt.* Modellfall in der Malerei des 19. Jahrhunderts ist Frank Buchser. Auch Conrad Ferdinand Meyer gehört hier herein, obschon nur mit seinen Italienreisen. Max Frisch, Annemarie Schwarzenbach, Hugo Loetscher, Nicolas Bouvier, Luc Bondy, Georg Brunold, Christian Kracht.
– *Man reist irgendwann für lange, prägende Jahre weg.* Friedrich Glauser, Jürg Federspiel, Otto F. Walter, Yves Velan, Pierre Imhasly, Hansjörg Schertenleib, Rolf Lappert, Milena Moser, Monique Schwitter. Eine spezielle Variante stellt der großartige Leo Tuor dar, der siebzehn Sommer lang als Schafhirt auf der Greinahochebene lebte, 2355 Meter über dem Meer, und sich so gewissermaßen ins innerste Herz der Wildnis absetzte.
– *Man wechselt regelmäßig zwischen der Schweiz und einem Wohnort im Ausland.* Vielleicht am reinsten hat diesen Typus der Bildhauer Alberto Giacometti verkörpert: Stampa im Bergell und Paris. Gerold Späth, Niklaus Meienberg, Thomas Hürlimann, Christoph Geiser, Heinz Stalder, Dieter Bachmann, Eleonore Frey, Silvio Blatter, Charles Lewinsky.

– *Man ist als erwachsene Person in die Schweiz gezogen und lebt fortan hier.* Großer Modellfall im frühen 19. Jahrhundert: Heinrich Zschokke. Georg Herwegh, Joseph Viktor Widmann, Hermann Hesse, Hugo Ball, Emmy Hennings, Rainer Maria Rilke, Walter Mehring, N. O. Scarpi (Fritz Bondy), Lisa Tetzner, Kurt Kläber, Thomas Mann, Golo Mann, Fritz Hochwälder, Carl Zuckmayer, Elias Canetti, Ulrich Becher, Franz Wurm, Lajzer Aichenrand, Agota Kristof, Frank Geerk, Jochen Kelter, Hanna Johansen, Friederike Kretzen, Irena Brežná, Sibylle Berg, Zsuzsanna Gahse. Als Schweizer in Italien aufgewachsen ist Rudolf Jakob Humm, in Deutschland Urs Allemann.
– *Man ist als Kind von Immigranten in die Schweiz gekommen oder hier geboren, lebt und schreibt – wenn auch nicht durchweg – im Bewusstsein der Herkunft.* Erica Pedretti, Martin Roda Becher, Ilma Rakusa, Perikles Monioudis, Carlo Bernasconi, Martin R. Dean, Sabine Wang, Tim Krohn, Franceso Micieli, Franco Supino, Christina Viragh, Dante Andrea Franzetti, Aglaja Veteranyi, Catalin D. Florescu, Igor Bauersima, Melinda Nadj Abonji. Als Kind einer Schweizer Mutter und eines französischen Vaters in die Schweiz gekommen ist Alex Capus.

Das alles kann nicht mehr sein als der Umriss einer Typologie. Die Zuweisungen sind nicht vollständig, und oft sind sie auch schwieriger, als die etwas naive Liste vermuten lässt. Wichtig ist indessen die Veranschaulichung der Dynamik, die hinter der literarischen Phantasie in der Schweiz steckt, einer nicht nur künstlerischen, sondern eben auch biographischen Dynamik. Wenn jeder Roman eine Traumreise ist, dann zeigt der Blick auf die Lebensläufe, dass diese Traumreisen sich von sehr konkreten Fahrten nähren können. Und wenn jeder Roman eine Analyse seiner Gegenwart ist, zeigt der Blick auf die Lebensläufe, dass diese Analysen ohne die Durchlässigkeit der Grenzen, das andauernde Weggehen und Zurückkehren, gar nicht möglich wären. Je länger man sich mit der viatorischen Lebenskultur der Schreibenden in der Schweiz beschäftigt, umso stärker wird die Überzeugung, dass darin das tatsächliche Verhältnis des Landes zur Welt weit genauer sichtbar wird als in allen Phantasiebildern und politischen Theorien.

Die Literatur erzählt vom Fremden in der Schweiz …

Sie wandern ein, sie wandern aus. Der Fremde in der Schweiz ist seit Jahrhunderten ein Thema gleichen Ranges mit dem Schweizer in der Fremde. Beide sind sowohl als Ereignisse des Lebens wie als Gegenstände der Literatur eine eminente Wirklichkeit der politischen und künstlerischen Kultur des Landes. Richard Wagner in Zürich wäre ein literarischer Stoff von hohen Chancen, es hat ihn nur nie einer ins Auge gefasst. Der sterbende Hutten auf der Ufenau hingegen wurde zum Durchbruchswerk Conrad Ferdinand Meyers. Auch der sterbende Büchner hätte ein Thema werden können, desgleichen der sterbende Musil und der sterbende George. Mit *Kleist in Thun* schuf Robert Walser einen seiner berückendsten Texte, nicht überraschend angesichts des ausgeprägt Viatorischen seines eigenen Daseins. Bei Gotthelf erscheint der Fremde in der Schweiz stets verdächtig oder aber komisch. Zimperlich ist dieser Autor ja nie, und politische Correctness sollte man bei ihm nicht unbedingt suchen. Er kann schockierend deutlich sein, klischeehaft, dass es kracht. Erst im Prozess des Erzählens wacht jeweils ein anderer Blick auf; dann weicht das Klischee der Differenzierung. Das zeigt sich an einer überraschenden Stelle in der Reportage über die Flutkatastrophe vom 13. August 1837, einem kleinen, aber literarisch gewaltigen Werk, das unter dem Titel *Die Wassernot im Emmental* kurz nach dem Ereignis als dessen Dokumentation und Deutung publiziert wurde. Nachdem der wildeste Schrecken vorbei ist und die von der Zerstörung und den vielen Toten betäubten Menschen sich langsam wieder fassen, erscheint in der verwüsteten Landschaft plötzlich ein Engländer, der das Unheil besichtigen will. Die Passage bringt in die Erzählung, die ohnehin schon mit wechselnden Stilebenen operiert, einen weiteren, grotesk-komödiantischen Zug. Daran lässt sich studieren, wie auch eine Slapstick-Figur in der Hand eines singulären Erzählers Größe gewinnen kann:

> Hier erschien auf einmal mitten in der andächtigen Menge ein Engländer, über seinen glotzenden Augen der bekannte Strohhut und in den bekannten Armlöchern der Weste die glacierten Dau-

men. Woher er kam und wohin er ging, ist bereits zur Sage geworden, denn nach den Einen soll er das Tal hinauf-, nach Andern hinabgegangen sein. Er erschien in Röthenbach, wollte zu Fuß nicht weiter und verlangte nun in schwer zu beschreibender Sprache Transportmittel für seinen teuren Leib. Schwer war ihm begreiflich zu machen, dass man weder fahren noch reiten könne. Nun forderte er eine Sänfte; verdutzt sah man einander an, aber man besann sich lange nicht, was das eigentlich sei. Endlich fiel es jemand ein; aber was half das, da man in Röthenbach keine Sänfte hatte! Die Leute waren zum Glück nicht auf den Kopf gefallen, sie stellten sich vor, jeder Sessel, auf dem man jemand trage, werde zum Tragsessel, also zur Sänfte. Sie dachten an einen alten Lehn- oder Nachtstuhl und zogen den aus seinem Winkel hervor; sie rissen von einem Mistbücki die Stangen weg und befestigten sie mit guten Seilen an dem Nachtstuhl.

Um diese Anstalten versammelte sich eine bedeutende Menge, vergaß die Andacht, ergötzte sich an dem eigentümlichen Wesen des Engländers. Lachen war auf allen Gesichtern, und Witzworte flogen hin und her, reichlich und lustig. Er aber stund mitten in der lachenden, spottenden Menge mit den Daumen in den Armlöchern da, echt lordmäßig, stumpf oder erhaben; dass die gemeine Menge über ihn lachte, dass er ihnen vorkomme wie den Spatzen ein Kauz am Tage, was kümmerte ihn das! Oh, so ein Engländer hat es in seiner Erhabenheit unendlich weiter gebracht als alle unsere vornehmen Söhnchen zusammengenommen; die begehren auf wie Rohrspatzen und Frösche im Teiche, wo so ein Engländer unbewegt bleibt wie ein Gott über den Kreaturen. Endlich unter großem Jubel setzte er sich mit hängenden Beinen und verschränkten Armen in den alten Sessel. Von zwei handfesten Burschen aufgehoben, von spaßtreibenden Scharen begleitet, begann er die Reise, und der Spott zog hinter ihm drein, kam auf allen Gesichtern ihm entgegen. Er aber blieb unbewegt, versuchte nur zuweilen seine ihm schwer werdenden Beine in eine andere Lage zu bringen, und teilte hie und da ein Geldstück aus. Er verschwand, wie er kam, man weiß nicht mehr recht wohin; aber hinter ihm blieb das Gerücht, er hätte gesagt, er verreise jetzt nach England und wolle es dort seinem Vetter sagen, wie übel es ihnen hier ergangen, und der müsse ihnen dann eine Million schicken, und diese Million wird noch heutzutage und in allem Ernst erwartet.[30]

Das ist der Fremde als der ganz Andere, das exotische Ereignis in einer Gegend, die vom Tourismus noch wenig weiß; der Fremde als Einbruch einer unbekannten Welt. Die Emmentaler sehen nur das Groteske an ihm; sie merken nicht, dass sie selbst in seinen Augen zu seltsamen Eingeborenen werden wie ein dunkelhäutiger Stamm vor dem kühlen Blick eines Kolonialisten. Diese gegenläufige Optik ist die Leistung des Erzählers. Die einheimischen Bauern werden dadurch nicht zu Vertretern einer richtigen Welt, vor der sich alles, was von außen kommt, zu bewähren hat, obwohl es ihnen so scheint und ihr Lachen es bestätigt; die unerschütterliche Überlegenheit des Engländers relativiert vielmehr dieses Denkmuster und verwandelt das Eigene und das Fremde in ein Gegenüber, bei dem sich das Gefühl von Vorrang durch unfreiwillige Komik bestraft.

Anders verhält es sich bei der fremden Frau in Gotthelfs *Schwarzer Spinne.* Sie wird, wiederum einem Klischee entsprechend, zur Einfallspforte des Bösen, in unverkennbarer Anspielung an die jahrhundertelang geläufige Deutung der Eva im Paradies. Diese Lindauerin, wie sie genannt wird, weil sie von jenseits des Bodensees kommt, ist in keinem Moment komisch. Ihr Mut, mit dem Teufel zu paktieren, hebt sie von den Einheimischen ebenso ab wie ihr grausiges Schicksal. Sie wird zuletzt zum Racheinstrument des Teufels, wird unter furchtbaren Qualen zur schwarzen Spinne, in deren Gestalt die Pest das Tal heimsucht. Gotthelf vermeidet keineswegs das Stereotyp, welches das Fremde mit dem Schlechten verknüpft, aber er löst es im Gang der Erzählung schrittweise auf durch die Verteilung der Schuld auf alle Beteiligten. Die triviale Gleichung bleibt zwar ein Element des Werks, liegt aber am Ende weitab von dessen eigentlichem Ergebnis und Resultat.

Ein zentrales Projekt für die Literatur der Schweiz wäre der Fremde, die Fremde als Flüchtling. Zwei Jahrhunderte lang wurden die politischen Flüchtlinge wieder und wieder zum unübersehbaren Ereignis, nach 1830, nach 1848, während des Ersten Weltkriegs, in der Zeit der faschistischen und kommunistischen Regimes, während des Zweiten Weltkriegs und schließlich auch im 21. Jahrhundert, da Kriege und Hunger die Menschen erneut weltweit aus ihrer Heimat treiben. Parallel dazu gibt es seit dem Eisenbahnbau, also seit Koller die Gotthardpost malte, die Einwanderung von Arbeitskräften, die man immer wieder dringend brauchte und doch lieber nicht im Land gehabt hätte. Sie waren auf ihre Weise ein Riss im Idyll, und wenn die Wirtschaft schwächelte, bekämpfte man die Arbeitslosigkeit, indem man sie zurückschickte in die Herkunft ohne Chancen, der sie zu entkommen gesucht hatten. Die Holzindustrie lebte nicht schlecht vom Bau der zahllosen Baracken, in denen diese Arbeiter, zeitweise auch die Flüchtlinge, zu wohnen hatten. Die gezimmerte Baracke als Gegenstück zum gezimmerten Chalet – das wäre des längeren Nachdenkens einmal wert.

Zum literarischen Gegenstand wird der Flüchtling in der Literatur der Schweiz seltener, als zu erwarten wäre. Das überrascht angesichts der Bedeutung, die vielen Flüchtlingen und Einwanderern in Kultur und Politik immer wieder zukam. Sie tauchen eher am Rand auf, können dort aber plötzliches Profil gewinnen. Die exemplarische Flüchtlingsnovelle, den Flüchtlingsroman, das Flüchtlingsstück zu nennen wäre nicht einfach. Dürrenmatts bittere Groteske *Der Flüchtling* von 1948 ist nahezu unbekannt geblieben. Am ehesten kann Thomas Hürlimanns Stück *Großvater und Halbbruder* von 1981 den erwähnten Rang in Anspruch nehmen. In der Regel aber bleiben die schlichten Fakten über das Leben, das Sich-Durchschlagen und das erneute Ausgestoßenwerden etwa der in die Schweiz geflohenen Schriftstellerinnen und Schriftsteller ergreifender, bedrückender als die literarischen Umsetzungen. Man denke nur an die arme, große Else Lasker-Schüler. Beim Film und im Sachbuch ist das allerdings anders.

Gespenstisch ins Archetypische und Monströse gesteigert erscheint der ewige Flüchtling und Verfolgte in Friedrich Dürrenmatts Roman *Der Verdacht* von 1952. Der Roman verblüfft heute durch eben das, was ihn oft der Kritik aussetzte: einen krass kolportagehaften Stil, der ähnliche Verfahren der Postmoderne vorwegzunehmen scheint. Für eine populäre Zeitschrift geschrieben, bemüht sich der junge Autor nicht, dem Volk zu Zwecken der Kunsterziehung ein besonders geschliffenes Prosawerk vorzulegen, sondern er verpackt, was ihm sehr ernsthaft am Herzen liegt, in einen reißerischen Sound und einen Plot mit Hitchcock-Effekten. Man hat eine spätere Äußerung Dürrenmatts, er habe mit diesem Roman eben Geld verdienen müssen, vielfach als Eingeständnis des künstlerischen Ungenügens verstanden und die Meinung gerne geteilt. In Wahrheit liegt hier ein Stilexperiment vor, für das es damals noch gar keinen Begriff gab. Der gewissenlose Nazi-Arzt, der im Konzentrationslager an lebendigen Menschen experimentiert, die Wirkung von Giften erprobt und Operationen ohne Betäubung vornimmt, war in der Nachkriegsliteratur der literarische Bösewicht schlechthin. Dürrenmatt bedient sich im *Verdacht* dieses Musters aufs effektvollste, wobei er allerdings den bösen Deutschen zum Schweizer macht, der in Hitlers Reich zu einer Spitzenstellung aufsteigt. Eine schmale, aber begeisterte Auswanderung dieser Art in den rassenreinen Norden hat es tatsächlich gegeben. Die fellineske Figur fordert nun einen entsprechenden Kontrahenten. Er tritt auf in der Gestalt Gullivers, eines riesigen Juden im zerrissenen Kaftan, der in allen Lagern gefoltert wurde, alle Qualen überlebt hat und jetzt durch die Welt zieht, sich unsichtbar bewegend unter Freunden, als Wissender, als Retter, als Rächer unterwegs. Der Name Gulliver, eine erste literarische Signatur, zielt auf die Körpergröße und das weite Reisen, aber noch deutlicher erscheint in ihm Ahasver, der legendäre Ewige Jude. Aber während dieser im christlichen Märchen zur Strafe nicht sterben kann, weil er dem leidenden Jesus die Hilfe verweigerte, verkörpert er hier das verfolgte und gequälte Volk Gottes, das seinen Glauben nie aufgegeben hat, unerschütterlich im Wissen um den kommenden Messias, geborgen im Wort der heiligen Bücher. Er wird damit zum Flüchtling schlechthin, vorübergehend eben auch zum Flüchtling in der Schweiz, aber die Stilisierung ins Mythische verhindert, dass er beispielhaft stehen könnte für all das, was mit so vielen Verjagten in diesem Lande geschehen ist, zu ihrer Rettung oder zu ihrem Verderben.

So gesehen, wäre die Hauptfigur in Walter Matthias Diggelmanns Roman *Die Hinterlassenschaft* von 1965, wäre dieser Roman selbst das Korrektiv zu Dürrenmatts Operieren mit Riesen, Zwergen und überzeitlichen Allegorien. Diggelmann arbeitete zugleich dokumentarisch und fiktional. Sein Flüchtling erfährt erst zwanzig Jahre nach dem Zweiten Weltkrieg und als Dreißigjähriger, dass er einst ein

Flüchtling war. Und dass er, als christliches Kind in der Schweiz erzogen, einen jüdischen Vater hatte, der mit seiner Frau und seinen Eltern zusammen beim Versuch, aus Hitlers Deutschland in die Schweiz zu gelangen, an der Grenze zurückgewiesen und danach im Konzentrationslager umgebracht wurde. Der Roman, der dieses Geschehen schrittweise aufarbeitet, war pointiert gegen Max Frischs *Andorra* gerichtet. Diggelmann wollte auf dessen Parabelhaftigkeit, die er für geschichtslos hielt, mit einem dokumentierten Zeitbild antworten. Die Hauptfigur des Romans ist wiederum kein exemplarischer Flüchtling, wohl aber das Medium, über dessen Nachforschen viele Flüchtlingsschicksale und insbesondere die inhumane Flüchtlingspolitik der offiziellen Schweiz in der Zeit des Nationalsozialismus vergegenwärtigt werden.

… und sie erzählt vom Schweizer in der Fremde

Sie wandern aus, sie wandern ein. Das Pendant zum Fremden in der Schweiz ist der Schweizer in der Fremde. Dieser war schon im 18. Jahrhundert berühmt für sein angeblich unüberwindbares Heimweh, ein Phänomen, das vom empfindsamen Zeitgeist mit großem Mitgefühl zur Kenntnis genommen wurde. Man machte aber auch den unterschiedlichen Luftdruck auf den Bergen und im Tiefland dafür verantwortlich. Das Heimweh der Schweizer in der Fremde war die sentimentale Kehrseite der ebenso legendären Geldgier der Schweizer Söldner. *Pas d'argent, pas de Suisses* lautete ein geflügeltes Wort. Aus beidem zusammen könnte man auf die Vermutung kommen, dass sich das Heimweh des Schweizers in der Fremde bei ausbleibender Besoldung schubartig steigerte. Noch Johanna Spyri hat die Heimwehlegende in ihrem Heidi-Roman tüchtig ausgebeutet. Den Schweizer in der Fremde als literarische Gestalt in seinen typischen Ausprägungen zu fassen wäre eine attraktive, wenn auch kaum zu bewältigende Aufgabe, nicht zuletzt wegen der extensiven viatorischen Praxis der Autorinnen und Autoren selbst, die sich in ihrem Schaffen spiegelt. Es gibt aber bestimmte Typen, denen man durchaus nachgehen könnte: der Söldner zum Beispiel, vom 19. Jahrhundert an insbesondere der Fremdenlegionär. Er taucht verschiedentlich auf, monumental in Bräkers *Lebensgeschichte,* in Gotthelfs *Bauernspiegel,* in Friedrich Glausers *Gourrama* und weiteren Texten dieses Autors. Merkwürdig ist, wie das Thema des Kriegsdienstes im Ausland bei Max Frisch da und dort aufflackert, am komplexesten im quälenden Bericht über Stillers Teilnahme am Spanischen Bürgerkrieg. Im Balladenschaffen des 19. Jahrhunderts steht Gottfried Kellers unheimliche Schilderung der marschierenden Fremdenlegionäre in der Wüste, *Schlafwandel*, der prächtigen Komik von Conrad Ferdinand Meyers Gedicht *Alte Schweizer* gegenüber. Mit diesen ist die Schweizergarde des Papstes Leo XIII. gemeint, die 1878 eine Palastrevolution veranstaltete, als der neugewählte Nachfolger Petri die übliche Lohnzulage verweigerte. Meyer bediente sich hier auf witzige Weise der Überlieferung vom finanziellen Bewusstsein der Schweizer Söldner. Der Titel *Alte Schweizer* bezieht sich also in Wahrheit auf einen Trupp Schweizer der damaligen Gegenwart, in denen aber die neben der Heimatliebe älteste Leidenschaft der Eidgenossen, die Liebe zu den Moneten, mit altem Feuer loderte:

Sie kommen mit dröhnenden Schritten entlang
Den von Raphaels Fresken verherrlichten Gang
In der puffigen alten geschichtlichen Tracht,
Als riefe das Horn sie zur Murtener Schlacht:

»Herr Heiliger Vater, der Gläubigen Hort,
So kann es nicht gehn und so geht es nicht fort!
Du sparst an den Kohlen, du knickerst am Licht –
An deinen Helvetiern knausre du nicht!

Wann den Himmel ein Heiliger Vater gewann,
Ergibt es elf Taler für jeglichen Mann!
So galt's und so gilt's von Geschlecht zu Geschlecht,
Wir pochen auf unser historisches Recht!

Herr Heiliger Vater, du weißt, wer wir sind!
Bescheidene Leute von Ahne zu Kind!
Doch werden wir an den Moneten gekürzt,
Wir kommen wie brüllende Löwen gestürzt!

Herr Heiliger Vater, die Taler heraus!
Sonst räumen wir Kisten und Kasten im Haus –
Post Donner und Hagel und höllischer Pfuhl!
Wir versteigern dir den apostolischen Stuhl!«

Der Heilige Vater bekreuzt sich entsetzt
Und zaudert und langt in die Tasche zuletzt –
Da werden die Löwen zu Lämmern im Nu:
»Herr Heiliger Vater, jetzt segne uns du!«

Insgesamt ist die Schweizer Auswanderung, eine wichtige Dimension der Gesellschafts- und Wirtschaftsgeschichte, in der historischen Forschung reichlicher dokumentiert als in der Literatur. Zwei Fälle allerdings gibt es, die durch ihren Ruhm hervorstechen. Der eine stellt die Merkwürdigkeit dar, dass ihn in den USA jedes Kind kennt, während er in der Schweiz aus dem allgemeinen Bewusstsein verschwunden ist. Es handelt sich um das für die Jugend geschriebene Buch *Der schweizerische Robinson* von 1812, das um eines genialen Motivs willen in den Weltvorrat archetypischer Vorstellungen eingegangen ist. Ein Schweizer Pfarrer, der mit seiner kinderreichen Familie nach Australien auswandert, erleidet Schiffbruch und kann sich mit den Seinen auf eine unbewohnte exotische Insel retten. Hier müssen sie überleben, wobei ihnen allerlei Werkzeuge und Utensilien, die glücklicherweise auch noch angeschwemmt werden, gute Dienste leisten. Der Bericht ist endlos und enthält alles naturwissenschaftliche und technische Wissen eines Aufklärers am Ende des 18. Jahrhunderts, dazu dessen pädagogisch beflügelte Frömmigkeit. Man unternimmt kühne Expeditionen ins Landesinnere, wo man Tieren und Pflanzen aus allen Kontinenten begegnet. Der effektvollste Einfall des wackeren Werks ist aber das Baumhaus, das sich die Familie im Astwerk eines Baumriesen zimmert und wo sie zum Schutz vor den wilden Tieren wohnt. Dieses Baumhaus hat in ungezählten Kinderseelen die Phantasie entzündet und in den USA bis heute zu Abertausenden von Baumhäusern in den Hintergärten geführt. Der englische Titel des Buches, *The Swiss Family Robinson,* wurde identisch mit dem Kindertraum von einem Baumhaus. Die angloamerikanischen Bearbeitungen, Verfilmungen und Fernseh-

Serien sind kaum zu überblicken und pflanzen sich unentwegt fort. Diese Familiengeschichte steht, weltweit gesehen, gleichrangig neben Spyris *Heidi,* nur weiß das in der Schweiz kaum mehr jemand, und die Tourismus-Industrie wie auch die Berner Stadtwerbung haben es bis heute verpasst, den Evergreen nutzbringend auszubeuten. Denn die Erfindung stammt vom Berner Stadt- und Münsterpfarrer Johann David Wyss (1743–1818). Er hat sie seinen Kindern über längere Zeit hin erzählt und dabei sein ganzes Weltwissen hineingepackt; sein Sohn Johann Rudolf Wyss (1782–1830), Philosophieprofessor und Schriftsteller in Bern, hat sie noch zu Lebzeiten des Vaters herausgegeben, 1812, in zwei Bänden, denen später noch zwei weitere folgten. Wie es für das Gesamtwerk von Johanna Spyri keine deutschsprachige Gesamtausgabe gibt, wohl aber eine japanische, ist die originale Fassung auf deutsch längst nicht mehr aufzutreiben, in den angesehenen *Penguin Classics* aber liegt der vollständige und unveränderte Text auf englisch vor – mit einem aufregenden Baumhaus auf dem Umschlag. Wir haben hier das verblüffende Phänomen vor uns, dass ein Schweizer Auswanderer-Roman selbst zum erfolgreichen Auswanderer wurde. Die viatorische Phantasie der beiden Wyss hat einen Wurf produziert, der von der Phantasie der lesenden Schweiz trotz zahlreicher Erweckungsversuche nicht angemessen quittiert wurde. Wäre das Baumhaus auf einer Alp gestanden, hätte die Sache wohl anders ausgesehen.

Der zweite literarisch berühmte Fall eines Schweizer Auswanderers, diesmal historisch belegt, ist General Sutter (eigentlich Suter). Sein Schicksal ist so eng vernetzt mit der Geschichte der amerikanischen Zivilisation, dass man getrost von Unsterblichkeit sprechen darf. Er war, und das ist nun auch in der Schweiz einigermaßen bekannt, nachdem er in der Heimat allerlei ökonomisches Pech erlitten hatte, Großgrundbesitzer in Kalifornien geworden. Das ökonomische Pech war auch strafrechtlich nicht ganz einwandfrei gewesen, so dass die Ausreise 1834 ziemlich fluchtartig erfolgte. Er besaß und bewirtschaftete einen großen Teil des Sacramento-Tals, nannte es Neu-Helvetien und regierte wie ein König. Da wurde auf seinem Besitz Gold gefunden. Am 24. Januar 1848. Sutter wollte es verheimlichen; es gelang nicht; bald strömten Hunderttausende ins Hinterland von San Francisco. Der Besitz des Generals wurde geplündert; eine Justiz, die das verhindert hätte, existierte nicht. Auch er selbst hatte vordem keine Rücksicht genommen auf das Eigentum der indianischen Eingeborenen. Sutter verarmte, und so, als tragische Kontrastgestalt zum ungeheuren kalifornischen Gold, das eigentlich ihm gehört hätte, ging er in die Geschichte ein. Der Stoff ist mehrfach literarisch bearbeitet worden, so in einem Stück von Cäsar von Arx, besonders fulminant aber vom abenteuerlichsten Autor der Schweiz im 20. Jahrhundert, Blaise Cendrars, im Roman *L'or* von 1925. Er schildert Sutters Leben in einer verknappten, durchrhythmisierten Prosa, bald unterkühlt, bald aufflammend, eine Ballade zwischen Expressionismus und Neuer Sachlichkeit. Cendrars, selbst eine rastlos viatorische Existenz, sah in Sutter eine verwandte Gestalt. Von daher dürfte der erzählerische Furor des Buches stammen, der sich von so viel braver Prosa in der ersten Jahrhunderthälfte abhebt. Und Cendrars wusste wohl auch, dass er selbst in ähnlicher Weise wie General Sutter das Zeug zur literarischen Figur hatte – obwohl sich nie genau ausmachen lässt, wieweit seine Wagestücke in der weiten Welt, der unablässige Hazard seines Lebens, wirklich erlebt, wieweit sie von seinem schaffenden Gehirn erfunden wurden. Aber selbst im letzteren Fall zählt Cendrars' Schreiben immer noch zu den kühnsten Expeditionen in die literarische Modernität, die ihren Ursprung in der Schweiz hatten.

Um die Wende zum 21. Jahrhundert häufen sich in der Schweiz die Romane und Erzählungen, die novellistisch und dokumentarisch zugleich von ungewöhnlichen Reisenden oder Auswanderern in alle Kontinente handeln. Lukas Hartmann wäre hier mit mehreren Titeln zu nennen, Christian Haller mit der *Verschluckten Musik,* Margrit Schriber mit der *Hässlichsten Frau der Welt,* Klaus Merz mit seinem *Argentinier,* vor allem aber Alex Capus, der auf diesem Gebiet einen exquisiten Spürsinn entwickelt hat. Der Trend wirkt wie ein Gegenzug zur rechtsnationalen Bewegung in der Schweizer Politik mit ihrem romantisch unterfutterten Isolationalismus und ihrer Animosität gegen die kosmopolitischen Traditionen des Landes. Ein wichtiger Vorläufer war, neben Urs Widmers vielfacher, weniger dokumentarischer als phantastischer Grenzgängerei (in der er sich sowohl mit Gerhard Meier wie mit dem ungeheuerlichen Adolf Wölfli berührt), Jürg Federspiels Roman *Die Ballade von der Typhoid Mary* von

1982, der zwar die stupende Lapidarität von Cendrars' Gold-Roman nicht erreichte, aber dennoch einer der größten Schweizer Bucherfolge in den USA wurde. Das bisherige Spitzenwerk des Genres dürfte Lukas Bärfuss' Roman *Hundert Tage* von 2008 sein, ein Werk, das, aus der Hand des erfolgreichsten jungen Dramatikers, völlig überraschend kam und in seiner Aktualität als Gegenwartsroman, als kritische Darstellung der Schweizer Entwicklungshilfe, als neoexistentialistische Studie eines verlorenen Subjekts und als grausiges Panorama des Völkermords in Ruanda von 1994 noch immer wie ein Findling in der literarischen Landschaft liegt, gerühmt, umstritten, bis heute nicht wirklich angeeignet.

Auch die neuen Schweizerinnen und Schweizer erzählen

Sie wandern aus, sie wandern ein. Die Kinder von Immigranten schreiben mit einer besonderen Lust und mit einem besonderen Stachel in der Seele. Wo die Alteingesessenen sich beim Gedanken an ihre Kindheit an die grünen Hänge des Toggenburgs versetzt sehen (Peter Weber), in die Ferienlandschaft um Zermatt (Christoph Geiser), in den Talkessel und die alten Gassen von Schwyz (Gertrud Leutenegger), in die Welt der Tabakfabrikanten im Aargauer Stumpenland (Hermann Burger), in die Freiämter Wasserlandschaft (Erika Burkart und Silvio Blatter), in das noch vorkapitalistische Städtchen Zug (Thomas Hürlimann), in die Villen und Gärten um Basel (Urs Widmer), in ein Bündner Bergdorf (Reto Hänny), ins Sarganserland (Helen Meier), in ein Dorf am Vierwaldstättersee (Margrit Schriber) – da haben die Secondos und Secondas ein ganz anderes Hinterland. Sie kommen aus Süditalien, vom Balkan, aus Rumänien, Ungarn, dem einstigen Deutschmähren, auch aus Norddeutschland oder Griechenland. Das Verhältnis zur alten Heimat ist bei jedem anders. Bald sind es Erinnerungen, bald Erzählungen der Eltern, bald Besuche und Begegnungen mit daheimgebliebenen Großeltern und Verwandten, die das Schreiben auslösen und mitten in der Schweizer Gegenwart jene andere Welt aufscheinen lassen – mit den stärkeren Farben, den wilderen Gerüchen, den volleren Klängen, die das Verlorene in der Beschwörung eben gewinnt. Diese Immigranten oder

Immigrantenkinder verfügen über einen Vorrat an literarischem Stoff, um den sie viele Einheimische beneiden mögen. Denn bei allem Respekt vor der Vielfalt des Landes muss man ja doch sagen, dass die literarischen Sujets hier nicht gerade auf der Straße liegen. Die Flucht in das Innenleben eines sensiblen Subjekts, das auf einsamen Gängen seine Gefühle beschreibt, monologisch, ist eine auffällig häufige Erzählsituation geworden. Sie hängt mit der Schwierigkeit zusammen, in der heutigen Schweiz neue, überraschende, sinn- und handlungsträchtige Stoffe zu finden, Vorgaben, die sich unter der schreibenden Hand fröhlich verzweigen. Nur Martin Suter scheinen sie mühelos zuzufallen. Natürlich kann ein großer Autor auch aus einem Hauswart in Zürich-Schwamendingen eine Figur von weltliterarischem Rang machen, aber wenn man eine Großmutter in der Türkei hatte, die wundersame Geschichten wusste, übersüße Kuchen in schrillen Farben aus dem Ofen zog oder Ragouts mit namenlosen Gewürzen und verrufenen Innereien kochte, hat man doch einen gewissen erzählerischen Vorsprung. Die Literatur von Immigranten ist seit einigen Jahrzehnten fester Bestandteil des Schreibens in der Schweiz. Ihre Bücher wurden fast jedes Mal so begeistert begrüßt, als wären sie die ersten ihrer Art, und nicht selten hat man aus ihrer bunten Gegenwart den Schluss gezogen, dass damit die herkömmliche Literatur an ein Ende gelangt sei und nun eine ganz neue Epoche mit ganz neuen Themen und Fragestellungen begonnen habe. Das tat den jungen Talenten nicht immer einen guten Dienst. Die Erwartungen an die nächsten Werke wurden dadurch so hoch geschraubt, dass sie oft nicht mehr eingelöst werden konnten. Auch die pittoreskeste Großmutter aus Albanien, der knorrigste Großvater aus der Chalkidiki lässt sich nicht ein ganzes Schriftstellerleben lang ausbeuten. Es gibt ausgeprägte Begabungen, die darob verstummt sind. Andere haben eine erstaunliche Kunst entwickelt, entweder im Bergwerk ihres Herkommens immer neue Gänge zu eröffnen wie etwa Erica Pedretti, oder aber vom autobiographischen Exotismus hinüberzuwechseln zu helvetischen Themen. Dabei kann der Blick von außen, der ihnen gewissermaßen angeboren ist, einen ungewohnten Zugang zum Einheimischen ermöglichen. Tim Krohns überraschend erfolgreiche Auseinandersetzung mit der alpinen Sagenwelt und dem Klangreichtum des Glarner Dialekts in den Romanen *Qua-*

temberkinder und *Vrenelis Gärtli* wäre ohne die Sensibilität des Einwanderers, die Erfahrungen des Hergezogenen, den Heimatgewinn des deutschen Kindes im schmalen Alpental kaum möglich gewesen. Geschützt durch seine deutsche Geburt konnte er wirkungsmächtige Elemente des alten Phantasiebildes assimilieren, ohne gleich in den Verdacht des heimattümelnden Kitsches zu geraten.

Man muss sich hüten, die Präsenz der schreibenden Immigranten und Immigrantenkinder biologistisch als eine Art Blutauffrischung zu verstehen, obschon etliche Autorinnen und Autoren auch in Deutschland diese rousseauistischen Vorstellungen gerne bedienen und naturburschenmäßiger auftreten, als es mit ihrer urbanen Lebensweise und ihrem scharfen Blick für den literarischen Markt vereinbar erscheint. Dass sie sich die Zivilisationsmüdigkeit der neuen Heimat zu Nutze machen, kann man ihnen allerdings nicht verargen, insbesondere dann, wenn sie die Dissonanzen zwischen den Kulturen nicht nur als tragische Zerrissenheit inszenieren – seine Kindheit verliert schließlich jeder –, sondern daraus auch einen Gewinn von Witz und funkelndem Vergnügen schlagen.

Finale mit der großen Kuh

Aus dem Leben eines Schweizer Schriftstellers: Er wurde in Bern geboren, spricht den unverfälschten Dialekt der Region, hat eine Berufslehre als Metzger gemacht und wird in seinen späteren Jahren zu einem markanten Vertreter der Mundartliteratur, insbesondere in jener Variante, die die Performance sucht, den öffentlichen Auftritt. Oft erscheint er mit Kollegen und Kolleginnen zusammen auf der Bühne, in einer unternehmungslustigen Gruppe, die sich BERN IST ÜBERALL nennt und dadurch auf landesweite Sympathien zählen darf. Würde sich eine Formation ZÜRICH IST ÜBERALL nennen, müsste sie mit landesweiten Pfiffen rechnen. 1983, mit dreiunddreißig Jahren, schrieb dieser Schriftsteller einen Roman, der große Beachtung fand und in dessen Mittelpunkt eine Simmentaler Kuh steht.

Nun könnte man denken, hier trete endlich wieder einmal ein Schweizer Autor auf, der mit Auswandern und Einwandern, mit Grenzgängerei und Kosmopolitismus nichts zu tun hat, sondern stets der Mahnung des 37. Psalms folgte: »Bleib im Land und nähr dich redlich.« Es gibt sie also doch, könnte man denken, die Schriftstellerinnen und Schriftsteller, die dort leben und schreiben, wo sie herkommen, verwurzelt und standorttreu.

Das Gegenteil ist der Fall. Beat Sterchi, der Schriftsteller, von dem hier die Rede ist, wanderte mit zwanzig Jahren, 1970, nach Kanada aus. Er schlug sich mit verschiedenen Tätigkeiten durch, bildete sich daneben weiter und studierte Anglistik an der University of British Columbia in Vancouver. Mit fünfundzwanzig zog er nach Honduras, arbeitete in Tegucigalpa als Englischlehrer, schrieb erste Gedichte in englischer und deutscher Sprache. Später setzte er sein Studium in Montreal fort, blieb noch eine Zeitlang in Kanada, zog dann nach Spanien und lebte zehn Jahre in einem Dorf bei Valencia als freier Schriftsteller. Erst 1994, mit vierundvierzig Jahren, kehrte er in die Schweiz zurück. Der Roman, der im Emmental und in der Stadt Bern spielt und von Leben und Tod einer mächtigen roten Kuh handelt, erschien 1983. Er ist also jenseits des Atlantiks entstanden.

Wenn oben gesagt wurde, die Distanz zur Heimat scheine für viele Autoren wie ein optisches Instrument zu wirken, das den Raum der Herkunft schärfer vor Augen rückt, ist Sterchis Roman *Blösch* dafür eines der schlagendsten Beispiele. Das bäuerliche Dorf, das Leben auf einem Bauernhof und die Welt des Schlachthofs in der großen Stadt sind mit hyperrealistischer Präzision und stupender Sachkenntnis beschrieben. Über die Terminologie der zwei Arbeitswelten verfügt der Autor in einer Weise, die den Roman auch zu einem sprachwissenschaftlichen Dokument macht. Es ist ohne Zweifel sein viatorischer Hintergrund, was dieses so entschieden schweizerische Werk überhaupt erst ermöglicht hat. Allein mit diesem Buch könnte man den Beweis führen, dass sich der kulturelle Blutkreislauf der Schweiz, genauso wie der wirtschaftliche, weit über die Landesgrenzen hinaus erstreckt. Das zeigt sich auch daran, dass der Autor mit unterschiedlichen Intonationen der literarischen Moderne arbeitet, so etwa mit Erzählverfahren Alfred Döblins in *Berlin Alexanderplatz,* aber auch mit Anklängen an William Faulkner. Dadurch werden jene Kapitel, die sich spürbar an das Reden und Schildern Gotthelfs anlehnen, vom Anstrich des Epigonalen befreit und als ein überlegtes Zitieren erkennbar.

Von besonderer Bedeutung an Sterchis Roman ist nun die Tatsache, dass es darin um die Inszenierung eines Opfertiers des Fortschritts geht. Die rote Kuh namens Blösch erscheint wie eine Schwester des Kalbes vor der Gotthardpost. Aber während dieses nur in einer zum Bild erstarrten Sekunde sichtbar wird, hat die Kuh ein Schicksal im vollen Sinn des Wortes und gewinnt gegen Schluss die Züge einer tragischen Gestalt. Die Versöhnung von Ursprung und Fortschritt scheitert. Das prachtvolle Tier wird zuletzt, auf den fast unerträglich langen Seiten des Finales, in jämmerliche Stücke zerhackt.

Der Blick des ausgewanderten Autors auf die Schweiz verkörperlicht sich in diesem Roman zu einer Figur, die alles, was geschieht, mitansieht und miterlebt. Der Spanier Ambrosio wird von der Arbeitslosigkeit in seiner Heimat in das »wohlhabende Land« getrieben, wie die Schweiz hier durchweg genannt wird. Er wird Knecht auf dem Knuchelhof, ein geschickter Melker, der bald auch unter Blösch, der Leitkuh der kleinen Knuchelherde, sitzt und deren Milch mit klingendem Strahl in den Kessel fahren lässt. Denn der Knuchelbauer weigert sich, eine Melkmaschine anzuschaffen, obwohl der Sohn und die Nachbarn ihn dazu drängen. Maschinen, meint er, machen die Euter kaputt. Und die Euter spielen im Roman eine große Rolle. Sie werden mit jener detailgenauen Liebe geschildert, mit der Vergil in den *Georgica,* Haller in den *Alpen* einst die bäuerliche Welt betrachteten. So zum Beispiel die Ausstattung der Kuh Meye:

> Das Euter von Meye war leicht rechteckig, Voreuter und Hintereuter waren zuchtgerecht abgestuft, die Viertel waren drüsig, gleichmäßig gewölbt, bläulich und markant traten gesunde Adern hervor, an den Zitzen gab es keine Narben, keine infektionsanfälligen Ritzen, auch waren alle vier gleichgerichtet, milchdicht und mit schön abgerundeten Schließmuskeln versehen. Das ganze saß hoch zwischen den Hinterbeinen und war in der Breite gerade richtig für einen ungehinderten Gang.[31]

Wie in einem alten Lehrgedicht lernt man hier, was an einer Kuh »schön« und »richtig« ist. Und der Spanier Ambrosio lernt es mit den Lesern zugleich. Als Fremder in der Schweiz, dem diese Welt im grünen Abseits nie bis ins letzte zugänglich wird, gewinnt er dennoch einen Begriff von dem, was einer ursprünglichen Ordnung zugehört und in deren Sinn untadelig ist. Sein Bauer wehrt sich gegen die Technik, die im Begriff ist, die Landwirtschaft von Grund auf zu verändern. Er wird den Widerstand nicht mehr lange durchhalten können, aber in dieser Zeit macht Ambrosio noch eine Erfahrung des Ursprungs – Ursprung in der Spannung zum Fortschritt. Am stärksten verkörpert sich das alte Richtige in der Kuh Blösch, zu der Ambrosio ein herzliches Verhältnis entwickelt. Mit ihr kann er sich verständigen, während die Sprachbarriere den Einheimischen gegenüber unüberwindbar bleibt. Er kann und sie wollen nicht mit ihm verkehren. Der Bauer vertraut ihm, alle andern stoßen sich an dem Fremden; sie verachten den Kleinwüchsigen, verdächtigen und verleumden ihn, wollen keine solchen Leute in ihrer grünen Welt. Für sie ist das Richtige kurzerhand das, was sie sind und was sie tun. Ambrosio, der leibhaftige Blick des Autors, wird so zum Katalysator. Er verhindert, dass der Roman in das Klischee von der guten bäuerlichen und der schlechten städtischen Welt abgleitet. Hier wie dort nämlich ist der Ursprung in ein dissonantes Verhältnis zum Fortschritt geraten. Obwohl die Komposition des Werks auf dem laufenden Schauplatzwechsel zwischen der Bauernwelt und dem städtischen Schlachthof beruht, ist eine entsprechend gegensätzliche Wertung der beiden Pole nicht möglich. Der Autor greift zu derben Mitteln, scheut keine Krassheiten und geht ohne Skrupel an die Grenzen des Erträglichen, aber er bleibt konsequent analytisch. Der Fremdenhass ist auf dem Lande so verbreitet wie in der Stadt. Der Knuchelbauer ist den bösen Signalen seiner Nachbarn auf die Dauer nicht gewachsen. Er trennt sich von seinem spanischen Knecht, muss dafür die Melkmaschine anschaffen, und diese ruiniert seine schönste Kuh, die gewaltige Blösch. Ambrosio, den der Bauer in den städtischen Schlachthof vermittelt hat, begegnet dort eines Tages dem schrecklich verkommenen Tier, das er einst so liebte, muss dessen Tod mitansehen und trifft später in einer seltsam gespenstischen Szenenfolge einen Teil des Kadavers nach dem andern.

Sterchi durchkreuzt also die spontane Vermutung des Lesers, dass Ursprung und Fortschritt einander als das Gute und das Schlechte in Gestalt von Bauernhof und Schlachthaus gegenüberstehen. Hier wie dort lässt er das richtige Alte nur noch als Erinnerung anwesend, in Wahrheit aber verloren sein. Damit rückt er sein Werk weitab vom Muster des Heimatromans. Blöschs Zerstörung beginnt schon im Stall des Knuchelbauern, wo sie zu Beginn als Herrin der Herde erscheint und in einer großartigen Szene ein Stierkalb zur Welt bringt. Gerade dafür wird sie jedoch vom Bauern beschimpft, der weiblichen Nachwuchs von ihr will, Milchkühe. Die höllenähnlichen Szenen im Schlachthof[32] werden andererseits dadurch kontrastiert, dass einige Arbeiter den Aufstand wagen und eine schwarze Eringerkuh, ein Tier aus einer alten Walliser Rasse, nicht industriell mechanisch unter der unerbittlich hetzenden Uhr zerhacken, sondern, nachdem sie sie schön gestriegelt und mit Blumen geschmückt haben, langsam und würdig schlachten wie in einem alten Opferritual.

Und mitten in den Bericht über diese Zeremonie, drei Seiten vor dem Ende des Romans, fügt der Erzähler einen Hymnus ein auf die uralte Herkunft der Kühe, eine Vision ihrer Vorfahren vor aller menschlichen Zivilisation. Man kann diesen Hochgesang nur ganz begreifen, wenn man die schrecklichen Bilder noch vor Augen hat, die über viele Kapitel hin das tägliche Gemetzel im Schlachthof schilderten, wobei nicht nur die Tiere gequält und geschändet, sondern auch die Menschen zu einer mechanisierten Arbeit von brutaler Geschwindigkeit gezwungen werden.

> Es war, als wüsste diese Kuh um ihre Vorfahren, als wüsste sie, dass sie lediglich der plumpe Abglanz des Auerochsen sein konnte, der sich einst mit seinen geschwungenen, armlangen Hörnern eine Weltherrschaft über die lichten Wälder und über die satten Parklandschaften von Mitteleuropa bis hinein in das Herz des fernen Chinas unterhielt, ein Reich, in dem die Sonne selten unterging und das ihm weder die tückischen Stirnrinder Asiens noch der zur Unzufriedenheit neigende Grunzochse hatten streitig machen können. Es war, als wäre sich diese kleine Kuh im klaren über den Spott und den Hohn, die man seither über ihre unterjochte Rasse häufte, aber als hörte sie eben jetzt hinten in ihrem Schädel, beim Ansatz des verlängerten Rückenmarks und in ihrem Kleinhirn auch ein vages Rauschen, ein abgedämpftes Dröhnen, das ihren

Kopf ausfüllte wie das Meer die trockengelegte Muschel und das nichts anderes sein konnte als das Echo der Hufschläge ihrer Ahnen, die in gewaltigen Herden wie Gewitterwolken über die Steppen donnerten …[33]

Gerade durch den naiven Hauch, der über dieser Schilderung liegt, schneidet einem die Dissonanz zwischen Ursprung und Fortschritt, Natur und technischer Zivilisation ins Herz. Denn wie wissenschaftlich wir auch geschult sind, wie nüchtern und illusionslos wir auch denken, beim Blick auf unsere Welt und Gegenwart können wir doch nie ganz verzichten auf die Beschwörung eines vergangenen Ursprungs oder aber einer kommenden Utopie. Nur durch sie wissen wir ja vom Richtigen. Auch wenn uns das Illusionäre dieser Visionen taghell bewusst ist, geht es doch nicht ohne sie. Genauer gesagt: Es geht nicht ohne die winzigen Elemente und Partikel, die auf sie verweisen und so auf unsere Seele wirken. Das alte Wahre und das versprochene Kommende sind in diesem Sinne austauschbar. »Im Anfang liegt das Ende«, sagen die Weisen, und: »Der Ursprung ist das Ziel.« Damit bezeichnen sie weniger die Beschaffenheit der Welt als die seit Jahrtausenden vorgespurten Wege des menschlichen Nachdenkens, die Gesetze der Selbstvergewisserung des Homo sapiens. Zwischen Ursprung und Ende liegen die »Processe«: die Geschichte, der Fortschritt, die Dynamik der technischen Zivilisation. Von ihnen mitgerissen, im Taumel der beschleunigten Welt, sucht man die Zeichen des Ursprungs. Diese können ihre Energien selbst dann noch freisetzen, wenn sie tausendfach verkitscht, von PR-Leuten instrumentalisiert und von Politikern verramscht worden sind.

Rede auf dem Rütli am 1. August 2009

Es ist schön hier. Das wird man doch wohl noch sagen dürfen.

Für viele ist dieses Rütli ein Stück nationales Gerümpel. Man erklärt es zu einem Symbol historischer Verblendung, einem Phantom, einer kollektiven Einbildung. Aber jetzt stehen wir da auf dieser Wiese mit unseren leibhaftigen Füßen, und wer ein wohlgeratenes Herz in der Brust hat, muss sagen: Es ist schön hier. Man sieht dem Ort noch an, dass er einst aus dem Wald herausgehauen wurde. Gerodet. Gereutet. Deshalb heißt er Kleines Gereut, G'rüt, Rütli. Der Berg mit der schroffen Felsenstirn, der Niederbauen, steht über ihm wie seit je. Steinböcke klettern langsam durch seine Schrunden, und an heiteren Tagen ist er umtanzt von Gleitschirmfliegern. Durch die Bäume glitzert der See, der auch kein Phantom ist, und vis-à-vis hockt der bucklige Fronalpstock und studiert nachdenklich das Treiben der Schwyzer. Es ist schön hier.

Hinter uns aber, tief in diesem Berg drin, tobt die Hölle. Da donnern die Eurolaster durch den Tunnel. 40-Tönner. Bald vielleicht 60-Tönner. Da dröhnt Tag und Nacht die Autobahn Hamburg-Rom. Der Fehlgriff einer Sekunde kann ein Flammenmeer auslösen, in dem die Menschen verbrennen und verkohlen. Hier hinter uns rast ganz Europa vorbei: die Holländer mit ihren schaukelnden Wohnwagen, die sonnenhungrigen Schweden und die Deutschen, denen es in den Füßen zuckt, unsere braven Geschwindigkeitsgrenzen zu überschreiten. Alle Völker des Kontinents zischen durch die steinerne Nacht. Hier, wo wir stehen, scheint die Zeit zu ruhen, im Berg drin aber wird ihre Beschleunigung, wird das Voranstürzen der Zivilisation zu immer neuen Triumphen, zu immer hässlicheren Katastrophen ein betäubendes Ereignis.

Ist das da hinten nicht die Wahrheit unserer Welt und das hier vorn eben doch nur eine Illusion? Ist es vielleicht sogar bezeichnend für uns, dass wir die Wahrheit vergraben und am Sonnenlicht den schönen Schein hätscheln? Ist dieses Rütli also ein Zeichen für die Neigung der Schweiz zu Scheuklappen und rosaroten Brillen? Scheuklappen gibt es bei uns tatsächlich, und Brillen in allen Farben auch. Desgleichen gibt es bedeutende Vorräte von Sand, den man andern Leuten in die Augen streuen kann. Aber was das Rütli betrifft, müssen wir vorsichtig sein. Warum?

Wir sind in den letzten Jahrzehnten im Verhältnis zu unserer Geschichte in eine Falle geraten. Diese Falle heißt: Mythos oder Wahrheit? In den Medien ist das zur fixen Formel geworden. Der Rütlischwur – Mythos oder Wahrheit? Die Hohle Gasse – Mythos oder Wahrheit? Morgarten – Mythos oder Wahrheit? Der Mord von Greifensee – Mythos oder Wahrheit? Das Stanser Verkommnis – Mythos oder Wahrheit? Der Verrat von Novara – Mythos oder Wahrheit? Die Kappeler Milchsuppe – Mythos oder Wahrheit? Der Schultheiß Wengi von Solothurn – Mythos oder Wahrheit? Der Waadtländer Major Davel – Mythos oder Wahrheit? Und so weiter. Bis hin zum Rütlirapport unter General Guisan – Mythos oder Wahrheit? Und alle, die diese Frage stellen, wissen die Antwort stets im voraus. Sie rufen: »Mythos! Mythos!«, meinen damit Lügen und Märchen und kommen sich unerhört aufgeklärt vor.

So einfach ist es aber nicht. Wer die Geschichte vom Rütlischwur für die blanke historische Wahrheit hält, ist nicht das naivere Gemüt als der, der mit ebenso glänzenden Augen »Mythos! Mythos!« ruft. Für jede Nation verdichtet sich ihre historische Herkunft in erregenden Geschichten, die man erzählt bekommt und weitererzählt. Schon die Kinder berichten sie einander und erleben dabei erstmals ein Gefühl von Politik. Diese Geschichten haben eine eminente Funktion. Denn sie sind in ihrem Wesen politische Verhaltensanweisungen. Sie reden vom richtigen und vom falschen Handeln. In ihnen erscheint elementar der politische Wille dieses Landes. Die Geschichte von Wilhelm Tell haben wir zwar aus Dänemark bezogen, aus dem gleichen Buch, aus dem William Shakespeare die Geschichte vom Prinzen Hamlet bezogen hat. Aber bei uns bekam das Killermärchen eine Sendung. Es teilte dem Volk eine politische Wahrheit mit. Sie lautet: Der Gehorsam im Staat hat seine Grenzen. Untertanengeist darf nie überhandnehmen. Und keine Situation ist so schlimm, dass man nicht doch noch etwas unternehmen kann. Dies aber geschieht immer auf doppelte Weise: durch Einzelne und gemeinsam. Ohne den Eigensinn des Einzelnen wird die Gemeinschaft zur Herde. Ohne das

Zusammenspannen mit den andern wird der Einzelne zum Eigenbrötler.

So also müssen wir diese überlieferten Erzählungen verstehen: als bildkräftige Formulierungen des politischen Willens, der die Eidgenossenschaft früh geprägt und sie mit viel Glück und einigen blauen Augen hat überleben lassen. Die Heldengeschichten der alten Römer, die das direkte Vorbild waren für unser nationales Geschichtenerzählen, werden von den Rechtshistorikern längst als Verkörperungen des Römischen Staatsdenkens studiert. Dort ist die Frage: Mythos oder Wahrheit? so überlebt wie eine Postkutsche. Bei uns aber fahren die Postkutschen weiterhin mit vielem Lärm herum.

Diese Geschichten veralten auch nicht. Denn sie machen in jeder weltpolitischen Situation wieder andere Grundsätze des politischen Handelns sichtbar. Am Rütlischwur kann man zum Beispiel ablesen, dass wir in der Schweiz keinen Häuptling brauchen und keinen wollen und dass jeder, der sich zum Häuptling aufwerfen will, eines Tages auf dem dafür vorgesehenen Körperteil landet. Und am Stanser Verkommnis lässt sich die politische Versöhnung studieren, der zähneknirschende Kompromiss nach verbaler Prügelei, ohne den die Schweiz längst bachab gegangen wäre. Krach scheint immer großartiger als Versöhnung. Aber Krach ist auch kindisch, und Versöhnung ist die ernste Arbeit von Erwachsenen. Oder nehmen wir die Geschichte vom Teufel, der den Urnern die Schöllenenbrücke gebaut hat und dann von ihnen übers Ohr gehauen wurde: Das ist gewiss ein Märchen, aber auch in ihm steckt politische Weisheit. Sie lautet: Erfolgreiche Politik setzt auch Schlauheit und Berechnung voraus, selbst auf die Gefahr hin, dass die Weste nicht ganz sauber bleibt. Durch die sture Parole: Mythos oder Wahrheit? sind viele markante Überlieferungen aus dem Bewusstsein des Volkes vertrieben worden, deren politischer Gehalt wichtig wäre für das Nachdenken über das Land. Unsere Erinnerungskultur ist beschädigt.

Dieses Rütli hier hat seine Bedeutung weit über die Frage hinaus, was genau da einmal geschehen oder nicht geschehen oder vielleicht irgendwie geschehen ist, und seine Bedeutung hat auch der donnernde, stinkende Tunnel im Berg, dessen Abgase noch den Steinböcken am Niederbauen um die Nasen blasen. Das Rütli und der Tunnel, das sind zwei zeichenhafte Wirklichkeiten der Schweiz. Beide wollen mitbedacht sein, wenn es gilt, den Standort unseres Landes in der modernen Zivilisation zu bestimmen.

Das Rütli steht für den Willen zum Zusammengehören und Zusammenbleiben in der Eidgenossenschaft. Der Tunnel steht für die ebenso starke Lust, über die Grenzen des Landes auszuschwärmen und mitzuspielen im Spiel der europäischen Mächte. So wie man heute von *global players* spricht, kann man die Schweizer, seit es sie gibt, *continental players* nennen. Sie haben sich nie als Murmeltiere verstanden, die sich in den Bergen vergraben. Seit die Römer ein Verkehrsnetz über den europäischen Kontinent spannten, führten internationale Routen durch das Gebiet der heutigen Schweiz. Die Bündnerpässe, die Walliserpässe, später der Gotthard waren Handelswege, mit denen die Einheimischen Geschäfte machten, indem sie den Transport schützten und organisierten, und über die sie selbst immer wieder auszogen, in die Lombardei, ins Piemont, bald um des einträglichen Handels, bald um der blutigen Händel willen. Man wusste sich verknüpft mit der Welt, die Berner mit Burgund und Frankreich, die Zürcher und Basler mit Süddeutschland und dem Elsass, die Innerschweizer und die Bündner mit Italien. Und jahrhundertelang verkauften die Eidgenossen ihre jungen Männer zu Tausenden an die fremden Könige, damit sie deren Kriege führten, für sie töteten und getötet wurden. Die jungen Männer waren die Bodenschätze der Schweiz. Wer überlebte, kehrte zurück und hatte was zu erzählen. Auszug und Heimkehr war seit je die Schweizer Existenzformel. Von den Bergen her definierte man sich zwar schon lange, aber ökonomisch zielbewusst erst dann, als der Tourismus aufkam und mit den Bildern vom einfachen Bergvolk ein interessantes Geschäft zu machen war. Jetzt wurde es wirtschaftlich einträglich, den Europäern ein Volk vorzuspielen, das unter Gletschern wohnt, niemanden stört, nicht gestört werden will und beim Melken seiner Kühe leise vor sich hin jodelt. In Wahrheit war das nur eine neue Form der kontinentalen Vernetzung. *Continental players* waren die Eidgenossen immer, selbst wenn sie mit der Zeit selber glaubten, das zu sein, was sie dem reisenden Europa vorgaukelten.

Ähnlich war es mit dem Geldverkehr. Basel und Genf waren schon früh Bankenplätze und standen in Verbindung mit allen Finanzzentren der Welt. Aber auch die übrigen Städte spielten mit. Bern galt zur

Zeit der alten Eidgenossenschaft als einer der reichsten europäischen Staaten überhaupt. Selbst Goethe, der gewaltige deutsche Dichter, reiste mit seinem Dienstherrn, dem Herzog Karl August von Sachsen-Weimar, nach der Aarestadt, um hier Geld aufzunehmen. Sie trugen die damals mächtige Summe von 50 000 Talern nach Hause. So hat die Schweiz auch die deutsche Klassik mitfinanziert, und diese hat es ihr später mit Schillers *Wilhelm Tell* gedankt. Gerade dieses Theaterstück aber hat die Vorstellung von der abgeschlossenen, selbstgenügsamen Schweiz definitiv zementiert.

Auszug und Heimkehr ist die Schweizer Existenzformel. Die Schweizer Wirtschaft weiß sehr genau, was das heißt, und die Schweizer Banken wussten es bis vor zehn Jahren auch noch. Dann haben sie es vergessen. Jetzt lernen sie es wieder. Der Kurs ist ziemlich teuer. Auch in der Schweizer Kunst, in der Schweizer Literatur, in der Schweizer Fotografie und der Schweizer Architektur spiegelt sich die Existenzformel. Auszug und Heimkehr meint nicht nur das einmalige biographische Ereignis, sondern eine Form der vitalen Verbundenheit mit der Welt, insbesondere dem europäischen Kontinent. Mit diesem Kontinent sind wir pulsierend vernetzt, so wie das Herz mit allen andern Organen eines Körpers vernetzt ist. Der Tunnel hier hinten im Berg, durch den die Eurolaster donnern und die klimatisierten Riesenbusse brummen, ist ein handfestes Beispiel dieser Verknüpfung. Wir haben den Tunnel für uns gebaut, aber auch für Europa, in der Verantwortung für die Schweiz, aber auch in der Verantwortung für den Kontinent. Das gilt auch von der NEAT. Unsere Praxis ist hier unserer politischen Theorie voraus.

Der Kontinent, von dem ich rede und auf dem wir alle wohnen, war tausend Jahre lang ein einziges Schlachtfeld. Jede Großmacht versuchte, ihr Gebiet zu erweitern und die Erweiterung der andern zu verhindern. Dazu gab es nur zwei Mittel, das Hochzeitsbett und den Krieg. Über geeignete Prinzessinnen konnte man sich ganze Länder erheiraten. Dagegen mussten die andern dann wieder in den Krieg ziehen. Die Zeugungsfähigkeit der Könige war so wichtig wie ihre Artillerie. So bekümmert, wie sie in die Schlacht zogen, bestiegen die hohen Herrschaften auch ihr eheliches Lager. *Europäisches Gleichgewicht* lautete das politische Zauberwort seit der frühen Neuzeit, *balance of power.* Verschob sich das Gleichgewicht durch eine

Heirat zugunsten der einen Macht, musste dies sofort durch schwere Schlachten wieder korrigiert werden. Unentwegt wurden Länder aufgeteilt und neu zusammengesetzt. Viele verschwanden auf immer von der politischen Landkarte, andere, wie etwa Polen, tauchten nach einem Jahrhundert wieder auf. Keine Grenze war gesichert. Jeder Krieg und jede Hochzeit konnte sie verschieben. Die Schweiz hielt sich geschickt im toten Punkt dieser europäischen Machtspiele auf. Sie bewachte die Pässe und ließ jeden passieren. Das war im Interesse der Großmächte, und dafür brauchte man die Schweiz, dafür wollte man ihre Neutralität. Man hätte das Land auf dem Wiener Kongress auch auflösen können, wie es schon Napoleons Generäle ihrem Chef empfohlen hatten und wie es wenig später mit der Freien Republik Gersau hier an diesem See geschah, die ohne Rücksicht auf alte Rechte liquidiert und den Schwyzern in die offene Tasche gesteckt wurde. Ohne ihre präzise Funktion im blutigen Dauerspiel um das europäische Gleichgewicht ist die Schweiz nicht zu verstehen. Sie verdankt ihre Existenz ebensosehr dem Willen Europas wie dem eigenen. Den Großmächten ersparte sie einen chronischen Krieg um die Alpenübergänge, und mit sicherem politischem Instinkt hielt und hält sie diese Übergänge bis heute auf dem technologisch höchsten Niveau. Zu den Wundern der Schweiz gehört, dass ihr politischer Instinkt immer zielsicherer war als ihr politischer Verstand. Der politische Verstand hat zu den vielen hässlichen Bürgerkriegen geführt, der politische Instinkt aber hat eine Kompromiss- und Versöhnungskultur entwickelt, die heute so beispielhaft ist wie je. Wir waren nie die Siebensiechen der Weltgeschichte, wie uns einige Leute einreden möchten, aber wir dürfen uns zeigen unter den Nationen und an den eigenen Leistungen auch unsere Freude haben.

Ich bin 1937 geboren. Als ich ein Kind war, ging es wieder los auf dem gequälten Kontinent. Nur standen jetzt keine Hochzeitsbetten mehr zur Debatte, es zählten allein die Panzer und Bomben – bis Europa in Trümmern lag. Doch am Ende dieses Zweiten Weltkriegs war nun zum ersten Mal nicht mehr vom *europäischen* Gleichgewicht die Rede. Die *balance of power* hatte sich ins Weltweite verschoben. Man nannte das den Kalten Krieg. Unter seinem prekären Schutz konnte das westliche Europa erstmals darangehen, den Teufelskreis des gegenseitigen Niedermetzelns zu durchbrechen. Aus dem ewigen Schlachtfeld wurde ein Labor der Demokratie.

Ein Labor der Demokratie war auch die Schweiz einmal, nachdem Napoleon die wurmstichige alte Eidgenossenschaft vom Tisch gefegt hatte. Es war mühsam genug. Ein halbes Jahrhundert dauerte es, mit vielen Putschen und Kleinkriegen, bis wir ein einigermaßen moderner Staat waren. Diesen Weg sucht und geht Europa heute. Auch er ist mühsam genug. Es gibt Leute, die sich darüber lustig machen. Aber gerade wir in der Schweiz haben keinen Grund dazu. Die Schweiz ist unsere Heimat, aber die Heimat der Schweiz ist Europa, dieses Europa, dessen Großmächte seit mehr als einem halben Jahrhundert keinen Krieg mehr gegeneinander geführt haben. Das gab es überhaupt noch nie in der Geschichte. Wir sind die ersten Menschen, die das erleben dürfen. Es ist die gewaltigere Leistung als der Bau der Pyramiden oder der Flug auf den Mond. Wer nicht begreift, dass dieser Frieden auch der unsrige ist, hat einen armen Kopf und eine dürre Seele.

Das heißt, dass die Verantwortung für unser Land, die jede Bürgerin und jeder Bürger der Schweiz mitträgt, stets auch eine Verantwortung für den Kontinent ist. Wie immer wir uns zu dem politischen Europa von heute stellen – und es gibt da in guten Treuen unterschiedliche Konzepte –, unsere Haltung muss von brüderlicher Sympathie zu dem großen Experiment getragen sein. Nur vier Flugstunden von uns herrscht Krieg. Wer Kinder und Enkel hat, kann daran nicht nur mit einem Schulterzucken denken. Jeder Krieg ist ansteckend. Er frisst sich durch die Welt. Wenn wir vom Frieden im heutigen Europa profitieren, haben wir an ihm auch mitzuarbeiten. In Freiheit. Denn Freiheit ist kein Zustand, sondern eine Tätigkeit.

Das nationale Symbol in der postheroischen Gesellschaft

Wenn im Folgenden von heroischen und postheroischen Gesellschaften die Rede ist, sind damit nicht blutrünstige oder aber friedliche Zeiten gemeint, sondern zwei Typen gesellschaftlich-politischer Verfasstheit und grundsätzlicher Einstellung zum Staat. Bezug genommen wird dabei auf die neueren Arbeiten des Berliner Politikwissenschaftlers Herfried Münkler. Insbesondere sein Begriff der postheroischen Gesellschaft[34] *erscheint als ein taugliches Instrument für das Nachdenken über die symbolische Selbstreflexion der politischen Schweiz.*

*

Es ist schwierig, innerhalb einer postheroischen Gesellschaft, die sich durchaus leidenschaftlich als solche versteht, über die Differenz zwischen einer heroischen und einer postheroischen Gesellschaft zu reden. Denn im Gegensatz zur heroischen Gesellschaft, die ihre Identität ohne weiteres aus sich selbst bezieht, bezieht die postheroische Gesellschaft ihre Identität überwiegend aus der emphatischen Ablehnung der heroischen Gesellschaft.

Die heroische Gesellschaft vergewissert sich ihrer selbst über die Erinnerung an die Helden. Diese werden auch »die Väter« genannt. Es sind Gründerfiguren, oft nicht nur politischer, sondern auch religiöser Art. Sie haben ihr Leben aufs Spiel gesetzt für ihr Land. Man sieht sie auf Wandbildern, in Stein gehauen oder in Erz gegossen. Wandbilder und Denkmäler sind aber nur ein Zwischenmedium der Erinnerung. Das Hauptmedium ist die Erzählung. Also Literatur. Geschichtsschreibung oder Gesang oder Roman. Ohne Erzählung keine Erinnerung, ohne Erinnerung keine heroische Gesellschaft. Der Held und der Sänger sind aufeinander angewiesen wie Reiter und Ross. Ulrich Zwingli steht eisern und mit einem mächtigen Schwert vor der Zürcher Wasserkirche. Den Einsatz dieses Schwertes und Zwinglis Tod in der Schlacht hat der Erzähler Gottfried Keller am Ende der Novelle *Ursula* als staatsreligiöses Opfergeschehen geschildert.

Auch die postheroische Gesellschaft bedarf der Erinnerung. Mithin der Literatur. Mithin des Sängers. Wovon hat dieser zu berichten? Er berichtet von der heroischen Gesellschaft, indem er deren Heldengeschichten travestiert.

Friedrich Schiller: »Durch diese hohle Gasse muss er kommen, / Es führt kein andrer Weg nach Küssnacht – Hier / Vollend ich's –«

Robert Walser: »Durch diese hohle Gasse, glaube ich, muss er kommen. Wenn ich es recht überlege, führt kein andrer Weg nach Küssnacht.«

Im Kontrast der zwei Stellen erleben wir den Grundakt der Travestie, obwohl der Walser-Text diesen Grundakt anschließend gar nicht weiterführt, sondern selbst in den heroischen Diskurs einbiegt. Dass Walser dennoch einer der Hausgötter der postheroischen Schweiz wurde, ist ein Phänomen, das für sich studiert werden muss.

Eines geht aus den zwei Zitaten deutlich hervor: Zum Erzählen der heroischen Gesellschaft gehört der Hohe Ton, das ungebrochene Pathos. Dieses kann in der Lektüre durch die postheroische Gesellschaft sogar unverändert zu seiner eigenen Parodie werden. Dennoch ist das erinnernde Erzählen der heroischen Gesellschaft nicht identisch mit schwülstigen Metaphern. Es erscheint auch als Lapidarität von römischem Zuschnitt. Zehn Zeilen nur braucht der Historiker Johannes von Müller 1780 für die Tell-Geschichte:

> Während welcher Zeit einer der Verschwornen, mit Namen Wilhelm Tell, den Reichsvogt Gessler totgeschossen. Denn Gessler hatte einen Verdacht auf ihn, weswegen er ihn zu Schiff in ein Gefängnis führte. Aber nicht weit von dem Rütli brach der Sturmwind los und warf der enge See die Wellen wütend hoch und tief; also wurde der Himmel verborgen, die Tiefe entblößt; worauf auch dem Tell, als einem vortrefflichen Schiffmann, die Fesseln abgenommen worden. Der Tell nahm seinen Sprung und erreichte einen flachen Fels und kletterte den Berg hinauf, das Schiff aber prellte an und von dem Felsenufer; Tell floh durch Schwyz und kam nach Küssnacht, wie auch der Gessler; da fiel dieser durch Tells Pfeil. Also trug sich dieses zu.

Kein Hut auf der Stange, kein Apfelschuss. Das Geschehen auf dem Dorfplatz von Altdorf schrumpft zusammen auf den Satz: »Denn Gessler hatte einen Verdacht auf ihn.« Das Pathos aber verschiebt der Autor in die Beschreibung des tobenden Urnersees: »und warf der enge See die Wellen hoch und tief; also wurde der Himmel verborgen, die Tiefe entblößt.« Das ist eine versteckte Formel für die Revolution; verständlich wurde sie erst neun Jahre später, nach dem Sturm auf die Bastille.

In der Optik der postheroischen Gesellschaft nimmt sich die enorme Kultur der Erinnerung an die Helden und die »Väter«, die die heroische Gesellschaft hervorgebracht hat, als ein Verblendungszusammenhang aus. Sie wird als Machtmittel gedeutet, als Propagandainstrument und Verdummungsstrategie. Dies durchaus in Analogie zu den Deutungen der Religion als »Opium des Volks«. Deshalb ist der Held für die postheroische Gesellschaft kein Problem – und genau das ist ihr Problem.

Die postheroische Gesellschaft lokalisiert sich selbst in einem geschichtlichen Prozess, und zwar an dessen Spitze. Sie ist überzeugt, die verschiedenen Phasen verblendeter heroischer Gesellschaften überwunden zu haben. In der Schweiz ist das heute medialer Mainstream. Die Grundidee der heroischen Gesellschaft ist das Opfer des Einzelnen für das Allgemeine, zum Extrem stilisiert im Selbstopfer des Helden. Die Grundidee der postheroischen Gesellschaft ist die Dienstleistung des Allgemeinen für den Einzelnen, der Staat als Betreuungsanstalt. Nüchtern und ohne symbolische Zurüstung wird diese Differenz auf den Punkt gebracht in dem Satz aus John F. Kennedys Inaugurationsrede von 1961: »And so, my fellow Americans: ask not what your country can do for you – ask what you can do for your country.«

Wenn ich die heroische Gesellschaft mit den kriegslüsternen Nationalstaaten des 19. Jahrhunderts gleichsetze, mit ihrer aggressiven Erweiterungspolitik und ihrem Kolonialismus, erscheint die postheroische Gesellschaft als Überwindung eines Unheils, als das Gute gegenüber dem Schlechten. Es geht aber darum, in dem Gegensatz zwei Grundtypen des kollektiven politischen Verhaltens zu sehen, die je ihre eigenen Bedingungen haben und nicht im voraus positiv oder negativ besetzt sind. Lange Zeit wurden die Merkmale einer heroischen Gesellschaft kurzerhand als faschistisch apostrophiert. Das macht das Gespräch darüber auch heute noch fast unmöglich. Dabei beruhen alle Errungenschaften der bürgerlich-liberalen Revolution in Amerika, in Frankreich, in der Schweiz, in Italien auf der Mentalität und Praxis heroischer Gesellschaften. Die Achtundsechziger haben die Schweiz der Kriegsjahre mit Vorliebe insofern der Kritik unterzogen, als sie deutliche Züge einer heroischen Gesellschaft trug und kultivierte. Aber die gleichen Achtundsechziger feierten die internationale sozialistische Bewegung gerade insofern, als sie die Züge einer heroischen Gemeinschaft trug. Exemplarisch dafür war der Kult um Che Guevara, der als Täter und Opfer den Helden einer heroischen Gemeinschaft fast idealtypisch verkörperte – wenn nicht in natura, so doch in der Phantasie und auf T-Shirts. Die Achtundsechziger und ihre Nachfahren waren also nicht heroismuskritisch an sich, sie setzten vielmehr der nationalen heroischen Gesellschaft eine internationale heroische Gemeinschaft gegenüber. Die mit gereckter Faust gesungene Internationale – »Auf zum letzten Gefecht!« – unterscheidet sich strukturell nicht vom Grundgestus etwa der Marseillaise oder vom vaterländischem Lied der Romands, Henri-Frédéric Amiels: »Roulez, tambours! … Guidez-nous au combat!«

Wenn man die heroische Gesellschaft mit der postheroischen rein typologisch konfrontiert, heißt das allerdings nicht, dass die Applikation des Modells auf konkrete Phasen der Geschichte ebenfalls wertfrei bleibt. Die Schweiz des jungen Bundesstaates, die nach dem Bürgerkrieg von 1847 und dem Sieg des urbanen Liberalismus das Land mit Heldendenkmälern überzog, war kein faschistischer und kein imperialistischer Staat. Sie war patriotisch in einem humanen Sinn und hat bewiesen, dass dies möglich ist. Sie gebrauchte den heroischen Diskurs – in den Denkmälern, in den Schlachtbeschreibungen der Dichter, in den teils ergreifenden, teils unfreiwillig komischen Vaterlandsliedern –, um das Trauma des Bürgerkriegs zu neutralisieren und über die Beschwörung gemeinsamer Vorbilder die drohende Spaltung des Landes zu verhindern. Demgegenüber hat der militaristische Nationalismus des von Preußen dominierten Deutschland Europa und die Welt in die Katastrophenfolge des 20. Jahrhunderts geführt.

Heroische und postheroische Gesellschaften haben je ihre Bedingungen in der Geschichte. Was die gegenwärtige Schweiz betrifft, ist ihre entschieden postheroische Beschaffenheit nicht zu trennen von der entsprechenden Haltung Deutschlands und der Deutschen. Während die deutsche Niederlage im Ersten Weltkrieg noch zu einer weit pathologischeren heroischen Gesellschaft im Hitlerstaat führte, hat die zweite Niederlage das genaue Gegenteil bewirkt, trotz der Wiederbewaffnung und des Säbelrasselns im Kalten Krieg. In der Schweiz tragen wir heute den postheroischen Konsens unserer nördlichen Nachbarn umfassend mit. Im einzelnen wirkt sich das allerdings anders aus, und davon ist nun zu reden.

Bis weit über das Ende des Zweiten Weltkriegs hinaus bezog die Schweiz ihre nationalen Symbole, mittels deren sie sich gefühlsmäßig über sich selbst verständigte, aus dem Vorrat einer heroischen Gesellschaft. Helden, Waffen, Schlachtfelder, Fahnen und Wappen standen reichlich zur Verfügung, und der Schlachtendiskurs war auch in der ernsthaften Literatur weit verbreitet. Die letzte nichtparodistische Schlachtbeschreibung von künstlerischem Rang in der Schweizer Literatur findet sich in Meinrad Inglins Erzählung *Ehrenhafter Untergang* von 1952; sie betrifft den Kampf der Schwyzer gegen die Franzosen bei Rotenturm im Jahr 1798. Mit dem Weg in die postheroische Gesellschaft begann ein Prozess der Beseitigung der nationalen Ikonographie. Das hat zur heutigen Notlage geführt. Sie kann bezeichnet werden als ein semiotisches Verstummen gegenüber dem eigenen Staat. Die Zeichen fehlen. Der Zustand ist kläglich. Gewiss hatte das Verschwinden Wilhelm Tells seine guten Gründe, aber dass dafür nun Heidi überall auftaucht, eine Figur aus einem sentimentalen Kinderbuch, ist schwer erträglich. Heidi als Symbol der postheroischen Schweiz – haben wir das verdient? Eines der angesehensten Theater des Landes bringt *Heidi* auch für Erwachsene auf die Bühne, mit der Begründung, es handle sich dabei um den »schönsten Schweizer Mythos«. Ironischerweise stammt das nationale Vorschulmädchen genau aus der Zeit der heroischen Denkmäler. Wir beziehen es also aus dem gleichen historischen Topf wie unsere abgegriffenen Monumente. Hat sich die Patriotismuskritik der Schriftsteller und Künstler überhaupt gelohnt, wenn am Ende nur noch die intellektuelle Leere hinter einem Stück Kitsch übrig bleibt?

Die Bewegung des kritischen Patriotismus,[35] stimuliert durch die

Leitfiguren Frisch und Dürrenmatt, gestaltete den Übergang der Schweiz in eine postheroische Gesellschaft als spannungsreichen und buntscheckigen Prozess. Eines der wichtigsten Verfahren war dabei die ironische Destruktion des Helden und seiner Sprache, des nationalen Pathos. Wenn der Held einmal lächerlich geworden ist, verliert er seine Vorbildfunktion, und die Idee des Opfers für die Allgemeinheit wird zum Unsinn. Die analytische Leistung des kritischen Patriotismus zielte aber nicht nur auf die Beseitigung der Heldengalerie, sondern auch auf andere kollektive Illusionen. Der heroische Diskurs, insbesondere von 1939 bis 1945, der wichtig war für die Verteidigungsbereitschaft des Landes, hatte auch zur Überzeugung von einem tatsächlich heroischen Verhalten der Schweiz in den Kriegsjahren geführt, was denn doch eine massive Selbstverklärung war. Sie wurde weithin betrieben, und wer sie in Frage stellte, musste mit derben Reaktionen rechnen. Hier galt es in der Tat, dem Land einen Star zu stechen, und es gibt heute noch Leute, die etwas dagegen haben. Interessant sind daher im großen Feld des kritischen Patriotismus weniger die vielen Tell-Parodien und Tell-Verulkungen – sie sind heute meistens zum Gähnen – als die literarischen Inszenierungen von Gegenopfern. Dem Helden, der für sein Vaterland stirbt, wurden Menschen gegenübergestellt, die der nationalen Selbstverblendung zum Opfer fielen. Eine der wirkungsvollsten Arbeiten war hier Niklas Meienbergs Reportage über die Erschießung des Landesverräters Ernst S. von 1974. Das anrührende Schicksal des Ernst S., dessen Vergehen in keinem Verhältnis zur Todesstrafe stand, geriet zu einem starken Argument in der Destruktion des heroischen Diskurses. Im Rahmen eines fiktionalen und viel abstrakteren Modells war ihm die Figur des Andri in Frischs *Andorra* vorangegangen. Andri wie Ernst S. sabotierten das Opfermonopol des installierten Helden und stellten dem nationalen Pathos ein spezifisch postheroisches gegenüber. Eine frühe Verkörperung dieser Opferfigur ist der Flüchtling in der Groteske *Der Gerettete*, die der junge Friedrich Dürrenmatt 1948 für das Cabaret Cornichon schrieb. Da klettert einer aus dem von Haifischen wimmelnden Meer auf die Arche Schweiz, wird aber von dem Beamten Dr. Blauhals (ein Name, der damals erkennbar für Rothmund stand) so eiskalt behandelt, dass er zuletzt freiwillig unter die Haifische zurückspringt. Schon hier wird ersichtlich, wie zwingend die breite, bis heute fortdauernde Debatte um die Schweizer Flüchtlingspolitik und ihre unmenschlichen Seiten den Prozess der Entheorisierung und die Verunsicherung der Schweiz gegenüber ihrer Geschichte verstärken musste. Eine in der Funktion verwandte, wenn auch zwielichtigere Figur ist der Gesandte in Thomas Hürlimanns gleichnamigem Stück, einem seiner besten.

Das Problem der postheroischen Schweiz ist ein Problem der kollektiven Erinnerung. Wie kollektive Erinnerung zustande kommt, wie sie funktioniert, sich hält, sich verändert, wie sie gesteuert und sabotiert werden kann, ist ein keineswegs geklärter Zusammenhang. Neben Phänomene eines erschreckend raschen Vergessens tritt anderswo eine erstaunliche Konstanz des Gedenkens. Auch darf man auf diesem Gebiet aus einem Konsens der Medien keinesfalls auf einen entsprechenden Konsens in der Bevölkerung schließen. Immer wieder kommt es zu öffentlichen Disputen zwischen dem heutigen postheroischen Mainstream und aufflackernden Bekenntnissen zur heroischen Überlieferung. Die nationalkonservative Bewegung, die von einem reichen Chemieunternehmer geleitet wird, hat an der Krise der Erinnerungskultur bisher wenig verändert. Sie kehrt das Denkmuster von der guten und der bösen Schweiz, das der kritische Patriotismus der Nachkriegszeit entwickelt hat, einfach wieder um und bleibt so an ihrem eigenen Retro-Look kleben.

Merkwürdig ist, was das allgemeine Geschichtsbewusstsein angeht, die weitgehend unbewegte Haltung breiter Schichten des Landes gegenüber dem Bericht der Bergier-Kommission, die im Auftrag des Bundesrates die während des Zweiten Weltkriegs in die Schweiz gelangten Vermögenswerte untersuchen musste. Es kann da von einer Art Teflon-Reaktion gesprochen werden: Man lässt die Sache schweigend an sich abperlen. Das heißt nicht, dass die Ergebnisse abgelehnt würden. Man möchte mit ihnen nur weiter nichts zu tun haben. Dadurch verstärkt sich das generell schon vorhandene apathische Verhältnis zur Geschichte.

Wenn wir einen Blick auf Deutschland werfen, sehen wir, dass die postheroische Gesellschaft dort auf die Entwertung der alten heroischen Denkmäler konsequent mit dem Errichten von Kontrastmonumenten reagiert hat. Sogar ein Wort gibt es dafür: Mahnmal. In der Schweiz ist das vorläufig noch undenkbar, obwohl ein Erinnerungsstein auf einer Rheinbrücke für die in den Tod zurückgeschickten Flüchtlinge ein richtiges Zeichen wäre.

Auf der genauen Zwischenposition zwischen Denkmal und Mahnmal hält sich der von Max Frisch beschriftete Granitblock auf dem Brunnen im Zürcher Rosenhof von 1967. Er vollzieht explizit den Prozess der Entheroisierung eines Monuments.

HIER RUHT	1967 NIEMAND
kein großer	zeitGENOSSE
ZÜRCHER	patriot
denker und	REFORMATOR
STAATSMANN	DER SCHWEIZ
oder REBELL	im XX. jahrhundert
weitsichtiger	BEGRÜNDER
PLANER	der ZUKUNFT
der freiheit	die trotzdem kommt

An diese öffentlich inszenierte Ablösung des Helden durch einen »Niemand« fügt sich ein weiterer Text, der mit dem Satz endet: »dies denkmal ist frei«. Damit verkehrte Frisch den üblichen Gestus, mit dem ein historisches Denkmal für die Freiheit zeugt, in die Aussage, dass nun das Denkmal selbst frei sei, also aller feierlichen Funktionen enthoben. Das verstärkt sich mit dem Anfang des letzten Satzes: »dieser stein, der stumm ist«. In der Fortsetzung aber geht das stumme Denkmal dann tatsächlich über in die Andeutung eines Mahnmals: »dieser stein der stumm ist wurde errichtet zur zeit des krieges in VIETNAM«. Das Beispiel zeigt, bis in welche Mikrostrukturen hinein sich der Weg in die postheroische Gesellschaft verfolgen lässt. Es zeigt allerdings auch, dass dabei die Erinnerung selbst liquidiert wird. Man könnte fast von einer Erinnerungsverweigerung sprechen. Auf jeden Fall wird in diesem Denkmal das, was oben das »semiotische Verstummen« genannt wurde, selbst zum semiotischen Ereignis.

Vergleichen könnte man dies mit den Veränderungen der Waffenhalle im Landesmuseum. Der kathedralenähnliche Raum, der Waffen und Fahnen als weltliche Reliquien feierte, gekrönt von Hodlers Marignano-Fresken, ist versachlicht worden zur architektonischen Hülle für Ausstellungen modernen Zuschnitts. Die singuläre Aura, die aus dem Raum einst ein Pendant zum Rütli machte, hat sich verflüchtigt. Es ging nicht anders. Das Original wäre heute unerträglich. Aber wenn man die alten, ziemlich schummrigen Fotos anschaut, wird man von der phantastischen Theatralität dieser Inszenierung seltsam beeindruckt. Sie gemahnt an die rituellen Zurüstungen um den Sitz eines afrikanischen oder indianischen Häuptlings. So unmöglich die ursprüngliche Waffenhalle als Symbol der heutigen Schweiz wäre, so gerne würde man sie doch noch einmal in ihrem alten Pathos sehen. Sie wäre dann selbst ein Ausstellungsstück, das Dokument eines verschollenen Patriotismus, der keine Schwierigkeiten hatte, sich zu verbildlichen.

Wie sehr bei solchen nationalsymbolischen Unternehmungen die kulturgeschichtlichen Epochen einander überlagern, lässt sich studieren an dem jahrelangen Streit um die erwähnten Hodler-Fresken in der Waffenhalle. Sie standen um 1900 für eine künstlerische Moderne, die auf erbitterten Widerstand stieß. Das führte sogar dazu, dass von den geplanten sechs Fresken nur drei ausgeführt wurden: der Rückzug aus Marignano mit einem sterbenden Krieger links und einem knienden Kämpfer rechts. Diese zwei Nebenbilder, deren ungewohnte Expressivität Ärgernis erregte, wurden dann 1941, als es mitten im Krieg 650 Jahre Eidgenossenschaft zu feiern galt, zu Briefmarkenmotiven – kleinen Signalen einer heroischen Gesellschaft. Fünfzig Jahre später, 1991, gab es zu den 700 Jahren Eidgenossenschaft wieder eine Briefmarkenserie. Diesmal waren es kleine Signale einer postheroischen Gesellschaft. Die einzelne Marke zeigte ein dezent abstraktes Farbmuster mit einem seltsamen weißen Winkel in einer Ecke. Nur wenn man die vier Marken der Serie zusammenfügte, ergab sich aus den vier weißen Winkeln das Schweizerkreuz. Inzwischen war also sogar das Landeswappen verdächtig geworden. Man musste es verstecken. Die spätere Landesausstellung von 2002, die das nationale Pathos durch eine sanfte Wellness ersetzte, beschloss denn auch, dass es in dem ganzen weitläufigen Unternehmen keine einzige Schweizerfahne geben dürfe. Erst nach Protesten und politischen Demarchen wurde doch noch eine Installation mit gebrauchten, von vielen Winden zerfetzten Fahnen errichtet. Das war sehr eindrücklich, war aber ebenso deutlich auch eine Verschiebung des Zeichens ins Zitat. Inzwischen hat der Fußball das Landeswappen wieder populär gemacht. Bei internationalen Spielen flattert es hundertfach durch die Stadien. Das ist kein Zufall, denn in den sportlichen Wettkämpfen leben auch in postheroischen Gesellschaften Elemente der heroischen Gesellschaft weiter. So sind etwa die Fairness-Regeln ein Ableger des kriegerischen Ehrenkodexes, der eine heroische Gesellschaft von der blindwütigen Totschlägerei der präheroischen Gesellschaften unterscheidet.

Was hier nur angedeutet werden kann, sind die Umbrüche in der historischen Forschung der Schweiz, die den Weg in die postheroische Gesellschaft begleitet haben. Der Prozess ist wissenschaftsgeschichtlich so komplex, dass er nur von den Vertretern des Faches selbst zuverlässig analysiert werden kann. Dennoch darf daran erinnert werden, dass neue wissenschaftliche Positionen gegenüber der Schweizer Geschichte nie ohne Echo und Reaktionen in Politik und Öffentlichkeit geblieben sind. Eine so wirkungsintensive und provokationsfreudige Gestalt wie der Zürcher Professor Marcel Beck (1908–1986), der auch ein Medientalent war, gewinnt im Rückblick selbst die Züge einer historischen Figur. An der Spannung wie auch der Kontinuität zwischen ihm und seinen Schülern ließe sich eine Grobstruktur der Entwicklung zeigen, der Übergang nämlich von der Oppositionsbewegung des sogenannten Nonkonformismus in den Fünfziger- und Sechzigerjahren zur klar sozialistisch geprägten Phase der Siebziger- und Achtzigerjahre. Die Vertreter der letzteren traten kollektiver auf, während Beck der Alleinkämpfer war, ein polemischer Star, dem es großes Vergnügen machte, den ideologischen Dachboden der Schweiz zu entrümpeln und das wurmstichige Mobiliar aus allen Dachluken zu werfen. Einer seiner Schüler, der Historiker und Schriftsteller Otto Marchi, hatte das literarische Potential der Figur Marcel Beck erkannt und sich daran gemacht, einen dokumentarischen Roman über ihn zu schreiben. Er saß an einer fernen asiatischen Küste über der Abschlussredaktion des Buches, als der Tsunami ihn tötete und auch das Manuskript vernichtete. Damit dürfte uns ein kostbares Zeugnis für den Weg der Schweizer Geschichtsschreibung in die postheroische Gesellschaft verlorengegangen sein.

Marchis Werk hätte der Deutung eines Deuters der Geschichte gegolten, einer Deutung also auch von dessen Deutung der Geschichte.

Dieser Akt ist für die heutige Situation bezeichnend. Wenn einen die ursprüngliche Gestalt der Waffenhalle plötzlich interessiert, zu seiner eigenen Überraschung, geschieht es nicht aus geheimer Zuneigung zu den Speerbündeln und Vorderladern, sondern wegen der Bildkraft, mit der hier Geschichte einst gedeutet wurde. Verlockend ist also nicht diese Deutung selbst, sondern die Möglichkeit, diese Deutung heute zu deuten. Am Ende des Weges in die postheroische Gesellschaft erscheint die Geschichte der Schweiz stärker als je als eine Geschichte ihrer Deutungen und in der Folge auch als eine Geschichte der Deutungen dieser Deutungen.

Zu dem unklaren Empfinden einer Epochenwende, das sich in der unmittelbaren Gegenwart aufdrängt, gehört die Tatsache, dass der Weg der Schweiz in die postheroische Gesellschaft definitiv abgeschritten ist. Etwas ist zu Ende – was aber beginnt jetzt? Der einstige Konflikt lockt keinen Hund mehr hinter dem Ofen hervor. Dass die Gründungsgeschichte geschleift wurde wie die Burgen, von denen sie erzählte, wird von der Bevölkerung mit der gleichen Teflonhaltung entgegengenommen, mit der man den Bergier-Bericht zur Kenntnis nahm. Und wenn es gelegentlich noch zu Parolen aus dem Arsenal der heroischen Gesellschaft kommt, wirken sie seltsam schwachsinnig. So etwa die Deklaration von hoher politischer Seite, die Schweiz müsse und werde demnächst »die beste Armee der Welt« besitzen. Solche rhetorische Blasen sind Symptome einer Orientierungslosigkeit, welche die Diagnose einer unbegriffenen Epochenwende bestätigt. Dass seit dem Umbruch von 1989 die Krisen unser Land nicht nur immer häufiger, sondern auch immer unerwarteter treffen, hat bisher zu keinen spezifischen Vorsichtsmaßnahmen geführt. Vielmehr redet man sich nach jedem blauen Auge ein, dieses sei nun definitiv das letzte gewesen. In der Europa-Frage leistet man sich den Luxus, in zwei verschiedenen politischen Sprachen aneinander vorbeizureden. Und immer inniger pflegt man die bequeme Ausrede, bei allen Debakeln sei der Bundesrat schuld. Bald fehlt ihm der starke Mann, bald die Kollegialität; einmal heißt es, er handle überstürzt, handkehrum vermisst man die Tatkraft. Und immer werden die Klagen im nachhinein vorgetragen. So halten sich die Kommentatoren eifrig für die Diagnose und merken nicht, dass sie ein Symptom sind.

Das Fehlen einfacher, wirkungskräftiger und anerkannter nationaler Symbole hängt untergründig mit dem Fehlen dessen zusammen, was man einst »die Väter« nannte. Die »Väter« galten als die Gründer des Staates und verkörperten dessen gültige Normen. Sie waren Konstrukte des 15. Jahrhunderts nach dem Muster der in der Renaissance wiederentdeckten altrömischen Geschichtsschreibung. Sie taten aber ihren Dienst genau so, wie ihn die amerikanischen Gründungsväter heute noch tun, von denen bisher noch niemand gesagt hat, sie seien historische Phantome. Zu diesen »Vätern« gehörten mit der Zeit nicht nur die Verschwörer auf dem Rütli, sondern auch Zwingli und Bruder Klaus, Pestalozzi und General Dufour. Heute steht allein schon das Wort »Väter« unter schwerstem Patriarchatsverdacht – obwohl etwa Cäsar von Arx in seinem offiziellen Festspiel von 1941 auch »die Mütter« als archaische Parallelgestalten auftreten ließ. Sie kochten im Hintergrund der Bühne in riesigen Kesseln Hirsebrei – was den Patriarchatsverdacht heute wohl nicht ohne weiteres ausräumen dürfte. Interessanterweise beriefen sich in der nationalen Tradition diese »Väter« selbst schon auf *ihre* »Väter« – »Wir wollen frei sein, wie die Väter waren«, sprechen sie in Schillers Rütlischwur im Chor. Das zeigt, dass »die Väter« stets der Bestandteil eines genauen politischen Funktionszusammenhangs waren. In die Vergangenheit gespiegelt, ermöglichten sie die Selbstvergewisserung durch das gemeinsame Erinnern und konsolidierten so die Legitimität des Staatswesens. Daraus konnte dann leicht und rasch ein Spektrum nationaler Symbole entspringen, der politische Zodiakus der Schweiz, der für jede gute oder böse Lage ein Zeichen bereithielt. Das nationale Symbol ist also seinem Wesen nach ein Memento, ist zum Bild verdichtetes Gedenken.

Als Einzelner wird man ohne Erinnerung zum Idioten. Eine Person bin ich nur insofern, als ich weiß, was ich war. Der Erinnerungsverlust kann auch ein ganzes Land treffen. Es ist aber so, dass die Gefahr einer kollektiven Idiotie unweigerlich Abwehrkräfte weckt. Sie zu beobachten, ist heute lohnend. Nicht die Versuche einer Restauration der abgelebten Insignien sind der entscheidende Vorgang, sondern eine vielfältige Aktivität im Kleinen. Sie beginnt meistens regional, lange bevor sie landesweit wahrgenommen wird. Und oft entgeht sie der medialen Aufmerksamkeit überhaupt. Es handelt sich um vielgestaltige Formen eines unheroischen Gedenkens, die zusammen eine neue geschichtliche Gefühlskultur begründen. Frauen und Männer sind darin ohne hierarchische Abstufung und Rollenzwänge eingebunden. Dass dies im Regionalen und Kantonalen beginnt, entspricht der alten föderalistischen Dynamik der Schweiz. Man war ja immer schon zuerst Waadtländer oder Urner oder Basler, bevor man Schweizer war. Was erstrebt wird, ist ein anderer Landgewinn in der Vergangenheit. Nicht den Großen der Geschichte will man da begegnen, sondern sehr entschieden den Kleinen und Namenlosen. Das Leben der sogenannten »einfachen Leute« vor fünfzig, vor siebzig, vor hundert oder zweihundert Jahren wird erkundet und rückt näher in einem unpathetischen Erinnern, einer neuen Herzlichkeit des Gedenkens. Das verbindet sich sehr wohl auch mit Kritik, mit Empörung über die vielen Ungerechtigkeiten, aber es geschieht ohne die penetrante Richterpose, die in den Siebziger- und Achtzigerjahren in Blüte stand. Charakteristisch ist etwa die Wiederentdeckung der Schweizer Fotografie der Dreißigerjahre und ihrer Fortsetzung in der Nachkriegszeit. Dabei geht es nie nur um die Bildästhetik, sondern stets auch um die Gegenstände, die Bauernkinder, Bauernfrauen, die Industriearbeiter, die Arbeitslosen der Krisenjahre. Der Reportagencharakter vieler Filme, im Anschluss an Pioniere wie Heini Murer oder Richard Dindo, gehört dazu, desgleichen in der Literatur ein breites Spektrum des dokumentarischen Erzählens, das die Phantasie nie ganz von den Fakten löst und so die Begegnung mit dem ermöglicht, was tatsächlich einmal war. Auch die Verknüpfung moderner Musik mit ländlichen, zum Teil erst vor kurzem wiederentdeckten Traditionen des Aufspielens, ist hier zu erwähnen. Wer die *Hujässler* und die *Sagenmattler* einmal gehört hat, versteht ohne weiteres, was mit der neuen Herzlichkeit des Gedenkens gemeint ist.

Bei all diesen nur andeutenden Hinweisen darf nicht vergessen werden, dass es der mächtige Theorieschub der politisch bewegten Siebzigerjahre war, also der Achtundsechziger, der hier viele Zugänge geschaffen und methodische Brücken geschlagen hat. Alltagsgeschichte und Alltagskultur, Geschlechterforschung, eine erwachte Aufmerksamkeit für orale Überlieferungen und populäre Formen führten damals zu Durchbrüchen in der akademischen Welt und strahlten rasch aus in die kulturelle Arbeit nicht nur der Städte, sondern auch der entlegenen Alpentäler. Diese ganze Bewegung, die noch keinen Namen hat, arbeitet mit Lust und Schöpferkraft am beschädigten Gedächtnis des Landes. Ihre Vertiefung ins Innere und Einstige, ihr Gang zu den Vätern und Müttern ganz anderer Art, ist unabdingbar für einen ebenso schöpferischen und selbstgewissen Aufbruch ins Äußere und Kommende. Nur beides zusammen verhindert, dass die Schweiz an der Wurzelfäule dahinserbelt.

Behagen und Unbehagen im Föderalismus

Über die seelische Wirklichkeit der Grenzen

Der Mensch ist nicht von Natur aus demokratisch. Die biologische Prägung steuert den Homo sapiens vielmehr in die Richtung eines Zusammenlebens nach den Regeln von Stamm und Chef. Mein Stamm sind die Freunde, der andere Stamm ist der Feind. Aus unserem genetischen Programm lässt sich die Demokratie also nicht herleiten. Auch der Grundrespekt vor dem Menschen fremder Herkunft entspringt nicht unseren naturhaften Anlagen. Jeder von uns weiß, wie oft wir uns bei unerwarteten Begegnungen mit auffällig Andern in die Finger nehmen müssen, um die spontanen Abwehrreflexe zu zähmen.

Die Demokratie ist die höchste, aber auch schwierigste Form des menschlichen Zusammenlebens. Sie muss gegen eine Menge biologisch bedingter Impulse täglich von neuem durchgesetzt werden. Daher können wir auch nicht davon ausgehen, dass der Prozess der Weltgeschichte zwingend auf eine Demokratisierung des ganzen Planeten hinausläuft. Diese Annahme ist in jüngster Zeit sogar wieder unwahrscheinlicher geworden.

Die Organisation des Zusammenlebens nach Stamm und Chef ergibt sich überall von selbst; die Organisation als Gemeinschaft gleichberechtigter Frauen und Männer aber muss erarbeitet werden. Warlords und ihre Anhänger braucht man nicht heranzubilden; die schießen überall aus dem Boden. Demokratische Verfassungen aber geben zu tun. Auch die Schweiz hat zu tun gegeben. Sie ist nicht gewachsen; sie wurde gemacht. Die Rede vom angeblich organischen Wachstum der politischen Schweiz über die Jahrhunderte hin ist blauer Dunst. Dieses Land ist kein schöner Baum, es ist mühsame Zimmermannsarbeit mit viel Flicken und Nageln.

Alle Zivilisation wird der Natur abgerungen, und doch nährt sie sich weiterhin von der Natur. Das ist ein Grundwiderspruch. Er trifft auch die Politik. Auch sie muss sich gegen die Impulse der Natur stellen und trotzdem in deren Dienst treten. Sie darf den natürlichen Drang in uns, die Menschen nach Eigenen und Fremden zu unterscheiden, nicht einfach bekämpfen, sondern muss ihn fruchtbar machen für die Ziele der politischen Kultur.

Ich bin Philologe. Meine Arbeit besteht zu guten Teilen darin, die Wörter zu beobachten. Aus dieser Arbeit weiß ich, dass es für jedes Phänomen ein positives und ein negatives Wort gibt. Nicht die Sache ist positiv oder negativ, sondern das Wort. So bezeichnen wir etwa einen Politiker aufgrund seines Verhaltens als starrsinnig – oder als starken Charakter. An der Sache ändert das nichts, der Mann ist, was er ist; wohl aber ändert sich unsere Einstellung dem Mann gegenüber. Das geschieht ebenso, wenn wir eine Politikerin selbstbewusst nennen – oder aber arrogant; wenn wir eine andere zielsicher nennen – oder aber karrieresüchtig. Der Unterschied ist krass, obwohl die Bestimmungen auf eine und dieselbe Person zielen. Unsere Naivität der Sprache gegenüber ist so groß, dass wir von der Differenz der Wörter zwingend auf die Differenz der Sachen schließen. Deshalb reden wir so oft aneinander vorbei.

Biologisch gesehen, liegt das starke Gefühl des Zusammengehörens mit den Eigenen und des Nichtzusammengehörens mit den Andern aller Staatsbildung und aller politischen Arbeit zugrunde. Das ist ein Factum brutum, das nicht aus der Welt zu reden ist. Es spielt zwischen den Buben vom Oberdorf und vom Niederdorf, zwischen den Bewohnern von Vorderwil und von Hinterwil, zwischen den Ausserhödlern und den Innerrhödlern, zwischen den Appenzellern und den St. Gallern, zwischen den Ostschweizern und den Westschweizern, zwischen den Schweizern und den Deutschen, zwischen Europa und den USA und so noch vielfach weiter. Welche Wörter ich nun für das Phänomen gebrauche, ob ich negativ von Chauvinismus rede, von Nationalismus, Kantönligeist und Xenophobie oder positiv von Gemeinschaftsgefühl, Zusammengehörigkeit, kultureller Geborgenheit und Traditionsbewusstsein, das ergibt einen Unterschied wie Tag und Nacht. Er liegt aber weit weniger in der Sache als in meinem Sprachverhalten.

Alle Politik muss mit den Ressourcen operieren, die sie zur Verfügung hat. Zu diesen Ressourcen gehören die emotionalen Bindungen der Bürgerinnen und Bürger untereinander und gegeneinander. Sie entstehen durch die Kraft der Grenzen. Die Grenzen wurden nicht dort gezogen, wo sich die Menschen wohlfühlten, sondern die Menschen fühlten sich wohl, sobald die Grenzen da waren, durch die man die Eigenen von den Andern unterscheiden konnte. Daher setzen die Grenzen auch ein immenses Potential von politischer Arbeitskraft frei. So problematisch jede Grenze angesichts der Idee der Gleichheit aller Menschen ist, so unabdingbar ist sie doch für das Funktionieren jedes Staates. Ohne Grenze gibt es keine politische Identität, und ohne politische Identität kein politisches Handeln. Die Grenzen trennen einerseits die Staaten voneinander, andererseits bilden sie innerhalb der Staaten lokale und regionale Strukturen, schaffen Zugehörigkeiten und Loyalitäten – die von andern dann wieder Egoismus und Borniertheit genannt werden. Und so wie das Gefüge der Grenzen politische Verantwortung begründet, Verantwortung für die Eigenen, lässt es auch das Vergnügen daran entstehen, das Wohlgefühl in der Politik, welches ein wesentlicher Faktor erfolgreicher politischer Arbeit ist. Dieses Vergnügen am politischen Handeln ist ein selten diskutierter Faktor, obwohl wir ihm zweifellos unsere besten Politikerinnen und Politiker verdanken. Nur wer Freude am Regieren hat, kann gute Arbeit leisten. Auch wenn dann immer einer kommt, der das Ehrgeiz nennt.

Wenn ich hier vom *Behagen und Unbehagen im Föderalismus* rede, ziele ich damit nicht auf die konkreten Fragen, welche einzelnen Strukturen heute zu verändern seien. Ich habe vielmehr die übergreifende Tatsache im Blick, dass die Gestaltung eines Staatswesens nur erfolgreich sein kann, wenn sie vorgenommen wird mit Rücksicht auf die gefühlsmäßigen Bindungen der Staatsbürger durch Grenzen aller Art. Diese Bindungen sind naturhaft. Sie müssen also zivilisiert werden, müssen unter Anleitung der Vernunft fruchtbar gemacht werden für das Ganze.

Das *Behagen* im Föderalismus bedarf keiner weiteren Beweise. Es gibt Kantone, die möchten nicht nur ihr eigenes Eisenbahnnetz und ihre kantonsspezifischen Herzverpflanzungen, sondern am liebsten auch noch ihr eigenes Ozonloch. Das *Unbehagen* im Föderalismus hingegen beruht nicht nur auf den Verzögerungen und Blockaden, zu denen die föderalistischen Strukturen führen. Es beruht ebensosehr darauf, dass die gefühlsmäßige Basis des Föderalismus ihrem Wesen nach vorpolitisch ist. Politisch-rationales Handeln sieht sich hier immerzu von vorpolitischen Faktoren bedrängt. Das unterscheidet die Politik von der Wirtschaft. Die Wirtschaft kann in solchen Fällen klare Prioritäten setzen. Die emotionale Bindung der Mitarbeiter an einen Betrieb mag erwünscht sein, aber sie ist es in der Regel nur so lange, als sich daraus bei einer angezeigten Restrukturierung keine Probleme ergeben. Treten diese ein, wird die emotionale Bindung der Mitarbeiter für das Management bedeutungslos. Denn die Manager werden ja nicht von den Mitarbeitern gewählt, sondern die Mitarbeiter von den Managern angestellt und gegebenenfalls entlassen. Mitsamt ihrer emotionalen Bindung. Je stärker sich also die Politik nach wirtschaftlichen Verhaltensregeln ausrichtet, umso schroffer wird sie mit vorpolitischen Faktoren konfrontiert, umso störender muss der Föderalismus erscheinen. Es gibt Leute, die möchten die Kantone am liebsten entlassen. Notfalls mit einem Sozialplan.

Erlauben Sie mir hier eine historische Erinnerung. Das politisch kühnste Unternehmen der Schweizer Geschichte war die Verfassung der Helvetik, die 1798 aus dem wurmstichigen, krass undemokratischen Gebilde der alten Eidgenossenschaft eines der modernsten Staatswesen Europas machte – und dieses gleichzeitig in den Bürgerkrieg führte. Der neue Zentralstaat musste gegen seine Mitglieder mit Waffengewalt vorgehen. 1802 bombardierte der Chef der eidgenössischen Truppen, General Andermatt, vom Zürichberg aus die widerborstige Stadt Zürich. Ein Vorgang, der im nationalen Gedächtnis tunlichst übergangen wird. Denn viele Bewohner der Zürcher Landschaft halfen damals beim Bombardieren eifrig mit. Sie hofften auf ein Ende der verhassten Herrschaft der Stadt über das Land. Die Stadt Zürich stand also im Kampf gegen die Zentralregierung, die Zürcher Landschaft aber wiederum im Kampf gegen die Stadt Zürich – ein tolles föderalistisches Durcheinander, aus dem uns – so ungern es viele hören – nur das politische Genie Napoleons gerettet hat. Er beseitigte den helvetischen Zentralstaat, stärkte den alten Föderalismus, hob den Zusammenschluss kleiner Kantone zu Großkantonen wieder auf, den neuen Kantonen aber ließ er ihre junge Freiheit. So viel zu unserem »organisch gewachsenen« Staat.

Von der politischen Rationalität aus gesehen, war die Helvetik ein gewaltiger Fortschritt. Von den Gefühlsbindungen der Bevölkerung an ihre vielfachen Grenzen aus gesehen aber, war die Helvetik der Sturz aus einer vertrauten Ordnung. Der Riesenschritt der Helvetik musste um etwa zwei Drittel rückgängig gemacht werden. Anschließend dauerte es ein halbes Jahrhundert mit vielen Putschen, Schießereien und Sonderbünden, bis 1848 ein vernünftiger Bundesstaat zustande kam. Das wichtigste Zwischengeschehen auf diesem Weg war aber wieder ein spezifisch föderalistischer Vorgang: die fast schweizweite Revolution der Landschaften gegen den Zentralismus der Städte und deren Patriziat im Jahre 1830. Diese Kettenrevolution führte zu den neuen liberalen Verfassungen in den wichtigsten Kantonen. Nur die beiden Basel gerieten so blutig aneinander, dass sie bis heute in geschiedener Ehe zusammenleben. Dieser föderalistische Reformschub der 1830er Jahre, der heute so seltsam vergessen ist, schuf seinerseits die Voraussetzungen für den zentralistischen Bundesstaat von 1848. So hemmen und fördern die vorpolitischen Gefühlsbindungen der Bevölkerung immerzu die politische Arbeit in unserer Republik.

Eine Nebenbemerkung: Ähnlich wie bei uns nach der Helvetik ging es interessanterweise in Ostdeutschland nach dem Ende der DDR zu. Als das kommunistische Regime beseitigt war, wurden dort sofort die alten Ländergrenzen, welche die DDR ausradiert hatte, wieder zum Leben erweckt. Auf der Stelle gab es den Freistaat Sachsen wieder und den Freistaat Thüringen, die Länder Brandenburg und Mecklenburg-Vorpommern und Sachsen-Anhalt. Das Volk hatte die alten Zugehörigkeiten nie vergessen und wollte sie zurückhaben, sobald sich die russischen Panzer verzogen. Das ist die seelische Macht der Grenzen. Wer gegen sie operiert, sollte sich vorsehen.

Dabei muss ich als geborener Innerschweizer sagen, dass der Zusammenschluss der kleinen Innerschweizer Kantone zu einem einzigen Kanton Waldstätte, den die Helvetik seinerzeit vornahm, politisch und ökonomisch durchaus sinnvoll war. Er hätte der Region immense Vorteile gebracht bis heute. Aber der emotionale Preis war zu hoch. Kühne Modernisierungsmaßnahmen sind also nie als solche falsch. Aber es ist mit ihnen wie mit dem Doppelsalto im Kunstturnen: Man muss ihn stehen können.

Das Behagen im Föderalismus hat seinen Preis, auch wenn es sich auf andere Weise wieder auszahlt. Der Föderalismus reduziert die Anonymisierung der Politik und der Verwaltung. Er begrenzt den Wildwuchs der Bürokratie. Aber er verlangsamt auch alle Reformen. Das führt zu Konflikten zwischen der Geschwindigkeit der technischen und ökonomischen Zivilisation, die gegenwärtig ein dramatisches Maß erreicht hat, und der Geschwindigkeit der Politik. Dass die Langsamkeit gefährlich werden kann, ist heute allen bewusst. Oft hat sie zudem einen unfreiwillig komischen Einschlag – wenn zum Beispiel unser Parlament einen Goldschatz jahrelang auf dem Tisch herumschiebt, an dem alle sitzen, die etwas davon bekommen sollen. Wär's ein Apfelkuchen, er wäre längst verrottet. Und bis die Schweiz eine Republik wurde, die diesen Namen wirklich verdient – nicht nur eine Oligarchie der Männer –, dauerte es so lange, dass wir uns dessen gar nicht mehr zu rühmen wagen. Es ist wenige Jahrzehnte her.

Dennoch muss ich hier festhalten: Es gibt keinen objektiven Maßstab für die richtige Geschwindigkeit in der Politik. Das rasante Vorwärts mit anschließendem Zurückbuchstabieren kann insgesamt langsamer sein als ein zögerlicher, aber hartnäckiger Prozess. Überdies leben wir heute nicht nur im Zeitalter allgemeiner Beschleunigung, wir leben auch im Zeitalter der Blasen, jener plötzlichen, sehr schnellen Entwicklungen, die nach wenigen Jahren platzen und lauter lange Gesichter zurücklassen. Es ist nur zu hoffen, dass sich die Bologna-Reform, die jetzt mit so ungewohntem Tempo durchgepeitscht wird, nicht als eine solche Blase erweist.

Hinsichtlich des Föderalismus will das alles heißen, dass er ein Huhn ist, welches goldene und faule Eier durcheinander legt. Und meistens tritt der Unterschied erst mit der Zeit an den Tag. Man kann diese Henne nicht schlachten ohne schwere Verluste, und man kann sie nicht leben lassen, ohne dass es da und dort stinkt. Die Politik wird so zur täglichen Arbeit in der Zwickmühle. Ein Testfall dürften die kühnen Projekte einer Neuorganisation der Schweiz werden, welche in jüngster Zeit vorgelegt worden sind unter den Stichworten »Baustelle Föderalismus« und »Die Schweiz. Ein städtebauliches Projekt«. Hier wird versucht, die moderne Schweiz, die sich einst im Aufstand der Landschaften gegen die Städte politisch geformt hat, von den Städten her neu zu denken, den drei »Metropolitanregionen«, oder aber in der Perspektive der Zusammenlegung von Kantonen. Die Entwürfe werden in viele Messer laufen. Gerade deshalb sind sie eine Probe auf die Produktivkraft des schweizerischen Föderalismus. Nimmt dieser die Ideen einiger unserer besten Köpfe in seine Überlegungen auf, oder wischt er sie kurzerhand vom Tisch? Man wird ja sehen.

Die Sprache in der Demokratie

Eine Rede zum 225-jährigen Bestehen der *Neuen Zürcher Zeitung*

Fühlen ist einfacher als Denken. Das hat Folgen für die Politik. Fühlen begründet sich selbst, Denken bedarf der Beweise. Dass die Sonne nicht untergeht, sondern wir selber uns bewegen, kann ich jedem mit ein paar Sätzen klarmachen. Aber versuchen Sie einmal, einem Verliebten seine Liebe auszureden! Sie können Argumente bringen, so viele Sie wollen, der Verliebte schaut Sie nur mit feuchten Augen an und flüstert den Namen der Geliebten. Fühlen begründet sich selbst. Das ist menschlich bewegend und politisch ein Risiko.

Immerhin scheint in der Schweizer Politik die Liebe kein akuter Unsicherheitsfaktor zu sein. Gegen Skandale auf erotischer Basis sind unsere Politikerinnen und Politiker offenbar schon in der genetischen Codierung geschützt. Anders ist es mit der Wut, der Empörung. Auch von ihr gilt: Sie begründet sich selbst. Sie hat zwar einen Anlass, aber sie bedarf keiner Argumente. Das Gefühl der Empörung fällt stets zusammen mit dem Gefühl des Rechthabens. Das ist das Wohltuende daran. Empörung stiftet Ordnung. Wie geht das zu? Empörung stiftet Ordnung, indem sie Schuld bestimmt und Schuldige benennt. Wo die Schuld feststeht, scheinen alle Ursachen geklärt. Man braucht nicht mehr zu zweifeln und zu grübeln. Es herrscht Ordnung.

Wir können diesen Vorgang sehr oft bei Katastrophen studieren. Ein Unheil tritt ein, eine unvorhergesehene Vernichtung. Jetzt schwankt der Boden unter unsern Füßen. Wo gibt es noch Sicherheit, wenn das möglich ist? Nicht die Toten sind unerträglich, unerträglich ist die Sinnlosigkeit der Welt. Wo finde ich Halt, wenn das Ganze so beschaffen ist? Aus dieser durchaus metaphysischen Krise, in die uns jede Katastrophe versetzt, gibt es eine schnelle Rettung, die Frage: Wer ist schuld? Kaum ist eine erste Antwort gefunden, schlägt die Hilflosigkeit um in die Empörung. »Tschuld« heißt das magische Wort in unserer Mundart. »Dä isch tschuld!« »Die sind tschuld!« Das kleine Wort ermöglicht die Empörung und damit das Rechthaben und damit das Gefühl einer geordneten Welt. Wer mir zur Empörung verhilft, gibt mir festen Boden unter die Füße. Nicht die Religion ist das Opium des Volks, wie Marx einst meinte, sondern die Empörung. So, wie sie bei Katastrophen wirkt, wirkt sie auch angesichts der Komplexität der Welt. Wenn die Vorgänge, in die ich verwickelt bin, immer undurchschaubarer werden, nehme ich jede Möglichkeit zur Empörung dankbar an. Dann weiß ich, wer »tschuld« ist, ich kann Strafe fordern, fühle mich als Richter, die Ohnmacht kippt in ein Machtgefühl, und die drohende Krise ist bewältigt. Das ist menschlich bewegend und politisch ein Risiko.

Die Katastrophe am Indischen Ozean, der Tsunami vom 26. Dezember 2004, dessen Schock so lange nachwirkt, erscheint auch dadurch außerordentlich, dass die flinke Flucht in die Empörung fast ganz ausgeblieben ist. Der Ernst, mit dem die Schrecken der blinden Vernichtung diesmal ertragen wurden, gibt auch Hoffnung für eine von den Strategien der Empörung vergiftete politische Welt.

Die moderne Demokratie wurde einst möglich durch ein neues Verständnis von Wahrheit. Wahrheit ist nicht mehr von oben deklariert, sondern wird gemeinsam errungen. Die Wahrheit als Setzung wird abgelöst von der Wahrheit als Prozess. Wo ereignet sich dieser Prozess? Er ereignet sich in der Öffentlichkeit. Öffentlichkeit ist nicht naturgegeben; Öffentlichkeit muss geschaffen werden. In der Zeit, in der die moderne Demokratie entstand, entstand auch die Zeitung, von der wir hier und heute reden, die *Neue Zürcher Zeitung*. Sie entstand als Element einer jungen bürgerlichen Öffentlichkeit – »bürgerlich« im Sinne des Gegensatzes zum Ancien régime. Gegründet wurde sie in jenen intellektuellen Kreisen, die erkannt hatten, dass die Wahrheit keine Setzung ist, sondern ein öffentlicher Prozess, immer im Gang, niemals zu Ende. Lessing, der in Deutschland diese Öffentlichkeit als einer der ersten zu schaffen suchte und schwer dafür büßen musste, hat auch den neuen Wahrheitsbegriff des demokratischen Zeitalters als erster formuliert. Er sagte: »Nicht die Wahrheit, in deren Besitz irgend ein Mensch ist, oder zu sein vermeinet, sondern die aufrichtige Mühe, die er angewandt hat, hinter die Wahrheit zu kommen, macht den Wert des Menschen.« Und er erklärte, wenn Gott ihm in der rechten Hand die volle Wahrheit anböte, in der linken aber das unablässige Streben nach Wahrheit mit allen Möglichkeiten des Irrtums, er würde die linke wählen. Das ist ein Programm. Es wurde in denselben Jahren formuliert, in denen diese Zeitung entstand. Das Programm verknüpft die Würde des Menschen mit seiner Möglichkeit, am öffentlichen Prozess der Wahrheitsfindung teilzunehmen, lesend, schreibend, mitdenkend und mitredend.

Öffentlichkeit und Wahrheit als Prozess bedingen einander. Die Qualität der Öffentlichkeit bemisst sich danach, wie weit sie die Wahrheit als Prozess ermöglicht oder aber verhindert. Denn die Verlockungen der fixierten Wahrheit sind groß. Man erkennt sie am Bestreben der Macht, die Öffentlichkeit wieder zu begrenzen. Journalisten verschwinden, sie werden erschossen, in zivilisierteren Ländern mobbt man sie aus ihrer Stellung. Schon Lessing wurde unter Schreibverbot gestellt; Heine und Börne mussten ins Exil. Die Öffentlichkeit kann ihre Qualität aber auch eigenhändig ruinieren. Sie ist selber den Verlockungen der fixierten Wahrheit ausgesetzt. Dann fängt sie ihr Publikum mit den Opiumkörnern der billigen Empörung, füttert die Gefühle und blockiert das Nachdenken durch den Rausch des Rechthabens.

Eine Öffentlichkeit, die die Wahrheit als Prozess ermöglicht, setzt also bestimmte Tugenden voraus. Ritterlichkeit zum Beispiel, um mit Absicht ein altertümliches Wort zu verwenden. Ritterlichkeit besteht im Respekt vor dem Gegner und seinen Argumenten, und sie weiß um den möglichen eigenen Irrtum. Eine intakte Öffentlichkeit ist für die Politik das, was das Experiment für die Wissenschaften ist. Die modernen Naturwissenschaften sind aus dem Experiment geboren, die modernen Demokratien aus der Öffentlichkeit. 1789, im Jahr der Revolution, wurden in Paris zweihundert neue Zeitungen und vierhundertfünfzig Debattierklubs gegründet. Eine Explosion von Öffentlichkeit. Gleichzeitig entstand die moderne Chemie. Ihr Durchbruchswerk, Lavoisiers *Traité Élémentaire de Chimie*, erschien in demselben Paris von 1789. Damit hatten die alten vier Elemente in der Wissenschaft ausgedient wie der alte König in der Politik. Das Experiment in den Naturwissenschaften beruht darauf, dass die Neugier und der Zweifel in einen systematischen Prozess überführt werden. Genau dies muss auch die demokratische Öffentlichkeit tun.

Ob es tatsächlich geschieht, erweist sich an zwei Dingen, am Umgang mit dem Gegner und am Umgang mit der Sprache. Wer dem Gegner seine Meinung um die Ohren schlägt wie einen nassen Waschlappen, sabotiert damit das, woran er teilzunehmen vorgibt, die demokratische Meinungsbildung. Und wenn er sich dabei volkstümlich vorkommt, zeigt das nur, wie wenig er vom Volk hält. Die Wahrheit als Setzung schielt insgeheim immer auf Gewalt; die Wahrheit als Prozess will das Gespräch, die Debatte, den Disput, den Diskurs. Es ist kein Zufall, dass es dafür so viele Wörter gibt. Sie meinen alle ein Ereignis in der Sprache.

Wenn also die Demokratie die Wahrheitsfindung im öffentlichen Prozess voraussetzt, und zwar so, dass die Komplexität der Welt dabei eingestanden bleibt, und wenn sich dieser öffentliche Prozess in der Sprache ereignet, dann verlangt das eine entsprechende sprachliche Kultur. Die Qualität der Öffentlichkeit bemisst sich auch nach dem Entwicklungsstand ihrer Sprache. Wenn die Journalisten und Politiker nicht mehr Deutsch können, entgleitet ihnen ein Teil der Wirklichkeit. Wie sollen sie die feinen Differenzen benennen, auf die es in der Welt ankommt wie auf die feinen Gifte in den Heilmitteln, wenn ihnen der Wortschatz fehlt, die Syntax verkümmert und schon ein Konjunktiv sie nervös macht? Vor 225 Jahren haben sich unsere Vorfahren entschlossen, die Probleme des Landes im öffentlichen Nachdenken und Diskutieren zu lösen, einer Wahrheit verpflichtet, die keine Setzung ist, sondern ein Prozess. Damit entstand bei uns eine öffentliche Sprachkultur. Sie nährte sich von der öffentlichen Sprachkultur Frankreichs und Englands und vom unerhörten Aufstieg der deutschen Literatur. Sie war allen Umbrüchen der folgenden zwei Jahrhunderte gewachsen. Ob es so bleibt? Die Sprache der Öffentlichkeit ist nicht naturgegeben. Sie wird von jeder Generation neu geformt oder verpfuscht. Wer teilnimmt an der öffentlichen Wahrheitsfindung, steht auch in der Pflicht gegenüber der öffentlichen Sprache. Das gibt zu tun, und man muss es wollen. Der Talk, der allgegenwärtige, kann den erarbeiteten Text nicht ersetzen, den verdichteten, kristallinen Text. Durch den allgegenwärtigen Talk nimmt auch das Ungefähre in der öffentlichen Sprache zu, und die Trennschärfe nimmt ab. Die Schweiz im neuen, unheimlich bewegten Europa, dem sie sich bisher mehr ungefähr als trennscharf gestellt hat, erfordert das gemeinsame Nachdenken in einer Sprache, die so differenziert ist wie die Weltlage selbst. Sonst geht das Land eines Tages den weltgeschichtlichen Bach hinunter wie 1798 die Republik Gersau.

Deutsch in der Deutschen Schweiz

Die Muttersprache der Deutschschweizerinnen und Deutschschweizer ist Deutsch. Die Muttersprache der Deutschschweizerinnen und Deutschschweizer ist nicht der alemannische Dialekt und nicht das Schweizer Hochdeutsch, sondern beides zusammen. Die Muttersprache der Deutschschweizerinnen und Deutschschweizer ist also Deutsch in zwei Gestalten. Das muss grundsätzlich festgehalten werden. Es ist falsch und irreführend, den Dialekt als unsere Muttersprache und Hochdeutsch als eine Fremdsprache zu bezeichnen. Ich weiß, dass dies weithin geschieht. Falsch ist es trotzdem. Mit der Muttersprache in zwei Gestalten wachsen wir auf, und beide erweitern und verändern wir ein Leben lang. Auch der Dialekt ist uns nicht einfach gegeben. Tausende von Schweizern formen ihn um, wenn sie den Wohnort wechseln. Tausende von Schweizern sprechen zuhause einen andern Dialekt als am Arbeitsplatz. Sie arbeiten also an ihrem Dialekt genauso wie an ihrem Hochdeutsch.

Die Schweizerische Bundesverfassung stellt in Artikel 4 fest: »Die Landessprachen sind Deutsch, Französisch, Italienisch und Rätoromanisch.« Damit wird der Dialekt nicht negiert, sondern er ist beim Wort Deutsch mitgemeint.

Ich sage bewusst Hochdeutsch und nicht Standardsprache. Standardsprache ist ein Begriff aus der Sprachwissenschaft. Dort ist er unerlässlich. Im öffentlichen Reden und Schreiben aber ist der Begriff Hochdeutsch allgegenwärtig. Jeder versteht ihn sofort und richtig. In der Wissenschaft kollidiert das Wort mit einem gleichlautenden Begriff aus der sprachgeographischen Unterteilung des gesamtdeutschen Sprachraums. Der Terminus Standardsprache meint auch gar nicht das Hochdeutsche allein, sondern jede standardisierte, also verbindlich geregelte Sprache. Wenn man Hochdeutsch als Standardsprache bezeichnet, könnte man daraus schließen, dass der Dialekt keine Regeln kenne und man im Dialekt keine Fehler machen könne. Das stimmt nicht. Gewiss ist der Dialekt lockerer normiert als das Hochdeutsche, aber man kann hier durchaus böse Fehler machen, und übrigens gibt es für jeden Dialekt der Schweiz auch Grammatiken und Wörterbücher.

Die These, der Dialekt sei in der Deutschschweiz die Muttersprache und Hochdeutsch eine Fremdsprache, ist heute häufiger zu hören als früher. Gelegentlich sogar von Sprachwissenschaftlern. Kein Wissenschaftler hat aber recht, nur weil er Wissenschaftler ist.

In der Linguistik unterscheidet man zwischen *Diglossie* und *Bilingualismus*. Diglossie meint die Gleichzeitigkeit zweier sich ergänzender Sprachformen, von denen jede bestimmte Funktionen ausübt, die der andern fehlen. Bilingualismus meint die Gleichzeitigkeit zweier je vollständiger, zu allen Funktionen tauglicher Sprachen, sei es bei einem Einzelnen, in einer Gruppe, in einer Region. Die Situation in der deutschen Schweiz ist also die einer Diglossie; die Situation in der rätoromanischen Schweiz ist mehrheitlich die eines Bilingualismus.

Überhaupt herrscht bei uns eine gewisse Inflation der Begriffe, die gelegentlich zu falschen Vorstellungen führt. Wir sprechen nämlich nicht nur von Hochdeutsch und Dialekt, sondern auch von Schriftdeutsch. Im Alltag wird in der Schweiz vielfach das Wort Schriftdeutsch für Hochdeutsch gebraucht. Das wäre an sich problemlos. Man kann in jüngster Zeit aber vermehrt feststellen, dass viele Deutsche, die in der Schweiz leben, der Meinung sind, mit Schriftdeutsch bezeichne man jenes Hochdeutsch, das in der Schweiz gesprochen und geschrieben wird, das Schweizer Hochdeutsch also; mit Hochdeutsch aber bezeichne man die Hochsprache, wie sie in Deutschland gesprochen und geschrieben wird. Es heißt da also, aufzupassen und die Sache gegebenenfalls klarzustellen, sonst redet man aneinander vorbei. Das Wort Schriftdeutsch ist übrigens unzutreffend; es legt nahe, dass es eine Sprachform sei, die nur geschrieben werde. Es gibt aber keine Sprachform in der Schweiz, die nur geschrieben wird.

Wir haben also den Dialekt, und wir haben das Schweizer Hochdeutsch. Beide zusammen decken das Spektrum einer kulturell vollkommen funktionierenden Sprache ab. Nur beide zusammen, nicht eine allein. Zwar kann der Dialekt sehr wohl das ganze Spektrum einer mündlichen, privat und zwischenmenschlich funktionierenden Sprache abdecken. Aber genau hier entspringt auch der Irrtum, der das heutige Sprachbewusstsein in der Schweiz belastet. Von der Erfahrung aus, dass der Dialekt privat und zwischenmenschlich vollauf funktioniert, schließt man darauf, dass er eigentlich genüge. Dass es auch ohne Hochdeutsch ginge. Und so behandelt man dieses immer mehr als eine lästige Zutat und ersetzt es in immer weiteren Bereichen durch die Mundart. Das läuft in der Konsequenz auf eine Verstümmelung unserer Muttersprache hinaus, welche Deutsch in zwei Gestalten ist und so auch beherrscht sein will und beherrscht sein muss.

Der Widerstand gegen die Aussage, die Muttersprache der Deutschschweizerinnen und Deutschschweizer sei nicht der Dialekt allein, sondern Dialekt und Hochdeutsch zusammen, beruht vor allem darauf, dass man die Muttersprache spontan mit der Kleinkindersprache gleichsetzt. Natürlich formen alle Deutschschweizer Kinder ihre ersten Worte und Sätze im Dialekt. Aber die Sprache eines Dreijährigen ist noch lange nicht vollständig. Schon die Kindergartensprache ist reicher, und wenn er in die Grundschule kommt, baut sich auch sein Dialekt weiter aus. Er lernt die Gassensprache und mit der Zeit die Sprache der Halbwüchsigen, dann kommt die Sprache der Arbeitswelt und der höheren Schulen, die Sprache der Liebe auch, und mancher entdeckt erst in der Rekrutenschule, wie reich der obszöne Wortschatz des Schweizerdeutschen ist. Man braucht also gut und gerne zwei Jahrzehnte, um die Mundart in ihrer Fülle schließlich zu besitzen. Sie mit der Mama-Sprache der ersten drei Lebensjahre gleichzusetzen ist naiv.

Parallel zu diesem Prozess der Aneignung und Erweiterung der Mundart vollzieht sich in der Deutschen Schweiz auch der Prozess der Aneignung und Erweiterung des Hochdeutschen. Er setzt etwas später ein, aber schon im vierten und fünften Lebensjahr beginnt eine spielerisch unkomplizierte Übernahme der zweiten Gestalt der Muttersprache. Auch sie dauert viele Jahre und durchläuft unterschiedliche Phasen. Sie hat ihre lästige Seite, weil man in der Schule geprüft wird, aber sie öffnet den Schulkindern und Halbwüchsigen erstmals die ungeheure Welt der Literatur. Irgendwann lernt man, was es heißt, in einem Buch, in vielen Büchern zuhause zu sein, und zu diesem Behagen, diesem Leseglück gehört auch eine wohlige Vertrautheit mit der Sprache der Bücher. Dem Hochdeutschen eben. Dass man dieser Gestalt des Deutschen, das uns zu Bürgerinnen und

Bürgern der ganzen deutschsprachigen Kultur macht, neuerdings immer abschätziger begegnet, ist bedrückend. Und geradezu lächerlich ist das Argument, Hochdeutsch sei eine unangenehme Belastung, weil man seine Regeln und seine Rechtschreibung mühsam lernen müsse und dafür oft genug schlechte Noten einfange. Besäße die deutsche Schweiz nur den Dialekt, wäre eben dieser reguliert und standardisiert, und die schlechten Noten kämen daher, dass man sich seine vorgeschriebenen Formen ungenügend eingeprägt hat.

Der Dialekt und das Schweizer Hochdeutsch sind, jedes für sich genommen, unvollständig und als umfassend funktionierende Sprachen unzureichend. Der Dialekt ist die alltägliche Umgangssprache, und als solche ist er uns wunderbar vertraut – solange einer nicht etwa als Kind oder Jugendlicher von St. Gallen nach Basel umzieht. Auf dem Basler Schulhof kann dann nämlich sein andersartiger Dialekt für ihn zur Hölle werden wie für das Zürcher Kind in Bern oder das Berner Kind in Zürich. Aber der Dialekt taugt nur spurenweise als *Schriftsprache*, er taugt nur sehr begrenzt als *Briefsprache*, er taugt nur in bestimmten Gattungen ganz fraglos als *Literatursprache*, und er taugt überhaupt nicht als *Wissenschaftssprache*. Auch als *politische Sprache* und als *Wirtschafts-* und *Verwaltungssprache* und schließlich als *Mediensprache* taugt er höchstens zu einem Drittel.

Man stelle sich einmal folgendes vor: Vierzehn Tage lang wird in der Deutschen Schweiz nur Dialekt gesprochen und geschrieben, flächendeckend. In den Kiosken liegen nur Zeitungen in Dialekt, in den Buchhandlungen nur Bücher in Dialekt, jede Packungsbeilage ist im Dialekt abgefasst und jedes Kochrezept, alle Gesetzbücher und Gerichtsurteile, alle Filme, jedes Theaterstück und jedes Plakat und jedes Inserat. Die Bundesverfassung, die Landeshymne und alle Verlautbarungen der Behörden im Dialekt, und zwar überall in der Variante der jeweiligen Region. Desgleichen die Vorlesungen an der Universität, die Diplomarbeiten und Dissertationen. Das ist eine Science-fiction-Phantasie, bei der man vom kalten Grausen erfasst wird. Man muss es sich aber einmal vergegenwärtigen, um zu spüren, wie naturhaft vital für uns das Hochdeutsche auch im Alltag ist, wie intensiv wir überall in ihm und mit ihm leben. Wie unmöglich es für Staat und Gesellschaft wäre, ohne das Hochdeutsche überhaupt zu existieren. Es gibt sogar Journalisten, die vehement der Meinung sind, Hochdeutsch sei in der Schweiz eine Fremdsprache, und doch hat sich noch keiner von ihnen je als fremdsprachigen Autor definiert, und keiner hat bisher öffentlich behauptet, die Deutschschweiz sei die einzige Region Europas, in der es nur fremdsprachige Buchhandlungen gebe.

Aber ist nun wirklich auch das Hochdeutsche in der Schweiz seinerseits unvollständig? In jenen Regionen und gesellschaftlichen Schichten Deutschlands, in denen kein Dialekt mehr gesprochen wird, gibt es doch auch keine Lücken im Sprachsystem. Dort nicht, aber bei uns wohl. Gewiss, Schweizer Hochdeutsch ist eine legitime Gestalt der deutschen Sprache, mit vielen eigenen Wörtern, auch eigenen Satzformen und mit einer eigenen Intonation und Aussprache. Wir haben viel mehr Erstbetonungen, wir sagen **F**DP und **C**VP, nicht FD**P** und CD**U**, sagen **V**W nicht V**W** und arbeiten im **La**bor nicht im Lab**or**. Wir sagen Ser**ii**, nicht S**e**ri-e, gehen in die Ferien und nicht in den Urlaub, und der Estrich ist bei uns der Dachboden und nicht die Fussbodenunterbeschichtung. Wir wischen, wo die Deutschen fegen, und fegen, wo sie wischen. Auch drücken wir die Türfalle, wo die Deutschen nach der Klinke greifen. Am Eingang zum Zürcher Bahnhofbuffet stand jahrelang die Warnung: »Achtung. Automatische Türfalle«. Man kann sich vorstellen, wie viele ahnungslose Besucher aus dem nördlichen Nachbarland darüber tödlich erschrocken sind. Das sind nur zufällige Beispiele. Jedermann weiß, wie vielfältig die Differenzen zwischen dem Schweizer Hochdeutsch und dem deutschen Hochdeutsch sind. Man muss sich dabei aber immer bewusst bleiben, dass es hier nicht um richtig oder falsch geht, sondern um zwei gleichermaßen berechtigte Sprachformen, wie auch das österreichische und das bairische Hochdeutsch gleichberechtigt sind mit dem Frankfurter oder Hamburger Hochdeutsch. Und doch soll nun das Schweizer Hochdeutsch unvollständig sein?

Das Schweizer Hochdeutsch ist insofern unvollständig, als es für uns keine Sprache des zwischenmenschlichen Alltags ist. Wir merken das nicht so leicht, weil wir mit unserem Dialekt eine reiche und bewegliche Umgangssprache haben. Wenn wir aber mit Deutschen reden, haben wir rasch das seltsame Empfinden, steif und förmlich zu sein, und wir fühlen uns der geölten Zunge des andern gegenüber unbeholfen. Dabei besitzen wir sehr wohl unsere eigene geölte Zunge, aber eben nur im Dialekt. Uns fehlen im Hochdeutschen die tausend Alltagswörtchen und flapsigen Wendungen, über die wir im Dialekt verfügen. Aus diesem Grund sind übrigens viele Leute der Überzeugung, der Dialekt sei viel reicher als das Hochdeutsche, auch als das Hochdeutsche der Deutschen. Was nicht stimmt. Wir verfügen einfach nicht über den umgangssprachlichen Wortschatz der Deutschen. Daher denken wir dann rasch, der deutsche Sprechpartner, dem seine Alltagsfloskeln so leicht vom Munde gehen, sei ein Schwätzer, schweizerdeutsch ein Schnörri. Was auch nicht stimmt. Nur weil wir nicht wissen, wie man Schnörri auf hochdeutsch sagt, ist einer, der es weiß, nicht schon selbst ein solcher.

Ein spezielles Problem entsteht hier übrigens für die Schriftsteller. Sie müssen Dialoge schreiben, sei's in Romanen, sei's in Theaterstücken. Dabei fehlt ihnen der Zugriff auf die hochdeutsche Umgangssprache, oder er wird, wenn sie ihn doch wagen, peinlich penetrant. Die Alltagsdialoge in den Büchern unserer Schriftsteller erscheinen daher stets in einer leicht stilisierten Form. Die Autoren können ja auf keinen Originalsound des alltäglichen Redens in der Schweiz zurückgreifen, wie es etwa, um ein großes Beispiel zu nennen, Theodor Fontane in seinen Romanen mit dem Berlinerischen so hinreißend tut. Und wie es bei uns Gotthelf tat, der die berndeutschen Wendungen sehr raffiniert in seine hochdeutschen Texte mischte. Auch Glauser hat dieses Crossover versucht, und später wieder Meienberg. Es gibt im Bereich der Alltagsdialoge eine eigentliche Sprachnot der Schweizer Autoren. Dass wir nur wenige gute Dramatiker haben, hängt vielleicht auch damit zusammen. Die profilierteren Schweizer Schriftsteller verstehen es allerdings, aus dieser Not eine Tugend zu machen, die Tugend eines verknappten, pointierten und künstlerisch geschliffenen Wortwechsels. Weil sie keinen Dialog im alltäglichen O-Ton schreiben können, außer in Dialektstücken, schreiben sie einen artistischen. Bei Dürrenmatt, bei Frisch, bei Hürlimann, bei Bärfuss kann man das studieren. Bei andern aber führt das Fehlen einer hochdeutschen Umgangssprache leicht zu einer Austrocknung der literarischen Diktion, weil dialektale Wendungen eins zu eins ins Hochdeutsche übersetzt werden. Andererseits neigen unsere Autoren dazu, gewisse in Deutschland allgemein gebrauchte Wörter zu vermeiden, weil sie das Gefühl haben, diese seien schweizerisch. Sie schreiben dann zum Beispiel immer von Wangen statt Backen, sie küssen auf die Wangen und haben rote Wangen, obwohl die Deutschen einander ebenso selbstverständlich auf die roten Backen küssen wie wir in der Schweiz. Aber unser Sprachgefühl empfindet Backen als helvetisch und in der Hochsprache irgendwie unfein.

Unsere Muttersprache ist Deutsch in zweifacher Gestalt. Zwischen beiden Gestalten findet ein unablässiger Austausch statt. Wir schalten hochdeutsche Wörter und Fachausdrücke in die Dialektrede ein, und wir bereichern das Schweizer Hochdeutsch mit Wörtern und Wendungen aus dem Dialekt. Das ist ein lebendiges, produktives Geschehen. Nur darf daraus keine Zwittersprache entstehen, wie man sie von den zahlreichen Politikern kennt, die ihren hochdeutschen Text im Dialekt vorlesen, mit den gleichen Satzstrukturen, dem gleichen Wortschatz. Das ist peinlich und qualvoll. Weil Hochdeutsch und Dialekt in unserem Sprachganzen unterschiedliche Funktionen haben, müssen sie auch deutlich getrennt bleiben. Nur dann entwickelt jede Gestalt ihre eigentümliche Prägnanz und Strahlkraft und kann die andere erweitern. Und weil wir beide vital brauchen, müssen wir auch an beiden arbeiten. Der Dialekt verdient es, dass man ihn nicht vergammeln lässt, aber dass ihr Hochdeutsch nicht vergammelt, ist für die Schweiz ebenso überlebenswichtig. Beide, Dialekt und Hochdeutsch, sind es wert, dass wir sie lieben. Beide zusammen haben uns zu Menschen gemacht. Beide zusammen öffnen uns die Welt, geben uns Heimat in der Welt, ermöglichen uns die tägliche Auseinandersetzung mit der Welt in Arbeit und Liebe.

Was man liebt, gibt zu tun. Das weiß jeder, der in einer Partnerschaft lebt oder einen Garten hat oder einen Hund oder ein Segelschiff. Wenn die Arbeit an der Liebe stockt, stirbt die Beziehung ab, die Küsse werden kalt, der Garten verwuchert, der Hund kriegt Flöhe und das Segelschiff ein Leck. Die Liebe gibt zu tun, aber diese Arbeit beflügelt sie auch wieder und steigert unser Vergnügen am Dasein.

Die Situation in der Schweiz ist heute in gefährlicher Weise geprägt von einer Sympathiedifferenz gegenüber dem Dialekt einerseits, dem Hochdeutschen andererseits. Man verhält sich immer mehr so, als ob Hochdeutsch gar nicht unsere Sprache wäre, sondern etwas, das eigentlich den Deutschen gehört und uns irgendwann einmal aufgezwungen wurde. Und nun müssen wir tun, als beherrschten wir es, und haben doch insgeheim das peinliche Gefühl, ihm nicht richtig gewachsen zu. Um es umgangssprachlich zu sagen: Hochdeutsch ist nicht cool. Hochdeutsch ist nicht sexy. Hier liegt das zentrale Problem. Hochdeutsch erscheint weiten Teilen der Bevölkerung immer mehr wie eine trübselige Pflicht. Man verbindet es mit Schule, mit Wandtafeln, mit Diktaten und roten Strichen am Rand. Das war nicht immer so. Noch vor wenigen Jahrzehnten gab es in allen Zeitungen Sprachkolumnen, und es fanden passionierte Auseinandersetzungen statt um richtige oder falsche Ausdrücke, um Stilnuancen und Stilformen, kurz: um gutes Deutsch. Und jede Zeitung hatte den Ehrgeiz, gutes Deutsch zu schreiben. Dafür richteten die Redaktionen hochqualifizierte Korrektorate ein. Heute werden bei jeder Sparrunde zuerst die Korrekturabteilungen zusammengestrichen. Man hat schließlich Korrekturprogramme, und irgendwie verstehen die Leser ja immer, was irgendwie gemeint ist. Und diese Leser, das ist das Bedrückende, lassen es sich gefallen. Die Leserbriefredaktionen sind allerdings auch offensichtlich angehalten, entsprechende Proteste zu unterdrücken, weil regelmäßige Hinweise auf das immer lausigere Deutsch dem Image der Zeitung ja doch schaden könnten. Die unselige Orthographiereform und die Servilität, mit der sie auch in der Schweiz vielerorts übernommen und sogar übertrieben wurde, hat die Situation zusätzlich dramatisiert.

Kurz gesagt: In der Deutschen Schweiz gilt heute Dialekt als Plausch, das heißt Vergnügen, und Hochdeutsch als Chrampf, das heißt Mühsal. Keiner geht in den Pantoffeln ins Opernhaus, aber der Sprache gegenüber benimmt man sich ohne Bedenken verschlampt. Das hat auch ideologische Hintergründe. Es hängt mit der verkehrten Meinung zusammen, der Dialekt sei das Natürliche und Hochdeutsch etwas Fremdes und Befohlenes, also für uns unnatürlich. Eine Art Sprachrassismus geistert da herum, ein pseudodemokratischer Kitsch, zu dem unser Land ja ohnehin neigt. Eines der schlimmsten Schimpfwörter ist »elitär«. Nur bei den Skifahrern und Kunstturnern darf man noch von einer Elite reden. Der Wille zur Perfektion, der die Schweiz in der Arbeitswelt auszeichnet und der die Basis ihres wirtschaftlichen Erfolgs ist, erschlafft der Sprache gegenüber immer mehr. Perfektes Hochdeutsch gilt als sinnlose Anstrengung; wer sich darum bemüht, ist elitär, nicht volksnah, irgendwie undemokratisch. Demokratisch ist, wenn alle gleich schlecht reden und gleich schlecht schreiben.

Dabei beherrschen die gleichen Schweizer das Hochdeutsche in allen Nuancen, insbesondere das Hochdeutsch der Deutschen, als *passive Sprache* so gut wie noch nie. Die Kinder verstehen es aus den deutschen Kinderkanälen bestens und lange bevor sie rechts und links unterscheiden können. Jedermann in der Deutschschweiz hat heute das Hochdeutsche im Ohr, und zwar bis hinein in den umgangssprachlichen Slang von Berlin oder München. Aber vielleicht wächst gerade dadurch auch das Gefühl des Ungenügens in der aktiven Sprachpraxis. Vielleicht produziert die gesteigerte passive Vertrautheit eine gesteigerte aktive Fremdheit. Andererseits muss man sagen, dass diese unbestreitbare Kompetenz im passiven Verstehen der in Deutschland gesprochenen Varianten des Hochdeutschen ein Argument wäre gegen die schleichende Dialektisierung etwa des Deutschschweizer Fernsehens. Die Wetterprognose wird nicht deshalb im Dialekt vorgetragen, weil sie dadurch besser verstanden würde, das wird sie nämlich nicht, sondern man bedient damit auf billige Weise die verbreitete Ideologie von der höheren Natürlichkeit des Dialekts. Man biedert sich also bei einem Publikum an, das man damit gleichzeitig als beschränkt hinstellt. Dieses Vordringen des Dialekts in Bereiche, die bis in die jüngere Zeit selbstverständlich durch die Hochsprache abgedeckt wurden, schadet übrigens längerfristig der Vielfalt der Dialekte. Am deutlichsten sieht man dies in der Fernsehwerbung. Sie bemüht sich penetrant, keine Dialektausdrücke zu verwenden, die nur in einzelnen Regionen vorkommen oder von denen die Texter dies jedenfalls annehmen. Nun sind die Deutschschweizer Dialekte aber herrlich reich an solchen Ausdrücken. Daher wird von den Textern im Zweifelsfall kurzerhand das hochdeutsche Wort in dialektaler Aussprache eingesetzt. Dieses bleibt im Ohr der Zuschauer haften und beginnt, auch im Alltag die angestammten Ausdrücke zu verdrängen. Es gibt keine *munzigen* Dinge mehr in der Werbung, nur noch *winzige*. Das besagt, dass die Aufweichung der klaren funktionalen Trennung zwischen Dialekt und Hochsprache und insbesondere das Eindringen des Dialekts in bisher selbstverständlich der Hochsprache zugeordnete Bereiche den Dialekt, seine Farben und seine Vielfalt, irreversibel beschädigt.

Worin besteht also das zentrale Problem? Es besteht zunächst in einer falschen Vorstellung von unserer Muttersprache. Diese ist eine Sprache in zwei quicklebendigen Gestalten, wird aber wahrgenommen als die lästige Koppelung einer natürlichen mit einer unnatürlichen Sprache. Die Folge ist ein allgemeiner Attraktivitätsverlust der hochdeutschen Sprache. Dieser hat wiederum seine Auswirkungen. Denn je schlechter und schlichter geschrieben wird, umso schlechter und schlichter wird gedacht. Alle, die professionell schreiben, wissen, dass sich ein Gedanke oft erst in der Arbeit an der genauen Formulierung klärt. Sie wissen, dass wir vieles nur schreibend wirklich zu Ende denken können. So wie auch unsere besten Gedanken nicht selten aus dem konzentrierten Prozess des Schreibens heraus entstehen und plötzlich da sind, zu unserer eigenen Überraschung.

Die Misere der hochdeutschen Sprache in der Schweiz betrifft nicht etwa nur die jungen Leute; auch aus den Sekretariaten hoher Politiker bekommt man nur noch selten einen fehlerfreien Brief. Fehler machen kann jeder, und Fehler macht jeder, der schreibt. Wenn jedoch der Wille zur Perfektion da wäre, dann würde in den erlauchten Ämtern für eine Kontrolle gesorgt, die die Fehler weitgehend eliminiert. Das geschieht aber nicht. Und es gibt Journalisten, die schreiben das erste Substantiv eines Satzes immer häufiger grundsätzlich im Nominativ: »Der Abschluss machte die Feuerwehrmusik Zürich-Seebach.« »Der Hund wieder einzufangen, erwies sich als schwierig.« Vielleicht halten sie auch das für besonders natürlich. Gerechterweise muss man allerdings festhalten, dass dies Ausnahmen sind und dass es um die sprachliche Qualität der hochdeutschen Medien in der Schweiz nicht grundsätzlich schlecht bestellt ist, nicht schlechter jedenfalls als in den andern deutschsprachigen Ländern. Die überwiegende Mehrheit der Journalistinnen und Journalisten an den meinungsbildenden Medien, insbesondere was Auslandsberichterstattung, Innenpolitik und Kultur betrifft, ist form- und stilsicher und verfügt über eine nüchterne Eleganz, die man durchaus als einen nationalen Zug betrachten darf. Die verbreitete Animosität gegen das Hochdeutsche wird vor diesem Hintergrund noch schwerer verständlich.

Was ist da zu machen? Coolness kann man nicht befehlen. Das ist eine Tatsache. Zwar steckt die Lust an der Perfektion in jedem Menschen. Sie macht den guten Zahnarzt aus wie die gute Architektin. Niemand denkt, sein Zahnarzt sei elitär, wenn er ihm einen Schaden an den Molaren schmerzlos behebt. Niemand findet es natürlich und volksnah, wenn ihm der Zahnarzt mit dem Bohrer ins Zahnfleisch fährt und dabei sagt: »Hoppla!« Jede und jeder von uns kennt die Lust an der Perfektion, kennt die Herausforderung, die mit ihr verbunden ist, kennt das Vergnügen, das sie verschafft. Jede Frau weiß, dass sie den Fisch ihres angetrauten Hobbyfischers oder die Steaks vom Gartengrill ihres Lebensbegleiters lautstark rühmen muss, auch wenn sie es eigentlich lieber vegetarisch hätte. Denn dieses Rühmen bestätigt die Vollkommenheit seiner Arbeit; es krönt seine Lust an der Perfektion und steigert dadurch auch seine Liebe zu der Person, die ihn rühmt. Die Lust an der Perfektion ist ein kreatürlicher Impuls. Wieso zum Teufel soll er sich in der Schweiz nicht auch wieder auf die Hochsprache richten? Unser Land braucht Leute mit einem vitalen Vergnügen an der sprachlichen Vollkommenheit, mit einer unverschämten Freude daran, ihr eigenes Deutsch so gut und genau zu machen, wie es nur möglich ist. Unser Land braucht Leute, die es genießen, einen Text nicht einfach irgendwie fertig zu schreiben, sondern ihm in einem letzten Durchgang auch noch den Schliff zu verpassen – dort ein Adjektiv weg, hier ein Nebensatz zum Hauptsatz gemacht, um den Rhythmus zu verbessern … Was da insgesamt ansteht, ist nicht mehr und nicht weniger als eine nationale Aufgabe.

Coolness kann man nicht befehlen. Auch Schimpfen nützt nichts. Die Ideologie, dass der Dialekt natürlich sei und Hochdeutsch unnatürlich und dass also auch ein unbeholfenes Hochdeutsch immer noch natürlicher sei als ein präzises und überwachtes, diese Ideologie liegt als ein trübseliger Gehirnnebel über unserem Land. Der Begriff des Natürlichen hat in der Gegenwart generell den Begriff des Heiligen abgelöst. »Natürlich« ist heute ein religiöses Wort, ein Mythos unserer Zivilisation. Im Bereich der Sprache fördert dies die falsche Einschätzung des Dialekts und die gefährliche Abwertung der Hochsprache.

Schimpfen nützt nichts. Belehren nützt auch nichts. Alle pädagogischen Aktionen laufen Gefahr, die allgemeine Überzeugung zu verstärken, dass Hochdeutsch etwas Mühseliges sei. Was nützt, ist allein die vorgelebte Praxis. Die vorgelebte Praxis einer hochdeutschen Sprache, die unprätentiös deren Reichtum ausschöpft und zwanglos zeigt, über welche Register diese Gestalt unserer Muttersprache verfügt. Die vorgelebte Praxis einer hochdeutschen Sprache, die uns vor Augen und Ohren führt, wie die wissenschaftliche, die künstlerische und die politische Kultur der deutschsprachigen Länder dieses geistige Instrument in Jahrhunderten geprägt und geformt haben, wie es zu einem hinreißenden Medium des Denkens und Argumentierens wurde, zu einer Ausdrucksform auch der Gefühle, des Witzes, der körpersinnlichen Weltbegegnung. Mundart und Hochsprache gehören in der Deutschen Schweiz zusammen wie Milch und Brot. Milch und Brot spielt niemand gegeneinander aus, man freut sich einfach an den zwei guten Gaben. So sollte man es auch mit den beiden Gestalten unserer Muttersprache halten.

Was bleibt nach den Mythen?

Das neue literarische Nachdenken über die Schweiz

Mythos ist nicht das Gegenteil der Wahrheit

Der Mythos ist die vorwissenschaftliche Form der Welterklärung. Sein Medium sind Erzählungen, Bilder, Zeichen. Diese tragen ihre Beweiskraft in sich selbst. Ich kann die Erzählungen wiedererzählen, die Bilder an die Wände malen, die Zeichen öffentlich streuen, und immer, wenn ich ihnen begegne, entsteht in mir das, was ihr Sinn und Zweck ist: Gewissheit. Der Mythos produziert Wahrheit als erlebte Gewissheit. Das tut auch die Wissenschaft. In der Wissenschaft entspringt die Gewissheit aus der langsamen Beweisführung. Im Mythos entspringt sie aus dem plötzlichen Erlebnis der Erzählungen, Bilder und Zeichen. Die Beweise der Wissenschaft, wenn sie *lege artis* durchgeführt wurden, brauchen nicht wiederholt zu werden. Die Beweiskraft der Mythen hingegen bedarf immer neu der Vergegenwärtigung. Steinerne Denkmäler sind der Versuch, die Wiederholung des mythischen Erlebens zu sichern. Sie liquidieren allerdings die vitale Erfahrung durch ihre andauernde Präsenz. Die Wahrheit der Erzählungen, Bilder und Zeichen kann nicht widerlegt werden, sie kann nur absterben; die Wahrheit der Wissenschaft kann nicht absterben, sie kann nur widerlegt werden.

Sowohl als Einzelne wie auch als soziale oder politische Gemeinschaft leben wir mit beiden Wahrheiten, jenen der Wissenschaft und jenen des Mythos. Es ist also verkehrt, die Wissenschaft mit Wahrheit und den Mythos mit Falschheit gleichzusetzen. Das geschieht heute in der Zeitungssprache unentwegt: »Wahrheit oder Mythos?«, heißt es dann, oder: »Als Mythos entlarvt!«, oder: »Das ist nichts als ein Mythos«.

Mythos als echte und wirksame Welterklärung ist immer an eine Notlage gebunden. Nur solange mir die Frage auf den Nägeln brennt, auf welche die Erzählung, das Bild, das Zeichen eine Antwort gibt, lebt die mythische Energie. Ändert sich die Notlage, dann stirbt der mythische Diskurs ab und wird durch einen andern ersetzt, der mir die neue Notlage erklärt und mich selbst in ihr. Die Vorstellung, man könne ohne mythische Erzählungen, Bilder und Zeichen leben, ist eine Täuschung, sowohl für den Einzelnen wie für die Gesellschaft. Sie beruht auf einem seinerseits mythischen Begriff von Wissenschaft.

Jeder Staat und jeder einzelne Mensch ist sich selbst gegenüber in einer prekären Situation. Dass ein Staat so ist, wie er ist, dafür gibt es nie einen wissenschaftlich zwingenden Grund. Ebensowenig kann ich meine eigene Person wissenschaftlich absichern. Die Bestimmung meines Genoms durch die DNA-Analyse bleibt eine tote Formel. Sie hat keinen mythischen Einschlag. Nur über einen mythischen Einschlag könnte sie zu einem Element meiner Selbstvergewisserung werden, so wie sich auch ein Staat seiner selbst nicht über das statistische Jahrbuch versichert, sondern über Zeichen und Bilder mit mythischem Einschlag. Um zu erfahren, wer ich bin, produziere ich meine privaten Zeichen und Bilder; um zu vermitteln, wer er ist, produziert der Staat seine öffentlichen Zeichen und Bilder – von der Briefmarke bis zum Arc de Triomphe.

Solange die mythischen Erzählungen, Bilder und Zeichen ihre Wirkung tun, sind sie nicht als mythisch erkennbar. Erkennbar wird der Mythos erst, wenn seine Wahrheit abgestorben ist. Deshalb setzt man ihn fälschlicherweise mit Unwahrheit gleich und verschließt so die Augen vor einer zentralen Dynamik jeder Zivilisation. Im historischen Prozess können unterschiedliche Phasen der mythischen Erfahrung gleichzeitig vorkommen. Dann brechen Konflikte aus. Dann kämpfen die einen für den lebendigen, die andern gegen den toten Mythos. Dann muss ein König geköpft werden zum Beweis, dass er nicht heilig ist. Und schon wird die Guillotine selbst zu einem sakralen Signal. Oder es müssen zwei volle Generationen von Schweizer Schriftstellern Parodien der Wilhelm-Tell-Erzählung schreiben, um sich ihrer neuen politischen Identität gegenüber dem patriotischen Bewusstsein der vorangegangenen Jahrzehnte zu versichern.

Womit ich beim Thema angekommen wäre.

Die Schweiz, deren Position zwischen den europäischen Großmächten immer prekär, deren Existenznotwendigkeit nie zu beweisen und deren Zusammenhalt wegen der konfessionellen, sprachlichen und ökonomischen Differenzen stets gefährdet war, bedurfte eines gewaltigen Outputs an mythischen Erzählungen, Bildern und Zeichen, um die gemeinsame Identität, die tiefe Gewissheit des Zusammengehörens trotz der partikularen Identitäten, zu sichern. Zur monumentalen Basis dieses Unternehmens gerieten die Chroniken des 15. und 16. Jahrhunderts, literarisch-politische Ereignisse von Rang. Ihr Anfang liegt bei *einem* Autor, Hans Schriber, dem Verfasser des *Weißen Buchs von Sarnen* (um 1470). Er hat aus diversen Überlieferungen die erste Synthese geschaffen, hat sie durch kühne Erfindungen ergänzt und gezielt zu einem politischen Instrument gemacht. Modell dafür waren die antiken Heldengeschichten. Ein Renaissanceprodukt also. Seither gibt es den Tell. Einen Schriftsteller von größerer Wirkung als diesen Hans Schriber, von dem heute kaum je die Rede ist, hat die Schweiz nie gehabt.

Die Literatur eines Landes steht zu seiner politischen Identität immer in einer komplizierten Beziehung. Nicht die Literatur jedes einzelnen Autors oder jeder Autorin, sondern die literarische Produktion und Überlieferung insgesamt. Dass ein Dichter einem Staat die Gründungslegende schenkt wie Vergil dem klassischen Rom, ist selten, kommt aber doch von Zeit zu Zeit vor. Shakespeares Königsdramen oder Grillparzers *Ottokar* sind Belege. Schiller tat es für die Schweiz, indem er die Berichte aus den Chroniken in das gewaltige Spektakel seines *Wilhelm Tell* verwandelte. Die zahllosen Tell-Verulkungen in der Schweiz von den 1970er Jahren bis in die Gegenwart hinein sind damit insofern verwandt, als sie das Land von dem inzwischen abgestorbenen Mythos befreien wollten. Es waren, genau besehen, lauter negative Gründungslegenden. Eine neue, auch für die Schweiz im neuen Europa taugliche politische Erzählung von mythischer Kraft vermochten sie dagegen nicht zu schaffen.

Das dreifache Verhältnis zur Geschichte

Man kann diese Verknüpfung zwischen der Literatur eines Landes und seiner politischen Identität systematisieren mittels der Theorie vom dreifachen Verhältnis zur Geschichte, die Friedrich Nietzsche in der Schrift *Vom Nutzen und Nachteil der Historie für das Leben* (1873), der zweiten seiner *Unzeitgemäßen Betrachtungen,* vorgelegt hat. Demnach kann die Geschichte erstens »monumentalisch« betrachtet werden, als Arsenal der ragenden Vorbilder und Stimulans der patriotischen Begeisterung. Die vaterländischen Helden und ihre Taten werden dabei zu verpflichtenden Modellen für das politische Denken und Handeln der Gegenwart. Diese monumentalische Betrachtung führt in der Regel auch zu tatsächlichen Monumenten aus Stein oder Bronze. Nach der existentiellen Krise der Schweiz im Bürgerkrieg von 1847, der lange nachwirkte und den neuen Bundesstaat von 1848 schleichend bedrohte, wurde das Land mit heroischen Denkmälern, denen alle Parteien Verehrung zollen konnten, förmlich überzogen – eine politische Selbsttherapie von hochtheatralischem Charakter. Zweitens kann die Geschichte »antiquarisch« betrachtet werden, als das unabsehbare Feld von Dingen und Geschehnissen aus alter Zeit, in die man sich liebevoll versenkt. Noch das kurioseste Detail findet dabei Aufmerksamkeit und Pflege. Der »Urväterhausrat«, an dem Faust zu ersticken droht, spendet hier das Glück eines gefühlsbewegten Gedenkens. In den zahllosen Heimatmuseen, die im 20. Jahrhundert fast von Dorf zu Dorf eingerichtet wurden, drängte auch dieser Umgang mit der Historie in die handgreifliche Sichtbarkeit. Drittens schließlich kann die Geschichte, nach Nietzsches Theorie, »kritisch« betrachtet werden. Dabei wird sie öffentlich angeklagt und als schlechte Vergangenheit vor das Gericht der Heutigen gezogen. Dass selbst diese Form des Umgangs mit der Historie ihre Denkmäler finden kann, Zeichen der Warnung, der Scham und des Schuldbekenntnisses, beweisen die Erinnerungsstätten an die Verfolgten und Ermordeten in Deutschland. In der Schweiz ist von dieser Art nichts bekannt, obwohl es dafür durchaus Anlässe gäbe. Ein entschieden monumentaler Charakter kommt auf diesem Gebiet hingegen großen historischen Werken wie dem *Bonjour-Bericht*[36] von 1970 und dem *Bergier-Bericht*[37] von 2002 zu.

Die Krise der monumentalischen Betrachtung der Schweiz

Jede dieser drei Formen des Umgangs mit der Geschichte hat die Literatur der Schweiz nachhaltig geprägt. Das Monumentalische war lange Zeit dominant. Seine Verknüpfung mit dem Antiquarischen blühte bei Gottfried Keller wunderbar auf. (Ich hege die Vermutung, dass sich in Nietzsches anrührender Beschreibung des »antiquarischen Menschen«[38] ein Porträt Gottfried Kellers versteckt.) Das Kritische schließlich setzte auch schon bei Keller und Gotthelf ein. Es verschärfte sich bei Ramuz, der das Monumentalische nur noch im Regionalen finden konnte und der seinen tragischen Tell, Farinet, im gleichnamigen Roman von 1932 aus dem gesamtschweizerischen Bezug heraushielt. Zum eigentlichen Epochenphänomen aber wurde Nietzsches Kategorie des kritischen Verhaltens gegenüber der eigenen Geschichte in der Schweizer Literatur nach dem Zweiten Weltkrieg, im »Kritischen Patriotismus«.[39] Das setzte praktisch mit dem Kriegsende ein. Nach 1968 aber steigerte es sich in einem Maße, dass man eine Zeitlang der Meinung sein konnte, es gebe in der literarischen Schweiz nur noch schreibende Richter. So triumphalistisch erklang damals dieses landesweite Gericht, dass darüber die Warnung des gleichen Nietzsche in Vergessenheit geriet: »Als Richter müsstet ihr höher stehen, als der zu Richtende; während ihr nur später gekommen seid.«[40]

Dieses Gericht der Autoren war immer auch ein Gericht über jene Literatur, welche die Schweizer Geschichte monumentalisch betrachtete. Es führte zu einem Literaturbegriff, der überhaupt nur noch die kritische Dimension im Umgang mit der Geschichte akzeptierte. Das entsprach zwar von 1945 bis 1989 einer politischen Notwendigkeit, verstellte aber den Blick auf die Tatsache, dass von 1933 bis 1945 der monumentalische Umgang mit der Geschichte seinerseits eine politische Notwendigkeit gewesen war.

Die Auseinandersetzung hat sich inzwischen totgelaufen. Wer heute noch gegen die monumentalischen Elemente der Landesausstellung von 1939 kämpft, ist ein Narr. Was einst Landesgeschichte als Thema der Literatur war, ist in jüngster Zeit zur Familiengeschichte geworden. Die erfolgreichsten Bücher von Thomas Hürlimann, Urs Widmer, Charles Lewinsky und Christian Haller gehören in dieses

Feld. Sie sind – im Sinne Nietzsches – überwiegend antiquarisch, aber mit kritischen Seitenhieben zur politischen Geschichte versetzt. Als ihr Vorgänger, als eigentliches Übergangsereignis, kann Otto F. Walters Roman *Zeit des Fasans* (1988) gelten, ein Werk, das in seiner Komposition den genauen Spagat zwischen der Ästhetik des Kritischen Patriotismus und dem neuen Schweizer Familienroman darstellt.

Auch für die Literaturwissenschaft wird die traditionelle politische Mythologie der Schweiz immer belangloser. Der Schlachtendiskurs,[41] der im schweizerischen Schreiben lange Zeit eine außerordentliche Rolle spielte, ist für die Germanistik nur mehr ein Kuriosum; er weckt höchstens angesichts so gespenstischer Texte wie Robert Walsers *Schlacht bei Sempach* (1905) noch einige Aufmerksamkeit. In den öffentlichen politischen Auseinandersetzungen spielen die alten mythologischen Elemente zwar bei den isolationistischen Parteien weiterhin eine propagandistische Rolle, doch mehr im Sinne stereotyper Wiederholungen als vitaler Bilder. Die umfassende Politikferne der Landesausstellung *Expo 02* wurde durch das altertümliche Panorama der Schlacht von Murten im rostigen Kubus des Architekten Jean Nouvel mitten im Murtensee ironisch unterstrichen. Das Riesengemälde wirkte nicht als identifikatorisches Signal, nicht monumentalisch also, sondern wie ein postmodernes Zitat aus dem verschollenen Schlachtendiskurs in einem Umfeld von esoterisch angehauchten Installationen.

Eine neue Aufmerksamkeit auf nationale Motive

So sehr die literarische Tradition der deutschen Schweiz seit ihren Anfängen von der politischen Mythologie und vom Schlachtendiskurs eingefärbt ist – ähnlich wie die Literatur der deutschen Klassik vom Mythos des wiederkehrenden Griechenland auf deutschem Boden –, so wenig kann sie doch als Ganzes von diesen Erzählungen, Bildern und Zeichen her verstanden werden. Das wird schon dadurch belegt, dass der Untergang der heroischen politischen Mythologie die literarische Überlieferung des Landes weder gefährdet noch umgewertet hat. Zunehmend stärker sichtbar aber werden jetzt bestimmte Themen und Motive, die es zwar auch in andern Literaturen gibt, die aber in der Tradition des Schreibens in der Schweiz eine spezifische Aussagekraft gewinnen. Das zielt nicht auf jenes vieldiskutierte »Wesen« der Schweizer Literatur, das wie das Monster von Loch Ness mit Sicherheit jedes Jahr einmal auftaucht und mit gleicher Sicherheit nicht existiert. Es zielt vielmehr auf mentalitätsgeschichtlich aufschlussreiche inhaltliche Tendenzen im schweizerischen Schreiben. Sie werden nur dann aussagekräftig, wenn man sie sachlich studiert.

Das gewissermaßen klassische Beispiel ist der Heimkehrer-Roman, das Heimkehrer-Stück, das Heimkehrer-Gedicht mit der jeweils charakteristischen Reflexion an der Grenze.[42] Das Motiv entsteht nicht erst mit den berühmten Fällen von Gotthelfs *Bauernspiegel* (1837) und Kellers *Grünem Heinrich* (1853–55); es taucht schon beim Humanisten Glarean auf, der um 1514 eine große Dichtung über seine Heimkehr ins Vaterland schreibt.[43] Auf diese hat Johann Gaudenz von Salis-Seewis 1785 ein Echo gegeben mit der in Paris geschriebenen *Elegie an mein Vaterland,* der grandiosen Vision eines Fluges aus der Großstadt in die Heimat. Gewiss, Heimkehrer-Literatur gibt es in aller Welt; niemand will da ein Monopol für die Schweiz in Anspruch nehmen. Aber es ist lohnt sich, das eigentümliche Nachdenken über die Schweiz zu studieren, das in den helvetischen Beispielen inszeniert wird und das sich von Epoche zu Epoche ändert. Bei Heinrich Leuthold etwa, in seinem Heimkehrer-Gedicht *Der Zürichersee* von 1872, ist die Pointe schon nicht mehr monumentalistisch begeistert, sondern kritisch bitter. Ein Künstler, heißt es zuletzt, habe in dieser Heimat nichts verloren:

> … setz' weiter den Wanderstab!
> Den Sänger nährt der heimische Boden nicht …
> Zugvögel mögen dich geleiten
> Über die Berge nach fernen Zonen![44]

Motive dieser Art sind nicht Mythen, auch wenn sie mythisches Material transportieren können. Es sind literarische Handlungsmuster, deren Anziehungskraft für die Autoren darauf beruht, dass sie eine dramatisch inszenierte Theoriebildung über die Schweiz ermöglichen.

Die schuldige Gemeinschaft: Gotthelf

Ein Motiv von ähnlicher Bedeutung für die Schweizer Literatur wie der Heimkehrer ist das handelnde Kollektiv, genauer noch: das schuldhaft handelnde Kollektiv, die schuldige Gemeinschaft. Das ist schon deshalb interessant, weil die Literatur in der Regel den handelnden Einzelnen sucht, den Protagonisten, die Protagonistin. Der schuldige Held in seiner Einsamkeit macht die Mitte jeder Tragödie aus. Das schuldige Kollektiv, würde man denken, gibt es in der Literatur eigentlich gar nicht, höchstens als Hintergrund für profilierte Individuen. So, als zwielichtige Folie für ragende Einzelgestalten, erscheint etwa die Volksmenge in Shakespeares *Coriolan* und *Julius Caesar,* so erscheint die Masse der dummen Spießer in Wielands *Abderiten* (1774) und in Wilhelm Hauffs *Der Affe als Mensch* (1830).

In der Literatur der Schweiz beginnt nun aber mit Jeremias Gotthelf eine erstaunliche Tradition der unerbittlichen Analyse verfehlten Gemeinschaftshandelns. Man ist sich in einer Gemeinde zwar bewusst, dass man das Unglück von Armen und Randständigen bewirkt, aber weil die andern auch nichts dagegen tun, lässt man es geschehen oder hilft sogar nach. Das mächtigste Beispiel sind, wer wüsste es nicht, die Bauern von Sumiswald in Gotthelfs Erzählung *Die schwarze Spinne* (1842). Zwar gibt es da sehr wohl Protagonisten, eine Protagonistin insbesondere, die Lindauerin Christine, die den Pakt mit dem Teufel wagt. Aber so wie die Haupthandlung in der *kollektiven* Katastrophe gipfelt, dem Tod fast der ganzen Bevölkerung durch die in der Spinne verkörperte Pest, so ist auch die tiefste Ursache dieses Unheils nicht die Tat der einzelnen Frau, sondern die gemeinsame Verfehlung der Bauern. Sie wissen, was sie tun, aber sie wollen es nicht wahrhaben und finden Gründe, es gegen ihr Gewissen durchzuführen. Diese subtilen Mechanismen der Selbsttherapie gegenüber einem akuten Schuldgefühl machen die Erzählung zum sozialpsychologischen Ereignis. Die Story um Christine ist zwar reich an erzählerischen Knalleffekten, geht aber mit dem Klischee von der Frau als der Einfallspforte des Übels, dem Eva-Topos, zu krass um, als dass sie über die Effekte hinaus viel bewegte. Weit unheimlicher als die Fantasy-Elemente – Gotthelf ist der einzige genuine Fantasy-

Autor der Schweiz, man hat es nur noch nicht gemerkt – sind die psychologischen Abläufe gemeinsamer Schuld-Verdrängung und Schuld-Verschiebung.

Dazu gehört als erstes das reflexartige Delegieren der sittlichen Verantwortung an die andern. Ihm gilt der lapidare Satz: »[...] es tröstete ein jeder sich: fehle es, so trage der andere die Schuld.«[45] Das ist ein einfacher Mechanismus, der jedem von uns aus seinem eigenen Seelenleben peinlich vertraut ist. Komplexer und politisch bedeutungsvoller ist das Verhalten des Kollektivs bei der gemeinsamen Beschlussfassung, einem zentralen demokratischen Vorgang also. Christine fordert von den Männern die verbindliche Entscheidung, dass das nächste Neugeborene ungetauft dem Teufel übergeben werde. Dazu heißt es:

> So erzählte Christine, und die Herzen der Männer bebten, und lange wollte keiner reden. Nach und nach kamen aus den angstgepressten Kehlen abgebrochene Laute hervor, und wenn man sie zusammensetzte, so meinten sie gerade, was Christine meinte, aber kein einzelner hatte seine Einwilligung gegeben in ihren Rat.[46]

Das ist eine außerordentliche Stelle. Hier werden der gemeinsame Wille zum Verbrechen und die gleichzeitige Selbstabsolution zu einem sprachlichen Ereignis. Der versammelte Rat debattiert, aber jeder gibt nur halbartikulierte Töne und Wortfetzen von sich. Diese deuten zwar alle in die gleiche Richtung und ergeben zusammen eine einzige Meinung, aber als einzelne Äußerungen sind sie so sinnlos, dass jeder Sprecher glaubt, man werde ihn darauf nicht behaften können. So viel zur Beratung; es folgt die Beschlussfassung:

> Und abgebrochen, wo keiner alles sagte, sondern jeder nur etwas, das wenig bedeuten sollte, kam man überein, das nächste Kind zu opfern, aber keiner wollte seine Hand bieten dazu, niemand das Kind an den Kilchstalden tragen.

Auch die offizielle Entscheidung setzt sich also aus lauter »abgebrochenen« Signalen zusammen. Ihre Summe ist eindeutig, und es heißt denn auch abschließend: »Verständigt mit und ohne Worte, ging man auseinander.«[47] Der Trick besteht wiederum darin, dass keiner den Beschluss wirklich formuliert, in der Überzeugung, sich notfalls auf sein unklares Stammeln berufen zu können. Der Erzähler lässt aber keinen Zweifel an der gemeinsamen Verantwortung. »Beschlossen im Rat der Menschen«[48] nennt er den Verkauf des Kindes an den Teufel.

Man muss diesen Vorgang mit dem monumentalischen Ereignis in Schillers *Tell* (1804) vergleichen, wo die politische Willensbildung zum dröhnenden Chor wird: »Wir wollen sein, ein einzig Volk von Brüdern.« In der Differenz zwischen Schillers sprachsicherem Chor und dem stockenden Gemurmel der versammelten Sumiswalder Bauern steckt die Differenz zwischen der idealistischen Verklärung der Demokratie und ihrer psychologisch abgründigen Analyse.

Diesen Vorgängen *vor* dem Verbrechen entspricht in der Erzählung das, was *nach* dem Verbrechen kommt. Die Pest ist ausgebrochen, die Strafe für alle ist da. Wieder rückt uns Gotthelf das Kollektiv scharf beleuchtet vor Augen, und wieder wird daraus eine Studie über das Verhalten in der gemeinsamen Schuld:

> So stunden sie bebend zusammen und jammerten, und wer bei den andern war, der durfte [d. h. wagte sich] nicht mehr heim, und doch war Zank und Streit unter ihnen, und einer gab dem andern schuld, und jeder wollte abgemahnet und gewarnet haben, und jeder hatte nichts darwider, dass Strafe die Schuldigen treffe, sich und sein Haus wollte aber jeder ohne Strafe. Und wenn sie in diesem schrecklichen Harren und Streiten ein neu, unschuldig Opfer gewusst hätten, es wäre keiner gewesen, der nicht an demselben gefrevelt in der Hoffnung, sich selbst zu retten.[49]

Hier werden nun tatsächlich die bei der Beschlussfassung nur gestammelten Äußerungen in Warnungen und Ablehnungen umgedeutet. Das ist angesichts der Sprachfetzen linguistisch und juristisch keineswegs abwegig. Auf diese Weise entstehen aus Mitläufern Widerständler – ein Vorgang, der sich im 20. Jahrhundert nach dem Ende des Hitlerreichs europaweit ereignet hat. Und es gehört zum Genie Gotthelfs, dass er jetzt nicht mit einem Sündenbock auffährt, an dem sich alle freiheucheln können, sondern dass er sie verzweifelt nach einem Sündenbock sich sehnen lässt, ohne dass ihnen einer geschenkt würde: »Und wenn sie in diesem schrecklichen Harren und Streiten ein neu, unschuldig Opfer gewusst hätten, es wäre keiner gewesen, der nicht an demselben gefrevelt ...«

Die schuldige Gemeinschaft: Dürrenmatt

Dass das berühmteste Theaterstück der Schweizer Literatur, Dürrenmatts *Besuch der alten Dame* (1956), auf dem Grundmuster der *Schwarzen Spinne* aufgebaut ist, lässt sich mit Händen greifen. Ob sich der Gotthelf-Leser Dürrenmatt[50] dessen bewusst war, ist nicht auszumachen. Auch hier ist die Inszenierung des schuldigen Kollektivs das Kernereignis; auch hier ist sie kontrastiert mit einer schrill kolorierten Einzelfigur. Vielleicht stammt die Wirkungskraft des Stücks auch daher, dass in ihm zwei charakteristische Motive der Schweizer Literatur zur Deckung gelangen: der Heimkehrer-Topos und die schuldige Gemeinschaft.

Auch Dürrenmatts Tragikomödie verbindet das kollektive Schuldigwerden mit Szenen der politischen Demokratie; auch hier wird gemeinsam entschieden, in der Volksversammlung, mit einem Ja aller Männer zum Verbrechen. (Das Stück ist fünfzehn Jahre vor der Einführung des Frauenstimmrechts in der Schweiz entstanden.) Die Abstimmung geschieht feierlich wie der Rütlischwur. Das ist diesmal möglich, weil ein sophistischer Trick die Entscheidung verschleiert. In Wahrheit müsste die den Bürgern vorgelegte Frage lauten: »Wollt ihr, dass unser Mitbürger Ill getötet wird, damit wir dafür die versprochene Milliarde bekommen?« Sie lautet aber aus dem Munde des Bürgermeisters so: »Wer reinen Herzens die Gerechtigkeit verwirklichen will, erhebe die Hand.«[51] Und alle außer dem Opfer, Alfred Ill, erheben ihre Hand. Zu ihrer Selbstabsolution haben die Bürger von Güllen Ills einstigen Verrat an seiner Geliebten, den sie damals alle billigten, zum Verbrechen erklärt und den Mord an ihrem Mitbürger zu einem Akt der Gerechtigkeit. Wie bei Gotthelf gerät damit die Geschichte vom Schuldigwerden der Gemeinschaft zur Kritik an einer der geläufigsten ideologischen Verbrämungen der Demokratie:

dass nämlich der Wille aller auch das Richtige und Gute schaffe, dass die *vox populi* die *vox Dei* sei, mit Rousseau: dass *le volonté générale* nicht irren könne.

Die schuldige Gemeinschaft: Keller

Es wäre nun aber falsch, in den literarischen Werken um das schuldige Kollektiv primär den demokratiekritischen Diskurs zu sehen. Die meisten Beispiele, die ich kenne, sind offener. Sie sind sozialpsychologisch breit angelegt und spielen vielfältig zwischen fröhlicher Humoreske, scharfer Satire und ernster Tragik. Das ließe sich zeigen bei einer Analyse der Gemeinschaft der Seldwyler in den zwei Teilen von Gottfried Kellers Novellenzyklus (1856 und 1874/75). Dieser seltsamen Sippe gegenüber käme wohl niemand geradewegs auf den Begriff des schuldigen Kollektivs. Dennoch hängt er immer in der Luft, im zweiten Teil noch stärker als im ersten. Im ersten Teil werden die Seldwyler ironisch verurteilt, weil sie gegen die Normen der Gegenwart verstoßen, einem vorkapitalistischen Genussverhalten nachleben und den Siegeszug der innerweltlichen Askese in der bürgerlichen Welt nicht anerkennen. Im zweiten Teil aber geraten sie vor das Gericht des Erzählers, gerade weil sie nun von diesem ursprünglichen Charakter abweichen und zunehmend auf eine ausbeuterische, die Ressourcen zerstörende Ökonomie verfallen. Die Komplexheit dieser kleinen Gesellschaft beruht wesentlich auf der moralischen Ambivalenz, mit der der Autor selber ihr begegnet. Bald sind sie die letzten, die das diesseitige Leben festlich zu feiern wagen; bald sind sie nichts weiter als »die Lumpenhunde von Seldwyl«, als welche der Bauer Manz in *Romeo und Julia auf dem Dorfe* sie bezeichnet.[52] Ein Höhepunkt dieses kostbar schillernden Zwielichts ist das Finale der *Drei gerechten Kammacher.* Hier versammeln sich alle Seldwylerinnen und Seldwyler am hellen Mittag, um dem Wettrennen der Kammacher zuzuschauen. Sie machen ein Fest aus dem Jammer der zwei vertrockneten Seelen, die aus Geiz und Scheelsucht zum öffentlichen Gespött werden. Ein Spektakel der jubelnden Schadenfreude und des menschlichen Elends hebt an, und der Autor schildert es in seiner ganzen akustischen Vielfalt. Die zwei Wettläufer haben sich vor den

Toren Seldwylas zu prügeln begonnen und laufen nun, immerzu sich prügelnd, durch das Städtchen, unter dem ungeheuren Gelächter der entzückten Einwohnerschaft:

> Sie weinten, schluchzten und heulten wie Kinder und schrieen in unsäglicher Beklemmung: »O Gott! lass los! Du lieber Heiland, lass los Jobst! lass los Fridolin! lass los Du Satan!« dazwischen schlugen sie sich fleißig auf die Hände, kamen aber immer um ein weniges vorwärts. Hut und Stock hatten sie verloren, zwei Buben trugen dieselben, die Hüte auf die Stöcke gesteckt, voran und hinter ihnen her wälzte sich der tobende Haufen; alle Fenster waren von der Damenwelt besetzt, welche ihr silbernes Gelächter in die unten tosende Brandung warf, und seit langer Zeit war man nicht mehr so fröhlich gestimmt gewesen in dieser Stadt. Das rauschende Vergnügen schmeckte den Bewohnern so gut, dass kein Mensch den zwei Ringenden ihr Ziel zeigte, des Meisters Haus, an welchem sie endlich angelangt. Sie selber sahen es nicht, sie sahen überhaupt nichts, und so wälzte sich der tolle Zug durch das ganze Städtchen und zum andern Thore wieder hinaus.[53]

Wohl erhalten hier zwei missgünstige Charaktere ihre Strafe, und insofern ist das Verhalten der vereinigten Seldwyler ein Werkzeug der Gerechtigkeit. Aber die Not der beiden Verzweifelten ist so groß und ihr anschließendes Ende so schrecklich – einer erhängt sich, der andere verkommt in Liederlichkeit –, dass jedem Leser das Gelächter im Halse stecken bleibt. Nur die Seldwyler selbst können nicht aufhören zu feiern:

> Die ganze Stadt, da sie einmal aufgeregt war, hatte die Ursache schon vergessen und feierte eine lustige Nacht. In vielen Häusern wurde getanzt und in den Schenken wurde gezecht und gesungen, wie an den größten Seldwylertagen; denn die Seldwyler brauchten nicht viel Zeug, um mit Meisterhand eine Lustbarkeit daraus zu formen.[54]

Diese Festlichkeit, die sogar ihren Anlass und damit auch das Schicksal der zwei Männer vergessen hat, bekommt einen unheimlichen Einschlag. Sie wird mitleidlos und unmenschlich. Die weinfeuchten Seelen der Seldwyler erscheinen plötzlich ebenso zwielichtig wie die vertrockneten Seelen der Kammacher, und der Begriff vom schuldigen Kollektiv liegt nicht mehr weitab.

Ins fraglos Positive gewendet erscheint die eminente Genusskultur der Seldwyler dann aber wieder in der Novelle *Dietegen*. Hier steht sie im Kontrast zu den Gesetzen und Gebräuchen eines gnadenlos grausamen Staatswesens, der benachbarten Leute von Ruechenstein. Was sonst als schleiernde Zweideutigkeit um die Seldwyler hängt, löst sich jetzt auf in der Opposition zwischen deren Menschenfreundlichkeit und der brutalen Inhumanität der Ruechensteiner. Diese verkörpern den Inbegriff eines schuldigen Kollektivs. Sie sind so homogen bösartig wie der Bösewicht im Märchen. Dadurch büßt die finstere Gesellschaft allerdings auch an Komplexität ein. Sie belegt zwar die Attraktivität des Motivs für Gottfried Keller, in Hinsicht auf seine Feinstruktur erbringt sie aber wenig.

Die schuldige Gemeinschaft: Frisch

Anders ist es mit dem Andorra-Konzept bei Max Frisch. Ich meine damit nicht nur das Stück, sondern auch die viel frühere Ausbildung eines literarischen Entwurfs, den man durchaus, in Anlehnung an Keller, *Die Leute von Andorra* nennen könnte. Das beginnt gleich nach dem Krieg, 1946, im *Tagebuch mit Marion*. Dieses erschien noch in der Schweiz, 1947. Der Zürcher Verleger Martin Hürlimann wollte keine Fortsetzung, während Peter Suhrkamp in Frankfurt Frisch dazu aufforderte. Suhrkamp hatte das literarische und intellektuelle Potential des Buches erkannt. Die Fortsetzung erschien denn auch 1950, zusammen mit dem überarbeiteten ersten Teil, unter dem Titel *Tagebuch 1946–1949* im neugegründeten Suhrkamp Verlag.

Das Andorra-Konzept, die Figur des Puppenspielers Marion und der Kulturpapst Cesario sind die drei dominierenden fiktionalen Elemente im *Tagebuch mit Marion*. Es bleibt merkwürdig, dass alle drei in der Fortsetzung aus den Jahren 1948/49 nicht mehr auftauchen. Marion ist eine autobiographisch geprägte Gestalt, ein verträumter Künstler vom Land, der in die Stadt geht, in die Öffentlichkeit, zur Audienz bei Cesario. Er verhält sich zu Frisch selbst wie Andorra zur Schweiz und wie Cesario zum damaligen Feuilletonchef der *Neuen Zürcher Zeitung*, Eduard Korrodi.[55] Die Stilisierung der eigenen Person zum naiven Puppenspieler, der sich eines Tages erhängt, die Stilisierung der Schweiz zu einem Land namens Andorra und die Verkörperung des herrschenden konservativen Kulturbegriffs in der Figur Cesarios ermöglichten ein mehrdeutiges, anspielungsreiches Reden. Es kann sein, dass die Marion-Figur nach 1947 tatsächlich nichts mehr hergab; das Andorra-Konzept dagegen blieb auf irritierende Weise fragmentarisch. Erst mit dem berühmten Stück von 1961 wurde es dann doch noch einmal aufgegriffen. Das war ähnlich verzögert wie die Schlussattacke auf das Prinzip Cesario, die erst an Weihnachten 1966 geritten wurde, in der legendären Polemik gegen Emil Staiger.[56] Auch Marion gehört zu Andorra. Er ist Künstler in Andorra und scheitert an Andorra. Wenn sein Name nach 1947 nicht mehr fällt, wird dies auch damit zusammenhängen, dass Max Frisch seinem eigenen drohenden Scheitern in der Schweiz durch einen Salto entging: Er wurde fast über Nacht zu einer literarischen Leitfigur der jungen Bundesrepublik Deutschland. Das *Tagebuch 1946–1949*, das der Schweizer Verleger abgelehnt hatte – aus Angst vor Korrodi und aus Solidarität mit ihm –, legte das Fundament dazu.

Der Auftakt des Andorra-Konzepts nimmt Dürrenmatts Allegorie von der Schweiz als Gefängnis vorweg. Beschrieben wird das »andorranische Wappen«: »Eine heraldische Burg, drinnen ein gefangenes Schlänglein, das mit giftendem Rachen nach seinem eignen Schwanze schnappt.«[57] In diesem Emblem überlagern sich gegensätzliche Bedeutungen. Einerseits ist die Schlange, die sich in den eigenen Schwanz beißt, der Ouroboros, ein uraltes, schon in der Antike bekanntes Symbol. Es steht für Abschluss, Neubeginn und Wiedergeburt. Das ist nicht ohne Gewicht in einem Buch, dessen Autor in einer Art Häutung begriffen ist und seine bisherige Existenz zugunsten einer neuen hinter sich lassen will. Marion erhängt sich, und Max macht den Salto.

Diese Deutung des andorranischen Wappens steht nun allerdings in krassem Widerspruch zur Deutung im Text selbst. Dort ist die Schlange ein böses »Schlänglein«. Es ist gefangen in einer Burg und kann seine Aggressionen nicht anders ausleben, als indem es die Giftzähne in den eigenen Schwanz schlägt. Damit wird es zum Zeichen für das bestehende Schlechte, für eine kleine, missgünstige Gesellschaft, die sich mit dem Rücken zur Welt stellt und damit eigenhändig einsperrt. »Ein schmuckes Wappen, ein ehrliches Wappen«,[58] meint der Autor dazu mit einer fast zu schrillen Ironie.

Das hermeneutische Problem, ob man das Wappen von Andorra derart gegensätzlich deuten dürfe, wie ich es getan habe: als Sinnbild sowohl der Neugeburt wie des Versteinerns im Alten, kann hier nicht weiter diskutiert werden. Bewusste Intention und unbewusste Steuerung überlagern sich in dem merkwürdigen Zeichen.

Das spezifische Fehlverhalten des Kollektivs Andorra im *Tagebuch mit Marion* ist nicht leicht auf den genauen Begriff zu bringen. Ästhetische, ethische und sozialpsychologische Kategorien greifen hier ineinander. Die ästhetische Frage dreht sich um den Kulturbegriff. Er wird neu gefasst und im Sinne der *littérature engagée* polemisch gegen das antiquarisch-museale Verständnis der genießenden Kenner gerichtet. Im Ethischen und Sozialpsychologischen dagegen dreht sich die Reflexion um Wahrhaftigkeit und Lüge sowohl in der besseren Gesellschaft als auch im Umgang mit der Kunst und den Künstlern. Dass der Puppenspieler stets die drei Marionetten Christus, Pilatus und Judas mit sich trägt, wird zum Sinnbild: Christus als die verkörperte Wahrheit (gemäß Johannes 14.6), Pilatus als der Skeptiker gegenüber aller Wahrheit (gemäß Johannes 18.38) und Judas als die Verkörperung des Verrats und der geschändeten Wahrheit. Tatsächlich brauchen wir diese drei Figuren, um das Andorra-Konzept zu verstehen. Marion ist reinen Herzens, als er in die Stadt fährt, zu den Andorranern, ins Reich Cesarios. Er nimmt »alles für bare Münze, was man ihm sagt«.[59] Die allgemeine Verlogenheit verwirrt ihn dann so, dass er zuletzt auch sich selbst als Verräter erlebt. Eines Tages sieht er in seinem Spiegel das Gesicht von Judas. Da erhängt er sich, wie dieser es getan hat.

Und genau dieses Moment, Judas im Spiegel, bildet nun auch die Pointe in der Erzählung *Der andorranische Jude*, welche ebenfalls schon im *Tagebuch mit Marion* steht, als wesentlicher Teil des Andorra-Konzepts und als erster Entwurf zum Stück *Andorra*, das fünfzehn Jahre später auf die Bühne kommen wird. Es ist eine Parabel über jene spezifische Lüge, an der Marion zugrunde geht. Die Handlung des späteren Stücks ist bekannt; ihre Verwandtschaft mit der *Schwarzen Spinne* und der *Alten Dame* braucht hier auch nicht weiter erläutert zu werden. Wichtig aber ist der Satz, mit dem die Keimzelle des Stücks, die Kalendergeschichte vom *Andorranischen Juden*, endet:

> Die Andorraner aber, so oft sie in den Spiegel blickten, sahen mit Entsetzen, dass sie selber die Züge des Judas trugen, jeder von ihnen.[60]

Ich darf wiederholen: »jeder von ihnen«. Das ist das schuldige Kollektiv. In seiner Feinstruktur erscheint es hier wieder ganz anders als bei Gotthelf, anders als bei Keller, anders als bei Dürrenmatt. Aber es liegt, wie bei diesen auch, in einem intellektuellen Kernbereich des Autors und strahlt aus in die unterschiedlichsten Bereiche des Gesamtwerks.

Plädoyer für die eimheimische Bedeutung

So viel zu einem Motiv, das in der Schweizer Literatur auffällig häufig vorkommt und eine spezielle Bedeutung hat für das literarische Nachdenken über die Schweiz. Man könnte weitere Motive dieser Art finden. Der versiegelte Mund zum Beispiel wäre eines, die Unfähigkeit zu sprechen bei gefährlich wachsendem Innendruck, ein großes Thema bei Gotthelf und Keller, aber auch noch bei Walser und Walter. Oder die Erfahrung der Metropolen – Paris, Berlin, New York. Des weiteren das Meer, von dem wir in der Schweiz ja nur träumen können. Schließlich das fast inflationäre Nachbilden von Glausers brummiger Detektivfigur Wachtmeister Studer (einer Kopie ihrerseits von Simenons Maigret) im Schweizer Kriminalroman. Es geht bei solchen Motiven nicht um ihre statistische Häufung, sondern um ihre Aussagekraft innerhalb des Kontinuums literarischer Reflexionen über die Schweiz. Und es geht auch nicht um Motivgeschichte im herkömmlichen Sinn wie etwa bei der Frage nach dem Großvater in der Schweizer Literatur oder dem Ehebruch in der Schweizer Literatur oder dem Fußball in der Schweizer Literatur ... Es geht um Themen und Motive, die nichts zu tun haben mit der alten helvetischen Mythologie, Themen und Motive, die überall auf der Welt vorkommen können, deren auffällige Wiederkehr im Schreiben in der Schweiz aber auf eine zusätzliche Semantik deutet, eine, wenn ich es so sagen darf, *einheimische Bedeutung*. Dieser einheimischen Bedeutung sachlich nachzuspüren, textnah, mit wissenschaftlich zuverlässigen Mitteln und ohne auf das nebelhafte Wesen der Schweizer Literatur zu schielen, ist eine lohnende Arbeit.

Vom literarischen Gedächtnis der Schweiz

Eine Festrede

Ohne Erinnerung sind wir geistig tot. Ohne Vergessen sind wir seelisch gelähmt. Eine seltsame Wirtschaft. Wer nicht weiß, wo er herkommt, kann nicht wissen, wo er hingeht, und wer vom Vergangenen nicht loskommt, steht der Zukunft apathisch gegenüber. Das betrifft auch die Kultur. Wenn das kulturelle Gedächtnis verschwindet, haben wir keine Maßstäbe mehr für die Leistungen der Gegenwart. Wenn wir aber nur noch die kulturelle Vergangenheit sehen, verschwindet die schöpferische Lust auf das Neue.

Die Notwendigkeit des Vergessens ist uns weniger bewusst als die Notwendigkeit der Erinnerung. Von einem gewissen Alter an fürchten sich alle vor Alzheimer und beobachten misstrauisch ihr Namensgedächtnis. Dabei können wir bei den Kindern sehen, wie unbekümmert sie trotz ihrer jungen Gehirne vergessen, was ihnen eingeprägt oder aufgetragen wurde. Gerade die jungen Gehirne trainieren auch die Kunst des Vergessens. Es wartet so viel Neues auf sie, was sollen sie immer alles mitschleppen! Erinnern heißt Werte bewahren; Vergessen heißt Ballast abwerfen. Beides muss sein, und deshalb ist auch der Konflikt unausweichlich.

»J'ai plus de souvenirs que si j'avais mille ans.« Das sagt ein Melancholiker bei Baudelaire. Ich habe mehr Erinnerungen, als wenn ich tausend Jahre alt wäre. Eine Existenz beschreibt sich so, die mit ihrer Vergangenheit lebt wie unter dem Gerümpel eines überfüllten Dachbodens.

Was hat das alles mit dem Schweizerischen Literaturarchiv zu tun? Soll es etwa als *the nation's attic* hingestellt werden, als Estrich der Nation, wie die Engländer ihr *Victoria and Albert Museum* ironisch nennen? Keineswegs. Tatsache ist aber, dass eine Institution wie das Literaturarchiv von den Aufgaben sowohl des Erinnerns wie auch des Vergessens in einer fundamentalen Weise gefordert wird. Dies nicht zuletzt deshalb, weil die kulturelle Öffentlichkeit diese Fragen mit erstaunlicher Sorglosigkeit behandelt. Es gibt dafür ein Symptom. Auf dieses möchte ich zunächst eingehen.

Man muss darauf achten, wie die Medien im Zusammenhang mit der Literatur das Wort *vergessen* gebrauchen. Am häufigsten geschieht es so: Ein Journalist stößt auf einen älteren Schriftsteller, von dem er noch nie gehört hat, und erklärt reflexartig, dieser Autor sei »heute vergessen«. *Heute vergessen* – das ist eine Formel, die es in sich hat. Einerseits entbindet sie den, der sie braucht, von der Mühe, eine Autorin oder einen Autor überhaupt zur Kenntnis zu nehmen. Das ist das Erlösende daran, der Faulheitsfaktor gewissermaßen. Andererseits unterstellt die Formel ganz unverfroren, es gebe eine definierte Summe dessen, was im Bereich der Literatur allgemein bekannt sei. Was nicht dazu gehört, ist *heute vergessen* und braucht daher auch weiter niemanden zu interessieren. Sollte es dennoch irgendwo auftauchen, muss es umgehend wieder vom Tisch gewischt werden. Kürzlich war in einer angesehenen Zeitung zu lesen, die Werke von Heinrich Böll seien *heute vergessen*. Diese sachlich vorgebrachte Feststellung ist vernichtend. Statt sich der anregenden Frage zu stellen, wie ein Nobelpreisträger 25 Jahre nach seinem Tod gesehen und eingeschätzt wird, stößt man ihn mit seinem gesamten Werk ins Nichts. Dass sich der Ausdruck *heute vergessen* im Grunde genommen selbst widerlegt, wird dabei nie bedacht. Denn von einem, der tatsächlich vergessen ist, kann auch niemand diese Aussage machen.

Oft wird die Diagnose auch in die Vergangenheit projiziert, mit ähnlicher Fahrlässigkeit. So wurde vor einiger Zeit berichtet, Wilhelm Tell sei, bevor Schiller sein Stück geschrieben habe, in der Schweiz völlig vergessen gewesen. Dass nur der intensive Kult, den das 18. Jahrhundert und nicht zuletzt die Französische Revolution mit dem zielsicheren Mann trieben, diesen Stoff für Schiller attraktiv machte, ging dabei elegant verloren. Ein näher liegendes Beispiel ist die bekannte Feststellung, wonach Robert Walser bei seinem Tod 1956 völlig vergessen gewesen und erst in den Siebzigerjahren wieder entdeckt worden sei. Tatsache aber ist, dass der Kritiker Max Rychner in seinem Nachruf auf Walser bereits auf die entstehende Gesamtausgabe hinwies und den wunderbaren Satz anfügte: Durch diese Ausgabe »wird die Einzigkeit dieses anders als wir versponnenen, anders als wir wachen Dichters erst ganz sichtbar, nämlich so, wie sie es verdient und wie wir es noch nicht verdient haben, sondern erst verdienen müssen«. Und sein Kollege Werner Weber ging in seinem Essay zu Walsers Tod auf die Modernität des Dichters ein, indem er erklärte, diese liege in der Bewegung des ziellosen Gehens: »In Walsers feinem Rundgang wird die Welt ohne Ziel und Herkunft vorsichtig bis zur Zierlichkeit besucht, abgesucht; [...] und je genauer und kleinlicher Walser dann einen Ort bezeichnet und benennt, desto mehr löst sich dieser Ort in ein unmessbares All auf. Er ist ein Dichter der zerstörten Perspektive.« Die zwei fulminantesten Kritiker, die es in der damaligen Schweiz gab, sahen sich von Walsers Werk bis an die Grenzen ihrer Formulierungsfähigkeit gefordert und stellten sich öffentlich der Aufgabe. Schreibt man so über einen Vergessenen?

Heute vergessen / damals vergessen – der Ausdruck hat immer etwas Großspuriges. Wer ihn gebraucht, erklärt damit seinen eigenen Kenntnisstand für allgemein verbindlich. Es lohnt sich daher, diese Formulierung im Auge zu behalten. Nicht um eine billige Journalistenschelte zu betreiben, sondern um der Frage auf die Spur zu kommen, was Erinnern und Vergessen im Bereich der Literatur überhaupt heißen.

Erinnern und Vergessen von Literatur ereignen sich nie auf einer einzigen Ebene. Wir stehen vielmehr vor einem komplexen Gefüge unterschiedlicher Instanzen und Akteure, die miteinander untergründig verbunden sind. Schon innerhalb der Medienöffentlichkeit gibt es große Unterschiede zwischen den Tagesnachrichten, die nur Prominenz und Preise kennen, und einem Kulturjournalismus, der von Fachleuten verantwortet wird. Was dort als vergessen gilt, kann hier zum gesicherten Bestand zählen. Viel ausgeprägter noch ist die Differenz zwischen der medialen und der akademischen Welt. In der universitären Forschung kann das angebliche Vergessensein sogar zum inspirierenden Stimulus werden. Gewiss gibt es in jeder Generation literarische Kultfiguren, die rundum präsent sind, vom germanistischen Seminar bis zur Tagesschau, von den Literaturbeilagen bis zu den Boulevardblättern, und die jeweils rasch auch in den Lesekanon der Gymnasien eingehen. Kafka und Camus nach dem Zweiten Weltkrieg, Frisch und Dürrenmatt in den Sechzigerjahren, Ingeborg Bachmann und Paul Celan in den Siebzigern, Thomas Bernhard und

Heiner Müller in den Achtzigern, und Günter Grass ist der Langstreckenläufer unter ihnen allen. Ich vermute, dass es diese leuchtturmähnlichen Figuren sind, welche zur Illusion führen, es gebe ein klar begrenztes kollektives Erinnern, aus dem sich dann eben auch die Diagnose *heute vergessen* zwingend ableiten lasse.

Die Sache ist indessen noch verwickelter. Zu den bereits erwähnten Erinnerungsinstanzen kommt die geographische Differenzierung. So wie es Autorinnen und Autoren von lokaler, regionaler, nationaler und internationaler Bedeutung gibt, gibt es auch eine je andere kulturelle Erinnerung. Gerade regionale Autoren können eine wichtige Funktion im Selbstverständnis ihrer Kantone, Landesteile und Sprachgemeinschaften haben und dort sogar länger weiterleben als nationale Figuren. Wenn ein Schriftsteller wirklich unsterblich werden will, sollte er in einer Kleinstadt leben. Da bekommt er vielleicht schon zu Lebzeiten einen Brunnen gewidmet, nach seinem Tod aber wird mit Sicherheit eine Gasse nach ihm benannt. In den Metropolen gibt es dafür keine Garantie. Es ist jedoch keineswegs ein Provinzphänomen, wenn die Region oder die Kleinstadt ihren Dichtern die Treue besser hält als die großen Zentren. Es kann auch das Zeichen für eine höhere Erinnerungskultur sein.

Das literarische Gedächtnis fällt also niemals zusammen mit einer Namensliste. Es ist vielschichtig und immerfort bewegt. Zu seinen Instanzen und Akteuren gehören neben den Medien, den Schulen, den Universitäten und den Kulturbehörden auch die Verlage, gehören die Bibliotheken und Archive. Nicht selten kommt es vor, dass sich ein Verlag verausgabt im Dienste eines Autors, der aus der Medienöffentlichkeit verschwunden ist und dem die Rückkehr dorthin trotzdem verweigert wird. Aber es kann auch sein, dass eine andere Instanz diesen Impuls dann doch aufgreift, ein wacher Kopf an der Universität zum Beispiel oder ein Literaturhaus, das nicht dem Mainstream nachläuft, sondern die eigenen Ohren in den Wind stellt. Und jetzt setzt Erinnerungsarbeit ein und pflanzt sich fort, unaufdringlich, aber als lebendiges Geschehen. Oft ist es übrigens die spontane Begeisterung Einzelner, die solche Prozesse in Bewegung setzt, wie denn überhaupt die einsamen Kenner auf diesem Felde nicht vergessen werden dürfen. Von ihnen, die man bald als Eigenbrötler, bald als elitär verschreit, die kein Medium und keine Institution zur Verfügung haben, können Anstöße ausgehen, die dauerhafte Folgen haben. Auch die Schriftsteller selbst wären hier eigentlich gefordert. Sie sind ja in der Regel sehr eigenwillige Leser, und ihr Wort hat Gewicht. Der ausgreifende Kult um Ludwig Hohl und Robert Walser ist wesentlich von den Schriftstellern angeregt worden. Im allgemeinen aber halten sie sich mehr zurück, als nötig wäre. Die magischen Erzählstimmen von Regina Ullmann oder Adelheid Duvanel, die lyrischen Intonationen von Pierre Imhasly oder Werner Lutz, die geschliffene Essayistik von Denis de Rougemont oder Herbert Lüthi würden es verdienen, auch von den Kolleginnen und Kollegen einmal öffentlich erwähnt zu werden.

Das literarische Gedächtnis der Schweiz ist so fein strukturiert, dass es nur schwer akkurat zu beschreiben ist. Weder die literarische Kritik noch die akademische Forschung habe ich hier angemessen gewürdigt, und die monumentale Leistung der kritischen Editionen, die in jüngster Zeit entstanden oder noch im Gange sind, wurde nicht einmal erwähnt. Die Jacob-Burckhardt-Ausgabe, die Keller-Ausgabe, die Bräker-Ausgabe, die Ramuz-, die Meyer-, die Walser- und die Gotthelf-Ausgaben sind Werke des Gedenkens und der Textsicherung, die, ohne Übertreibung, über Jahrhunderte hin ausstrahlen werden, aber eher taucht ein Walfisch im Leutschenbach auf, als dass einer dieser Obelisken unserer nationalen Kultur in einer Tagesschau Erwähnung fände. So imponierend die Vielschichtigkeit des literarischen Gedächtnisses in unserem Land auch ist, der Austausch zwischen den verschiedenen Akteuren und Instanzen ist zähflüssiger als nötig, und oft genug rudern Leute, die im gleichen Boot sitzen, Rücken zu Rücken gegeneinander.

Dazu kommt ein Sachverhalt, der durchaus zu Kummer Anlass gibt. Die literarische Überlieferung unseres Landes ist nicht einfach eine Galerie ästhetischer Leistungen. Sie ist auch ein immenser Schatz an geschichtlicher Erfahrung, an Nachrichten aus der Vergangenheit, an Ergebnissen des gesellschaftlichen Scharfsinns und der staatspolitischen Weisheit, mit dem verglichen sich das freudlose Geleier der politischen Gebetsmühlen trostlos ausnimmt. Lange Zeit hatte die offizielle Schweiz ein Ohr für die Stimmen der Vergangenheit; diese wurden zitiert und reflektiert; man hat den besten Köpfen mit dem eigenen Kopf geantwortet. Damit ist es vorbei. Ein Parlamentarier, der einen Satz aus der Schweizer Literatur zitiert, geht das Risiko ein, von der Parteileitung bei den nächsten Wahlen um mehrere Listenplätze zurückgestuft zu werden, wegen Entfremdung von der Parteibasis. Diese Abschottung gegenüber der intellektuellen Überlieferung hat auch in die politische Publizistik durchgeschlagen. Nicht zu deren Vorteil.

Gewiss, auch das Vergessen ist nötig. Mit dem Bewusstsein von Baudelaires Melancholiker – J'ai plus de souvenirs que si j'avais mille ans –, mit diesem Bewusstsein kann man kein unternehmungslustiges Leben führen. Jede Generation muss Ballast abwerfen, so wie die Kinder, wenn ihre Eltern sterben, tausend Dinge, mit denen diese gelebt haben, vom Brockenhaus abholen lassen. Aber jede Generation steht auch vor der Aufgabe, ihre eigene Vergangenheit neu zu gewinnen, als *ihre* ganz eigene und unersetzliche Herkunft. Erinnerung ist nie vorgegeben. Erinnerung ist stets das Ergebnis schöpferischer Arbeit. Deshalb muss ja auch die Schweizergeschichte immer neu geschrieben werden. Jede Generation vernimmt in ihr eine andere Botschaft. Das besagt aber auch: Was von der einen Generation radikal verabschiedet wird, kann schon für die übernächste wieder anziehend, sogar höchst aktuell sein. Wie haben wir in den Siebzigerjahren über die Architektur der Fünfzigerjahre gelacht, über ihr Crossover von Heimatstil und Bauhaus, und doch, wie plump erscheinen uns bereits heute die Betonklumpen gerade dieser Siebzigerjahre, die sich mit hemdsärmeliger Arroganz in die Straßenfronten der Innenstädte drängten. Daraus ist etwas zu lernen: Selbst wo Vergessen lebensnotwendig ist, wo das Mobiliar der Eltern entsorgt werden muss, damit die Kinder atmen können, darf der Weg zurück nie ganz verbaut werden.

Doch wie soll das geschehen? Kann man entsorgen und bewahren zugleich? Tausende von Autos müssen verschrottet werden, damit eines von ihnen zum Oldtimer wird, der seine 100 000 Franken gilt. Niemand kann im voraus wissen, was an der kulturellen Produktion unserer Gegenwart in hundert Jahren fasziniert, und wahrscheinlich wären wir sehr verblüfft, wenn wir es erführen. Was also ist zu tun? Zu tun ist genau das, was das Schweizerische Literaturarchiv tut. Es unternimmt den Spagat zwischen Erinnern und Vergessen, zwischen Entsorgen und Bewahren. Es will den kommenden Generationen den Weg freihalten zurück zu jener Vergangenheit, die für sie einmal lebenswichtig sein wird, obwohl wir selbst davon noch keine Ahnung haben. Die höhnische Parole *heute vergessen* ist hier kein Todesurteil, sondern ein Anlass zu erhöhter Aufmerksamkeit.

In Anbetracht seiner Unersetzlichkeit ist dieses Literaturarchiv erstaunlich jung. Wie kam es überhaupt dazu? Da ich ein Augenzeuge der im wörtlichen Sinne ersten Stunde war, darf ich mich hier öffentlich daran erinnern. Die Idee eines nationalen Archivs tauchte seit den Fünfzigerjahren immer wieder auf, vor allem weil in Westdeutschland, als Gegengewicht gegen die Archive in Weimar und Ostberlin, das Deutsche Literaturarchiv Marbach so rasant aufgebaut wurde. Es entstand in der Schweiz aber nie eine breite Willensbildung in Öffentlichkeit und Politik. Denn erstens hatte man ja die Archive der kantonalen Bibliotheken, und zweitens erschienen bei jeder Forderung nach einem nationalen Archiv wie in Flammenschrift jene drei Schicksalsworte an der Wand, die in der Schweiz über Sein und Nichtsein entscheiden: »Das choschted aber«. Zu Beginn der Achtzigerjahre war das Max-Frisch-Archiv gegründet worden, und als Präsident der Stiftung hatte ich in der Folge schmerzlichen Anteil nehmen können an den finanziellen Engpässen und Zwangslagen einer solchen Schöpfung. Am 23. Juli 1987 nun wurde ich vom kaufmännischen Leiter des Diogenes-Verlags, Rudolf C. Bettschart, zu einem internen Gespräch gebeten, an dem auch der Verleger Daniel Keel und der juristische Berater des Verlags, der Anwalt Peter Nobel, teilnahmen. Es ging um die Frage, was mit dem Nachlass des Diogenes-Autors Friedrich Dürrenmatt eine Tages geschehen könnte, was da überhaupt möglich und denkbar wäre. Zum Beispiel gab es die Vorstellung eines Dürrenmatt-Archivs in Zürich, in der Nähe des Verlags, der ja die Materialien in jedem Fall editorisch zu betreuen haben würde. Aufgrund meiner erwähnten Erfahrungen mit einem privaten Archiv rechnete ich vor, was eine solche Institution kostet, und sagte, was ich immer sage: »Nachlässe gehören in die öffentliche Hand.« Das leuchtete zwar ökonomisch ein, verband sich aber mit einem Unbehagen. Der Verlag hatte ein berechtigtes Interesse an einem bevorzugten Zugang zum unveröffentlichten Werk. Die Diskussion lief besorgt hin und her, als plötzlich der Gedanke auftauchte: Das wäre doch jetzt die Möglichkeit, der Eidgenossenschaft behutsam das Messer an den Hals zu setzen und zu sagen: »Ihr bekommt den Nachlass des großen Friedrich Dürrenmatt, wenn ihr ihn zum Grundstein eines nationalen Literaturarchivs macht.« Durch das gewaltige Geschenk, dachten wir, könnten jene drei ominösen Worte an der Wand, *das choschted aber*, neutralisiert werden, Dürrenmatt hätte ein zunächst nur für ihn eingerichtetes, fachmännisches Archiv, und die literarische Schweiz bekäme endlich ihre lang ersehnte Institution der Bewahrung und Betreuung. Das Groteske an der Situation war natürlich, dass der Hauptakteur von allem nichts wusste. Die Szene erinnerte durchaus an eine Intrigantenversammlung in einem Dürrenmatt-Stück. Und wie es auf dem Theater stets den Mann braucht, der unerschrocken zur Tat schreitet, fand sich dieser hier in der Person von Peter Nobel. Er nahm die Sache in die Hand, und wie er das tat, darob bleibt mir in der Erinnerung heute noch der Mund offen stehen. Über die einzelnen Schritte wird er wohl selbst eines Tages Bericht ablegen. Ich kann nur sagen, dass ich nie in meinem Leben einem so ungestümen, zielsicheren, von keinen Bedenken eingeschüchterten Vorgehen beigewohnt habe. Schon zwei Wochen später, am 10. August, trafen Nobel und ich in Bern Alfred Defago, den damaligen Direktor des Bundesamtes für Kultur, um erste Sondierungen anzustellen; im Frühling darauf, am 29. April 1988, fuhren wir mit ihm und weiteren Mitarbeitern des Bundesamtes nach Marbach bei Stuttgart, um im Deutschen Literaturarchiv zu studieren, wie so etwas eigentlich aussieht. Ich weiß noch, wie Defago bei der Heimreise sagte, dass eine solche Institution alle Möglichkeiten der Schweiz weit übersteige, und wie Peter Nobel dazu nur lachte. Vom anschließenden, alles entscheidenden Geschehen, den Gesprächen mit Friedrich Dürrenmatt, weiß ich nichts. Ohne dessen Jawort wäre das Ganze eine Seifenblase geblieben. Dass er zustimmte, war die entscheidende Tat, eine kulturelle und staatsbürgerliche Leistung, mit der sich Dürrenmatt auf eine neue Weise in die Geschichte unseres Landes einschrieb.

Nun musste es nur noch offiziell werden, und darüber ergab sich eine weitere Szene im Stil eines Dürrenmatt-Stücks. Im Hotel Bellevue in Bern traf sich am 9. Dezember 1988 Friedrich Dürrenmatt mit dem Vorsteher des Eidgenössischen Departements des Innern, Bundesrat Flavio Cotti, sowie Alfred Defago und weiteren Mitarbeitern;

Peter Nobel und ich waren auch dabei. Dürrenmatt sollte hier dem Bundesrat seine verbindliche Zustimmung geben. Er war in guter Stimmung und erfüllt von seinem aktuellen Nachdenken. Schon bei der Vorspeise begann er über das Weltall zu referieren, über dessen Anfang und auch sein Ende, insbesondere über das Ende der Erde, welches sich ereignen wird, wenn unsere Sonne zu einem sogenannten Roten Riesen aufschwillt und alle ihre Planeten verbrennt. Wir hörten alle gesammelt zu, nur der Bundesrat räusperte sich gelegentlich und versuchte, das Gespräch in die politisch vorgesehene Richtung zu lenken. Aber Dürrenmatt ließ sich nicht aus dem Konzept bringen. Er kam vom Andromedanebel auf den Orionnebel und von diesem auf den Sirius und dessen winzigen Begleiter, der einst selbst ein Roter Riese gewesen und dann zu einem sogenannten Weißen Zwerg geschrumpft war. Eine gewisse Beklemmung machte sich in der Runde breit, denn auch der Hauptgang war nun schon langsam vorbei. Was geschieht, dachten wir, wenn Dürrenmatt einfach nichts sagt und sich am Ende freundlich verabschiedet? Er hatte dieses feine Lächeln im Gesicht, das ich später bei seiner Rede über *Die Schweiz als Gefängnis* wieder sehen sollte, als er mit der heitersten Miene die grimmigsten Dinge äußerte. Da kam es zu einer dramatischen Steigerung. Plötzlich sprang die Tür auf, und ein Bundesweibel betrat den Raum, ging im wehenden Mantel zu Bundesrat Cotti hin und flüsterte ihm etwas ins Ohr. Cotti schien zu erbleichen, erhob sich mit einer flüchtigen Entschuldigung und verließ, den Weibel im Schlepptau, den Raum. Wir blickten uns ratlos an. Nur Dürrenmatt blieb völlig gelassen und kam nun vom Weltall auf das menschliche Gehirn zu sprechen. Insbesondere das Verhältnis zwischen dem Gehirn und dem Auge bewegte ihn tief, während bereits das Dessert serviert wurde. Erstmals bemerkte ich nun auch bei Peter Nobel eine gewisse Irritation. Im Hintergrund zeigte ein leises Klirren an, dass der Kaffee bereitgestellt wurde. Da erschien der Bundesrat wieder, setzte sich ohne weitere Erklärung an den Tisch und hörte von neuem zu. Aber es hatte sich seiner jetzt doch so etwas wie eine andere Entschlossenheit bemächtigt, denn plötzlich unterbrach er den Schriftsteller und kam auf das Geschäft des Tages zu sprechen, die Frage des Nachlasses. Dürrenmatt tat die Sache mit einem kurzen Satz ab: »Ja, ja, ihr könnt das haben, aber ihr müsst dann so ein Archiv einrichten ...« Jetzt waren alle erlöst. Helle Freude erfasste die Runde, und selten wurde ein Kaffee mit solcher Begeisterung getrunken. Auf dem Heimweg aber erfuhren wir, dass Bundesrätin Elisabeth Kopp während dieses Treffens den Bundesrat über das lange bestrittene Telefongespräch mit ihrem Mann in der sogenannten Shakarchi-Affäre unterrichtet hatte, weswegen sie drei Tage später zurücktreten musste. Friedrich Dürrenmatt hatte erneut unter Beweis gestellt, dass er jederzeit und überall mit den Grundkräften der Weltgeschichte in Verbindung stand.

Das literarische Gedächtnis der Schweiz hat im Schweizerischen Literaturarchiv seine großartige Verkörperung gefunden. Wenn es zu den bedenklichen Seiten unseres Literaturbetriebs gehört, dass Schriftstellerinnen und Schriftsteller, die man einmal lautstark gefeiert hat, oft wenige Jahre später unbekümmert fallengelassen werden, und wenn die Floskel *heute vergessen* unsere Öffentlichkeit eher zu erleichtern als zu bekümmern scheint, so besitzen wir in diesem Archiv eine mächtige Gegenkraft, ein Bollwerk des kreativen Erinnerns, und wir sollten den Frauen und Männern, die es so kompetent aufgebaut haben, es täglich erweitern und wissenschaftlich auswerten, unseren Dank nicht nur am heutigen Feiertag aussprechen.

Die Künstler und das Geld

Soll der Staat die Kunst finanzieren? Sind Dichter und Maler Unternehmer?

Die Schweiz definiert sich nach außen nicht durch ihre Kultur. Das ist ein Fehler. Österreich, Frankreich und Italien operieren in ihrer weltweiten Selbstdarstellung energisch und erfolgreich mit dem kulturellen Profil ihres Landes. Der französische Außenminister Bernard Kouchner hat im Dezember 2007 eine große Offensive angekündigt, um die Präsenz der französischen Kultur in der Welt mit allen Mitteln der modernen elektronischen Medien zu verstärken. In der Schweiz steht dafür die PRO HELVETIA, aber die Politiker haben das Gefühl, diese Institution sei eine Art Geschenk an die Künstler und überdies eine Möglichkeit, diesen unter Umständen auf die Finger zu klopfen. Wer Geld bekommt, soll nämlich brav sein und danke sagen. Wer nicht brav ist, wird abgestraft. Kultur gilt in der Schweizer Politik als etwas, das viel kostet und wenig bringt. In Wahrheit sind es die Politiker, die den Künstlern danke sagen müssten. Das Land bekommt nämlich von den Künstlern insgesamt weit mehr, als es für sie ausgibt.

Die einzigen kulturellen Zeichen, mit denen sich die Schweiz systematisch nach außen definiert, sind Heidi und Wilhelm Tell. Heidi ist Kindergarten, und Tell nimmt sich in der Zeit der Selbstmordattentäter als ein recht kleiner Fisch im Metier des politischen Mordens aus. Die tatsächlichen politischen Leistungen der Schweiz, und das sind: die Kunst des politischen Kompromisses, die verhinderte Machtballung bei Einzelpolitikern und die überproportionale Förderung der Minderheiten, haben bisher keine massenwirksamen symbolischen Zeichen gefunden. Es gibt nichts, was die Welt heute dringlicher brauchte, als das politische Know-how der Schweiz, ihre in Jahrhunderten entwickelte Versöhnungskultur. Aber wir können sie nicht in plakativen Bildern vermitteln. Vielleicht versagen hier auch die Künstler, doch wer hat es von ihnen je gefordert? Als Unternehmen betrachtet, präsentiert und verkauft sich die Schweiz einseitig. Eine erstaunliche Zahl unserer Architekten gehört heute zur Weltspitze, aber es gelingt der Schweiz nicht, diese Tatsache in ihr internationales Erscheinungsbild zu integrieren. Das gleiche betrifft die Weltpräsenz von Schweizer Künstlern, Musikern und Fotografen.

Wenn man schon die Schweiz als Unternehmen betrachten kann, das sich unter Marktaspekten nach außen präsentiert und definiert, kann man dann nicht auch den einzelnen Künstler als Unternehmer ansehen, der nach unternehmerischen Kategorien Erfolg oder Misserfolg hat? Sicher. Das kann man. Es gibt tatsächlich sehr reiche Maler, Schriftsteller, Bildhauer, Musiker. Erfolgreiche Kunstunternehmer also. Und genau hier liegt das Problem. Der reiche Künstler ist eine Provokation für die Politik. Er legt nämlich den Schluss nahe, dass man Kunst und Kultur dem eigenen Markt überlassen könne und solle. Der Markt wird's richten, wie bei den Uhren, den Schuhen, der Schokolade und den Taschenmessern. Und dass der internationale Kunstmarkt heute ein geschlossenes ökonomisches System ist, das die Preise bis ins Absurde hochtreibt, weiß jeder. Richtigerweise müssten die Zeitungen über die Auktionen bei Sotheby's und Christie's auf der Börsenseite berichten. Die dort gehandelten Kunstwerke sind Anlagen wie die Diamanten oder das Gold. Aber nur ein kleiner Teil der hochwertigen Kunst hat Anlagequalität. Und nicht alle Kunst, die heute Anlagequalität hat, ist hochwertig. Aber auch nicht alle Kunst, die bei mittleren Preisen auf hohen Absatz kommt, ist von wirklichem Rang. Es gibt Künstler, die im Alter massenhaft graphische Blätter produzieren und sie auch massenhaft absetzen, aber diese Blätter sind nur noch Repetitionen dessen, was einst ein erkämpfter Durchbruch war. Manch einer, der in jüngeren Jahren von seinen guten Arbeiten nicht leben konnte, ist später reich geworden mit seiner schlechten Ware. Der Markt steht zu Kunst und Kultur also in einem sehr merkwürdigen und schwer berechenbaren Verhältnis. Am Markt misst sich der Erfolg, am Erfolg aber misst sich keineswegs die Qualität.

Kunst und Kultur verhalten sich zu Markt und Unternehmertum so, wie sich auch die Wissenschaften zu Markt und Unternehmertum verhalten. Es gibt Wissenschaftler, die ihre Forschungsergebnisse selbst vermarkten, als Unternehmer, und dabei reich werden. Und es gibt große Unternehmen, die sich ihre eigenen Wissenschaftler und Forschungseinrichtungen halten. Ich denke etwa an den neuen Novartis-Campus in Basel, einen der faszinierendsten Orte in der heutigen Schweiz. In diesen Fällen greifen Wissenschaft und Markt sauber ineinander. Dennoch würde es längerfristig zu einer Katastrophe führen, wenn man die Wissenschaften dem freien Markt überließe. Zum Wesen der Wissenschaften wie der Künste gehört, dass sie ihrem Bedürfnis voraus sind; zum Wesen des Marktes gehört, dass er auf die gegenwärtigen Bedürfnisse antwortet. Wissenschaften und Künste brauchen die Freiheit, das zu suchen und zu erschaffen, was niemand erwartet, niemand verlangt, das, wofür es keinen Markt gibt. Der Markt allein erwürgt die Kunst und die Wissenschaft, obwohl Kunst und Wissenschaft längerfristig ohne den Markt auch nicht auskommen. Der Markt bemisst sich nach dem Absatz, politisch gesprochen also nach der Mehrheit. Könnte man Kunst und Wissenschaft wirklich dem Markt überlassen, dann könnte man über sie auch öffentlich abstimmen lassen. Denn an der Mehrheit zeigt sich ja der potentielle Absatz. Die Marktforschungsinstitute, die uns zu jeder Tages- und Nachtzeit anrufen, eruieren Mehrheiten. Das tun auch die Abstimmungen in der Politik. Wo es tatsächlich Abstimmungen über die Kunst gibt, wird immer die Kunst von gestern gewählt, weil nur die gewohnte Kunst mehrheitsfähig ist. Zu den Merkwürdigkeiten der Kunst gehört aber, dass sie nicht bei dem bleiben kann, was sie einmal erreicht hat, und wenn es noch so großartig ist. Hier steckt ein seltsames Problem. Es ist heute möglich, von einem unserer Zeitgenossen ein Porträt herzustellen, das man von einem Rembrandt oder einem van Gogh auch bei längerer Betrachtung nicht unterscheiden kann. Aber keiner macht es und keiner will es. Warum eigentlich nicht? Die Frage soll so stehen bleiben.

Was geschieht, wenn sich die kulturelle Produktion konsequent nach dem Markt richtet? Dazu gibt es einen einfachen Test. Sie brauchen nur an einem Samstagabend durch alle Fernsehkanäle zu zappen. Was Sie sehen, ist zu 80 Prozent Schrott. Dieser Schrott kommt zustande aufgrund der laufend ermittelten Einschaltquoten. Die Einschaltquoten sind ein demokratisches und zugleich ein marktspezifisches Phänomen. Sie eruieren die Nachfrage. Und sie produzieren daher das Bekannte, die Variationen des Immergleichen. Für das Unbekannte, das Irritierende, das Ungewohnte kann es noch keine breite Nachfrage geben. Es ist also nicht marktkonform. Da aber Kunst und Kultur ohne den Vorstoß ins Unbekannte und Irritierende im Gewohnten stecken bleiben und sich schließlich im Leerlauf drehen, muss es Leute geben, die gegen den Markt produzieren. So wie es in der Grundlagenforschung Leute geben muss, die gegen die Wünsche der Wirtschaft und das öffentliche Problembewusstsein forschen. Die zunehmende Einmischung der Politik in die Forschung ist eine reale Gefahr. Die Politik kennt nur die akuten Probleme, nicht aber die Probleme von übermorgen. So hat man vor zehn Jahren die Islamwissenschaften an den Universitäten zusammengestrichen und als Orchideenfächer belächelt; dann kam 9/11, und plötzlich hieß es: Wir müssen mehr wissen! Uns fehlen die Fachleute! Wie gefährlich das Informationsdefizit in solchen Fällen tatsächlich ist, hat der Irakkrieg gezeigt.

Wenn Kultur und Wissenschaft in wesentlichen Bereichen ohne aktuelle Nachfrage auskommen müssen, können sie auch nicht vom freien Markt getragen werden. Sie erfordern also Risikokapital. Der Staat, der längerfristig von Kultur und Wissenschaft profitiert, muss also auch Risikokapital einschießen. Sonst schadet er sich selbst. Er kann und darf es aber nicht allein tun, weil dann die Gefahr der staatlichen Steuerung zu groß wird. Es braucht ein kompliziertes System von privater Opferbereitschaft der Künstler und Wissenschaftler, die um ihrer Freiheit willen auch Entbehrungen auf sich nehmen, von Unterstützung durch die öffentliche Hand und von privater Förderung, welche nicht Sponsoring ist, sondern Mäzenatentum. Sponsoring ist nämlich marktkonform. Sponsoring will den Einsatz zurück. Der Mäzen oder die mäzenatischen Stiftungen aber ermöglichen das Unbekannte, das Irritierende, das Ungewohnte. So muss es auch der Staat halten. Vielleicht ist das Geld in den Sand gesetzt, vielleicht entsteht dadurch der Erfolg von übermorgen. Am 7. Dezember 2007 hat die Galerie Koller in Zürich ein kleines Aquarell von Paul Klee für etwas mehr als eine Million Schweizer Franken verkauft. Dem gleichen Paul Klee, in der Schweiz geboren und aufgewachsen, in der Schweiz auch gestorben, wurde das Schweizer Bürgerrecht bis zu seinem Tod verweigert. Seine Kunst galt als volksfremd. Eine führende Zeitung verdächtigte ihn noch in den letzten Lebensjahren der Geisteskrankheit. Später, als alle Welt ihn bewunderte, kam er auf eine Schweizer Briefmarke, und in Bern gibt es ein riesiges Museum für ihn allein. Für den Künstler als Unternehmer stimmen die Bilanzen oft erst, wenn er schon lange tot ist. Wenn sich aber ein Staat, der ihn abgelehnt und offen verachtet hat, später seiner rühmt, verewigt er damit auch sein eigenes kleinmütiges Versagen.

Die Kunst der Intrige und die Politik

Die Intrige hat einen schlechten Ruf. Da steckt schon das erste Problem. Die deutsche Sprache verurteilt die Intrige bereits mit dem Wort selbst, das förmlich vibriert von abscheulichen Assoziationen. Der Intrigant gilt als hässlicher Mensch mit tückischen Äuglein, getränkt vom Gift des Erfolglosen, aber immer lächelnd und bewegt vom einzigen Wunsch, einem guten Menschen zu schaden. Sein Opfer hingegen ist redlich, ehrlich und offen, unvertraut mit der Bosheit der Welt. Gerade dadurch tritt es in die Schlinge des heimtückischen Gegners oder, im Falle eines Komplotts, einer ganzen Gruppe verschlagener Feinde.

Mit dieser allgemein vertrauten Wortbedeutung kann operiert werden. Wer sich als Opfer einer Intrige hinstellt, erklärt sich damit zum unschuldigen Ziel böser Machenschaften. Er selbst ist integer, seine Feinde sind schlecht. Das bewerkstelligt die reine Semantik des Begriffs, die immanente Logik der Sprache. Diese lässt sich also auch selbst wieder zu Intrigenzwecken einsetzen.

In Wahrheit ist die Intrige wertneutral. Sie ist eine verdeckte Strategie, und die Welt ist voll von verdeckten Strategien. Sie werden in die Wege geleitet zu guten wie zu bösen Zwecken. Die Weltliteratur führt beides in überwältigender Fülle vor. Die mächtigen Väter in den Komödien, die ihre Töchter an reiche Lüstlinge verschachern wollen, müssen übertölpelt werden. Dazu verschwören sich oft die Frauen, zusammen mit den Dienerinnen oder Dienern. Figaro kann seine Susanne vor dem Zugriff des Grafen Almaviva nur retten, indem er eine raffinierte Intrige startet gegen diesen. Er stellt ihm eine Falle, der Graf tritt hinein und muss, um sich zu befreien, Susanne freigeben. Die Guten sind gerettet, der Böse ist bestraft, und zwar durch eine Intrige, der wir begeistert zustimmen, sei es in Beaumarchais', sei es in Mozarts *Figaro*. Die europäische Erzählwelt, vom Schwank bis zur Novellenkultur, ist reich an Geschichten, in denen sich die schlauen Frauen durch List und verdeckte Strategien ihr Recht verschaffen gegenüber der männlichen Herrschaft. Der gerechten Macht gegenüber ist die Intrige schlecht, der ungerechten gegenüber ist sie ein legitimes Mittel. Die Schlauheit gehört zu den ältesten Waffen des Menschen. Mit der Keule allein hätte er nicht überlebt.

Das ändert nichts daran, dass es Schufte gibt, Lumpenkerle und tückische Weiber, die aus Neid und Gier und Eigensucht andern Leuten schaden wollen und Fäden spinnen gegen sie, um ihnen etwas wegzunehmen, was doch nach Recht und Gesetz ihr eigen ist. Wo sie gegen Recht und Gesetz verstößt, ist jede Intrige schlecht. Aber die Verstellung allein, die verdeckte Strategie als solche, das Geheimhalten von Absichten, um ein Ziel zu erreichen, das anderswie nicht zu erreichen ist, verstößt keineswegs schon von Natur aus gegen Moral und Menschenliebe. Der Dumme ist nicht per se der Gute, der Schlaue nicht per se der Schlechte.

Schlauheit fasziniert. Das ist ein Erbe der menschheitsgeschichtlichen Frühzeit. Wer den Mächtigen, den Starken, den Herrscher austrickst, schlägt alle in Bann, die davon hören. Wer solche Geschichten kennt, dem hört man zu, und er kann bald einmal davon leben. So sang der reisende Sänger Homer vom listigen Odysseus. Und sind wir nicht alle immerzu mit Stärkeren, Mächtigeren konfrontiert? Bedienen diese sich nicht rücksichtslos ihrer Ressourcen? Was haben wir in den Jahren unseres Heranwachsens nicht alles mitgemacht im Bannkreis der vielen Vertreter gesellschaftlicher Verfügungsgewalt! Tief aus dem Innersten kommt unsere Freude, wenn wir mitansehen dürfen, wenn so einer, der, geschwellt von seinem Machtbewusstsein, über uns hinweggesehen hat, plötzlich durch einen Schachzug, mit dem er nicht rechnete, auf seine vornehme Nase fällt. Die Freude mag anrüchig sein, zugegeben, und Schadenfreude ist gewiss ein zwielichtiges Phänomen. Aber dass es bei den Strategien der List im menschlichen Zusammenleben um anthropologisch fundamentale Dinge geht, sollte man denn doch zur Kenntnis nehmen.

Aber die vielen Schurken! Natürlich die vielen Schurken. Warum denn gibt es so viele in der Weltliteratur, von Euripides, Shakespeare, Schiller und Balzac bis zu Edgar Wallace und Konsorten? Weil wir ihnen zuschauen wollen. Weil es so herrlich aufregend ist, die planvolle List am Werk zu sehen. Wenn eine brillante Intrige das gute Liebespaar rettet, sind wir ebenso fasziniert, wie wenn sie eine edle

Seele in den Abgrund stößt – nur verlangen wir in diesem Fall dann auch noch eine entsprechende Bestrafung des Intriganten. Diese ist nämlich ein zusätzlicher Genuss. Er ist besonders delikat, weil er uns endlich einmal erlaubt, uns unverstellt zu freuen, wenn einer sein Fett wegkriegt. Der subtile Sadismus am Ende des Kriminalfilms, wenn der bleiche Mörder abgeführt wird, hat seinen zweideutigen Einschlag.

Ohne Täuschungsmanöver, verdeckte Strategien, verschwiegene Absichten, verschworenes Schweigen funktioniert keine zivilisierte Gesellschaft. Man kann die Kinder nicht aufziehen ohne diese Tricks, und die Kinder selbst lernen das Spiel schon im dritten Lebensjahr. Und eine vernünftige Politik ist erst recht unmöglich ohne die Virtuosität der Verstellung und das langfristige Drahtziehen. In geschlossenen Systemen wie den alten Höfen mit ihrer steilen Hierarchie und dem strengen Gewaltverbot hat sich die Kunst der Intrige einst am raffiniertesten ausgebildet. Daher lebte das Theater so lange von diesem Schauplatz. Die heutige Politik ist davon aber weniger weit entfernt, als sie selber glaubt. Auch hier ist der Kreis der Protagonisten begrenzt. Es kommen ja immer die gleichen wieder. Sie sind an die Sphäre der Macht gebunden wie mit Gummibändern. Je tiefer sie abstürzen, umso schneller sausen sie wieder hoch, und oft war diese Bewegung schon vor jener geplant.

Die urbildlichen Vorgänge des politischen Intrigenhandelns kann man in den *Annalen* des Tacitus nachlesen. Es ist kein Zufall, dass Racine in den Geschehnissen am römischen Kaiserhof auch das gespiegelt sah, was am Hof seines Sonnenkönigs ablief. Der berühmte Ausspruch Neros in der Tragödie *Britannicus:* »J'embrasse mon rival, mais c'est pour l'étouffer« – Ich umarme meinen Rivalen, aber um ihn zu erwürgen, kann als eine der Grundstrategien politischer Intrigen bis heute gelten. Die Kunst vieler Spitzenpolitiker, auch Spitzenpolitikerinnen manifestiert sich noch in unseren Tagen darin, mögliche Konkurrenten frühzeitig auszuschalten, oft genug durch scheinbare Beförderungen. Diese werden so zu Umarmungen im Sinne Racines. Was unter den führenden Politikern im Paris des 21. Jahrhunderts abläuft, die einander ja alle von den Eliteschulen her kennen und zueinander im Verhältnis einer zerstrittenen Großfamilie stehen, kommt der Intrigenkultur unter Ludwig XIV. sehr nahe. Im

Umkreis der meisten Regierungen und Parlamente Europas liegen die Dinge ähnlich.

Wie eine effektvolle politische Intrige aussehen kann, die von den Schlüsselfiguren in einer Monarchie in die Wege geleitet wird, lässt sich an der berühmten »Emser Depesche« studieren. Bismarck veränderte 1870 bei einem Abendessen, an dem auch der Chef der preußischen Armee, Generalfeldmarschall Moltke, teilnahm, eine Mitteilung König Wilhelms I. durch bloßes Zusammenstreichen so, dass sie für Frankreich eine untragbare Kränkung darstellen musste, und gab sie an die Presse. Daraufhin erklärte Kaiser Napoleon III. Preußen den Krieg. Genau dies hatten Bismarck und Moltke gewollt; der Krieg von 1870–71 wurde zum Triumph für Deutschland und führte zur Gründung des deutschen Kaiserreiches. Seine längerfristige Folge war allerdings auch der Erste Weltkrieg, mit dem wiederum der Zweite ursächlich verknüpft ist und damit die größte Katastrophe der europäischen Geschichte.

Wie eine politische Intrige damals in einer Demokratie aussehen konnte, lässt sich studieren an der Art und Weise, wie Bundesrat Emil Welti 1878 den großen Alfred Escher, durch den er selbst aufgestiegen und zu Amt und Würden gekommen war, zielsicher entmachtete und um die Anerkennung für sein Lebenswerk, die Gotthardbahn, brachte. Die Art, wie dieser Welti später auch noch Eschers Tochter Lydia, die seinen Sohn geheiratet hatte, mit Hilfe der ihm untergebenen Schweizer Diplomatie verfolgte, in Kliniken einsperren ließ und schließlich, nach dem Suizid ihres Geliebten, ebenfalls in den Selbstmord trieb, zeigt, dass auch die Demokratie nicht gegen die niederträchtigsten Formen der Intrige geschützt ist.

Etwas allerdings ist neu an den modernen Höfen und politischen Zentren im Vergleich mit den absolutistischen. Die Medien. Sie verstehen sich als Gegenbereich, als Raum der organisierten Beobachtung und Kritik, sind aber in Wahrheit tief verzahnt mit den Kernzonen der Macht. Um an die Informationen zu gelangen, müssen die Medien genauso kunstreiche Strategien einsetzen, wie die Macht sie gebraucht, um die Informationen unter dem Deckel zu halten. Vor allem aber ergeben sich durch die Vernetzung der zwei Bereiche ganz neue Möglichkeiten politischer Schachzüge. Der Informationshunger der Medien kann in die verdeckte Planung einbezogen werden.

Man kann ihn mit gezielten Nachrichten füttern, kann deren Wirkung kalkulieren und timen. Wann eine Katze aus dem Sack fährt, ist oft wichtiger, als wie das Vieh aussieht.

In der Forschung gibt es den Begriff des Intrigenhelfers. Dieser übt seine Funktion wissentlich oder aber ahnungslos aus. Die ahnungslosen sind in der Literatur meist die interessanteren. In der politischen Praxis ist es auch so. Als in der Schweiz vor einigen Jahren der lautstärkste Politiker vom Parlament überraschend aus der Landesregierung abgewählt wurde, hatten die Parteistrategen, die den Coup planten, die Medien vorher tagelang mit aufregenden Nachrichten über neue, unerwartete Kandidaten gefüttert. Diese waren frei erfunden, wurden aber in der Presse eifrig diskutiert und dienten so als Nebelwand, hinter der das demokratisch legitime Komplott ungestört durchgeführt werden konnte. Wäre die Sache durchgesickert, säße der Mann heute noch im Bundesrat. Die Medien gaben die ahnungslosen Intrigenhelfer ab. Das war etwas peinlich und wurde deshalb später nach Möglichkeit verschwiegen. Auch in diesem Fall tauchte in den anschließenden Debatten das Wort »Intrige« mit polemischer Zuspitzung auf, als Bezeichnung für ein moralisch unbedingt verwerfliches Verhalten. Es war indessen alles nach Recht und Gesetz zugegangen.

Politik und Medien haben unterschiedliche Interessen, hängen aber in gleichem Maße von der Öffentlichkeit ab, die sie zugleich überhaupt erst schaffen. In ihrem deklarierten Selbstverständnis operieren beide mit der Vorstellung von einer sittlich hochstehenden Sendung. Die Politiker stehen im Dienste des Volkes, für dessen Wohlergehen sie sich abarbeiten. Die Medien tragen die Verantwortung für die Überwachung der Politik und arbeiten sich ab, damit diese nicht in Korruption und Vetternwirtschaft abgleitet. Diese Selbstdefinitionen, die nicht ganz falsch, aber allzu schlicht sind, führen nun dazu, dass hier wie dort immer wieder mit einer simplifizierten Moral operiert wird. Sie gerät von einem Maßstab des Handelns rasch zu einem Werkzeug im Kampf um die Macht und um die Deutungshoheit des öffentlichen Geschehens. Der Vorwurf des moralisch fragwürdigen Verhaltens ist eine allerorten freudig geschwungene Waffe. Sie soll Entrüstung schaffen, und sie kann es auch, und wer mit der Fähigkeit gesegnet ist, öffentliche Entrüstung hervorzurufen, ist allen andern um Nasenlängen voraus. Besonders praktisch ist dabei das Wort »Intrige«. Es erweckt sofort Reflexe der Ablehnung, verwischt die Feinstrukturen der Politik und ersetzt die Argumente durch Gefühle. Das Leben dieses Wortes in der Öffentlichkeit zu verfolgen ist ebenso aufschlussreich wie das Studium dessen, was es bedeutet.

Deutschland, die Schweiz und die Literatur

Hätte es diesen jungen Bauernsohn aus den Schweizer Bergen nicht gegeben, die vielgequälten Soldaten Friedrichs des Großen wären ohne Stimme geblieben in der Geschichte. Ulrich Bräker lebte im Toggenburg, einem grünen Bergtal in der Nähe des Säntis, und wurde durch den Trick eines reisenden Werbeoffiziers Soldat in Berlin. Später beschrieb er sein Leben, beschrieb, wie es den Rekruten ging in der preußischen Armee, wie sie geprügelt wurden und spießrutenlaufen mussten und was es für ein Gefühl war, in die Schlacht zu marschieren. Unvergleichlich ist dieser Lebensbericht in seiner Mischung aus Naivität und Schlauheit, Kummer, Herzlichkeit und Zorn. Unvergleichlich auch die Schilderung, wie Bräker mitten in der Schlacht von Lobositz, der ersten des Siebenjährigen Krieges, als die Granaten rings um ihn niederfahren und überall gestorben wird, was das Zeug hält, plötzlich findet, jetzt sei es genug, und einfach abhaut, querfeldein, durch Gebüsch und über Leichenhaufen. Heldenhaft war das nicht, dafür wissen wir jetzt, wie man als einfacher Soldat durch solche Metzeleien stolperte. Und unsterblich ist der Satz, den Bräker nebenhin fallen lässt: »Was gehen mich eure Kriege an!« Das sagt nicht nur der Schweizer in Deutschland. Für eine Sekunde vernehmen wir die Stimme aller kleinen Leute, die je zum Töten und Sterben befohlen wurden auf dieser blutigen Erdscholle namens Europa.

Was ist das jetzt, ein Stück Schweizer Literatur oder preußische Literatur oder deutsche Literatur? Es ist alles zusammen. Weder Berlin noch Deutschland noch die Schweiz können diese Erzählung je aus ihrer kulturellen Erinnerung tilgen. Sie gehört allen.

1870. Deutschland im Krieg gegen Frankreich. In Zürich lebt ein erfolgloser Lyriker, er heißt Conrad Ferdinand Meyer. Er verkehrt gerne unter den reichen Deutschen, deren es da viele gibt, speist öfters bei den Wesendoncks, die vor Jahren den Flüchtling Richard Wagner durchgefüttert haben. Die deutsche Kolonie ist patriotisch entflammt. Meyer wittert seine Stunde. Er schreibt ein Gedicht: *Der deutsche Schmied*, worin ein rußgeschwärzter Riese drei Schläge auf einen gewaltigen Amboss tut: der erste bannt den Teufel, der zweite trifft »den Erbfeind«, und zwar so, »dass er sich nimmer rühren mag«, der dritte schmiedet »unsre alte Kaiserkrone neu«. Jedermann erkannte in dem Schmied Bismarck. Die Verse zirkulierten zuerst handschriftlich in den erregten Kreisen, bald aber fanden sie sich in allen Zeitungen und Zeitschriften Deutschlands. »C. F. Meyer in Zürich« stand darunter. Es war das Gedicht zur Stunde und machte den Verfasser auf einen Schlag berühmt, so weit die deutsche Zunge reichte. Das literarisch eher schwache Produkt sprach Millionen aus dem Herzen und bahnte den Weg für die späteren guten Gedichte Meyers. – Zu welcher Nationalliteratur gehören nun diese Verse?

In Zürich ein solches Gedicht zu schreiben, war allerdings nicht ganz ohne Risiko. Die Schweiz war gespalten zwischen Sympathisanten Deutschlands und Anhängern der Franzosen. Auch in Zürich gab es beide Parteien. Im März 1871 brachen Krawalle los. Die ansässigen Deutschen feierten in der Tonhalle mit mächtigen Gesängen den Sieg über den Erbfeind. Gottfried Keller saß auch im Saal. Kurz vorher hatte sich eine ganze französische Armee in die Schweiz geflüchtet, 87 000 Mann. Sie wurden entwaffnet und als Internierte über das Land verteilt. Zürich wimmelte von französischen Offizieren. Diese drangen zusammen mit Arbeitern, aber auch mit vielen bismarckkritischen Bürgern in den Saal, und aus den Gesängen wurde eine Prügelei. Sie ging auf den Straßen weiter, fünf ganze Tage lang. Erst als das Militär aufgeboten wurde, kehrte Ruhe ein. Die Wesendoncks verließen die Stadt im Zorn. Die wunderbare Villa ließen sie zurück; ihr Besuch darf heute noch allen Reisenden empfohlen werden.

Der Vorgang ist symptomatisch für das Verhältnis zwischen Deutschland und der Schweiz. Plötzlich können Spannungen auftreten, hinter denen ebenso alte Bindungen wie Abwehrreflexe stehen. Nachbarschaft ist nie einfach, vor allem, wenn der Größenunterschied so eklatant ist, fast 1 : 9. In jüngerer Zeit haben derbe Äußerungen eines deutschen Ministers, der sich nicht scheute, auf die militärische Überlegenheit Deutschlands anzuspielen, weithin Ärger ausgelöst in der Schweiz. Dabei ist innerhalb des Landes, in der eidgenössischen Parteipolitik, das ungewaschene Anpöbeln des Gegners nun schon seit Jahren gang und gäbe. Einzelne Parteien haben dies zu einer deprimierenden Folklore entwickelt. Überrascht über eine solche Tonlage kann hier also eigentlich niemand sein. An die einheimischen Schandmäuler hat man sich gewöhnt wie an die Abgase der Autobahnen. Aber wenn es über den Bodensee auf diese Weise herübertönt, ist alles ganz anders. Da wird die Schweizerhaut ganz dünn. Von den Franzosen und Italienern hat man gewiss auch manches einzustecken; es führt jedoch selten zu größeren Aufregungen. Der entscheidende Punkt, der interessante auch, ist die Allergie der Schweiz gegen barsche deutsche Rhetorik. Da ist die Entrüstung reflexhaft, vor aller Überlegung. Sie beruht indessen nicht auf einer grundsätzlichen Feindseligkeit. Es sind nur bestimmte Töne, die man nicht aushält: jene Töne, welche aus der Größendifferenz ein Kommandorecht abzuleiten scheinen. Sobald so etwas auch nur anklingt, liegen die Nerven blank.

Im übrigen kommt man mit den Deutschen bestens zurecht. Wirtschaftlich, wissenschaftlich und kulturell sind die beiden Länder eng verflochten. Wenn man den Schweizern das deutsche Fernsehen wegnähme, bräche eine allgemeine Verzweiflung aus, etwa so, wie wenn man Deutschlands besseren Kreisen das Engadin wegnähme. Die deutsche Schweiz ist mit Deutschland verschwistert. Das darf ruhig wörtlich genommen werden. Brüder aber leben bekanntlich keineswegs konfliktfrei; Brüderlichkeit als Inbegriff eines versöhnten Zusammenlebens zu begreifen, war immer schon weltfremd. Nähe und Nachbarschaft verlangen Abgrenzung, »high fences make good neighbours«, sagen die Amerikaner. Das heißt nicht, dass man nach Möglichkeit auf Distanz gehen soll, sondern dass Nachbarschaft eine Aufgabe ist. Sie muss gepflegt werden. Sie braucht Zeichen der Bestätigung, Signale der potentiellen Hilfsbereitschaft auch in Zeiten, wo niemand Hilfe nötig hat. Die Kultur der Nachbarschaft beruht auf winzigen Gebärden. Deshalb kann sie auch durch Gebärden beschädigt werden. Dass davon keiner profitiert, gehört ebenfalls zur Sache.

Mit Deutschland verschwistert ist die deutsche Schweiz am meisten durch die Sprache. Das Deutsche lebt und blüht hier in zwei Gestalten, Mundart und Hochdeutsch. Auch in Deutschland leben die Dialekte in vielen Regionen munter fort, sie sind aber nicht die selbstverständliche Umgangssprache aller sozialen Schichten. Alles Schreiben und Lesen, alles Hineinwachsen in die Bildungswelt, alles Leben mit ihr geschieht in der Schweiz über die Hochsprache. »Mein geliebtes Deutsch«, das sagt nicht nur Faust, das sagt auch jeder Schweizer, der in und mit dieser Sprache lebt, und jeder Österreicher, und auch die Prager Kafka und Rilke haben es gesagt und der Bulgare Canetti und Joseph Roth und Paul Celan aus dem alten Galizien. Die deutsche Sprache als geistige Heimat ist eine Wirklichkeit über viele nationale Grenzen hinweg. Sie gehört daher auch nicht dem heutigen Deutschland allein.

Ich bin Schweizer, und Goethe ist ein Autor meiner Sprache, so wie Gottfried Keller und Robert Walser für jeden Deutschen und jeden Österreicher Autoren ihrer Sprache sind. Also auch Besitz. Besitz im höchsten geistigen Sinn des Wortes. Naturhaft begründet in der Wurzelwirklichkeit der Muttersprache.

Zürich 1916. In einer verrauchten Künstlerkaschemme hebt der Elsässer Hans Arp zu rezitieren an: »weh unser guter kaspar ist tot / wer trägt nun die brennende fahne im zopf wer dreht die kaffeemühle / wer lockt das idyllische reh / [...] weh weh weh unser guter kaspar ist tot heiliger bimbam kaspar ist tot ...« Täglich sterben Tausende in den Schützengräben Nordfrankreichs und Oberitaliens, ohne zu wissen warum. Europa versinkt im Töten. Aus der Entscheidungsschlacht, mit der bisher ein Krieg zu enden pflegte, ist ein Endlosgemetzel geworden. Die Sinnlosigkeit wird verdeckt durch schrille Propaganda. Ein zähnefletschender Patriotismus der Plakate und Parolen soll verhindern, dass die Soldaten, die ins Gas gehetzt werden, plötzlich denken: »Was gehen mich eure Kriege an!« Lügen regieren die Öffentlichkeit. Auf kein Wort ist Verlass. Auch die Klassiker werden propagandistisch verheizt. Dagegen singt das Grüppchen der Dadaisten in der Zürcher Kneipe an. Sie holen die Sprache zurück in einen Raum ohne Lüge. Sie retten das Wort aus der Sklaverei der politischen Hetze. Es tönt wie Nonsens und Klamauk und ist doch insgeheim sehr ernst. Hugo Ball und Hans Arp lesen die Mystiker des Mittelalters. Auch diese suchten die Sprache durch die Sprache zu übersteigen. Der Witz im Kaspar-Gedicht ist von der Anarchie eines Falstaff-Monologs. Aber dass Arp damit einen Klassiker geschrieben hatte, ahnte doch keiner der ausgehungerten Emigranten.

Deutsche Emigranten in der Schweiz: Sie sind aus der Kulturgeschichte beider Länder nicht wegzudenken. Im Kreis der deutschen Vormärzler in Zürich wurde der junge Gottfried Keller zum Dichter. Das Schauspielhaus mit den aus Deutschland geflüchteten Schauspielern brütete die Dramatiker Frisch und Dürrenmatt aus. Georg Büchner liegt immer noch in seinem seltsamen Grab an einem Straßenrand hoch oben auf dem Zürichberg, ganz allein. Gottfried Semper, aus Dresden in die Schweiz vertrieben wie Richard Wagner, baute die Eidgenössische Technische Hochschule. Und da ist Nietzsche im Engadin, Richard Wagner in Luzern, Hermann Hesse im Tessin, Thomas Mann in Kilchberg – man kommt an kein Ende. Das geht über biographische Anekdoten weit hinaus. Hintergrund ist die politische Differenz zwischen den zwei Ländern. Diese hat zu einem kulturellen Stoffwechsel geführt, der die Schweiz tief geprägt hat und ohne den auch die deutsche Geistesgeschichte anders aussehen würde. 1833 wurde die Universität Zürich gegründet, die erste Universität Europas, die nicht einem Fürsten oder der Kirche zu verdanken war, sondern einem Volksentscheid. Fast alle Professoren waren Emigranten aus dem spitzelverseuchten Deutschland.

Im 19. Jahrhundert war die Schweiz ein politisches Labor, wie es kein zweites gab auf dem Kontinent. Dafür interessiert sich in Deutschland niemand, verständlicherweise, aber doch zum eigenen Schaden. Das Werden der modernen Schweiz könnte ein Lehrstück sein für alle, die vor einem Ausbau der direkten Demokratie zurückschrecken. Sie fürchten sich vor dem Volk. Dass das Volk insgesamt dümmer sei als der Durchschnitt seiner Politiker, ist aber bis heute nicht bewiesen. Und dass es besser fahre, wenn es bei der Festsetzung der Steuern nicht mitreden darf, erst recht nicht.

Die Schrecken der Vollkommenheit

Zum 100. Geburtstag von Max Frisch

Max Frisch war von der Idee der Vollkommenheit geschlagen wie ein Prophet von seinem Gott. Der Vergleich ist nicht abwegig. Denn der Aufklärer Frisch schließt an einen Grundakt der Aufklärung an. Diese erklärte das Paradies zur Aufgabe der Menschheit und strich dabei folgerichtig die jenseitige Dimension der Vollkommenheit. Vorher hatte man sich mit dem irdischen Schlamassel einigermaßen abfinden können im Vertrauen auf das, was dereinst kommen würde. Jetzt gehörte beides in die Verantwortung des Menschen, das Schlamassel und die Vollkommenheit. Die einen übertrugen die Aufgabe den Kollektiven: der Nation oder den Geheimgesellschaften oder der sozialistischen Internationalen. Die andern übertrugen sie dem einzelnen Menschen. So tat es der klassische Liberalismus, der jedem Menschen das unveräußerliche Recht auf *the pursuit of happiness* zusprach, das Recht, auf eigene Faust nach seinem Glück zu streben.

Max Frisch hat sich zu einem »humanen Sozialismus« bekannt, aber er war trotzdem der radikalste Liberale der Schweiz. Er hatte nur sich selbst und in seiner Brust den Stachel der Vollkommenheit. Dieser produzierte einerseits eine rasende Sehnsucht, andererseits eine Horrorvorstellung vom falschen Leben. Paradies und Schlamassel, Himmel und Hölle lagen in der Verantwortung ganz allein seiner selbst, und genau besehen hat er sein Leben lang über nichts anderes geschrieben. In diesen Dingen gab es keinen Kompromiss.

Natürlich wusste er, dass das auch unfreiwillig komisch war. Wer entkommt schon dem Schlamassel? Und er scheute sich nicht, diese unfreiwillige Komik sichtbar zu machen. Wie wäre er sonst einer der witzigsten Autoren seiner Generation geworden? Der Roman *Stiller* ist eine herrliche Komödie und todtraurig zugleich. Sein Held vermag sowenig wie sein Autor, dem Entweder-Oder von Vollkommenheit und Schlamassel zu entrinnen.

Frischs Vorstellungen von der Hölle auf Erden sind untrennbar verbunden mit seinen Vorstellungen vom irdischen Himmel. Beide zeigen letzte Spuren einer theologischen Herkunft, denen der Theoretiker Frisch allerdings nicht gewachsen war. Er wusste das genau. Jede Theorie wurde für ihn zum Gefängnis, noch bevor er sie überhaupt zu Ende studiert hatte. Die definierten Begriffe waren die Ziegelsteine, aus denen sich die Gefängnismauern aufbauten. Zwar gab es für ihn Schlüsselwörter wie *Verwandlung* oder *Leben,* ohne die er nicht auskam. *Leben* war sogar seine höchste Vokabel, aber gerade sie entzog sich der präzisen Definition. Sie blieb eine leuchtende Denkmasse, stets verbunden mit einer akuten Erfahrung von Vollkommenheit, einem aufstrahlenden Augenblick. Im Gespräch mit seinem Verteidiger kommt Stiller einmal unverhofft in die Nähe einer scharfen Bestimmung. Gott, sagt er, »ist die Summe wirklichen Lebens«. Aber er erschrickt sofort und fügt bei: »oder wenigstens scheint es mir manchmal so«. Mit diesem Rückzieher braucht er für die Definition schon nicht mehr einzustehen; er hat das unersetzliche Wort wieder in die Freiheit entlassen. Das Wort, jedes Wort, ist nämlich in Gefahr, zum Gegensatz des Lebendigen zu werden. Nur im Akt des Erzählens, wo das Wort seinen Sinn aus dem bewegten Zusammenhang gewinnt, entgeht es der Erstarrung.

Deshalb macht Frisch schon im Erzählen selbst eine fundamentale Erfahrung von Freiheit; das Schreiben ist ihm erlebte Entfesselung. Und er hat tatsächlich unablässig geschrieben, zum einen in seine Notizhefte und Ringbüchlein, zum andern am Schreibtisch in die Schreibmaschine. Aber schon die Notate sind Stufen auf dem Weg zum gültigen Text, poetische Arbeit, auch wenn sie hundertfach vernichtet wurden. Sie weisen bereits die Charakterzüge der Frisch-Prosa auf: die sinnliche Gegenwart der Dinge, die Verdichtung, die Pointierung, die subtile Frechheit. Man erlebt sie als nahezu druckfertig. Er hat mir einmal einen Umschlag mit solchen Aufzeichnungen geschenkt, aus Freundlichkeit, statt sie wegzuwerfen. Sie stammten aus der Arbeit am dritten Tagebuch. Darunter war der folgende Text, ein Erstnotat mit wenigen Korrekturen:

> Der Versuch, die späte Prosa der Ingeborg Bachmann zu lesen, ist auch hier wieder gescheitert. Meine Kenntnis ihrer Person bewirkt, dass mir in ihrer Prosa (nie in den Gedichten) vieles als Pose

erscheint, und dabei zweifle ich zugleich, ob ich denn ihre Person je gekannt habe. Vielleicht habe ich sie nur geliebt.

Schreibend war Frisch immerzu dem Vollkommenen auf der Spur. Noch wenn er daran scheiterte, geschah es in einem Raum der Freiheit. So verhielt es sich auch mit der Liebe. Auch sie, auch die wenigen großen Lieben und die vielen kleinen Affären, standen unter dem furchtbaren Gebot der Vollkommenheit. Vollkommen konnte nur das Neue sein, nie das Gestrige. Jede Wiederholung trug das Stigma der Erstarrung, öffnete die Höllenperspektive. Sein *Don Juan*-Stück legt ein schauerliches Zeugnis ab von diesem erotischen Fundamentalismus. Don Juan landet nicht in der Hölle wie alle seine Vorgänger. Es geht ihm schlimmer: Er landet in der Ehe. Die Flammen hätte er vorgezogen. Das bürgerliche Zürcher Publikum, meist gestandene Paare, war nach der Premiere entsprechend irritiert.

Philosophiegeschichtlich gesehen hat Frischs Begriff des »wirklichen Lebens« etwas Altertümliches. Er wurzelt im 19. Jahrhundert, bei Nietzsche und in der Lebensphilosophie der Jahrhundertwende. Die Parole hätte zu einem peinlichen alten Hut werden können, wenn Frisch sie nicht fast hilflos und *faute de mieux* herangezogen hätte, um sein innerstes Wahrheitsgefühl benennen zu können. Die Polarität von Leben und Erstarrung war vor den Wörtern da, sie war ein Urwissen, war Wille, Wahn und Wut seiner Existenz. Das 20. Jahrhundert hat den unerlösten Zustand der Welt auf unterschiedliche Weise bestimmt, auch im Rückgriff auf ältere Konzepte, und oft genug ohne zu wissen, dass damit die geistliche Lehre vom *status corruptionis* der irdischen Dinge fortgeführt wurde. Die Marxisten sprachen von der »Entfremdung«, Adorno vom »falschen Leben«, Heidegger vom »Man« und vom »Uneigentlichen«, Sartre von der Hölle der »Andern«. Frischs Panik vor jeder Gestalt der Erstarrung steht zu diesen Konzepten in genauer Parallele, bis hin zum versteckten metaphysischen Einschlag. Die Vision einer Begegnung mit den Toten, die nur noch sind, was sie waren, nur noch wissen, was sie wussten, dies aber auf ewig, ohne eine Sekunde neuen Lebens, neuen Denkens, hat ihn über Jahrzehnte verfolgt. Seine letzte Bühnenarbeit, *Triptychon*, eines seiner merkwürdigsten Werke, war der Versuch, diesen Zwangsgedanken durch ein Theaterstück loszuwerden.

Aus der Polarität von Leben und Erstarrung entstand sein Blick. Überscharf sah er das Vollkommene, überscharf das Schlamassel, und beides immer wie zum ersten Mal. Mit diesem Blick aufs engste verknüpft ist seine literarische Diktion, die auf so verblüffende Weise nicht āltelt. Sie hat bis heute keinen Schimmel angesetzt, auch wenn sie, wie das erste *Tagebuch,* aus den Vierzigerjahren stammt, wie *Stiller* aus den vielgeschmähten Fünfzigern. Frischs Blick war das ausdauernde Unternehmen, den Sehweisen der andern zu entkommen, das gewohnte, das eingerichtete, das erstarrte Schauen aufzureißen, die Welt mit den Augen zu fassen wie eine junge Liebe. Oder einen alten Hass.

Mit dem alten Hass, das heißt mit Erstarrung, hängt auch sein politischer Werdegang zusammen. Sechs Jahre lang war die Schweiz eingemauert. Sechs Jahre lang konnte man nicht hinaus. Sechs Jahre lang war das Meer nicht erreichbar. Wohl durfte er sich, als der Schrecken vorbei war, zu den Verschonten zählen, aber das Trauma dieses Kerkers verlor sich nie mehr. Ich höre ihn noch, wie er im Alter sagte: »Wo me wider hät chöne use!« – Als man wieder raus konnte! Da schwang beides mit: der Horror des Eingesperrtseins und das unerhörte Aufatmen. Die Klaustrophobie aber wurde produktiv in einer fast animalischen Witterung für den gesellschaftlichen Zwang. Die Weigerung, sich gleichzuschalten und nach Vorgaben zu denken, potenzierte sich nach dem Krieg. Sie hatte ihn schon in den Dreißigerjahren immun gemacht gegenüber den Gemeinschaftskulten, den faschistisch-nationalen, den sozialistisch-internationalen und weitgehend auch den schweizerisch-vaterländischen. Als der »bürgerliche Individualismus« flächendeckend beschimpft wurde, bei den Rechten im Namen des Volksganzen, bei den Linken im Namen des internationalen Proletariats und hier wie dort im Zeichen einer Partei, die das Totale wollte, blieb er das auf sich selbst zurückgeworfene Subjekt. Der Held seines Romans von 1943 geht einsam kaputt, weil er das vollkommene Leben nicht erreicht und sich deshalb tödlich verachtet. Die Erlösung in einem Kollektiv zu suchen, sein Ich in der Gemeinschaft aufgehen zu lassen, wie es die Ästhetik jener Jahre überall nahelegte, auch in der Schweiz, ist für ihn undenkbar. Gleich seinem Autor war er der radikale Individualist, der im damaligen Parteienjubel als überholt galt. Nach dem Krieg aber wurde dieser verachtete Einzelne, der »Fremde« im Sinne von Camus, zum Prototyp der Stunde. Der angeblich neue Frisch von 1946 war so neu nicht.

Ob er die Rolle des öffentlichen Oppositionellen, in die er nach dem Krieg rückte, gesucht hatte, ist zu bezweifeln. Das *Tagebuch 1946–1949*, immer deutlicher als ein Schlüsselwerk der Epoche erkennbar, gibt sich nicht selbstherrlich als Gericht über die Gegenwart. Es beginnt eher zögernd mit einem Puppenspieler von kindlichem Gemüt, der die Erfahrung macht, dass die Menschen anders denken, als sie reden; dass sie einander rühmen und hintenherum verlästern; dass man nie weiß, ob wahr ist, was einer sagt. Der Puppenspieler entschließt sich, hier nicht mitzumachen, was zuletzt dazu führt, dass er sich erhängt. Das ist etwas sentimental und recht schlicht, und erschüttert ist man eigentlich nicht. Aber schon auf der zweiten Seite erfährt man, dass dieser Puppenspieler in Andorra lebe – obwohl das berühmte Stück, das diesen Namen trägt, erst fünfzehn Jahre später entstand. Schon gleich nach dem Krieg also schafft sich der Autor die Möglichkeit, die Schweiz in einem Sandkastenspiel namens Andorra zu vergegenwärtigen und zu analysieren. Er tut es behutsam, und behutsam wird dabei auch das Thema eingeführt, das sich mit der Zeit zu einem klirrenden Kampfplatz auswächst: der Begriff der Kultur.

Damit beginnt Frischs Opposition. Hier erhebt er zum ersten Mal offenen Einspruch. Er verweigert sich schroff einem Kulturbegriff, der die Kunst von der Politik trennt. Der inzwischen zum Klischee verkommene Satz, dass es Massenmörder gab, die Schubert liebten und Gedichte rezitierten, war für ihn bei Kriegsende ein akuter, mehrfach bezeugter Schock. Immer schärfer attackierte er die Idee von einem Kunstreich der zeitlosen Bilder, das über den konkreten Schrecken und Scheußlichkeiten schwebt als der Ort, wo man sich von diesen erholt. Indem die Kunst als das Abgerückte, das Intakte, das Unverstrickte hingestellt wurde, diente sie auch dem Verhüllen und Vergessen dessen, was, wie er immer lauter sagte, nicht vergessen werden durfte.

Wäre Frisch nicht selbst so schönheitssüchtig gewesen, hätte ihn die Krise des Kulturbegriffs nicht so tief erfasst. Er hat ja nie aufgehört, die Natur zu beschreiben, die Schönheit als Ereignis, die Schönheit in Bewegung, Sekunden reiner Vollkommenheit. Diese leuchtenden Sequenzen ziehen sich durch sein ganzes Werk, sie sind seine Lyrik. Im Alter erscheinen sie oft auf drei, vier Zeilen verkürzt. Im Roman *J'adore ce qui me brûle oder Die Schwierigen* aus der Kriegszeit, den eingesperrten Jahren, lesen sie sich wie von einem Süchtigen verfasst, über Seiten hin, maßlos. Die Kritiker lachen heute darüber; sie sehen nicht, dass hier ein Erstickender zu atmen versucht, wissen nicht, dass es so etwas gibt.

Als der Germanist Emil Staiger, mit Frisch eng befreundet, nach dem Krieg in Deutschland Vorträge hielt über *Fausts Heilschlaf* – Faust hat vier Menschenleben auf dem Gewissen und schläft sich die Gewissensqual in einer einzigen Nacht von der Seele –, sah Frisch darin eine Propaganda für das Vergessen und gegen die Auseinandersetzung mit den Verbrechen, deren ganzes Ausmaß ja erst langsam sichtbar wurde. Er schrieb darüber im *Tagebuch*, deutlich, aber nicht polemisierend. Das Buch war kein Pamphlet, sondern der Versuch, eine gerechte Position zu finden in der Nachkriegswelt, eine gerechte Position als Schweizer, der den Bomben entkommen war, der den Angriff zwar erwartet, aber nicht zu bestehen gehabt hatte. Durfte der Verschonte urteilen? Durfte der Zeitgenosse sich um das Urteil drücken? Die Antwort war nur zu geben im schriftstellerischen Vollzug, in der Praxis des Autors von Tag zu Tag. Und reisend, immer wieder reisend, um mit eigenen Augen zu sehen. Er fuhr in die zerstörten Städte, nach München, Frankfurt, Berlin, zu den leeren Konzentrationslagern, nach Paris, nach Prag, nach Florenz, nach Wien, nach Breslau und Warschau und endlich auch wieder ans Meer. Wie er da seinen Blick brauchte! Nur über ihn war es möglich, dieses Europa schreibend zu bestehen. Die Schönheit einer Küste zum Beispiel, dahinter eine Villa mit alten Nazis. Nur eine Prosa, die sich dem unbestochnen Blick verdankte, konnte die Dissonanzen auffangen.

Aber das allein hätte noch nicht gereicht. Wer urteilt, macht sich zum Richter – in wessen Namen? Woher bezieht er die Legitimation? Frisch hatte kein System, nur sich selbst. Er bewunderte Brecht, den er in Zürich kennenlernte, aber von seinem Marxismus, der ja eine Legitimation hätte sein können, wollte er nichts wissen. Jede Lehre drohte ihn einzusperren, weckte die Klaustrophobie. Also musste er selbst diesen Richter richten, musste auch ihn dem unbestochnen Blick aussetzen. Unablässig beobachtete er sich selbst beim Beobachten der Welt. Sein Schreiben über die Zeit war ein Schreiben über sein Ich, das Schreiben über sein Ich eines über die Welt. Daher stammt das merkwürdige Phänomen, dass seine privatesten Bücher von den Lesern als seine verbindlichsten erlebt werden. Der anhaltende Erfolg von *Montauk* zum Beispiel verdankt sich nicht der literarischen Attraktivität von Ehebrüchen und Liebesdesastern, diese finden sich ohnehin zwischen allen Buchdeckeln, sondern der Paradoxie, dass hier einer der Wahrheit näher kommt, indem er seine Fähigkeit dazu auf jeder Zeile in Frage stellt. Ein Mikroskop kann sich nicht vor seine eigenen Linsen legen. Frisch aber versuchte es täglich und fand darüber zu seiner unverwechselbaren Kunst. Das war nicht ohne Risiko. Nachsichtig nämlich ging er mit sich selbst so wenig um wie mit den Zeitgenossen. Und die harte Klarheit seiner Prosa war auch hier überzeugend. Die Leser akzeptierten die Urteile des Autors über die eigene Person, und viele sagten: »So einer bist du also!« Es gibt ein Frisch-Bashing, das kurzerhand die Aussagen des Autors kolportiert. Dabei werden sie allerdings aus dem diffizilen Kontext gelöst, in dem sie fallen.

Ein verwandtes Paradox liegt seinem Erzählen und seinen Stücken zugrunde. Er kann nur Menschen schildern, die er selbst ist, aber sobald er dies tut, werden seine Figuren bunt und vielgestaltig. Er kann nur Frauen schildern, in die er persönlich verheddert war, aber da seine Verhedderungsaktivität, vorsichtig gesagt, beträchtlich war, ergibt sich daraus eine erstaunliche Parade der Weiblichkeit im 20. Jahrhundert. Das hartnäckige Gerücht vom Schematismus seiner Frauenfiguren beruht auf schlechtem Lesen.

Das *Tagebuch 1946–1949* war in mehrfacher Hinsicht ein Trainingslauf. Ein großer Teil seines späteren Werks ist darin bereits angelegt, als Skizzen, Ideen, Entwürfe. Und Frisch konnte sich von nun an nie mehr ganz außerhalb der politischen Öffentlichkeit bewegen. Er hatte das extreme Desaster erlebt, und er fürchtete sein Leben lang die Wiederkehr. Grund genug war vorhanden. So wie er die Klaustrophobie nie mehr aus seiner Seele brachte, wurde er auch die Angst vor der nächsten Katastrophe nie wieder los. Im Mai 1945 war der Krieg in Europa zu Ende. Drei Monate später fiel in Japan die erste Atombombe, nach vier Jahren verfügte auch die Sowjetunion über die Waffe. Das Ende der Zivilisation in einem weltweiten Hagel der Atomschläge wurde möglich. Die Fronten des Kalten Krieges brachten eine neue Form der Erstarrung in die Welt. Wieder wurde Einordnung gefordert, Denken nach Vorgabe, Überzeugung als Pflicht. Frisch sah darin nicht nur das lebensfeindliche Prinzip schlechthin, sondern auch ein fahrlässiges Befördern der Katastrophe. Dem neuen Weltschlamassel setzte er das Denken zwischen den Fronten entgegen, das Schreiben aus dem gelebten Augenblick heraus. Denn davon ist er nie abgerückt: dass im gelebten Augenblick die absolute Vollkommenheit tatsächlich erfahrbar sei. Dann wird die alles verzehrende Zeit zu einer immensen Stille.

Der Liberale, der Konservative und das Dynamit

Zur geschichtsphilosophischen Differenz zwischen Max Frisch und Friedrich Dürrenmatt

Friedrich Dürrenmatt hat seine künstlerische und philosophische Position immer wieder aus der Differenz zu Max Frisch bestimmt. Das war für ihn ein rationales Bedürfnis, und es war ein irrationaler Zwang. Sportlich gesprochen, war Frisch für den jungen Dürrenmatt der Mann, den es zu schlagen galt. Frisch, um ein Jahrzehnt der Ältere, hatte ihn früh gefördert und war als freundlicher Mentor an ihn herangetreten. Dürrenmatt ertrug diese Hierarchie nicht. Er wollte Gleichheit, mindestens. Diese Gleichheit war spätestens 1956 erreicht, mit dem *Besuch der alten Dame.* Zwei Jahre vorher war Frischs *Stiller* erschienen, ein Epochenroman in dem Maße, wie die *Alte Dame* als Epochenstück gelten darf. Von jetzt an wurden die zwei Schriftsteller in der Öffentlichkeit im Doppel geführt, was beiden auf die Nerven ging.

Falsche Differenzen, falsche Parallelen

Frisch hat sich selbst nie aus dem Gegensatz zu Dürrenmatt definiert. Er hat ihn bewundert als »Visionär«, wie er sich einmal im Gespräch ausdrückte, hat im Gespräch aber diese Kategorie für sich nicht in Anspruch genommen. Die Entfremdung zwischen den beiden war, neben dem schlichten Konkurrenzreflex, auch eine Reaktion auf die ständigen Parallelisierungen in der Öffentlichkeit. Schon Gottfried Keller war es mit C. F. Meyer so gegangen. In Österreich geschah Ähnliches zwischen Thomas Bernhard und Peter Handke. In seinem letzten Brief an den schwierigen Freund vollzog Dürrenmatt noch einmal die Differenzialdiagnose. Sie geriet zu einer geschliffenen Prosaminiatur, durchkomponiert, man könnte sie als Gedicht umbrechen – ein Doppeldenkmal in Sprache: »Als einer, der so entschlossen wie Du seinen Fall zur Welt macht, bist Du mir, der ebenso hartnäckig die Welt zu seinem Fall macht, stets als Korrektur meines Schreibens erschienen.«[61] Das ist schlagend. Gerade deshalb aber ist Vorsicht geboten. Man darf Dürrenmatts These nicht ungeprüft übernehmen. Dass Frisch sie akzeptiert hätte, kann bezweifelt werden. Geantwortet darauf hat er nicht. In der Unterstellung, dass sein ganzes Werk eine einzige Aufblähung seines Subjekts und eine Generalisierung seiner privaten Existenz gewesen sei, dürfte er, misstrauisch wie er war, eine Herabsetzung gewittert haben.

Tatsache ist: So oft die beiden in den öffentlichen Debatten und in den Literaturgeschichten auch schon nebeneinander gestellt und gegeneinander abgegrenzt wurden, so wenig geklärt sind doch bis heute ihre je grundlegenden Positionen gegenüber der Politik, der Geschichte und der Zukunft der Menschheit. In ihrer Opposition zum musealen und restaurativen Kulturbegriff der ersten Nachkriegszeit, im Kampf gegen das Vergessen der Verbrechen und das Verharmlosen der Kriegs- und Nazijahre standen sie so entschieden Seite an Seite, dass man sie überwiegend in dieser Parallelität zur Kenntnis nahm und nicht nach den fundamentalen Differenzen gerade in der Parallelität fragte. Unter dem verwaschenen Begriff der Gesellschaftskritik segelten und segeln sie noch immer gemeinsam dahin, und das ist inzwischen nur noch langweilig.

Was die Parallelität betrifft: Merkwürdig ist das scheinbare Detail, dass beide eine Neigung zu Gewaltphantasien haben, zu Sprengmetaphern, zu Detonationen. Man könnte die Dramaturgie Dürrenmatts insgesamt auf die Kernphantasie vom Einschlag eines Meteors in eine geordnete Welt zurückführen, und bei Frisch fliegt am Schluss des *Biedermann* eine ganze geordnete Stadt in die Luft. Das mutet an wie eine unheimliche Reaktion auf die Tatsache, dass die Schweizer Städte im Zweiten Weltkrieg mitten in einem Kontinent der zerbombten Metropolen unbeschadet stehen geblieben waren. Beide Autoren, scheint es, trauten der intakten Schweiz nicht. Beide, scheint es, konnten die bestehende Ordnung nur als falschen Zwang denken, als etwas, das aufgebrochen werden muss.

Soviel zur Parallelität. Die Frage nach der Differenz wird heute überwiegend bestimmt von den Abgrenzungen, die Dürrenmatt selbst immer wieder vollzogen hat.[62] Es lohnt sich, in diesem Zusammenhang nicht nur den letzten Brief zu studieren, sondern vor allem auch die Stellen, wo die spezifischen Unterschiede von Dürrenmatt ins Auge gefasst werden, ohne dass der Name Frisch fällt. So etwa, äußerst prägnant, im Einleitungsessay zur Erzählung *Die Panne*. Man kommt hier der Ästhetik Dürrenmatts erfolgreich auf die Spur. Nicht auf die Spur aber kommt man damit der Frage nach der präzisen Positionierung der zwei Autoren im politischen Diskurs, der Frage nach ihrem Verhältnis zur Weltgeschichte und zur Stellung des Einzelnen sowie des Staates in dieser Weltgeschichte, kurz: der Frage nach ihrer beider geschichtsphilosophischem Profil. Dürrenmatts These, wonach Frisch der radikal subjektive, er aber der radikal objektive Dichter sei, führt hier nicht weiter, mehr noch: Sie führt in die Irre.

Im Bereich der politisch-geschichtlichen Grundhaltungen unterscheiden sich die beiden so grundsätzlich wie Naphta und Settembrini im *Zauberberg* von Thomas Mann. Um diesen Unterschied geht es in den hier vorgelegten Überlegungen. Wie kann man ihn fassen, als Phänomen und in theoretischen Begriffen?

Wenn ich es ganz einfach formulieren soll, allzu einfach, gewiss, aber doch auch nicht falsch, dann muss ich sagen: Frisch ist der Liberale und Dürrenmatt ist der Konservative. Das ist plakativ, aber hier liegt in der Tat ein Schnitt, der nicht verdeckt werden darf durch die Ähnlichkeiten in der Gesellschaftskritik beider Autoren, auch nicht durch ihre nachweisbare Beziehung zu Kierkegaard und zum Nachkriegsexistentialismus. Es gibt viele Formen von Konservatismus und viele Formen von Liberalismus, so viele Formen, dass die schlichte Opposition, die ich da vorgenommen habe, auf Anhieb nahezu nichtssagend wird. Man kann das aber auch als Provokation nehmen, als Impuls zur Frage: Wie sieht denn der Liberalismus Frischs, wie der Konservatismus Dürrenmatts genau aus, und zwar gerade im gegenseitigen Kontrast? Und wie steht dieser Liberalismus, steht dieser Konservatismus in den vielschichtigen liberalen und konservativen Traditionen seit dem 18. Jahrhundert?

Keine Sozialisten

Als erstes muss eine Sache klargestellt werden: Beide waren keine Sozialisten, auch keine Sozialdemokraten im parteipolitischen Sinn. Im Kalten Krieg wurden sie zwar als Kommunisten und Ostblockfreunde verdächtigt, aber diese Unterstellungen hat man nicht aus ihren expliziten politischen Bekenntnissen abgeleitet, sondern allein aus ihrer Weigerung, den Ost-West-Gegensatz als Weltordnung zu akzeptieren und unreflektiert mit dem Bösen und dem Guten gleichzusetzen. Wenn Linke verfolgt wurden in der Schweiz, traten Frisch und Dürrenmatt für die Verfolgten ein, aber nicht, weil diese Linke waren, sondern weil sie Verfolgte waren und man sie nicht reden ließ, weil man ihnen den Mund zubinden wollte. Frisch hat sich selbst schon früh explizit zu einem »humanen Sozialismus« bekannt, und er wurde gegen Ende seines Lebens tatsächlich noch Mitglied der Sozialdemokratischen Partei der Schweiz, aber auch das war primär ein Akt des symbolischen Widerstands gegen die starren politischen Fronten im Land und die jahrelange Bespitzelung durch die politische Polizei.

Weil beide Autoren keine militanten Sozialisten waren, gerieten sie ja auch beide in Schwierigkeiten, als nach 1968 eine kombattante, von Revolutionsträumen bewegte Linke in die kulturpolitischen Schlüsselpositionen einzurücken begann. Die Triumphe, die Frisch und Dürrenmatt mit *Andorra* und den *Physikern* noch 1961 und 62 gefeiert hatten und durch die sie zu den unbestrittenen Fürsten des deutschsprachigen Theaters wurden, waren zehn Jahre später nicht mehr möglich. Schon Frischs Komödie *Biografie. Ein Spiel* wurde nach der Premiere 1968 scharf attackiert; die *Weltwoche* zum Beispiel verwarf das Stück damals als privat und unpolitisch. In Deutschland blieb es aus dem gleichen Grund erfolglos. Und für Dürrenmatt war die Strindberg-Bearbeitung *Play Strindberg* von 1969 der letzte große Bühnenerfolg – auch da nicht wegen des politischen oder philosophischen Gehalts, sondern allein wegen der Form, der rasanten dramaturgischen Verkürzung. Für die radikale Studentenbewegung, die die Siebzigerjahre kulturell bestimmte, waren Frisch und Dürrenmatt Schnee von gestern. Warum? Weil keiner von beiden eine genuin sozialistische Position vertrat und keiner auch nur die geringste Lust verspürte, dies zu tun. Mit den unbestrittenen Fürsten des deutschen Theaters war es vorbei. Beide wehrten sich gegen das Abrutschen ins Abseits durch verstärkte Prosaarbeit, wobei Frisch, was die öffentliche Präsenz betrifft, erfolgreicher war. Er landete weiterhin einige Bestseller, das *Tagebuch 1966–1971*, *Montauk*, *Der Mensch erscheint im Holozän*. Dürrenmatt aber zog sich immer mehr in sein großes Projekt der *Stoffe* zurück. Die deutschen Bühnen blieben ihm zunehmend verschlossen. Den *Sterbenden Sokrates*, das lange geplante Stück, schrieb er aus tiefer Kränkung nicht mehr.

Frischs Liberalismus

Ich habe angekündigt, die politische Differenz zwischen den beiden Autoren zu analysieren. Nun rede ich immer noch von den Parallelen. Das ist etwas peinlich, war aber unumgänglich. Denn dass beide keine Sozialisten waren, musste klargestellt werden. Keiner von ihnen hat je den Klassenkampf als den zentralen Antrieb der Weltgeschichte betrachtet, keiner hat die Übernahme der Macht durch das Proletariat als die unausweichlich kommende Revolution und den Beginn der Welterlösung angesehen. Frischs Verehrung für Brecht ging immer mit einer deutlichen Distanzierung von dessen Marxismus zusammen. Dürrenmatt arbeitete noch in seinen letzten Lebenstagen an einer Abrechnung mit Karl Marx. Als er starb, war auf seinem Pult ein kleines motorisiertes Marx-Figürchen, das man aufziehen konnte, worauf es sich surrend im Kreise drehte. Beiden zusammen war kurz nach der Wende der Ehrendoktor der Universität Leipzig angetragen worden. Frisch lehnte ab. Er traute dem gewendeten Osten nicht und fürchtete, irgendwelchen DDR-Funktionären als Alibi dienen zu müssen.[63] Dürrenmatt hingegen stimmte zu. Er wollte im Wrack der DDR seine abschließende Rede über Marx halten.

Nun aber zu den Unterschieden: Frisch, der Liberale, Dürrenmatt, der Konservative, so meine These. Wo genau liegt die Grunddifferenz? Die Grunddifferenz liegt im Verständnis der Geschichte, der Weltgeschichte, ihrer prozessualen Struktur. Wenn ich Frisch als Liberalen bezeichne, fasse ich den Begriff *liberal* nicht in dem diffusen

Sinn, den er heute in der Öffentlichkeit angenommen hat. Ich gehe aus von seiner ursprünglichen Bedeutung. Diese wurzelt in der politischen Aufklärung, die zu den zwei großen Revolutionen, der Amerikanischen und Französischen, geführt hat. Das Wort liberal stammt zwar aus den ersten Jahren des 19. Jahrhunderts, sein Sinn aber entspricht den Überzeugungen jener zwei Revolutionen, die den Feudalismus beseitigten und ihre Prinzipien in den zwei Menschenrechtserklärungen formulierten, der *Declaration of Independence* vom 4. Juli 1776 und der *Déclaration des droits de l'homme et du citoyen* vom 26. August 1789.

Zum Glauben des Liberalen gehört unabdingbar, dass der einzelne Mensch und damit längerfristig auch die ganze Menschheit verbesserbar sind. Sie können und sollen aus dem gegenwärtigen schlechten in einen zukünftigen besseren Zustand übergehen. *Perfektibilität* ist das entsprechende Stichwort. Es hat das 18. Jahrhundert elektrisiert. Der Kampf der liberalen Bürger für ihre politische, ökonomische und religiöse Emanzipation setzte den Glauben an die Perfektibilität der Welt voraus. Damit wurde der welthistorische Prozess als Ganzes zu einem Weg in die Freiheit, und auch der einzelne Mensch begriff sich als auf diesem Weg befindlich. »Entwicklung« und »Bildung«, zwei Schlüsselbegriffe der Epoche, sind nur vor diesem Hintergrund zu verstehen. Die Welt kann und wird besser werden. Über die individuelle Emanzipation wird es eines Tages auch zur Emanzipation aller kommen. Wenn der Einzelne sein freies und vernunftbestimmtes Leben führen kann, wird dies zuletzt auch die Gesellschaft tun. Der Liberale denkt also grundsätzlich in der Kategorie einer fortschreitenden Verbesserung im Sinne eines gewollten und notfalls zu erkämpfenden Ausgangs aus der politischen, ideologischen und ökonomischen Unmündigkeit. Er sieht die Zivilisation dynamisch, als Prozess des Fortschritts durch die freie Tätigkeit des Einzelnen und dessen Dienst an der Gesellschaft.

Im Begriff des Fortschritts, der heute eine Floskel geworden ist, aber einst ein Fanal war, steckt das neue Geschichtsbild der Aufklärung. Gott mag diese Welt geschaffen haben, sie ist aber in schlechtem Zustand, und der Mensch muss sie kraft seiner Vernunft verbessern. Auf Gottes Vorsehung ist in dieser Hinsicht kein Verlass. Das ist der dynamische Kern des ursprünglichen Liberalismus. Er ist polemisch gegen die Mächte gerichtet, die das Denken befehlen wollen, die politischen Entscheidungen sich selbst vorbehalten und die Ökonomie regulieren. Er ist schöpferisch auf die Einrichtung einer Welt ausgerichtet, wo Schulung und Bildung, wirtschaftliches Unternehmertum und politische Mitsprache allen Mitgliedern der Gesellschaft zukommen. Vom freien, vernünftigen Einzelnen aus wird die perfektible Welt ihrem Ziel entgegengeführt. Daher steht dieser Einzelne unter dem Gebot der Vervollkommnung seiner selbst zum autonomen, selbstregierten Wesen unter Gleichgesinnten und Gleichgeschaffenen. Die Welt als Ganzes ist in die Hand des Menschen gelegt, das ist das liberale Credo, und: Der Einzelne ist für sein Schicksal selbst verantwortlich. Der alles entscheidende Faktor ist dabei der Glaube an die Möglichkeit des Fortschritts. Ihm im Wege stehen die Dummheit der Menschen, die Faulheit der Menschen, ihre Engstirnigkeit, der fehlende Mut, der fehlende Zukunftsblick, das Sichfestklammern an unüberprüften Werten, das willentliche Steckenbleiben im *status quo* und die immerwährenden Versuche der installierten Mächte, diesen möglichen Fortschritt zu verhindern.

Ich glaube nicht, dass sich Max Frisch seiner Nähe zu den Grundpositionen des Liberalismus bewusst war. Die Begriffe *liberal* und *Liberalismus* waren in der Schweiz zu sehr parteipolitisch besetzt, als dass er sie unbekümmert hätte gebrauchen können. Überdies war der noch im 19. Jahrhundert konstitutive Gegensatz zwischen liberalem und konservativem Denken im öffentlichen Diskurs abgelöst worden durch die Opposition von *Links* und *Rechts.* Als rechts galten nun Liberale wie Konservative gleichermaßen. In dieser plakativen Terminologie verschwand das Bewusstsein vom revolutionären Gehalt des Liberalismus. Genau dieser aber lebte im Kern von Frischs Denken weiter und bestimmte maßgeblich seine Daseinserfahrung. Das führte zum Paradox, dass er vom liberalen Bürgertum als Linker definiert, kritisiert und schließlich auch überwacht wurde, obwohl er nichts anderes vertrat als dessen eigene ursprüngliche Idee. Gewiss, er hat sich nicht besonders um die Volksschule gekümmert, und die Handels- und Gewerbefreiheit war ihm auch kein brennendes Thema. Aber dass mein Leben mir selbst zur alleinigen Verantwortung übergeben ist und dass es meine Pflicht ist, es in der Fülle seiner Möglichkeiten auszuleben, das war die Achse seiner Existenz. Diese

Pflicht, aus der Zeit, die uns gegeben ist, das Maximum zu machen, das Maximum an Produktion, an Erfahrung, an Erfüllung, an Glück auch, selbstgesteuert, nicht nach den Geboten eines Gottes oder der Gesellschaft, diese Pflicht war ihm das oberste Gesetz. Ein Gesetz, das er sich selbst in Vernunft und Freiheit gab. Die drei unveräußerlichen Rechte des Menschen im ersten Satz der amerikanischen Unabhängigkeitserklärung: »life, liberty and the pursuit of happiness«, bestimmten seine Existenz durchaus.

Das war nicht Egoismus. Es war auch nicht Hedonismus. Frisch hat sich zwar gelegentlich als Egomanen bezeichnet, nie aber als Egoisten. Das Gesetz, dem er folgte, wollte er auch von andern befolgt wissen. Auch von der Gesellschaft, auch von der Vaterstadt, auch von der Schweiz. Den Aufbruch zu sich selbst in Freiheit, mutig, im Bewusstsein der Zukunft als eines Reichs der Chancen und Möglichkeiten, forderte er auch von Zürich und vom ganzen Land. Fortschritt im ursprünglich liberalen Sinn meint ja nichts anderes. Daher rief er zum Beispiel sein Land zum Bau einer neuen, konsequent modernen Stadt auf.[64] Als ein Signal des Willens zu gemeinsamer Zukunftsgestaltung.

Stünden hinter Frischs Leidenschaft zu Aufbruch und Selbstverwirklichung nur Egoismus und Hedonismus, was würden ihn dann die andern kümmern? Die Mitbürger? Die Heimat? Nichts. In Wahrheit aber kümmerten sie ihn viel, unendlich viel, und zwar bis zu seinen letzten Tagen auf dem Sterbebett. Er litt unter der Unbeweglichkeit und wollte mithelfen, sie zu beseitigen. Er hasste die Instanzen der Erstarrung, und sie hassten ihn. Der Kern seiner Ästhetik, auch seines Literaturbegriffs, der Wille nämlich, Fragen so zu stellen, dass die Leser »ohne eine Antwort nicht mehr leben können – ohne ihre Antwort, ihre eigene«,[65] zielte auf nichts anderes als auf die Dynamisierung der Gesellschaft. Wo die Gesellschaft der lockenden und drängenden Dynamisierung aber widerstand, rückte die Kategorie Dynamisierung in die Nähe der Kategorie Dynamit. Die Spreng- und Gewaltphantasien bei Max Frisch stammen immer aus diesem Zusammenhang: Weil Biedermann sich nicht bewegt, fliegt er in die Luft.

So ist auch Frischs Lebens- und Schmerzensstück, sein nie wirklich abgeschlossenes Dauerprojekt um den Grafen Öderland, zu verstehen. Öderland, angesehener Jurist, Staatsanwalt, greift eines Tages zur Axt und nimmt sich seine existentielle Freiheit mit Gewalt. Öderlands private Axt entspricht dem öffentlichen Dynamit der Brandstifter. Man kommt diesem Projekt nicht auf die Sprünge, wenn man gleich die moralische Frage nach der Berechtigung von Mord stellt. Sobald man das tut, läuft das folgerichtige Verstehen schief.[66] Hinter Öderland wie hinter Biedermann steht eine nahezu physikalische Versuchsanordnung. Wie lange hält ein geschlossenes, starres Gefäß dem wachsenden Innendruck stand? Das Gefäß kann eine Person sein, eine Stadt, ein Land, ein Kontinent, die Welt. Dass damit weniger eine Frage der Moral auf dem Tisch liegt als eine der Physik, leuchtet ein. Also darf man sich bei der Auseinandersetzung mit der Öderland-Vision auch nicht auf eine moralische Thematisierung von Mord und Gewalt konzentrieren. Wenn ein Dampfkessel explodiert, sagt niemand: Das darfst du doch nicht.

Die Frage ist also nicht: Darf Öderland zur Axt greifen? sondern: Woher stammt der Innendruck?

Also: Woher stammt der Innendruck bei Frisch? Sobald ich diesen Autor zurückbinde an die Tradition der europäischen Aufklärung und des bürgerlichen Liberalismus, wird die Antwort deutlich. Der Innendruck bei Frisch, der zuerst den Aufbruch der eigenen Person fordert und dann den Aufbruch der Gesellschaft, geht in direkter Linie zurück auf den Innendruck der liberalen Bürger des 18. und 19. Jahrhunderts, welche die Verantwortung für die Welt nicht mehr in den Händen der göttlichen Vorsehung sahen und nicht mehr in den Händen der Fürsten und Könige, sondern in den Händen der Menschen, aller Menschen, der Menschheit. Dieser Innendruck besitzt eine metaphysische Dimension, gerade weil die göttliche Vorsehung in säkularisierter Form in ihn eingegangen ist. Die Vorsehung ist jetzt die Vernunft der Menschheit. Es geht hier wirklich um etwas Heiliges im weltlichen Sinn. Der Aufbruch aus der Starre hat Erlösungscharakter. Die Welt muss erlöst werden durch den Menschen selbst, ich muss erlöst werden durch mich selbst, das ist der Glaube der Aufklärung und also des ursprünglichen Liberalismus. Diese Energien wirkten weiter, in vielfach variierter Form, im 19., im 20. Jahrhundert, und sie fuhren auch in den jungen Max Frisch, prägten seine Existenz und seine Bücher. Dass man diesen radikalen Liberalismus nie auf den genauen Begriff brachte, gehört zu den Merkwürdigkeiten des Umgangs mit Max Frisch in der Schweiz.[67]

Dürrenmatts Konservatismus

Nun zum Gegenbegriff, zum Gegendichter. *Konservatismus, konservativ* sind ebenso schwierige, ebenso schillernde Termini wie *Liberalismus, liberal.* Sie sind mit so vielen unterschiedlichen Urteilen und Vorurteilen verbunden, dass es fast nicht mehr möglich ist, sie in einem konkreten Zusammenhang überhaupt zu gebrauchen. Über die Differenz zu dem skizzierten Liberalismus-Konzept sind sie jedoch in einleuchtender Weise zu fassen. Der Liberalismus geht von der Erlösung der Welt durch den freien Einzelnen aus, von einem großen Prozess des Fortschritts, von der schrittweisen Emanzipation aus allen Formen der Unterdrückung. Diesen Prozess als die säkularisierte Erlösung der Welt bestreitet der Konservative grundsätzlich. Der Konservative sagt: Die Grundbeschaffenheit der Welt, der Gesellschaft, des Einzelnen ändert sich nicht. Man soll daher nicht an einen Prozess der fortlaufenden Verbesserung glauben. Das Wesentlich bleibt sich gleich. Die angebliche Perfektibilität der Welt ist eine Hirngeburt der Aufklärung. Unter einem König kann das Leben genau so erträglich oder unerträglich sein wie in einer Republik. Die Systeme wechseln wie das Wetter, gehen unter und kehren wieder. Immer bleibt der Mensch der mühsam gezähmte Killer, der von Zeit zu Zeit seinem höchsten Luxus verfällt, dem Töten. Ob er das Recht zu töten, die *licence to kill*, nun an einen Fürsten abtritt oder an den liberalen Staat, ist belanglos. Dass der Mensch seinen Drang zu töten eines Tages ablegen würde, freiwillig und aus Einsicht, ist sentimentales Wunschdenken.

Es gibt einen Konservatismus, der an bestimmten politischen Formen aus der Vergangenheit festhalten oder sie restaurieren will. Er wünscht sich zum Beispiel den König zurück. Wie heute etwa Martin Mosebach oder einst der späte Joseph Roth. Oder er will den König durch einen Führer ersetzen. Wie einzelne Teile der rechten Intelligenz der Zwischenkriegszeit, der sogenannten »Konservativen

Revolution«.[68] Der programmatische Konservatismus im Sinne dieser rechten Agitationsbewegungen der Zwanziger- und Dreißigerjahre war sicher nicht Dürrenmatts Sache, obwohl er als Jüngling eine Zeitlang mit der faschistisch beschwingten Schweizer Frontenbewegung sympathisierte. Was seinen Konservatismus aber durchaus bestimmt, ist die Ablehnung aller weltimmanenten Erlösungskonzepte und der entsprechenden Institutionen. Er glaubt nicht an die Perfektibilität des Menschen und der Welt. Daher erscheint ihm der Liberalismus ebenso illusionär wie dessen Radikalisierung und Umdeutung im Kommunismus. Beide Konzepte sehen die Geschichte als gerichteten Prozess, beide haben darin ihr hegelianisches Fundament und operieren mit der Vorstellung von einer Selbsterlösung der Menschheit. Beide möchten die Welt neu einrichten, sei's im bürgerlich-liberalen Staat, sei's im Kommunismus. Daher geht Dürrenmatt zu beiden auf Distanz. Er bestreitet ihre Erlösungsfunktion und deckt, wo immer er kann, deren Scheitern auf. Sein Konservatismus ist nicht faschistisch im Sinne des Führerprinzips und eines dumpfen Volksbegriffs, er ist vielmehr anarchisch, indem er sich gegen jede Institution richtet, die sich als heilbringende Ordnung inszenieren möchte. Das betrifft wesentlich auch die Kirchen. Die großen Kirchen werden ihm zum gleichen Gespött wie der liberale Staat und der real existierende Sozialismus mit *ihren* Rettungsversprechen. Dürrenmatts demonstrative Sympathie für Sekten und die Heilsarmee ist eine Konsequenz seiner Verwerfung der Kirchen als Installationen des Heils. Bezeichnenderweise war es ein Sektenstoff, die Geschichte der Wiedertäufer zu Münster, was ihn zum Dramatiker machte. Fortschritt ist für den Konservativen, ist für Dürrenmatt kein Weg zu einer besseren Welt, sondern Selbsttäuschung und verdeckte Brutalität. Der gewaltige Hymnus auf den Fortschritt am Schluss der *Alten Dame*, angestimmt mit dem Pathos des antiken Chorlieds, wird zu einem Ereignis von ungeheuerlicher Ironie. Der Hochgesang verdeckt den Mord, dem sich der Fortschritt als Wirtschaftswunder verdankt und der den gleichzeitigen moralischen Kollaps beweist. Die Welt ändert sich nicht. Das ist der Kern seines konservativen Credos. Hier trifft er sich mit Nestroy, einem seiner Vorbilder, der an der Rampe gesungen hat: »Es is alles uralt, nur in anderer G'stalt!«[69] Den Satz: »Es gibt gar nichts Neues in der Geschichte, gar nichts!« habe ich noch aus Dürrenmatts eigenem Munde gehört. Für ihn galt: Alle Systeme, die mit dem Versprechen der Weltverbesserung auftreten und daraus das Recht ableiten, die Menschen ihren Normen zu unterwerfen, müssen entlarvt, müssen notfalls gesprengt werden.

In diesem Akt des Aufbrechens der installierten Ordnungen kann aber für einen Moment eine Wahrheit sichtbar werden, die außerhalb aller Erlösungslehren, aller Dogmen, aller Institutionen liegt. Diese Wahrheit ist vorphilosophisch, vorwissenschaftlich, weil sie mit den Mitteln der Wissenschaft, der Philosophie, der Theorie nicht zu erfassen ist. Was außerhalb der systematischen Theorie liegt, ist, wenn es für uns zur Erfahrung wird, ein Ereignis des Mythos. Mythos nicht als Legende oder Märchen – so wird das Wort heute in den Medien gebraucht –, sondern als das Reden in Zeichen, die vor aller Theorie liegen und die also auch der Kritik durch die Theorie nicht erreichbar sind, ein Reden in Zeichen, die mich überwältigen ohne Beweise und Gründe. Wenn bei Dürrenmatt die installierten Ordnungen ironisiert werden oder in die Luft fliegen, wenn sie detonieren, abgefackelt werden wie das große Hotel in *Durcheinandertal*, dann ist das immer verbunden mit einem mythischen Signal. Einem Wort, einem Zeichen aus einer andern Sprache, aus einem andern Denken, aus einem vorwissenschaftlichen, voraufklärerischen Diskurs. Dieser läuft auch in wissenschaftlichen Zeitaltern weiter, ist im strengen Sinne mythisch und gehört zu den dauernden Möglichkeiten der Kunst.

Deshalb erscheinen in Dürrenmatts Stücken die gesellschaftlichen Normen und Ordnungssysteme stets so plakativ, so schematisch. Sie sind eben auch in Wahrheit artifiziell, sind illusionär, was ihr Heil und ihre Nützlichkeit betrifft. Ein dominantes Beispiel, das sich durch Dürrenmatts Gesamtwerk zieht, ist das System der Justiz im liberalen Staat und ihr Gerechtigkeitsbegriff. Dieser ist für ihn so falsch wie die Vorstellung, dass der liberale Staat eine objektiv höhere Form von gesellschaftlicher Ordnung darstelle als etwa ein Königtum. Beide sind sie von der Natur einer Fata Morgana. Die demokratische Abstimmung über die Ermordung von Alfred Ill in der *Alten Dame* ist ein grimmiges Gericht über die Rechtsprechung im liberalen Staat. Es gehörte zu den zentralen Lebensleidenschaften Dürrenmatts, der falschen Gerechtigkeit unserer offiziellen Justiz eine andere Gerechtigkeit gegenüberzustellen. Nicht als Institution, sondern als plötzlich aufflammendes und wieder verlöschendes mythisches Ereignis. Dieses kann man nicht analysieren, nicht in ein System übersetzen, man kann es nur erfahren. Es ist eine Hieroglyphe aus der verlorenen Sprache des Mythos. Das Erscheinen der alten Dame ist eine solche Hieroglyphe oder Wolfgang Schwitter, der Mann, der nicht sterben kann, in der Komödie *Der Meteor* oder das Kind, das im Bauch der jungen Elsi hüpft am Ende von *Durcheinandertal* oder das Gegenüber von Abu Chanifa und Anan ben David im *Essay über Israel*. Diese dürrenmattschen Hieroglyphen, denen gegenüber er selbst hilflos war, die er ebensosehr empfing wie erschuf – und wenn sie nicht auftauchten vor seinen Augen, blieb er dichterisch unbeholfen –, diese dürrenmattschen Hieroglyphen kann man in kein theoretisches System, in keinen wissenschaftlichen Diskurs übersetzen, weil sie allen solchen Konstrukten immer schon voraus liegen. Bei Frischs Liberalismus hingegen ist eine wissenschaftliche Bestimmung ohne weiteres möglich.

Dürrenmatts Anarchokonservatismus reicht mit seinen Wurzeln zurück in jene erwähnte Bewegung der Zwischenkriegszeit, die man Konservative Revolution genannt hat. Das ist bisher kaum diskutiert worden. Das Bindeglied ist die Liberalismuskritik. Dürrenmatt ist allerdings von dieser Tradition her auch nicht erschöpfend zu begreifen. Die Ironie und der aristophanisch-wüste Humor, die seinem Anarchokonservatismus eigen sind, haben kein unmittelbares Vorbild in jenen Strömungen. Man darf aber trotzdem nicht vergessen, dass auch der Existentialismus, auf den man Dürrenmatt philosophisch überwiegend bezieht, seine Wurzeln in Teilen jener Bewegung hat: beim Heidegger und beim Ernst Jünger der Zwanzigerjahre zum Beispiel, zwei radikalen Verächtern der liberalen Demokratie. Zu den interessantesten Texten Dürrenmatts gehört in diesem Zusammenhang das Prosastück *Der Brudermord im Hause Kyburg* in *Stoffe V*. Es präsentiert sich als nachgelieferter Entwurf zu einem nie geschriebenen Stück, kann aber auch als eigenständige Prosaballade von funkelnder Rasanz gelesen werden.[70] In einem phantastisch-grotesken Mittelalter kämpfen die Raubritter Adrian von Ostermundigen und Hartmann von Kyburg unentwegt gegeneinander und genießen ihre wüste Existenz »fern jeder christlichen und zivilisatorischen Einsicht«. Hartmanns Bruder Eberhard, hochgebildeter Geistlicher, Vertreter der Vernunft, der Aufklärung und Humanität, reist von Rom in seine Heimat, um Frieden zu stiften und seinem barbarischen Vaterland die Zivilisation zu bringen. Er scheitert kläglich, weil auch das Volk die rüpelhaften Häuptlinge Eberhards Visionen vorzieht. Dessen Niederlage verkörpert sich in der Tatsache, dass er den Bruder um des Friedens und der Vernunft willen zuletzt umbringt und damit aus Verzweiflung selbst vollzieht, was er verhindern möchte. Auf der resignierten Rückreise nach Rom verendet er einsam in den Schneestürmen der Alpen, eine lächerliche Figur, hilfloser Vertreter der schönen Illusion Aufklärung. Dürrenmatts abschließender Kommentar dazu: Eberhard will »die Vernunft in die Politik einführen und scheitert, weil die Vernunft in einer unvernünftigen Welt zur Unvernunft wird.«

Theologie

Max Frischs Liberalismus und Dürrenmatts Konservatismus besitzen beide ihre theologischen Aspekte. Bei Frisch liegen diese, sehr versteckt allerdings, in seiner weltimmanenten Selbsterlösungslehre. Bei Dürrenmatt liegen sie, anfänglich zugegeben, später zunehmend geleugnet, in einem unorthodoxen Gottesbegriff und einem protestantisch geprägten Begriff von Erlösung allein durch die Gnade – *sola gratia*. Wenn zum Glauben des Konservativen gehört, dass die Welt nicht in einem gewaltigen Selbstwerdungsprozess nach hegelianischem Modell begriffen ist, zielgerichtet, dass also nichts neu ist, sondern alles uralt, und die Welt bleibt, wie sie immer schon war, dann muss der Konservative auch ein Modell dieser Grundstruktur liefern können. Bei Dürrenmatt ist dies, ganz schematisch gesprochen, der vertikale Grundriss mit der unerlösten, grausamen, blutigen, gierigen, ungerechten Menschenwelt unten und dem unerreichbaren, unbegriffenen, gefürchteten und verehrten Gott oben, über allem. Auch wenn Dürrenmatt versucht hat, diesem Modell alle christliche Theologie auszutreiben, wenn er sich immer verbissener zum Atheisten erklärte, wenn er Momente des Glaubens in seinem Werk – wie etwa den Schluss der Erzählung *Der Tunnel* – strich, weggekommen von diesem Grundriss ist er nie. Das konstitutive Oben und Unten blieb bei ihm bestehen, selbst als er erklärte, oben sei niemand. Er liquidierte alle denkbaren Gottesbilder, die Stelle im Weltganzen aber, wo Gott wäre, wenn er wäre, blieb als Ordnungsinstanz des Ganzen bestehen. Deshalb konnte Dürrenmatt in der späten Erzählung *Der Auftrag* dazu eine grandiose Theorie entwickeln: Die Menschheit habe es nicht mehr ausgehalten, immerzu von oben, von Gott, beobachtet zu werden. Sie habe daher diesen Gott abgeschafft. Jetzt aber halte sie es ebensowenig aus, dass niemand sie mehr von da oben anblicke, dass sie gewissermaßen unter einem ausgestochenen Auge leben müsse. In Panik versetzt durch diese Situation, das Fehlen des Großen Beobachters, installieren nun die Weltmächte riesige Systeme der gegenseitigen Beobachtung und Überwachung, angeblich aus politischen Gründen, in Wahrheit aber, um dem Entsetzen des Nicht-mehr-gesehen-Seins zu entkommen. Das Auge Gottes wird als Hightech-Produkt rekonstruiert, die Satelliten-Überwachung gerät zum Ersatz der alten Vorsehung.

Man könnte versuchsweise sagen, dass der Konservative die Welt immer in einer vertikalen Ordnung erfährt, der Liberale in einer horizontalen. Eine Welt als Prozess kann man ja nur geradeaus denken, auf den Horizont zu. So ist auch das Grundgeschehen bei Max Frisch, der Aufbruch in eine neue Existenz, auffällig häufig an das Meer gebunden, die riesige Fläche, die sich horizontal dehnt und über die der Weg zur erhofften Wiedergeburt führt, zum erlösten Leben. Dass diese Erlösung bei Frisch fast jedes Mal scheitert, spielt hier keine Rolle. Auch Dürrenmatts Faszination durch den Weltraum, das ungeheuerste Oben, gewinnt von da aus eine zusätzliche Bedeutung. Im Stück *Ein Engel kommt nach Babylon*, dem eigentlichen Programmwerk seines Konservatismus und seiner negativen Geschichtsphilosophie, steigt das Mädchen Kurrubi, auch Gnade genannt, senkrecht aus dem Andromedanebel auf die Erde nieder, um hier zu bleiben als die misshandelte Verkörperung einer ewigen, nie eingelösten Hoffnung. Dass Lars von Triers Film *Dogville* (2003) offensichtlich nach dem Modell von Dürrenmatts *Babylon*-Stück (1953) gebaut wurde, hat die Kritik seltsamerweise nicht bemerkt. Dabei heißt die weibliche Hauptfigur, gespielt von Nicole Kidman, explizit Grace, also Gnade, genau wie Kurrubi. So gründlich kann ein Stück der Weltliteratur schon nach fünfzig Jahren vergessen sein.

Was habe ich hier getan? Ich habe Frisch und Dürrenmatt in das große Feld des politischen Denkens seit der Aufklärung eingefügt. Sie erscheinen damit in einem Kontrast, der weit deutlicher ist als bei den üblichen Rückbeziehungen auf den Nachkriegsexistentialismus. Natürlich bleibt dieser für beide wichtig, insbesondere was den Akt der Entscheidung betrifft. Aber man sieht nun vielleicht klarer, wie unterschiedlich motiviert die Auflehnung gegen das Gegebene bei den zwei Autoren ist. Was Dürrenmatt sprengt, sind die Institutionen, sind Staat, Kirche und Justiz, sind die Theorien und Modelle des Liberalismus und des Kommunismus, ist letztlich auch Frischs Konzept der Selbsterlösung des Einzelnen. Erlösung kann es bei Dürrenmatt nur als Gnade von oben geben, auch wenn er in seinen letzten Jahrzehnten so tat, als sei ein transzendenter Ursprung solcher Gnade für ihn absurd. Dennoch lässt er in seinem Vermächtnis-Roman *Durcheinandertal*, im allerletzten Satz, das Erlöserkind im Schoße des Mädchens Elsi aufhüpfen, und Elsi, eine zweite Kurrubi, flüstert dazu wahrhaftig das Wort »Weihnachten«.

Auch bei Frisch werden installierte Ordnungen gesprengt, aber nicht, weil sie Ordnungen sind, sondern weil es sich um erstarrte, tote, tödliche Gebilde handelt. Frisch hat nichts gegen den liberalen Staat, er kennt auch nichts Besseres, aber er will ihn – durchaus im ursprünglich liberalen Sinn – beweglich, dynamisch. Er will einen Staat, der sich immerzu verändert auf noch größere Freiheit hin, als Lebensraum für Menschen, die sich selbst immerzu verwandeln in schöpferischer Gestaltung ihrer Existenz.

Auf diesem Hintergrund ist schließlich auch das unterschiedliche Konzept der Liebe bei den beiden zu begreifen. Für Frisch ist die Liebe identisch mit dem Aufbruch. Die Selbsterlösung wird immer ausgelöst oder besiegelt von der Liebe, einer konkreten Liebe. Aber das Fatale ist dann je und je, dass diese Liebe selbst wieder erstarrt, zu einer rigiden Ordnung gerät, die erneut aufgebrochen werden muss, gesprengt und hinter sich gelassen in der Hoffnung, im neuen Aufbruch endlich die definitive Erlösung in einer definitiven Liebe zu finden. So wird bei ihm der zentrale Akt der Selbsterlösung immer neu zu einer Schuld. Hier entsteht das Modell einer objektiven Tragik. Die Dynamik des Weltprozesses hin zum freien Subjekt in einer freien Gesellschaft verlangt vom Einzelnen den Aufbruch. Dieser Aufbruch gerät seinerseits wieder zu einer Erstarrung, die einen neuen Aufbruch fordert. Die dauerhaft gelebte Ordnung zu zweit würde Kompromisse verlangen, naheliegende Kompromisse, zu leistende Kompromisse, aber gerade diesem Kompromiss widerspricht die urtümliche Dynamik des sich selbst erlösenden Subjekts. Die Qualen dieses Dilemmas übersetzt Frisch in seine Literatur. Aber er gestaltet dabei immer auch das Glück und die Lust, die mit dem Grundgeschehen verbunden sind.

Für Dürrenmatt ist die Liebe das einzige Gute, das es in einer Welt der unaufhörlichen Brutalität, der Gewalt, des Tötens, der ewigen Schlacht zwischen illusionären Ordnungen und Ideologien gibt. Die Liebe kann die Welt nicht erlösen, weil es keine Selbsterlösung der Menschheit gibt und jeder Wille dazu die blutigen Untaten nur noch steigert. Die Liebe ist wie die Blume auf einem Schlachtfeld, zufällig, wunderbar und ohne Zukunft. Sie ist ein höchster Wert, der nichts bewirkt, wie die Begegnung von Claire Zachanassian und Alfred Ill im Walde. Die Erfahrung solcher Liebe aber kann einem plötzlich geschenkt werden als die höchste Wirklichkeit, die es auf unserem geschändeten Planeten gibt. Sie fällt zusammen mit der Gnade, dem Aufleuchten von Gnade. Diese verschwindet so rasch, wie sie aufgestrahlt ist, und zeugt doch, wenn wir Dürrenmatts gesamtes Werk überblicken, von einem namenlosen Höchsten und Anderen. Von dem lässt sich ohne Lüge nur reden, indem man es bestreitet.

Das alles heißt, um endlich zum Schluss zu kommen, dass man Theater, Gesellschaft und Politik bei Max Frisch und Friedrich Dürrenmatt, bei dem merkwürdigen Liberalen und dem seltsamen Konservativen, nicht wirklich erforschen und ergründen kann, ohne zugleich ganz grundsätzlich nach dem Ort zu fragen, an dem sie beide im geschichtsphilosophischen Denken weniger der Nachkriegszeit als der vergangenen dreihundert Jahre stehen.

Wenn Dürrenmatt Geschichten erzählt

An der Sprachgewalt Friedrich Dürrenmatts hat noch nie einer gezweifelt. Sie scheint so naturhaft gegeben wie seine abgerückte Existenz am Steilhang hoch über der Stadt, mit dem Blick auf die weißen Gebirgsketten und nachts auf die Gestirne. Von den Sternen verstand er viel, von den Bergen wenig. Die Namen der fernen Zacken, die er täglich vor Augen hatte, interessierten ihn kaum. Die Sterne waren ihm näher. Sie rief er beim Namen wie Vertraute, suchte sie auf mit seinem Teleskop. Um das Kreuz des Südens zu sehen, reiste er um die Welt. Ob er das Finsteraarhorn vom Lauteraarhorn unterscheiden konnte, darf bezweifelt werden. Gipfel beschäftigten ihn nicht, Höhlen schon mehr, am meisten aber die Galaxien mit ihren explodierenden und schrumpfenden Sonnen.

Der großen Perspektive, so kommt es einem vor, entspricht die überlegene Macht seiner Sprache. Wie gelassen er die Sätze fügt, wortgewiss, ohne Zweifel am Pathos, ohne Zweifel am Witz, mit beiden operierend und sie gegeneinander ins Spiel bringend! Gibt es einen modernen Autor, der unerschütterlicher gewesen wäre als der Mann am Steilhang über der Stadt, über den Metropolen, über den Kontinenten, der Mann, vor dessen Blick der Planet Erde zur kleinen Kugel wurde, zu einem kreisenden Etwas mit Unebenheiten wie dem Finsteraarhorn, dem Aconcagua, dem Annapurna?

Sprachgewalt und Scheitern

Und doch ist das alles eine große Täuschung. Die Sprache, das Medium der Dichter, das vielen so leicht zur Hand geht wie das Instrument dem erprobten Geiger, war Dürrenmatts Not von Anfang an. Er war schon als Student von Visionen bedrängt, von phantastischen Bildern, Szenen, die sich nicht abweisen ließen und nach Gestaltung schrien. Sie schwebten ihm vor als wilde Geburten seiner schaffenden Seele, aber er fand kein Medium, in dem er sie fangen, formen und vermitteln konnte. Er zeichnete, er malte, er schrieb, aber die schrillen Produkte fielen ab gegen das tobende Original. Er war ein Künstler ohne Möglichkeit zum Werk, zuckend unter den Impulsen einer fiebernden Phantasie, immerzu etwas formend, das dann doch nur kahl und stumpf vor ihm stand. Im ersten Band der *Stoffe*, seiner Autobiographie, die so anders ist als jede Autobiographie zuvor, beschreibt er diese Not der frühen Jahre:

> Doch dass es nicht zur Niederschrift des Romans kam – ich schrieb nur wenige Seiten –, lag nicht an mangelndem Fleiß, sondern daran, dass mir die sprachlichen Mittel fehlten. Von den Klassikern waren sie nicht zu lernen, mit Thomas Mann konnte ich nichts anfangen, seine bürgerliche Welt stieß mich ab; ebenso Hermann Hesse – er kam mir kleinbürgerlich vor angesichts des allgemeinen Zusammenbrechens jenseits der Grenzen, seine Rebellion gegen die bürgerliche Welt war mir zu harmlos. Es galt gegen die Welt an sich zu protestieren, Gott an sich zu attackieren. Meine Phantasie war zu radikal, ich fand in der Sprache nichts, das ihr entsprochen hätte, um eine längere Erzählung zu formen. Ich stand im Leeren, ein Schriftsteller ohne Fähigkeit zu schreiben, so wie ich mich als Maler gefühlt hatte, ohne Fähigkeit zum Malen.

Das ist eine fundamentale Erfahrung. Sie hat sich aus Dürrenmatts Leben nie ganz verloren. Auch als die Bühne ihm plötzlich die Befreiung brachte und sein erstes aufgeführtes Stück ermöglichte – nicht nur die Bühne als solche, sondern insbesondere die Begegnung mit der großartig unbekümmerten Sprache Paul Claudels und seiner großartig unbekümmerten Dramaturgie im *Seidenen Schuh* –, blieb doch diese quälende Spannung bestehen: dass da plötzlich eine Vision ist, ein brennendes Zeichen, dieses will zum Kunstwerk werden, und die Mittel versagen. Sie können die Gewalt der Vision nicht umsetzen. Der Prophet hat eine Schau, aber die Zunge ist gelähmt. Mehr als bei jedem andern Autor ist bei Dürrenmatt, wenn er von sich selber spricht, die Rede vom Scheitern. Was er vor dem Durchbruch auf die Bühne erlitten hatte, wiederholte sich nach diesem Durchbruch bald ein weiteres Mal, ebenso niederschmetternd, beim großen Plan über den Turmbau zu Babel. Das flammende Zeichen, das er gestalten wollte, verbrannte ihm jede tastende Ausführung, bis er schließlich alles ins wirkliche Feuer warf, aufatmend:

> Noch spüre ich die Erleichterung, als ich das Fragment samt den Skizzen im Holzherd verbrannte; Hunderte von Blättern flammten auf, krümelten im Feuer zusammen; ich stocherte mit dem Feuerhaken, schob die Manuskripte auseinander, das Papier wurde zu Asche, das Feuer erlosch; und als meine Frau zurückkehrte, sagte sie ruhig: Schreib etwas anderes. Ich war erlöst.

So steht es im zweiten Band der *Stoffe*. Gewiss, viele Autoren kommen gelegentlich mit einem Projekt nicht weiter, lassen es liegen oder vernichten es. Bei Dürrenmatt aber ist das Scheitern stets verknüpft mit der Hauptsache seiner Kunst. Er steht nicht vor der Welt und bildet sie ab wie die alten Realisten. Er übersetzt auch nicht sein Privatleben in exemplarische Liebes- und Krisengeschichten wie viele seiner Zeitgenossen, allen voran der Antipode Max Frisch. Und er hat kein Weltverbesserungskonzept, das er der Menschheit in prägnanten Fabeln beibringen möchte wie der zweite Antipode Bertolt Brecht. Dürrenmatt sieht die Schrecken der Welt, die Vielfalt menschlicher Niedertracht, sieht die Liebe dazwischen, immer bedroht und doch das einzige, was dem vielen Bösen entgegensteht. Aber er kann das nicht einfach abbilden, er kann nicht stattdessen sein zufälliges Selbst zum Thema machen, und er kann nicht mit therapeutischen Vorschlägen aufwarten. Die Welt ist unheilbar. Dass er daran festhielt, grimmig, hat ihn in den revolutions- und therapieversessenen Jahrzehnten nach 1968 viele Sympathien gekostet.

Was er sieht, die Schrecken der Welt und die Liebe dazwischen, das schießt vor seinen Augen zusammen zu Bildern und Szenen. Denen stellt er sich. Er riskiert jedes Mal das Scheitern und ist mit eigentümlicher Tapferkeit bereit, die Schmerzen anzunehmen. Gerade deshalb tritt dann auch das große Gelingen ein. Plötzlich fügen sich die künstlerischen Mittel der Vision. Plötzlich ist eine Erzählung da, entsteht ein Stück, in dem das Zeichen gebannt wird. Eingeschmolzen in die literarische Gestalt, wird es zur Erfahrung der Leser und Zuschauer, weltweit.

Die aber müssen es aushalten, wie der Autor selbst es aushalten musste, bevor die Form ihm glückte. Auch die Leser und Zuschauer nämlich können die Erzählung, das Stück nicht kurzerhand zurückübersetzen in einfache Abbilder ihres Alltags oder in Zeugnisse eines interessanten Privatlebens oder in Rezepte für eine kranke Welt. Die großen Würfe in Dürrenmatts Schaffen, die Werke, wo plötzlich alles stimmt und die Sprachgewalt gelassen sich entfaltet, unbezweifelbar wie ein Naturereignis, sind nie bis in den letzten Kern deutbar. Das ist die Folge ihres Ursprungs. Auch der Autor selbst wurde seiner Visionen nicht deutend und denkend Herr, nur gestaltend. Man kann sich zwar beim Lesen auf einen handlichen Sinn festlegen und so die Irritation des Rätsels aus der Welt schaffen, aber das geht stets auf Kosten einer wesentlichen Dimension dieser Kunst.

Es ist indessen auch nicht so, dass diese dramatischen und erzählenden Dichtungen hermetisch verschlossen blieben und mit ihrer Unverständlichkeit kokettierten wie so viele Hervorbringungen des 20. Jahrhunderts. Dürrenmatts Texte wollen unser Nachdenken, sie wollen, dass wir sie deuten, wenn wir sie erleben. Daher verlocken sie uns zunächst durch ihre Plastizität und ihre Spannung, durch die Farben, den Witz, die Schock- und Lusteffekte – was ist Literatur, wenn sie nicht auch ganz einfach gefällt? –, um uns dann langsam noch ganz anders auf die Haut zu rücken. Geheimnisse tauchen auf, Ungewissheiten, die geklärt sein möchten. Und wenn wir bereit sind zu dem Unternehmen, fordert es alle Kräfte unseres Nachsinnens. Diese Werke machen uns zu dem, was jeder Mensch von Natur aus ist, auch wenn er es nicht weiß – ein philosophischer Kopf.

Demontage und Offenbarung

Dürrenmatt hat allen geschlossenen Systemen misstraut. Er hat sie verhöhnt und zerfetzt, wie er nur konnte. Die Systeme der Philosophie, aus denen am Ende die Wahrheit herausspringt; die Systeme der Justiz, aus denen am Ende die Gerechtigkeit herausspringt; die Systeme der Politik, aus denen am Ende die Freiheit herausspringt; die Systeme der Religion, aus denen am Ende der liebe Gott herausspringt – er hat sie angegriffen wie mit Säbeln. Sie waren ihm Konstrukte der Verblendung, gezimmerte Kulissen vor der tatsächlichen Wahrheit, Gerechtigkeit, Freiheit, auch – und damit tat er sich am schwersten – vor dem tatsächlichen Gott. Seine Visionen – er nannte sie auch »Gleichnisse« oder »Stoffe« – hatten zur ersten Aufgabe, diese Kulissen aufzureißen und so den Weg freizulegen zur ungeheuren Wirklichkeit dahinter. Dann erst wurde eine Annäherung möglich, eine nun durchaus philosophische, durchaus juristische, durchaus politische, durchaus theologische Annäherung an die grausame oder herrliche Wirklichkeit hinter den Kulissen.

So wird in Dürrenmatts berühmtester Novelle, *Die Panne*, das System der offiziellen Justiz zerfetzt. Es ist nicht imstande, die gefährlichsten Verbrecher, die Mörder im zivilisierten Kostüm, welche ungeschoren unter uns leben, zu erkennen und zu richten. Was die Justiz an Gaunern fängt, verdeckt nur die Masse derer, die sie laufen lässt. Das ist der kritisch demontierende Akt der Erzählung. Ihm gegenüber steht das Hereinbrechen der tatsächlichen Gerechtigkeit. Traps erfährt sie ganz allein. Was für die alten Richter und Anwälte ein bloßes Gaudium ist und Anlass zu mächtiger Besäufnis, wird für ihn zur erschütternden Erkenntnis, die ihn, da alle offizielle Gerichtsbarkeit versagt, sich selber richten lässt. »Wie eine ungeheure, unbegreifliche Sonne«, heißt es, steigt die Wahrheit von Schuld und Gerechtigkeit, die Wahrheit aber auch seines einmaligen Menschseins am »beschränkten Horizont« des Textilreisenden Traps auf und »durchbraust« ihn »wie ein mächtiger Sturmwind«. Sich selber findend, erkennt er sich als Schuldigen und stellt sich dieser Schuld. Sein Untergang ist die erste Tat seiner Freiheit. Dass er Mensch wird, indem er stirbt, macht ihn zu einer tragischen Gestalt im alten, strengen Sinn.

So steht der kritisch demontierende Akt in diesem Text dem Akt der Offenbarung gegenüber. Das Niederreißen des Falschen ermöglicht das Aufstrahlen des Wahren. Es geschieht nur kurz, und bald stehen die Kulissen wieder da. Diese Doppelbewegung aber macht den Dichter Dürrenmatt aus. Von dieser Doppelbewegung beben alle seine wichtigen Arbeiten.

Doch wo ist da nun die Vision, von der so lange die Rede war, jenes brennende Zeichen, das nach Gestaltung schrie? Man muss etwas zurücktreten und alles Reden über Wahrheit und Gerechtigkeit vergessen, um das ursprüngliche Bild zu erkennen. Es könnte von Goya sein oder von Daumier. Ein ungeheuerliches Gastmahl ist im Gange, alte Männer in Schwarz, schief, unförmig, jeder auf seine Weise verzerrt, mit ausgreifenden Gebärden, Richter anscheinend, um einen Tisch versammelt mit mächtigen Schüsseln und Batterien von Bordeaux, und unter ihnen ein kleiner Mann, ein Durchschnittlicher, ohne die Silhouette der andern, ohne den großen Gestus der andern, mitlachend, weil sie lachen, Begeisterung und Unverständnis zugleich im Gesicht ... So, dürfen wir annehmen, schwebte das Bild einst vor dem Autor, aus seiner eigenen Seele gestiegen und doch wie etwas Zugeschicktes, und ließ sich nicht mehr abweisen. Es wollte geformt sein, entwickelt und zu Ende geführt. Und wie er darin das Potential von Demontage und Offenbarung erkannte, war auch die Sprache da, ging ihm zur Hand, und ein Rhythmus ergab sich, der die Prosa vorantrieb in poetischen Stößen, und alles wurde unbezweifelbar wie ein Naturereignis.

»Das Schreckliche hinter den Kulissen«

Demontage und Offenbarung – das erste ist bei Dürrenmatt immer eindeutiger als das zweite. Es ist auch leichter benennbar. Ohne das zweite aber wäre das erste nur Kolportage. Die Erzählung *Der Tunnel* bliebe ein effektvolles Prosastück in der Art von E. A. Poe, rasant bis reißerisch, würde nicht schon gleich im ersten Satz die Differenz von Demontage und Offenbarung angeschlagen: »Ein Vierundzwanzigjähriger, fett, damit das Schreckliche hinter den Kulissen, welches er sah (das war seine Fähigkeit, vielleicht seine einzige), nicht allzu nah an ihn herankomme ...« Das unscheinbarste Wort ist hier das wichtigste: »sah«. Als einziger von den vielen Leuten im Zug »sieht« er hinter die »Kulissen«, hinter das Verblendungsgefüge, das alle für die Wirklichkeit halten. Das ist ein existentialistisches Konzept, wie es in den ersten Nachkriegsjahren vielfach variiert wurde. Bei Camus begegnet man ähnlichen Wendungen. Für Dürrenmatt eigentümlich aber ist das *Sehen* des Andern, das *Sehen* des »Schrecklichen«. Während es für Camus darum geht, das Nichts hinter den Kulissen auszuhalten, dringt für den jungen Mann im *Tunnel* durch die klaffenden

Risse etwas anderes. Es hat keinen Namen. Fest steht nur, dass es schrecklich ist und dass er es sieht. Diese Fähigkeit, das Andere zu »sehen«, die der Text in der Klammer ausdrücklich als ein besonderes Vermögen hinstellt, bestätigt den Offenbarungscharakter des »Schrecklichen«.

Die Handlung aber wiederholt nun im Großen, was der erste Satz skizziert. Der Zug, die verkörperte Alltagswelt, rast durch die Kulissen. Die Erde tut sich auf, die Wagen stürzen in die Tiefe, senkrecht, und der junge Mann liegt im Führerstand auf die nun waagrechte Scheibe gepresst. Hier, im Moment des Durchbruchs, wo Demontage und Offenbarung eins werden, erfasst ihn eine »gespensterhafte Heiterkeit«. Ist es das Glück der Freiheit oder das Glück der Erkenntnis? Wir wissen es nicht. Dürrenmatt hat uns diesen Schluss in zwei Fassungen zurückgelassen. Beide Male fragt der Zugführer: »Was sollen wir tun?« Im Erstdruck, 1952, lautet die Antwort des jungen Mannes: »Nichts. Gott ließ uns fallen und so stürzen wir denn auf ihn zu.« In der späteren Fassung, seit 1978, lautet die Antwort: »Nichts.« Man könnte versucht sein zu sagen, der Autor habe demonstrativ Gott durch das Nichts ersetzt, den Glauben durch den Nihilismus. Das wäre zu einfach. Der erste Schluss ist ein Paradox, kein theologisches Bekenntnis, und der zweite – »Nichts.« – meint grammatisch nicht das Substantiv, sondern die adverbiale Bestimmung: »nichts tun«. Beide Varianten sind mehrdeutig, uns allein zur letzten Auslegung überlassen.

Wenn man das einmal weiß, sieht man die Signale, die auf die Dynamik von Demontage und Offenbarung verweisen, viel rascher. Auch in der Novelle *Pilatus* lässt sich bereits der erste Satz so lesen. Der eminent filmisch erzählte Text beginnt mit dem Aufspringen eiserner Türen. Sie öffnen sich dem thronenden Pilatus gegenüber, am Ende eines riesigen Saals. Wie der Auftakt zu einem Historienstreifen in der Art von *Ben Hur* oder *Spartacus* nimmt sich das aus oder wie der Kapitelanfang aus einem altmodischen Geschichtswälzer à la *Quo vadis?*, knallig, spektakulär. Und farbensatt, geformt, optisch kalkuliert bleibt die Erzählung durchaus, ein Fest für die inneren Augen. Man achte nur etwa auf die Lichtregie der Geißelungsszene. Und doch darf der Leser den sinnlichen Verlockungen des erzählenden Malers nicht auf den Leim gehen. In diesem Text ereignet sich mehr und anderes als in den üblichen Nacherzählungen biblischer Stoffe. Dass und warum Jesus gekreuzigt wird, ist nebensächlich. Wichtig ist allein, was mit Pilatus geschieht. Er als einziger erfährt die Offenbarung. Im Moment, da die eisernen Türen aufgehen und er das Gesicht des Gefangenen sieht, geschieht, was die ganze Geschichte ausmacht: das Hereinbrechen des ganz Andern. Blick trifft in Blick, voll und ungedämpft, zum ersten und einzigen Mal, und Pilatus weiß, dass er einen Gott gesehen hat. Sonst weiß das keiner, die Soldaten nicht, der Pöbel nicht, Jünger sind ohnehin keine da. Er, Pilatus, ist der Singuläre, dem dies zustößt. Wie die Gerechtigkeit in der *Panne* allein durch den armen Traps fährt, wie sich »das Schreckliche« im *Tunnel* allein dem Vierundzwanzigjährigen zeigt, sieht allein Pilatus in diesem Gefangenen das Namenlose, das er »den Gott« nennt. Damit muss er umgehen. Wie er es tut, davon handelt die Erzählung. Wie wir, die Leser, mit dem Ende der Erzählung umgehen, mit diesem Pilatusgesicht, das gespenstisch das Gesicht des toten Gottes wiederholt, so dass einem in der Erinnerung fast nur diese zwei Gesichter bleiben, das ist unsere Sache. Niemand hilft uns dabei. Der Autor schon gar nicht. Wir sollen uns an seinen Geschichten abarbeiten, wie er sich an den Visionen abarbeiten musste.

Ist auch der Hund in der frühen Erzählung gleichen Namens beides zugleich, ein leibhaftiges Ungeheuer und das »Ungeheure«, das bei Dürrenmatt durch die vordergründige Ordnung bricht?

Wiedergeburten

Das Leben dieses Autors ist geprägt von zwei wiederkehrenden Vorgängen, vom Scheitern an der Vision und vom großartigen Glücken. In seinen späteren Jahren begann er über diese Doppelung nachzudenken, und da bei ihm alles Nachdenken sofort produktiv wurde, schrieb er die Geschichte seines Lebens als Geschichte der unbewältigten Visionen. *Stoffe* nannte er diese, sehr verharmlosend. Wer sorgfältig liest, merkt allerdings rasch, worum es geht, merkt es, genau gesagt, schon auf der zweiten Seite des ersten *Stoffe*-Bandes. Dort heißt es nämlich: »Nicht meine Gedanken erzwingen meine Bilder, meine Bilder erzwingen meine Gedanken.« Und da er denn also die Geschichte seiner scheiternden Unterfangen schrieb – die meisten Autobiographien beschäftigen sich mit dem Gegenteil: »Seht her, was ich für ein Kerl war!« –, musste er auch die Visionen schildern, mit denen er vergeblich gerungen hatte. Das ergab eine ganz neue literarische Form. Er beschreibt, was ein Stück hätte werden sollen, aber daraus wird jetzt mehr als ein dokumentarisches Zeugnis, wird eine Erzählung eigener Art. Unverhofft steht man vor einem selbständigen Werk. Der erzählte *Stoff* ist zur Novelle geworden. Nichts zeigt das herrlicher als der *Brudermord im Hause Kyburg* – ein Prosastück, hingetrommelt wie ein Schlagzeugsolo, fünf Seiten bloß, aber von zyklopischem Witz und eine Kritik des Fortschrittsglaubens, die alle Aufklärung als hilflosen Gelehrtentraum erscheinen lässt. Man darf sich auch darüber ärgern.

So ist *Der Tod des Sokrates* entstanden, eine Prosakomödie von Rang, und doch ein Zeugnis mit traurigem Hintergrund. Der Stoff hätte zu Dürrenmatts letztem Stück werden sollen. Weil er sich von den Theatern verraten sah und von der deutschen Kritik zum Clown diffamiert, stellte er die Arbeit an dem Werk ein. In den Theatern herrschten jetzt jene, die er einst geärgert hatte, weil er ihren romantischen Marxismus romantisch fand. Inzwischen hatten zwar auch sie die dekorativen Sicheln und Hämmer in den Schrott geworfen, aber dass er damals nicht mitgelaufen war, verziehen sie ihm weiterhin nicht. Sie zahlten es zurück mit Ignorieren und Ignoranz.

Den visionären Kern des Unternehmens macht Aristophanes aus, der große Komödienautor, der, als Sokrates maskiert, an dessen Stelle stirbt. »Er sei zum Gespött der Kritiker geworden, seine Komödien würden als Klamauk abgetan«, meint er. (Das dürfte deutlich genug sein!) Er rettet den verurteilten Sokrates, damit dieser in den Dienst des Herrschers von Syrakus treten und politisch nützlich werden kann. Aber Sokrates muss trotzdem sterben, auf gleiche Art wie Aristophanes, dessen Opfer dadurch sinnlos wird. Der Grund ist großartig in seiner Absurdität: Er trinkt den Herrscher unter den Tisch, und darauf steht die Todesstrafe. (Dass der historische Sokrates tatsächlich alle unter den Tisch trank, ist in Platons *Symposion* nachzulesen.) Im herrlichen Finale der Erzählung stellt Xanthippe, Sokrates' vielverleumdete Frau, alles klar. Sie hält eine Rede, in der sich Dürrenmatts politische Skepsis, seine Verachtung aller blutigen Ideologen und

Weltverbesserer, mit einem ergreifenden Entwurf des richtigen Lebens verbindet. Diese Rede durften wir nicht von der Bühne herunter hören; jetzt können wir sie wenigstens nachlesen.

Leserprovokationen

Die schärfsten Herausforderungen für den Leser stellen die Erzählungen *Das Sterben der Pythia* und *Der Auftrag* dar. Während *Abu Chanifa und Anan ben David,* die in den großen Israel-Essay eingelegte Parabel über Hass und Versöhnung zwischen dem Islam und dem Judentum, noch leicht zu lesen ist, weil alles sich um die deutliche Situation der zwei Gegner dreht, die nicht imstande sind, in den Augen des Feindes den eigenen Gott zu erkennen – »Jahwe ist Abu Chanifa und Allah Anan ben David gewesen« –, sind *Pythia* und *Auftrag* auf die provokativste Art darum bemüht, jede Deutlichkeit zu sabotieren. In diesen Werken waltet eine merkwürdige Dialektik. Sie sind Produkte des Scharfsinns, folgerichtig bis ins letzte Detail, niemals dahinfabuliert, sondern überwacht und berechnet. Dennoch ziehen sie den Leser in einen immer schneller kreisenden Wirbel von Ereignissen, plötzlichen Umschlägen, unvorhersehbaren Katastrophen und Rettungen. Das will zunächst einmal ausgehalten sein. Wenn man die Provokation annimmt, entdecken sich beide Erzählungen als Verkettungen visionärer Einzelszenen im Dienste eines übergreifenden Gedankens.

Auch hier geht es um Demontage und Offenbarung. Die *Pythia*-Geschichte, eingefügt in den Band *Der Mitmacher – ein Komplex,* stellt sich den Fragen des Glaubens, der Religion, der Vorsehung und des von den Göttern verfügten Schicksals in einer – wie könnte es anders sein? – hochkomödiantischen Weise. Sie greift eine der zentralen Fabeln der europäischen Literatur auf, das tragische Geschick des Ödipus. Sein Leben war nach der Überlieferung verstrickt in Orakelsprüche, die falsch verstanden wurden und so das Unheil, vor dem sie warnten, erst herbeiführten. In diesen Orakeln verkörperte sich das dunkle Wirken der Götter. Bei Dürrenmatt sind alle Orakel Lug und Trug, Einrichtungen, die von den Priestern zur eigenen Bereicherung erfunden wurden. Die zwei Hauptfiguren des Systems, die

Pythia und der Seher Teiresias, treiben das Spiel auf je eigene Weise. Die Pythia phantasiert ins Blaue hinein, wenn sie weissagen soll, und verachtet die Frommen, die den Unsinn glauben. Teiresias hingegen macht die Religion zum politischen Instrument und sucht seine Ziele mit Hilfe kalkulierter Seherspüche zu erreichen. In einem turbulenten Treiben, das Massen von mythischen Berichten aufwühlt, werden die Orakel in ihrer Scheinhaftigkeit entlarvt; zuletzt aber müssen gerade die zwei betrügerischen Pfaffen, Teiresias und die Pythia, erkennen, dass dennoch alles wahr war, was sie prophezeiten, das Erdichtete wie das Erlogene. Das religiöse System wird demontiert, und dahinter taucht rätselhaft, unbegreiflich eine andere Wahrheit auf. Diese hat sich, scheint es, ihrerseits der priesterlichen Lügner und Betrüger bedient.

Wenn das *Sterben der Pythia* in jener Frühzeit spielt, als sich die mythische Erfahrung erstmals der Vernunft gegenüber sah, spielt der *Auftrag* heute, am vorläufigen Ende der Zivilisationsgeschichte. Der Untertitel *Vom Beobachten des Beobachters der Beobachter* benennt nicht nur ein Hauptelement des tumultuarischen Geschehens, sondern auch das existentielle Problem, um das es der Geschichte dringend geht. Im Teil 5, diesen wenigen Seiten, die aber zum Wichtigsten zählen, was Dürrenmatt je geschrieben hat, wird dem Prozess der Geschichte eine unerhörte Diagnose gestellt. Über Jahrtausende hin hat die Menschheit daran gearbeitet, die Götter loszuwerden, welche allbeobachtend über ihr hausten, hat sich bemüht, das riesige Auge Gottes zu blenden, dem nichts entging, was auf der Erde geschah. Endlich ist der Himmel leer, und nun zeigt es sich, dass nichts entsetzlicher ist, nichts unerträglicher, als von niemand gesehen zu werden. Wer nicht wahrgenommen wird, hängt in einer tödlichen Leere. Aus der alten Panik des unablässigen Beobachtetseins stürzt die Menschheit geradeaus in die neue Panik des Nicht-mehr-gesehen-Werdens. Daher beginnt sie, Systeme der Überwachung zu entwickeln, wie es sie noch nie gegeben hat. Angeblich aus Schutz gegen die Feinde, in Wahrheit aber, um von den beobachteten Feinden selbst wieder beobachtet zu werden. Nur nicht sinnlos in der Leere verzischen! Die voranstürzende Handlung, die sich aller Effekte der Kriminal- und Abenteuerliteratur bedient, vom Klischee in die Vision springt und von den Visionen wieder in die Klischees, wird zu einem Staccato von Demontage und Offenbarung. Man kann es nur bestehen, wenn man sich dem Tempo verweigert und ganz langsam, ganz genau verfolgt, wie der im 5. Teil angesetzte Gedanke hinter der splitternden Action weiter und zu Ende geführt wird.

Dass eine der letzten Erzählungen Dürrenmatts, *Selbstgespräch,* im Untertitel datiert auf den 11. Dezember 1985, nichts Geringeres darstellt als einen Monolog Gottes, erscheint so überraschend wie konsequent. Der Verleger Daniel Keel hatte den Autor gebeten, sein religiöses Credo niederzuschreiben. Der Text ist greifbar im Band *Versuche.* Gott wäre, wenn es ihn denn gäbe, die absolute Wahrheit, die Offenbarung schlechthin. Er wäre das höchste Ungeheure und also auch, falls er sich zeigen sollte, das schrecklichste Ungeheuer. Der Versuch, ihn zu denken, kann bei den Menschen nur zu falschen Bildern führen, zu Kulissen und Systemen. Den Versuch, ihn sich selber denken zu lassen, unternimmt das *Selbstgespräch.* Es endet im Paradox einer unmöglichen Aussage: Ich bin nichts. Ist das ein Spiel oder eine Erkenntnis? Ist Friedrich Dürrenmatts Lebenswerk etwas anderes als beides zugleich?

Wie Weise ist Robert Walsers Weisheit?

> Denn sobald jemand Miene macht, mir gegenüber sich zum Meisterlein zu erheben, fängt etwas in mir an zu lachen, zu spotten, und dann ist es natürlich mit dem Respekt vorbei, und im anscheinend Minderwertigen entsteht der Überlegene, den ich nicht aus mir ausstoße, wenn er sich in mir meldet.
>
> Robert Walser: *Der Räuber*

An Walsers Weisheit ist nicht zu zweifeln. Wie aber steht es mit Walsers Weisheiten? Mit Walsers Weisheiten steht es deutlich anders. Da gibt es Gemeinplätze zuhauf. Da gibt es belehrende Ausführungen, welche die Grenze von der Binsenwahrheit zur Platitüde wohlgemut überschreiten. Wer, wie es im Zuge des Walser-Kults vielfach geschieht, jede Äußerung des Autors über Welt und Menschenleben für eine Offenbarung nimmt, hat seinen kritischen Verstand am Nagel der Verehrung aufgehängt. Ich denke an Sätze wie die folgenden:

> Jugend ist etwas Herrliches, hat aber den Nachteil, dass sie von Tag zu Tag älter wird […].[71]

> Es ist für uns alle von Wichtigkeit, dass wir unser Wesen entdecken und den Grad und die Eigentümlichkeit unserer Kräfte zur Wirkung gelangen lassen.[72]

> Sinn für Sauberkeit macht überall einen günstigen Eindruck.[73]

> Man soll sich hüten, sich zu ernst zu nehmen.[74]

> Eine Gegend ist immer schön, weil sie immer von der Lebendigkeit der Natur und der Baukunst Zeugnis ablegt.[75]

> Sympathien sind seltsam; sie lassen sich mitunter kaum erklären.[76]

Mit einem edlen Menschen Freundschaft schließen und Turnen, das sind wohl zwei der schönsten Sachen, die es auf der Welt gibt.[77]

Wie ich [die Kinder] spielen sah, sagte ich mir, dass das menschliche Leben von jeher nur ein Spiel gewesen sei und dass es auch in alle Zukunft hinein ein – freilich schicksal- und zufallreiches – Spiel bleiben werde.[78]

Zu einer gesunden Einsicht zu gelangen ist für den äußern sowohl wie für den innern Menschen stets ein großer Vorteil, der mit Annehmlichkeiten verbunden ist.[79]

Und so fort. Jedem Walser-Leser ist diese Art von Tiefsinn bekannt. Und jeder Walser-Leser kennt seine reflexartigen Versuche, die Stellen zu retten, indem er sie auf angeblich zwingende ästhetische Strukturen zurückführt. Hier steckt ein Problem. Diesem Problem möchte ich nachgehen.

Die Schwierigkeit besteht nicht nur in der Frage nach der intellektuellen Substanz von Walsers Weisheiten, sie besteht ebensosehr in der Frage, warum diese in so inflationärer Häufung auftreten. Der belehrende Gestus ist in seinem Werk allgegenwärtig. Ein einziger Seitenblick auf Kafka macht dies evident. Wenn bei Walser schon der erste Satz von *Fritz Kochers Aufsätzen* den Ton anschlägt: »Der Mensch ist ein feinfühliges Wesen«,[80] so ist die Vorstellung, dass ein Kafka-Text so beginnen könnte, absurd. Nun meine ich allerdings nicht, dass Walser schreiben sollte wie Kafka oder dass Kafka die Norm sei für moderne Prosa. Das wäre ebenfalls absurd. Ich will nur verdeutlichen, mit welcher Penetranz der belehrende Gestus in Walsers Schreiben erscheint und wie er dieses prägt. Ich weiß sehr wohl, dass die Grundregel von *Fritz Kochers Aufsätzen* eine hintersinnige Altklugheit ist und dass diese Altklugheit die Kunstfigur Fritz Kocher bestimmt. Aber das besagt nur, dass das Problem bei Walser von Anfang an besteht.

Um die gestellte Frage zu beantworten, muss ich ausgreifen in die Geschichte des vormodernen Erzählens und in die charakteristische Art und Weise, wie der belehrende Gestus in diesem Erzählen hundertfünfzig Jahre lang inszeniert wurde.

Die Mentoren verkörpern die Weisheit in der deutschen Literatur

Die deutsche Literatur, deren wir uns als eines lebendigen Kontinuums bewusst sind, beginnt um die Mitte des 18. Jahrhunderts. Das ist ein merkwürdiger Schnitt. Er hängt zusammen mit einem Säkularisationssprung. Die Literatur emanzipiert sich von der theologisch-heilsgeschichtlichen Weltdeutung. Das Ziel des Menschen ist nicht mehr die ewige Seligkeit, sondern das sinnvolle Erdenleben. Darin unterrichten nun die bürgerlichen Autoren ihre Leserinnen und Leser. Die Lehre von der ewigen Seligkeit lag in den Händen der Geistlichen; die Lehre von der irdischen Seligkeit liegt in den Händen der Schriftsteller. Die Pfarrerssöhne werden Autoren. Die Väter sprachen vom jenseitigen Seelenheil; die Söhne reden vom diesseitigen Lebensglück. Prediger sind sie beide. Das prägt die deutsche Literatur bis weit in die Krisenzone der Moderne hinein.

Die bürgerliche Belehrungskultur manifestierte sich einerseits in den Kommentaren der Erzähler zu ihren Geschichten, andererseits gelangte sie zu einer großartigen Verkörperung in den Mentorfiguren. Der Mentor und was er sagt, die Mentorrede, sind unabdingbare Elemente des bürgerlichen Erzählens. Von Wieland und Goethe bis zur Moderne erscheinen die Mentoren als eine glanzvolle Kette würdevoller Charaktere und hochgemuter Redner, aus deren Mund in prägnanter Form zu vernehmen ist, was gilt. Die jungen Helden, die nun nicht mehr Abenteurer sind, sondern Werdende auf dem Weg zum selbstverantwortlichen Leben, erfahren in der Begegnung mit den Mentoren die Gewalt eines unwiderstehlichen Vorbilds und einer bewegenden Rhetorik. In diesen Personen erscheint ihnen die leibhaftige Inkarnation ihres Ziels. Deren Existenz allein schon beweist es als erreichbar. Ihr Wort erleuchtet den Pfad dahin und warnt vor den Fehltritten. Der bürgerliche Adept, der Mentor und das Ziel bilden eine Trias, die in vielfachen Abwandlungen wiederkehrt. Reiche erzähldramaturgische Handlungsmuster können sich hier entwickeln, vom Widerstand des Jungen gegen den Lehrer über das krasse Zuwiderhandeln und den Sturz in die lebensgefährliche Krise – den *rite de passage* – bis zur schließlichen Einsicht und zum Erlangen des Ziels, umläutet meistens von Hochzeitsglocken. Die Hochzeit mit der richtigen Frau ist das zeremonielle Symbol für das erreichte diesseitige Seelenheil. Zu den spektakulären Teilvarianten gehören die Liebesgeschichten mit falschen Frauen und die Gegenbilder von verkommenen Altersgenossen, gehört aber auch das zeitweilige Verfallensein an einen falschen Mentor. Es ist ein formidabler Mythos des bürgerlichen Zeitalters, was uns in diesen Mentorfiguren begegnet. Dass ihm die höhere Aura noch von den Zeitaltern des Glaubens her anhaftet, zeigt sich an Übergangsfiguren wie Sarastro oder Nathan dem Weisen. Als exemplarischer Vorgänger im noch geschlossen christlichen Raum kann der Einsiedel in Grimmelshausens *Simplizissimus* gelten.

Beispielhaft für den Einklang von körperlicher, seelischer und intellektueller Autorität im Mentor ist Archytas in Wielands *Agathon* von 1766/67, eine der ersten Ausbildungen des Typus im bürgerlichen Zeitalter. Von ihm heißt es:

> Stellet euch einen großen stattlichen Mann vor, dessen Ansehen beim ersten Blick ankündiget, dass er dazu gemacht ist, andre zu regieren, und dem ihr ungeachtet seiner silbernen Haare noch ganz wohl ansehen könnet, dass er vor fünfzig Jahren ein schöner Mann gewesen ist. [...] Stellet euch vor, dass dieser Mann in dem ganzen Laufe seines Lebens ein tugendhafter Mann gewesen ist; dass eine lange Reihe von Jahren seine Tugend zu Weisheit gereift hat; dass die unbewölkte Heiterkeit seiner Seele, die Ruhe seines Herzens, die allgemeine Güte wovon es beseelt ist, das stille Bewusstsein eines unschuldigen und mit guten Taten erfüllten Lebens, sich in seinen Augen und in seiner ganzen Gesichts-Bildung mit einer Wahrheit, mit einem Ausdruck von stiller Größe und Würdigkeit abmalt, dessen Macht man fühlen muss, man wolle oder nicht – [...] Glücklicher Agathon, der in einem solchen Mann einen Beschützer, einen Freund, und einen zweiten Vater fand.[81]

In den späteren Ausgaben des *Agathon* trägt dieser Mann seine Weisheit und Lebenskunde dem jungen Adepten in einer kapitellangen Mentorrede vor.

Die Geschichte der Mentoren in der deutschen Literatur kann hier nur skizziert werden. Erfahrene Leser kennen die großen Exemplare ohnehin. Monumental erscheint der Mentor als Kollektiv in der Turmgesellschaft von Goethes *Wilhelm Meister*, und die Mentorrede verdichtet sich dort lapidar im berühmten »Lehrbrief«.[82] Einen Sonderfall bilden die Mentoren im romantischen Erzählen, bei Novalis und insbesondere E.T.A. Hoffmann. In dessen Erzählsystem nehmen sie nicht nur eine Schlüsselrolle ein, sondern sind auch in ein Zwielicht getaucht, das bereits auf die Moderne vorausweist. Meister Abraham im *Kreisler*-Roman wäre hier zu nennen, Archivarius Lindhorst im *Goldnen Topf* und die Doppelfigur Spalanzani/Coppelius im *Sandmann*.[83] Der romantische Mentor ist scharf gegenbürgerlich; er betreibt die Initiation ausgewählter Jünglinge in die Geheimlehren der Kunst und lehrt sie die Verachtung der Spießer. Der Gegenzug zur Romantik, man mag ihn Realismus nennen, kehrt dann rasch zur lebenspraktischen Belehrung zurück. Jetzt treten die hohen Gestalten des 19. Jahrhunderts auf, der Bodenbauer Johannes in Gotthelfs *Uli der Knecht*, der Graf in Kellers *Grünem Heinrich* und sein weibliches Pendant, die Frau Regel Amrain im ersten Teil der *Leute von Seldwyla,* der Freiherr von Risach in Stifters *Nachsommer* und der Chef des Kaufhauses Schröter in Gustav Freytags *Soll und Haben*, dem bürgerlichen Musterroman schlechthin. Alles, wogegen die Moderne anschreiben wird, ist in *Soll und Haben* exemplarisch gegeben, vom penetrant sprechenden Namen des jungen Helden, Anton Wohlfart, bis zu dessen schließlicher Braut, welche jahrelang still auf ihn wartet. Sie ist die Schwester des Chefs und besiegelt so nahezu inzestuös die Identifikation des Jünglings mit seinem geistigen Vater. Dass einer die Lebensfrau aus den Händen des Mentors erhält, ist ein exquisiter Topos in diesem Feld.

Bezeichnend ist die erste Begegnung von Jüngling und Mentor in *Soll und Haben*. Sie ist fast wortlos und bestätigt so die Macht, die von der Person des Mentors allein schon ausgeht:

> [Da] trat aus dem zweiten Kontor ein großer Mann mit faltigem Gesicht, mit stehendem Hemdkragen, von sehr englischem Ansehen. Anton sah schnell auf das Antlitz, und dieser erste Blick, so ängstlich, so flüchtig, gab ihm einen guten Teil seines Mutes wieder. Er erkannte alles darin, was er in den letzten Wochen ach so

oft ersehnt hatte, ein gütiges Herz und einen redlichen Sinn. Und doch sah der Herr streng genug aus, und seine erste Frage klang kurz und entschieden.[84]

Der Mentor als säkularisierte Gestalt erscheint sehr schön in Gotthelfs Meister Johannes. Dieser hält seine Mentorrede, als er mit Uli, dem liederlichen Knecht, in der Nacht auf dem Bänklein vor dem Stall sitzt. Die beiden warten auf die Geburt eines Kalbes, und der Meister berichtet in seiner Rede, was der Pfarrer einmal über das richtige Leben eines Knechtes gepredigt habe. Das bewegt Uli tief. Gotthelf selbst hat ja die Mutation des geistlichen Seelenführers zum bürgerlichen Autor in Personalunion durchgeführt; dieser Vorgang zeigt sich hier sogar in der Struktur der Mentorrede. Der drohenden Betulichkeit des Geschehens aber begegnet der herrliche Erzähler Gotthelf, indem er die Rede durch das Stöhnen der gequälten Kuh unterbrechen lässt und abschließend von der Geburt im Stall berichtet: »Es ging alles gut, und endlich war ein schönes, brandschwarzes Kälbchen da mit einem weißen Stern, wie beide noch nie eins gesehen.«[85] Schöner kann man die Geburt des Guten in der Seele nicht versinnlichen.

Die jungen Helden sind alle auf ihrem Weg. Sie sind alle gefährdet. Die Mentoren kennen das Ziel, sie weisen das Ziel, sie verkörpern leibhaftig das Ziel. Die Jungen wissen nun, was gilt. Sie müssen aber den Weg selber gehen, mit dem Willen zum erkannten Ziel. Noch immer können sie scheitern. Dafür gibt es dann allerdings keinen Freispruch mehr. Die Autoren und ihre Leser sind sich in dieser Sache einig. Gilt doch die Mentorenrede ebenso den Lesern wie den jungen Helden.

Und jetzt? Was hat das alles jetzt mit Robert Walser zu tun?

Walser dreht die Mentorrede um

Robert Walser mischt dieses Modell anarchisch auf. Seine zentrale Figur ist der Jüngling auf dem Weg, also die genaue Kerngestalt des bürgerlichen Erzählens. Der Jüngling, heißt das, der eines Tages auf den Mentor trifft und von diesem in der Mentorrede den rechten

Weg gewiesen und das Ziel gesteckt bekommt. Was aber tut der Walserjüngling? Er nimmt dem Mentor auf der Stelle das Wort aus dem Mund und hält die Mentorrede selbst, als Gegenrede, rhetorisch so hochgemut wie das Vorbild und gleichermaßen gespickt mit Weisheiten und Lebenslehren.

Oft lässt er dem Mentor kaum Zeit zu einem Satz, wie etwa am Anfang der *Geschwister Tanner*, der unverkennbar als Kontrafaktur zu Freytags *Soll und Haben* angelegt ist. So spärlich Freytags Roman in der Moderne und von den Modernen diskutiert wird, so präsent ist er doch als Inbegriff einer Kunst und Moral, von der man sich wegschreibt. Auch für Thomas Manns *Buddenbrooks* dürfte er in diesem Sinne wichtig gewesen sein. Die Freytagsche Apotheose des Kontors, des kaufmännischen Büros voller fleißig-flinker Schreiber, wirft ihren Schatten sogar noch auf Kafkas Werk. In den ersten drei Sätzen der *Geschwister Tanner* erscheint nun für eine Sekunde der genaue Umriss des bürgerlichen Mentors:

> Eines Morgens trat ein junger, knabenhafter Mann bei einem Buchhändler ein und bat, dass man ihn dem Prinzipal vorstellen möge. Man tat, was er wünschte. Der Buchhändler, ein alter Mann von sehr ehrwürdigem Ansehen, sah den etwas schüchtern vor ihm Stehenden scharf an und forderte ihn auf, zu sprechen.[86]

Die traditionelle Hierarchie erscheint hier völlig intakt, bis hin zur körperlichen Autorität des Chefs und zur gegensätzlichen Beschaffenheit des Jünglings. Niemand käme auf den Gedanken, dass dieser im nächsten Moment zu einer Rede über drei Seiten hin ansetzen könnte, bei der er den verdutzten Prinzipal förmlich in den Senkel stellt. So geschieht es aber in der Tat.

Der Gestus der Gegenrede als solcher ist wichtiger als ihr Inhalt. Der Adept inszeniert sich selbst als Mentor und macht diesen zum Adepten. Dabei fließt der Walserjüngling von Weisheiten und Einsichten über, die er mit der gleichen apodiktischen Schroffheit vorträgt, in der die Mentorrede daherzukommen pflegt. Er duldet sogar noch weniger Widerspruch als die Mentoren, die doch meistens die Unerfahrenheit ihres Gegenübers in Rechnung stellen. Wo der Walserjüngling die Mentorrede nicht mit einer Gegenrede erledigt, erledigt er sie durch wortloses Ignorieren, durch eine nahezu brutale

Kommunikationsverweigerung. In den *Geschwistern Tanner* zeigt sich dies etwa in Simons Verhalten gegenüber seinem ältesten Bruder Klaus, dem bürgerlich erfolgreichen Wissenschaftler, der, wie es heißt, »im Leben einen festen, achtunggebietenden Boden unter die Füße bekommen«[87] hatte. Klaus macht sich Sorgen um Simon, fühlt sich zur Vaterrolle verpflichtet und setzt wiederholt zu langen Belehrungen an. Das erste Mal geschieht dies wenige Tage nach Simons erwähntem Eintritt in das Kontor der Buchhandlung, bei welchem Ereignis dieser, das muss erwähnt werden, den Satz hatte fallen lassen: »Bei Ihnen, Herr Buchhändler, werde ich es sicher jahrelang aushalten können.«[88] Ein Mahn- und Lehrbrief von Klaus trifft nun bei Simon ein, worin unter anderem steht:

> Mache doch einmal etwas, das einen berechtigen könnte, an Dich, sei es in dieser oder jener Hinsicht, noch zu glauben. [...] Harre aus, füge Dich drei oder vier kurze Jahre unter eine strenge Arbeit, folge Deinem Vorgesetzten, zeige, dass Du etwas leisten kannst, aber auch, dass Du Charakter besitzest, dann wird sich Dir eine Bahn eröffnen [...]. Noch ist es Zeit, dass Du ein ganz hervorragend tüchtiger Kaufmann werden kannst, und Du weißt gar nicht, in welchem Maße gerade der Kaufmann Gelegenheit hat, sein Leben zu einem von Grund auf lebensvollen Leben zu gestalten.[89]

Simon aber ist am selbigen Tag bereits wieder aus der Buchhandlung ausgetreten, nicht ohne dabei dem ehrwürdigen Buchhändler erneut eine fulminante Rede zu halten, die mit dem kostbaren Satz beginnt: »Sie haben mich enttäuscht, machen Sie nur nicht solch ein verwundertes Gesicht, es lässt sich nicht ändern, ich trete heute aus Ihrem Geschäft wieder aus[...]«[90] In diesem Satz allein schon steckt die ganze Rollenumkehr. Zuhause findet Simon dann den erwähnten Brief. Er beantwortet ihn nicht. Das perlt einfach an ihm ab. Ganz ähnlich reagiert er wieder gegen Ende des Buches auf eine lange Rede dieses Bruders. Er hört zwar zu, geht aber auf kein einziges von dessen Argumenten ein, sondern sagt nur: »Warum bist du sorgenvoll an einem so schönen Tage, wo das Hinschauen in die Ferne einen in Glück zerfließen macht?«[91] Dieser Satz pulverisiert die ganze Erziehungsaktion mitsamt ihrer sittlichen Grundlage.

Das Glück als Gegenzug zur Karriere

Das Stichwort vom Glück in Simons Satz ist von zentraler Bedeutung. Es erklärt den Aufwand, den Walser sowohl mit den Mentoren und ihren Reden, wie auch mit den Gegenreden betreibt. Das Glück, und zwar präzise so wie in der zitierten Stelle: Das Glück eines einzelnen Tages, wird zum Schlüsselargument der Walserjünglinge. Der Idee dieses Glücks steht in der Mentorrede die ebenso eindeutige Idee des Lebensziels scharf kontrastierend gegenüber. Das Glückskonzept der Walserjünglinge ist unvereinbar mit dem Zielkonzept der Mentoren. Der bürgerliche Mentor, wir haben es gesagt, weist den jungen Leuten das Ziel in der Zukunft, das erfolgreiche Leben in der bürgerlichen Gesellschaft. Auch die Mentoren operieren dabei mit dem Glück, einem ganz andern allerdings. Wie sich der Christ sein Ziel im Jenseits nicht ohne ein Höchstmaß von Seligkeit denken kann, kann sich der Bürger sein Ziel im Diesseits nicht ohne ein entsprechendes Höchstmaß von Glück denken. Denn nur wenn das erreichte Lebensziel auch ein maximales Glück darstellt, geht das pädagogische Modell auf. Deshalb verbinden die bürgerlichen Erzähler den Moment, in dem das Ziel erreicht wird, stets mit erotischem Jubel und sexueller Belohnung. Das Hochzeitsbett steht für den irdischen Himmel. So will es die Zeichensprache dieses Erzählens.[92]

Die Walserjünglinge vernehmen das alles aus dem Munde der Mentoren, und auf der Stelle zerschlagen sie genau diese Verbindung von Glück und Ziel. Der zitierte Satz spricht es aus: »Warum bist du sorgenvoll an einem so schönen Tage, wo das Hinschauen in die Ferne einen in Glück zerfließen macht?« Ihr Glück ist völlig anderer Natur als jenes, woran die Mentoren denken. Glück steht damit gegen Glück, unversöhnlich. Das Glück hier und jetzt, an diesem heutigen Tag, die vollkommene Seligkeit einfach weil der Tag schön ist und die Seele weit, unterscheidet sich radikal vom Glück dereinst, nach harten Jahren der Selbstwerdung in einer bürgerlichen Karriere mit ihrer strengen Askese.

Soviel dürfte einleuchten. Was aber ist nun die Folge für das Konzept des Lebens? Wenn das bürgerliche Glück an das Karriereziel gebunden ist, das Glück des Walserjünglings aber dieses Glück ausschließt, dann muss der Kern jeder Mentorrede, jenes Ziel, das der Mentor schon in seiner leibhaftigen Person verkörpert, von ihnen verworfen werden, ganz grundsätzlich. Die *Zielverweigerung* wird so zum Herzstück in der vom Autor immer neu unternommenen Inszenierung des Walserjünglings und seiner dramatischen Kollision mit dem Mentor. Das heißt aber, wenn wir logisch weiter schließen, dass in dem Maße, in dem der Mentor das bürgerliche Lebensziel leibhaftig verkörpert, sein Widerpart ebenso leibhaftig dessen Gegensatz verkörpern muss. So wie der Mentor das Ziel bereits *ist, ist* der Walserjüngling bereits das Gegenziel.

Hier kommen wir nun in Sprachschwierigkeiten. Das Wort *Gegenziel* ist im Grunde falsch; denn es meint immer noch etwas Zukünftiges, worum man sich bemüht. In Wahrheit ist das, was der Walserjüngling will, reine Gegenwart. Diese kann nur über Negationen benannt werden. Hier wurzelt der unabsehbare Diskurs der Verneinung in Walsers Werk, des Redens in Negationen, das Insistieren auf dem, was nicht ist und was nichts ist. »Nichts« wird zum dramatischen Schlüsselwort des Autors. Alle diese Negationen, die so oft die Textanfänge prägen und refrainartig wiederkehren, meinen insgeheim nur das eine, das Gegenziel als Nichtziel und damit die Destruktion dessen, was die hohe Botschaft der Mentorrede ausmacht.

Man darf nicht vergessen: Die hohe Botschaft der Mentoren meinte ein diesseitiges Äquivalent zum christlichen Himmel. Also muss auch Walsers Nichtziel oder besser: sein Zielnichts diesen Charakter haben. Sonst wäre die ganze Aktion sinnlos. Und tatsächlich fällt Walsers Zielnichts zusammen mit einem absoluten Glück, einem rasenden Glück im Jetzt, das von keiner Zukunft wissen will, das da ist, *hic et nunc*, als der einzige dem Menschen zugängliche Himmel. Dieser steht unter der Bedingung der Zielverweigerung. Der geringste Gedanke an ein Ziel im Sinn der Mentoren müsste das Glück im reinen Jetzt zerstören, aus dessen Verkündigung Walsers Werk zu großen Teilen besteht. »So ist es schön. Nur so! Nichts in der Welt ist mein, aber ich sehne mich auch nach nichts mehr. Ich kenne keine Sehnsucht mehr.«[93] Simon Tanner stößt diesen Ruf – mit drei Negationen: nichts, nichts, keine – gegenüber der Vorsteherin des Wirtshauses am Zürichberg aus, mitten in der ergreifendsten Gegenrede von Walsers ganzem Werk. Dem Tasso Goethes gab ein Gott, zu sagen, was er leidet. Dem Walserjüngling gab ein Gott, zu sagen, was er genießt.

Wir können die Logik der zwei Systeme noch weiter führen. Wenn zum Glück im Sinne der Mentoren die Frau gehört, die das erreichte Ziel besiegelt, was geschieht nun mit der Frau, was geschieht mit Liebe und Erotik im Raum der Zielverweigerung? Die Frau kann nicht mehr Ziel sein. Sie wird nicht mehr erobert. Dennoch ist sie ein Element des Glücks im reinen Jetzt. Darauf beruht die Distanzerotik der Walserjünglinge, die kein Verzicht ist, keine Askese, sondern eine Fülle von Genüssen. Genuss ohne Umarmung. So entsteht ein Don Juan der Vorlust.

Walsers Zielverweigerung und die Krise der modernen Mentoren

Und Walsers Weisheit? Walsers Weisheiten? Die erschütternden Einsichten, die uns treffen können wie ein schwarzer Blitz, und die Platitüden, um die wir uns peinvoll herumdrücken? Ist diese Zielverweigerung Weisheit? Der maßlose Hedonismus der gelebten Stunde, ist er Weisheit? Die Trance des Glücks im reinen Jetzt, die jederzeit umschlagen kann in die Verfinsterung – denn eigentlich gibt es ja nur diese zwei Zustände, das Glück und die Verfinsterung – ist sie eine Form von Erkenntnis? Kann man sie lehren und den Kindern mit auf den Weg geben?

Mit diesen Fragen ist das große Missverständnis verbunden, auf dem nicht zuletzt auch der Walser-Kult beruht. Dieser brach in den späten Siebzigerjahren aus und gipfelte im gewaltigen Spektakel von 1978, als die vereinigte deutsche Literatur nach Zürich reiste, um im Schauspielhaus und im Volkshaus Robert Walser vorzulesen. Es war die Zeit, da die revolutionäre Zuversicht der Achtundsechziger in die Krise geriet. Eine Generation verbitterte. Nun dachte man nicht mehr an Barrikaden, wohl aber an eine grimmige Abkehr von dem bekämpften System. Was jetzt aufblühte, war eine Kultur der Aussteiger. Man zog mit drei Ziegen und sieben Hühnern ins Centovalli. Da man den verhassten Kapitalismus nicht vernichten konnte, suchte man eine Gegenexistenz. Man gründete kleine Gemeinschaften ohne Hierarchie und Profit, mit radikaldemokratischer Mitbestimmung. Otto F. Walter schrieb seine Aussteigerromane *Die Verwilderung* und *Wie wird Beton zu Gras?* Das magische Wort war *alternativ*; die tödlichen Schimpfwörter waren *integriert*, *etabliert* und *autoritär*. Was immer einen Sprung aus dem System andeutete, bekam einen eigenen Glanz. Und plötzlich erschien Robert Walser als der Prophet aller Aussteiger, als der Heilige und Märtyrer des alternativen Lebens. Das brauchte gar nicht weiter begründet zu werden. Es war so – mit der Evidenz eines Sonnenaufgangs.

Robert Walser hatte kein soziales Programm, und an der Abschaffung dessen, was man damals Spätkapitalismus nannte, war er in keiner Weise interessiert. Er hatte auch keine Botschaft, obwohl der didaktische Gestus sein Werk durchzieht. Was sollte man denn bei ihm lernen? Demut? Bescheidenheit? Oder das Glück, Diener zu sein und auf eine Ohrfeige von der Hand der Hausfrau zu hoffen? Jeder Versuch, Walser eine Botschaft zu unterstellen, läuft auf das Unternehmen hinaus, Walsers Sabotage des bürgerlichen Wertesystems durch ein neues, nicht minder bürgerliches System und neue Mentorreden zu ersetzen. Denn was ist bürgerlicher, spießbürgerlicher sogar bis zur Penetranz, als die Lehren von Demut, Bescheidenheit und Selbsterniedrigung, die man Walser direkt oder indirekt unterstellt? Sind das nicht genau jene sogenannten Tugenden, die man seit dem 18. Jahrhundert den Frauen eingetrichtert hat, bis sie endlich den Aufstand wagten? Die Gegenreden der Walserjünglinge sind destruktiv, und sie verharren in der Negation. Sie setzen kein Ziel. Ihr Wesen ist die Zielvernichtung. Das rasende Glück der Stunde hier und jetzt, das jederzeit in die Verfinsterung umschlagen kann, ist kein Lebensentwurf, sondern das triumphale Argument gegen jedes Ziel.

Vielleicht ist es gut, wenn man hier kurz zurückblendet in die Geschichte der Mentoren in der deutschen Literatur. Walser ist nicht der einzige, der den bürgerlichen Mentor unterhöhlt. Das geschieht auch bei Thomas Mann. Im Roman *Königliche Hoheit*, der gleichzeitig mit den *Geschwistern Tanner* entsteht, erscheint der Mentor ironisiert, gebrochen, zweideutig. Die Einheit von Idee und Erscheinung, die Gewalt der Person, wie sie Keller noch im herrlichen Schlusssatz seiner *Regel Amrain* feierte,[94] wird aufgelöst. Der Mentor wird skurril, sein Name ebenfalls. Bei Thomas Mann heißt er Doktor Überbein.

Darin steckt eine schräge Anspielung auf den Übermenschen, auf Nietzsche also, dessen antiegalitäre, antiliberale Parolen dieser Mentor propagiert. Doktor Überbein ist ein Vorläufer Naphtas im *Zauberberg*. Dort wird der junge Held, Hans Castorp, sogar mit einem Mentorenpaar konfrontiert, die beide als wütende Ideologen um die Seele Hans Castorps ringen. Settembrini ist der kuriose Überrest des bürgerlichen Liberalen, Naphta der präfaschistische Fundamentalist. Wie wenig aber sowohl Doktor Überbein wie Naphta ein gültiges Neues gegenüber der versinkenden bürgerlichen Welt darstellen, wird schon dadurch deutlich, dass sich beide am Ende sinnlos erschießen. Der Mentordiskurs mutiert bei Thomas Mann zur Tragikomödie, so wie er ja auch bei den Walserjünglingen, die dem verdutzten Mentor die Rolle stehlen und ihre schallenden Gegenreden halten, zu einem genuin komischen Ereignis wird. In der Gestalt Benjamentas aber aus dem Roman *Jakob von Gunten* findet der bürgerliche Mentor einen so dissonanten Abgesang, dass man ihn nur noch über den Kontrast zum harmonisch dröhnenden Auftakt in der Gestalt Sarastros begreifen kann. Benjamenta ist der Mentor als reine Leerform, das verkörperte Nichts und insofern dem Zielnichts des Walserjünglings tief verwandt. Die Wüste, in die Benjamenta und Jakob von Gunten zuletzt gemeinsam ziehen, der Mentor und sein Adept, ist nicht der Ort einer Neugeburt, nicht die alte Landschaft der Initiation, sondern das gänzlich ziel- und zukunftslose Jetzt.

Die Weisheiten stehen im Dienst der Kunst

Woher dann doch die Belehrungen und Weisheiten, die Walsers Texte durchziehen? Sind das denn nicht trotzdem Botschaften, kleine Botschaften vielleicht, scheue Mitteilungen, die uns anhalten möchten, ein richtiges und besseres Leben zu führen? In Wahrheit scheitern alle Versuche, Robert Walser ein ethisches Programm zuzuschreiben, an seinen Paradoxien und Widersprüchen. Das ist nicht eine Frage seiner Sittlichkeit, es ist eine Frage seiner Kunst. So wie die Walserjünglinge die Dramaturgie der Mentorszene auf den Kopf stellen, so stellen Walsers Texte das Verhältnis von literarischer Form und Botschaft auf den Kopf. In der bürgerlichen Kunst steht der gelungene Text im Dienst einer Wahrheit; sein Sinn und Zweck ist, diese zu vermitteln. In der radikalen Moderne, zu der Walser gehört, stehen alle Wahrheiten im Dienst der literarischen Form. Die Bedeutung eines Textes bemisst sich nicht nach dem Gewicht seiner Idee, sondern die Idee ist nur insofern von Bedeutung, als sie den vollkommenen Text ermöglicht. Um die schwebende Musikalität eines Stücks Prosa zu gewinnen, braucht es zwar ein Sujet, aber dazu genügt tatsächlich das nächstbeste Etwas. Je belangloser der Anlass, umso rascher schreibt sich der Text in seine herrliche Freiheit. Der Vollzug dieser Freiheit ist Walsers Kunst. Dafür beutet sie ihren Anlass aus bis zur Absurdität. Sie wiederholt, was sie schon mehrfach gesagt hat, variiert es ein drittes, ein fünftes, ein siebtes Mal, bringt immer neue Wendungen für das gleiche und entwickelt jene progressive Redundanz, in der sich die Aussage mehr und mehr verflüchtigt, die Musikalität aber steigern kann bis zur Trance. Anlass kann alles sein, eine Wurst oder Heinrich von Kleist, die Schlacht bei Sempach oder eine Zigarette, ein Nagel in der Wand oder Jesus Christus. Der krassen Differenz der Themen entspricht keine Differenz des künstlerischen Ranges. *Kleist in Thun*[95] und *Die Wurst*[96] sind zwei gleichermaßen unwiderstehliche Kunstwerke, Spitzentexte schlechthin. Sie entspringen im Raum der Zielverweigerung, wo das rasende Glück wohnt und die Weltverfinsterung. Walser verheizt alles, um nur schreiben zu können, Banalitäten und Tragödien, Quatsch und Tiefsinn. Was wir dabei nicht kennen, eine biographische *black box*, ist seine innerste Erfahrung im Akt dieses Schreibens. Darüber gibt es von ihm nur Andeutungen. Zu vermuten ist, dass auch sie zwischen den Polen des Glücks und der Verfinsterung schwebte. Auch Walser muss, wie Kafka, den Akt des Schreibens als Ekstase gekannt haben, als Höhenflug und Intoxikation, aber anders als Kafka, der seine Geliebten darüber schonungslos zu unterrichten pflegte, hat er es nie eingestanden.

So muss man nun auch Walsers Weisheiten sehen. Auch sie ermöglichen den Text, den nächsten Satz vielleicht, der dann den übernächsten zeugt. Deshalb können sie abgründig sein oder trivial. Beides tut den Dienst. Wie er in seinen Texten nur deshalb so gern spazieren geht, weil ihm hier jederzeit etwas begegnet, das eine weitere Prosapassage ermöglicht, kann er auch durch sittliche Landschaften spazieren, moralische Probleme aufrollen und dabei beliebige Themen aus dem pädagogischen Diskurs der Vormoderne streifen. *Fritz Kochers Aufsätze* sind der erste Spaziergang dieser Art. Dort ist aber auch das erste offene Bekenntnis zu dieser Ästhetik zu finden:

> Ich schreibe über alles gleich gern. Mich reizt nicht das Suchen eines bestimmten Stoffes, sondern das Aussuchen feiner, schöner Worte. Ich kann aus einer Idee zehn, ja hundert Ideen bilden, aber mir fällt keine Grundidee ein. Was weiß ich, ich schreibe, weil ich es hübsch finde, so die Zeilen mit zierlichen Buchstaben auszufüllen. Das »Was« ist mir vollständig gleichgültig.[97]

Walser und Flaubert oder die »Entkellerung«

Diese Passage liquidiert den bürgerlichen Kunstbegriff, den die ernsten Mentoren einst umkränzt haben wie die Sibyllen und Propheten den Raum der Sistina. Walser hat wohl nicht gewusst, dass er hier fast wörtlich das ästhetische Konzept Gustave Flauberts formulierte, wie es in dessen Briefen vielfach dokumentiert ist.[98] Flaubert bestritt rabiat die didaktische Pflicht der Literatur, ihren vorgeschriebenen Moralgehalt, und er kämpfte gegen die Hierarchie der Themen, gegen die Meinung also, dass das hohe Kunstwerk den hohen Gegenstand voraussetze und der niedere Gegenstand zu einem niederen Kunstwerk führe. Er suchte gezielt die Banalität, um daran vorzuführen, was ihm das Höchste war, *le style*, die literarische Vollkommenheit. »Bien écrire *le médiocre* […] cela est vraiment diabolique. […] Ça s'achète cher, le style!«[99], schreibt er einmal. – Das Mittelmäßige gut zu beschreiben, das ist wahrhaftig verteufelt schwer; er kommt einen teuer zu stehen, der Stil!

Und einer der berühmtesten literaturtheoretischen Sätze überhaupt ist seine Aussage, dass er am liebsten ein Buch über nichts, »un livre sur rien«, schreiben würde. Das ist inzwischen ein diffuser Gemeinplatz geworden, nicht aber seine Begründung: »un livre sans attache extérieure qui se tiendrait de lui-même par la force interne de son style« – ein Buch ohne äußere Anbindung, das sich aus sich selbst erhält, allein durch die innere Kraft seines Stils.[100] Genau diese innere

Gewalt der geformten Sprache, die allein den Text trägt und zusammenhält, macht Walsers Kunst aus; sie ist sein Ehrgeiz. Es gibt kein Sujet, an dem sich diese Gewalt nicht entzünden könnte. In einer unbezahlbaren Passage hat er das selbst dargestellt. Im Text *Der Buchdeckel* erzählt er, wie er einmal ein Buch geschrieben habe, in schrankenloser Hingabe, ohne an Essen und Schlafen zu denken, immer dicker sei es geworden, »die Handschrift wog schon zweieinhalb Pfund«. Und dann erwähnt er auch den Inhalt – so:

> Vertreten waren alle vier Jahreszeiten. Landschaft war genügend vorhanden. Öfters ließ ich es regnen; mit Sonnenschein wurde keineswegs gegeizt. Hie und da sorgte ich für Schnee und hernach für Frühlingswetter. An Wanderungen voll Abwechslungen fehlte es so wenig wie an Stuben voll Visiten, Straßen voll Menschen, Sonntagen mit Glockengeläute, Seeufern mit Mondlicht, Frauen mit Liebschaften und Apenninen mit Banditen.[101]

Da kann man nur mit Flaubert sagen: »Cela est vraiment diabolique.« Flauberts neue Ästhetik wird oft unter den Begriff der *Debalzaciénisation*[102] gestellt; die Entbalzacisierung. Das meint den Bruch mit der vormodernen Erzähltradition. So könnte man bei Walser von der *Entkellerung* sprechen insofern, als Gottfried Keller zwar Elemente der Moderne vorweggenommen, an der Hierarchie der Gegenstände und an der pädagogischen Sendung des Autors aber streng festgehalten hat. Es ist kein Zufall, dass Walser seinen meistgehassten Zeitgenossen, den rätselhaft heftig verabscheuten Walther Rathenau, als Keller-Leser charakterisiert.[103] Das zielt nicht auf Keller als Menschen und auch nicht auf Keller als Künstler, aber auf Kellers Ästhetik als eine Norm. Diese wurde ja tatsächlich den Modernen immer wieder als das Richtige und Gesunde entgegengehalten, bis hin zu den Nationalsozialisten, die, hätten sie die Schweiz erobert, Gottfried Keller gefeiert, Robert Walser aber aus der Anstalt geholt und umgebracht hätten.

Im belehrenden Gestus, der Walsers Werk durchzieht, operiert der Autor fortwährend mit den Trümmern der Mentorrede. Bald zitiert er sie, bald kehrt er sie um. Er kann sie ironisieren, dann tut er wieder so, als nehme er sie ernst. Sie ist Material zur Fortentwicklung seiner

Texte und zur Konstruktion seiner Walserjünglinge. Die artifizielle Naivität, die einen großen Teil seines Werks bestimmt und aus der auch sein fabelhafter Witz stammt, erinnert an die Naivität des von Walser geliebten Malers Henri Rousseau. Rousseaus durchaus echte Naivität im Sinne des Kindlich-Ahnungslosen wurde vor dem Blick der Moderne, vor dem Blick der Avantgardisten, die ihn entdeckten – Jarry, Apollinaire, Picasso, Gauguin … – zu einem eminent artistischen Phänomen. Walser übersetzt es in die Gestalt seiner Sprache. Im *Räuber*-Roman lässt er den Räuber sogar das Henri-Rousseau-Bild betreten, das im Kunsthaus Zürich hängt, und er macht die Frau, die dort im Walde spaziert – im braunen, hochgeschlossenen Kleid, mit Wespentaille und mächtigen Hüften –, zu einer Mentorin, die vom Räuber knallende Gegenreden zu hören bekommt.[104]

Aber die Momente der Erschütterung beim Lesen in Walsers Büchern? Die Momente, die wir alle kennen, wenn unser Fühlen und Erkennen gleichzeitig erfasst und aufgewühlt wird? Es gibt sie, weiß Gott, aber sie lehren uns nicht das richtige Leben oder das »artige« Verhalten, um Walsers vertracktes Lieblingswort zu zitieren. Sie reden immer nur vom rasenden Glück und von der Weltverfinsterung, von den unberechenbaren Umschlägen im Raum der Zielverweigerung, unter denen Robert Walser steht wie Hölderlin unter »Gottes Gewittern«.[105]

Der Autor als Ehemann

Über Ulrich Bräkers Lebensstrategie

Das Liebesleben der Dichter ist ein altes Thema und bleibt doch immer jung. Es geht, wenn das unverblümte Adjektiv gestattet ist, brühwarm in die Werke fast aller Schriftstellerinnen und Schriftsteller ein. Bald jammert einer darüber, dass er eine Frau nicht erringen kann, bald darüber, dass er sie nicht mehr los bringt. Hier wird gejubelt über das Glück des Zusammenfindens, dort geklagt über bitteren Verrat. Es sind alltägliche Ereignisse, gewiss, aber sie können Frauen wie Männer bis auf den Tod treffen.

Spezieller allerdings, gewissermaßen berufsspezifisch, wird das Problemfeld dort, wo die Kunst eines Autors in Konkurrenz tritt zu seiner Liebe. Kunst ist nicht nur die Verbindung von Talent und Handwerk, sie ist überdies eine Leidenschaft, die keine Nebenbuhler duldet. Sie verschafft Ekstasen und Qualen, Rauschzustände und Katerstimmungen, wie sie sonst nur die Drogensüchtigen kennen. Das Tragische aber ist, dass dies die Geschlechterliebe doch nicht ersetzt. Hier öffnet sich ein Konfliktfeld, das viele Katastrophen kennt. Bei Goethes Tasso führt es in den Wahnsinn, bei E. T. A. Hoffmann fügen sich daran die Möglichkeiten von Mord und Suizid. Bürgerliche Realisten wie Gottfried Keller lösen das Problem gerne so, dass ihre Helden im Krisenfall der Kunst den Laufpass geben. Schon eine Generation später aber wendet sich etwa der Held von Carl Spittelers Roman *Imago* um seines Schaffens willen wieder von der umworbenen Geliebten und ihrem bürgerlichen Leben ab. Das ungeheuerlichste Dokument für dieses Dilemma sind Kafkas verzehrende Briefe an Felice Bauer.

Es mag nun grotesk erscheinen, wenn ein Mann wie Ulrich Bräker in diese dramatische Problemzone gerückt wird. Tatsächlich aber ist er ein eminent faszinierender Fall, dessen Komplexheit in psychologisch abgründige Bereiche führt und es darin mit jedem berühmten Künstlerroman aufnimmt. Lesen und Schreiben war für Bräker eine existentielle Passion. Das eine gab es nicht ohne das andere, und beides war für einen Mann seines sozialen Standes nicht nur ungewohnt, sondern – in dem von ihm gelebten Ausmaß – durchaus skandalträchtig. Er selbst erlebte diese Passion nicht etwa als edles Streben zum Höheren, sondern, wörtlich, als »Begierde und Leidenschaft«[106], und er bekennt, er habe gehofft, wenn er einmal verheiratet sei, werde diese Sucht aufhören; es sei dann aber nur noch schlimmer geworden. Das berühmte Doppelporträt von Joseph Reinhard zeigt ihn mit der Schreibfeder hinter dem rechten Ohr und seiner Frau Salome zur linken Seite. Damit ist das Dilemma auch malerisch inszeniert.

Jedermann weiß, dass diese Salome das war, was man gemeinhin eine böse Frau nennt. Der Dauerzank dieser Ehe kann in seinen homerischen Dimensionen nur mit dem Streit zwischen Zeus und Hera in der *Ilias* verglichen werden, auch wenn Bräker nie, wie der Göttervater, drohte, die Gemahlin öffentlich zu verprügeln.[107] Er hat sich vielmehr sein Leben lang streng an den Entschluss gehalten, seiner Frau gegenüber niemals tätlich zu werden.[108] Das wissen wir jetzt aus den späten Tagebüchern in der neuen kritischen Gesamtausgabe, so wie wir dort auch allerlei andere Dinge aus dem kombattanten Ehealltag der beiden erfahren. Förmlich bühnenreif etwa ist, was Bräker über das Aufwachen am Morgen erzählt. Er liegt dann mäuschenstill da und horcht auf die noch schlafende Gattin an seiner Seite. Lässt sie ein leichtes Stöhnen hören, weiß er, heute ist wieder Gefahr im Verzug. Bräker nennt es ein erstes Wetterleuchten. Folgt darauf aber ein lauter Seufzer, dann bricht das Gewitter mit Sicherheit demnächst los. Soll er sich nun schlafend stellen oder aus dem Zimmer fliehen? Er liegt da, horchend, und überlegt sich die beste Strategie. Aber es ist ihm klar, dass er nach diesen Vorzeichen das Unwetter so oder so bestehen muss. Und bald ist es dann auch so weit. Das Haus erdröhnt von der zornigen Frauenstimme. Aber nun kann auch er nicht mehr an sich halten und donnert zurück und schleudert Flüche wie Blitze und schmeißt gelegentlich auch einen Stuhl an die Wand. So schildert er es am 10. Januar 1739, im zweiunddreißigsten Jahr seiner Ehe.[109]

Dennoch ist er mit dieser Partnerschaft im Grunde ganz zufrieden. Genau hier liegt der faszinierende Punkt. Aus der *Lebensbeschreibung* wissen wir, dass er mit offenen Augen und klarem Entschluss in den ehelichen Dauerkrieg marschiert ist. Er betont dies mehrfach, wenn er auch den präzisen Grund nie formuliert. Dieser Grund hängt aber mit seiner Lebensleidenschaft zusammen, und da Bräker ein Schriftsteller von Rang war, dürfen wir sagen: mit seiner Kunst. Um seiner Kunst willen hat er die böse Frau gewählt. Das scheint paradox, denn gerade sein Lesen und Schreiben war ihr ja ein chronischer Dorn im Auge. Doch Bräker hatte, was seine literarische Leidenschaft betraf, nicht nur die Ehefrau zum Gegner, sondern auch sich selbst. Er wusste genau, wie viel Zeit er dafür aufwandte und für welche anderen Dinge er diese Zeit nutzbringend hätte einsetzen können, vielleicht auch einsetzen müssen. Seine geistige Arbeit stand bei ihm selbst im Verdacht der Verschwendung und Ausschweifung.

Als wesentlicher Faktor kommt hier nun aber dazu, dass Bräker tief geprägt war von den pietistischen Strömungen seiner Zeit. Seine natürliche Frömmigkeit verband sich mit einem heftigen Sündenbewusstsein und dieses wiederum mit der pietistischen Kultur einer unablässigen Selbstbetrachtung und Selbsterforschung. Wer in der eigenen Seele nach Sünden sucht, findet immer etwas. Lange Zeit war Bräkers Schreiben daher fast ausschließlich Selbstanklage und Schuldbekenntnis. Allerdings könnte man es auch so drehen: Weil er darin so ausgreifende Selbstanklagen erhob, konnte er sein Schreiben vor sich als geistliche Arbeit rechtfertigen, während es in Wahrheit ein unverstellter Genuss war, Schaffensglück und Künstlervergnügen. Irgendwann aber durchschaute er auch dies. Und nun stand er da mit seiner Leidenschaft und seinem schlechten Gewissen. Das Gewissen übt bekanntlich die grausamste Herrschaft über den Menschen aus. Es foltert die Guten noch grimmiger als die Bösen. Und Bräker war ein guter Mensch. Besessen von seiner Kunst, war er den Gewissensbissen schutzlos ausgeliefert. Da fand er das Gegenmittel. Es hieß Salome.

Als er sie zum ersten Mal sah, wusste er auf der Stelle: Das ist die Richtige für mich. Er hört zwar von allen Seiten, dass sie »verzweifelt böse«[110] sei, und tatsächlich kommt es schon bei den ersten Begegnungen unweigerlich zu heftigen Wortwechseln. Aber das hält ihn nicht ab, im Gegenteil. Er habe rasch erkannt, schreibt er, »dass unsere Seelen eben nicht gleichgestimmt waren«,[111] und fährt fort: »Aber selbst diese Disharmonie war mir nicht zuwider, und ich bestärkte mich immer mehr in einer gewissen Ueberzeugung: Diese Person wird dein Nutzen seyn – wie die Arztney dem Kranken.«[112] Die Stelle ist aufregend. Es gibt nichts Vergleichbares in der Literatur der Schweiz. Man könnte zwar meinen, Bräker hoffe, unter der Diktatur dieser Frau von seinem Schreiben, seiner Kunst befreit zu werden. Das Gegenteil ist aber der Fall. Die schlimmste Diktatur war ja sein Gewissen, und indem er das grimmige Hauskreuz heiratete, konnte er dieses Gewissen auslagern. Outsourcing nennt man das heute. Nun war die strafende Instanz ein Gegenüber, dem man gegebenenfalls die Stirn bieten konnte. Häusliche Donnerwetter sind leichter zu ertragen als die Geißeln des Gewissens. Vor dem Schimpfen der Frau verflüchtigten sich die Selbstvorwürfe, und er konnte sich vergnügt an sein geliebtes Schreiben machen. Was immer daran bedenklich sein mochte, er hatte es im voraus abgebüßt. Das ist eine der verblüffendsten Lösungen, die es für das Dilemma zwischen Kunst und Leben je gegeben hat, und deshalb verdient Bräker einen Platz in der großen und schmerzensreichen Geschichte des deutschen Künstlerromans.

Wie weit er die List seiner eigenen Seele durchschaut hat, wissen wir nicht. Seine Naivität ist nicht so eindeutig, wie sie sich ausnehmen mag. Auf jeden Fall hat Bräker sein Leben lang mit der gleichen Hingabe und Unverdrossenheit geschrieben, mit der seine Frau darüber schalt und wetterte, und gelegentlich verfasste er über den häuslichen Geräuschpegel auch ein drastisches Gedicht.[113] Man spürt darin die unverstellte Freude am Reimen und Rhythmisieren. Hätte ihn seine Frau mit sanften Augen immer nur bewundert, das Künstlerglück wäre ihm nie so ungemischt zuteil geworden.

Drei Perspektiven auf Schillers *Tell*

I
Eine Woche verändert Europa

Die Woche hat Europa verändert. Am 17. März 1804 ging in Weimar Schillers *Wilhelm Tell* zum ersten Mal über die Bühne. Vier Tage später wurde in Paris der Code Napoléon veröffentlicht. Die Gleichzeitigkeit hat ihre Logik. *Wilhelm Tell* inszenierte die Menschenrechte als Sprachoper und Bühnenspektakel. Der Code Napoléon übersetzte sie erstmals in ein einheitliches Gesetzbuch. Das wuchernde Chaos der französischen und europäischen Gesetzgebung begann sich durch diesen »Code civil« in eine klare Ordnung zu verwandeln. Damit war ein Maß gesetzt. Bis heute ist die Gesetzgebung auf dem europäischen Kontinent von ihm geprägt. Als 1907 das Schweizerische Zivilgesetzbuch vom Parlament angenommen wurde, unter Namensaufruf, war dies für das Bewusstsein der Eidgenossenschaft ein so feierlicher Akt wie einst die Verfassung von 1848. Dahinter stand, als bestimmendes Modell, der Code Napoléon.

Schillers *Tell* und der Code Napoléon waren europäische Ereignisse. Auch stilistisch sind sie »Empire«, das heißt, in eine Sprache gefasst, die das römische Vorbild nie verleugnet. Der Wille zur antiken Lapidarität wirkt in beiden Werken. Valéry hat den Code Napoléon zu den Spitzentexten der französischen Literatur gezählt. Stendhal soll täglich darin gelesen haben, um den Ton im Ohr zu behalten. Hinter Schillers Sentenzen, über die sich heute jeder Theaterkritiker reflexartig lustig macht, steht das Vertrauen, dass die geformte Sprache die Wahrheit unzweideutig transportieren könne und dass die Arbeit an der Form auch Arbeit an der Wahrheit selber sei. Wer das komisch findet, schreibe doch mal einen Satz, der zum geflügelten Wort wird.

Die Figur des Tyrannentöters Tell war eine Ikone der revolutionären Bewegungen in Europa, lange bevor Schiller den Plan zu seinem Stück fasste. Sie gehörte auch zum Bilderarsenal des revolutionären

Paris. Im Club der Jakobiner stand eine Tell-Büste. Was wir heute als exemplarischen Durchbruch der modernen Geschichtsforschung in der Schweiz feiern, die Liquidierung Tells als einer historischen Wirklichkeit durch die quellenkritische Arbeit von Joseph Eutych Kopp um 1830, war nicht nur den fortschrittlichen Wissenschaftlern willkommen, sondern auch den rückschrittlichen Politikern. Den Konservativen der Metternichzeit starb der historische Tell sehr gelegen. 1835 schrieb der Fürst Lichnowsky aus Wien an Kopp: »Also ist doch endlich ein Schweizer aufgetreten, der dem Hause Habsburg Gerechtigkeit widerfahren lässt und Tschudi's und seines pittoresken Nachschreibers Parteywuth aufdeckt!«

Es war allerdings nicht der Luzerner Kopp, der als erster die Axt an die Wurzel der patriotischen Legende legte und der Schweiz einen ausländischen Zimmermann ersparte. Schon 1760 hatte der Berner Pfarrer Uriel Freudenberger eine anonyme Schrift herausgegeben: *Wilhelm Tell, ein dänisches Mährgen.* Darin zeigte er, dass die Apfelschussgeschichte mitsamt dem zweiten Pfeil im Köcher hundert Jahre vor dem Rütlischwur bereits vom dänischen Geschichtsschreiber Saxo Grammaticus in elegantem Latein erzählt worden war. Die Regierung von Uri ließ das Büchlein durch den Henker öffentlich verbrennen. Ein Stück Schweizer Wissenschaftsgeschichte auch dies.

Für die helleren Köpfe war die Frage der historischen Tatsächlichkeit also schon im 18. Jahrhundert klar. Auch Schiller sprach ganz selbstverständlich von einem Märchen. Dennoch hat sein Stück den »Schützen und Befreier« in Köpfen und Herzen endgültig befestigt und dessen historische Realität für das spontane Empfinden bestätigt. Man glaubt bekanntlich nur, was man auch glauben will, und wahr, ganz und gar wahr, kann nur sein, was auch wahr sein soll. Für die politische Schweiz war die Befreiungstradition so lebensnotwendig wie die Krippe von Bethlehem für das Christentum. Der politische Wille der Schweiz hielt den Tell am Leben. Dieser politische Wille verlangte, dass die Geschichte wahr sei, und also war sie es. Die unbestreitbare Wirklichkeit Tells ist seine Funktion im seelischen Haushalt der Nation.

Das hat seine komischen Züge. Mit dem Nachweis, er sei ein geschichtliches Phantom, begann Tells strahlendster Triumphzug. Dafür gibt es zwei Gründe. Erstens musste er nun mit ganz anderer

Gewalt *gewollt* werden, und zweitens war mit Schillers Stück die ganze, zum Teil widersprüchliche Tradition in eine zwingende Form gebracht. Die Bildtradition hinkte weit hinterher. Ikonographisch fand Tell seine gültige Erscheinung erst mit Kisslings Altdorfer Denkmal und Hodlers fast gleichzeitigem Bild aus den 1890er Jahren. Seither ist er der Bergler im Hirthemd, mit Kniehosen und Holzschuhen. Schiller selbst hatte ihn sich noch ungefähr wie einen heutigen Schweizergardisten vorgestellt. Er forderte nachdrücklich »das mittelalterliche Costüme« und dabei insbesondere »die schweizerischen weiten Pumphosen«.

Das Wunder ist die Form. Wer nicht imstande ist, durch die patriotischen Kuriositäten des Tell-Kultes hindurch die künstlerische Leistung Schillers zu sehen, hat sich als Kritiker schon desavouiert. Auch die Wirkung wäre ohne die unerhörte ästhetische Setzung nicht eingetreten. Kleist – immerhin! – wollte mit der *Hermannsschlacht* der deutschen Bühne ebenfalls einen Nationalhelden geben, vier Jahre nach dem *Tell*. Das Stück wurde zu Lebzeiten des Autors weder gedruckt noch aufgeführt, und hätte nicht Claus Peymann 1984 daraus eine Theatersensation gemacht, man würde es heute noch für untauglich halten.

Das Wunder ist die Form. Obwohl bereits von der Todeskrankheit gezeichnet, schafft Schiller mit dem *Tell* die großartigste szenische Komposition der deutschen Literatur. Wie er die einzelnen Handlungsstränge trennt und verflicht, sie frei laufen lässt und wieder zusammenführt, das hat keiner neben und nach ihm je erreicht. Nur bei Shakespeare gibt es das, aber auf einer leeren Bühne, während Schiller mit Maschinen und Kulissen im größten Stil operiert und auch dies koordinieren muss. Die Verschwörungsgeschichte, gipfelnd im weltlichen Hochamt der Rütliszene; die Tellhandlung mit Apfelschuss, Tyrannenmord und Parricida-Begegnung; die Love Story zwischen Rudenz und Berta, wo dem europäischen Adel mit dem Zaunpfahl gezeigt wird, wie man sich freiwillig seiner Privilegien begibt – das ruht alles in einer schwebenden Balance, als machte es sich mit der linken Hand. Nur die Briefe aus der Entstehungsgeschichte belegen Schillers bitterliche Mühe Tag für Tag.

Dabei hat sogar dies seine komische Seite. Der künstlerische Rang machte das Stück zum unbestrittenen Nationaldrama. Aber Schillers

Umgang mit den Überlieferungen war für die Schweiz nicht nur angenehm. Tell ist bei ihm auf dem Rütli nicht dabei. Er kümmert sich keinen Deut um das politische Hochamt. Dabei war er schon im ersten überlieferten Tell-Stück, dem *Urner Tellenspiel* um 1511, die Seele der Verschwörung, und noch im 20. Jahrhundert reden Volkssagen von den »drei Tellen« auf dem Rütli. Die populäre Rezeption des Schiller-Stücks musste also, gegen den Wortlaut des Textes, Rütli, Apfelschuss und Hohle Gasse wieder zu einer Einheit machen. Und sie musste überdies Berta und Rudenz, an denen so wenig wacker Eidgenössisches zu erkennen war, diskret aus dem patriotischen Personal verabschieden. Von der Bühne war das seltsame Liebespaar zwar nicht zu vertreiben; da hatte Schiller die Handlungen zu raffiniert verknüpft. Aber man konnte die beiden wenigstens von der vaterländischen Bildwelt und Rhetorik fernhalten. Das gleiche gilt für die Gestalt des Parricida, die für Schiller von eminenter Bedeutung war. Sie ließ sich ohne Mühe aus dem Textbuch streichen, was man bald auch sehr gerne tat.

Die Verarbeitung des Stücks im Gefühlshaushalt der Nation lief also auf tendenziöse Vereinfachungen hinaus. Dadurch zerstörte man wesentliche Teile seiner intellektuellen Substanz. Schiller hatte die Diskussion über das Recht der Unterdrückten zu Gewalt und Attentat – die Aktualität des Themas ist weiterhin gegeben – tief in die Gesamtanlage des Werks eingesenkt und argumentativ umsichtig entwickelt. Die populäre Rezeption hingegen hielt es mit dem alten Urner Spiel: »Tyrannen und ein Hund, der tobt, / Wer die erschlägt, der wird gelobt.« Was Schiller, das Trauma des guillotinierten Louis XVI. im Nacken, als schwierige Frage aufrollte, was er mit dem szenischen Bild und mit der scharfen Reflexion gleichermaßen zu beantworten suchte, das wurde auf einen pathetischen Widerstandsgestus reduziert. Ebenso eingeebnet wurden die Widersprüche zwischen Tells vorpolitischem Einzelgängertum und der Disziplinierung des Einzelwillens im demokratischen Beschluss auf dem Rütli.

Es gehört zu den vielen Seltsamkeiten um dieses Werk, dass die Vereinfachungen der populären Rezeption auch von der Kritik, der Theaterregie und der literarischen Kollegenschaft vielfach übernommen und gegen das Original ausgespielt wurden. Kein anderes Stück wurde so oft parodiert und verdümmlicht. Ihm gegenüber regredieren auch heute noch erwachsene, intelligente, künstlerisch erfahrene Leute zu kichernden Gymnasiasten, die sich auf dem Niveau von Maturazeitungen bewegen und darüber begeistert sind. Die berechtigte Kritik an der innenpolitischen Funktionalisierung des Stücks hat die gewaltsamen Vereinfachungen, statt sie der Analyse zu unterziehen, weitergeführt.

Als *Wilhelm Tell* erstmals gegeben wurde, stand es schlecht mit der alten Freiheit der Schweiz. Das Land war ein Protektorat Napoleons. Diesem verdankte es allerdings auch das Ende der Patrizierherrschaft und, seit einem Jahr, eine vernünftige Verfassung. Dafür mussten allerdings Soldaten geliefert werden. Der Gedanke, Napoleon mit Gessler gleichzusetzen, lag nahe. Als sich die Stadt Madrid wenig später gegen die französischen Besetzer erhob, malte Goya den Aufstand und den Gegenterror. Man muss Schillers Stück neben diese Bilder stellen und neben den Code Napoléon, um zu erkennen, wie viel von der Substanz und den Widersprüchen der Epoche darin verkörpert ist.

II
Schiller zensiert seinen eigenen Text

Schiller war vom Aufstand fasziniert, von Komplotten jeder Art. Verschwörungen hatten für ihn eine Magie, die aller rationalen Überlegung vorauslag. Und der Bearbeitung durch den Künstler bot das dramatische, politische und philosophische Potential verschlagener Konspirationen unerschöpfliche Möglichkeiten. Am Ende steckte er seinen politischen Rebellions-Geschichten meistens die Fahne der »Freiheit« auf; denn »Freiheit«, in allen denkbaren Bedeutungen des Wortes, war und blieb seine Lebensparole. Am Anfang jedoch stand immer die kreatürliche Lust an weitläufigen Intrigen, und berauschen konnte er sich schon am bloßen Klang des Wortes Freiheit.

Es ist eine attraktive, aber nicht zu beantwortende Frage, ob der revolutionäre Zeitgeist, der Europa und Amerika in der zweiten Hälfte des 18. Jahrhunderts durchpulste, den jungen Schwaben ansteckte oder ob, umgekehrt, der von Phantasien des politischen Aufstands besessene junge Schwabe ein Jahrhundert vorfand, das der literarischen Umsetzung dieses seines persönlichen Traummaterials entgegenfieberte. Hier steckt ein altes Problem der künstlerischen Kreativität: Kann sich die schöpferische Kraft eines Einzelnen in jeder Zeit verwirklichen, oder ermöglicht erst der Zusammenklang von privater Phantasie und Zeitgeist ein Genie, das ein halbes Jahrhundert später gar nicht mehr produktionsfähig wäre? Schiller, der nach 1780 zum weithin vernommenen Sprachrohr der Epoche wurde, wäre er um 1900 sprachlos geblieben?

1776 erklärten sich die Vereinigten Staaten für unabhängig und legitimierten ihre Revolution mit der feierlichen Deklaration der Menschenrechte, die sich auf »the Laws of Nature and of Nature's God« beriefen, auf »die Gesetze der Natur und ihres Gottes«. Dreizehn Jahre später, 1789, begann in Paris die Französische Revolution, die sich ebenfalls durch eine Erklärung der Menschenrechte öffentlich legitimierte, hergeleitet aus den natürlichen, unveränderlichen und heiligen Rechten des Menschen – »les droits naturels, inaliénables et sacrés de l'Homme«. Diese Erklärung geschah ausdrücklich »en présence et sous les auspices de l'Être suprême« – in Gegenwart und unter der Schirmherrschaft des Höchsten Wesens. Die Basis der neuen Freiheit, welche das Feudalsystem beseitigte, war also auf beiden Seiten des Atlantiks einerseits das reine Naturrecht, andererseits dessen theologische Abstützung. Die Franzosen vermieden allerdings das Wort Gott, Dieu; sie setzten dafür das Höchste Wesen, »l'Être suprême«, unter dem sich jeder denken konnte, was er wollte. Die Amerikaner, die mit der Kirche weniger Probleme hatten als die Franzosen, behalfen sich mit dem leicht schillernden Ausdruck Nature's God.

Diese theologische Nuance in den grundlegenden Erklärungen der Menschenrechte ist mehr als eine historische Kuriosität. Zum Naturrecht, so kompliziert dessen Geschichte auch ist, gehört seit je der polemische Akzent gegenüber dem gesetzten, dem bestehenden, dem positiven Recht. Jedes gesetzte Recht bedarf einer höheren Instanz, vor der es sich rechtfertigen und als nicht willkürlich beweisen muss. Als diese Instanz präsentiert sich am überzeugendsten ein Naturrecht, das *per definitionem* immer und überall gilt. Nur wächst dieses Naturrecht nun auch nicht einfach auf den Bäumen. Es wird zwar als vorgegeben begriffen, muss aber dennoch von Menschen formuliert werden. Das ist ein klares Paradox. In unserer Gegenwart können wir es studieren an den Debatten um die Präambeln neuer Verfassungen, sei es auf nationaler Ebene, auf Länderebene oder auf europäischer Ebene. In den Entwürfen zu diesen Präambeln wird stets nach der Benennung einer Instanz gesucht, vor der sich das positive Recht zu rechtfertigen hat und von der aus es gegebenenfalls in Zweifel gezogen werden kann. Dabei dreht sich die Diskussion auch heute noch einerseits um die Prinzipien des Naturrechts resp. der Menschenrechte, andererseits um eine eventuelle Berufung auf Gott, die *Invocatio Dei*. Beide, Gott und die Menschenrechte, sind keine empirisch gesicherten Größen im Sinne der Naturwissenschaften, sondern müssen geglaubt und gewollt sein.

Friedrich Schiller hatte die zwei Revolutionen begeistert begrüßt. Dass die französische sich schon bald in eine Orgie öffentlicher Hinrichtungen verwandelte, erschütterte ihn gründlich. Dreizehn Jahre nach dem Sturm auf die Bastille unternahm er daher ein politikwissenschaftliches Experiment. Im Schauspiel *Wilhelm Tell* wollte er das Modell einer vernunftgelenkten, schlechthin legitimen Revolution aufstellen und unter das deutsche Volk bringen. Dazu bediente er sich des Sagenmaterials der Schweizer Chroniken, die in der Renaissance entstanden waren und in denen die Gründungsgeschichte der Schweiz im Nachhinein mit viel Phantasie, Erfindungskraft und propagandistischem Aufwand geschildert wurde. Was Schiller am Stoff faszinierte, war einmal mehr das große Komplott, die Verschwörung, die diesmal ihren Höhepunkt in einer nächtlichen Schwurszene in freier Natur fand. Die Story um den Schützen Tell, eine Art von alpinem Western, flocht er geschickt um die Verschwörungsgeschichte herum, hielt die beiden Handlungsstränge aber getrennt. Der Gemsjäger Tell blieb ein unpolitischer Einzelgänger, der am Komplott keinen Anteil nahm. Seine Tat war die Selbstverteidigung eines bedrohten Einzelnen. So konnte Schiller den Tyrannenmord mit allen entsprechenden Bühneneffekten vorführen, ohne dass das blutige Attentat zu einem Programmpunkt der demokratischen Modellrevolution wurde. Diese Modellrevolution gipfelte im Stück denn auch nicht im kollektiven Revolutionshandeln, sondern im reinen Akt der Verschwörung, im gemeinsamen Schwur der Volksvertreter auf der versteckten Wiese am See. Mit einem raffinierten Trick lagerte Schiller also das Skandalon der revolutionären Tat, des gewollten und beschlossenen Mordes, aus der Verschwörung aus – im Unterschied etwa zu Shakespeares *Julius Cäsar*, wo die Verschwörer beides planen und durchführen, die Wiederherstellung der Volksherrschaft und die Tötung des Herrschers. Dass sich in der unmittelbaren Wirkung des Stücks der Schuss auf den Reichsvogt Gessler für das Publikum dann doch mit der Verschwörung verquickte, ist eine andere Sache, und dass Schiller nichts dagegen hatte, auch.

Da es dem Autor im letzten nicht um die Geschichte der Schweiz im 13. Jahrhundert ging, sondern um die Bedingungen einer modernen Revolution, musste er den offenen Widerstand gegen die real existierende politische Ordnung in seinem Stück nicht nur vorführen, sondern auch rechtfertigen. Den positiven Gesetzen des Reichsvogts gegenüber musste eine höhere Instanz sichtbar werden, die jene Gesetze als Unrecht erwies. Schiller unternahm dies mit der großen Rede Stauffachers vor den versammelten Verschwörern. Sie gipfelt in den vierzehn Versen, die den anschließenden Schwur überhaupt erst legitimieren. An ihrem Anfang steht die berühmte Zeile, die noch in der DDR das Publikum elektrisierte: »Nein, eine Grenze hat Tyrannenmacht.« Das zielt auf den entscheidenden Punkt. Es ist allerdings erst eine Behauptung und noch nicht begründet. An der Begründung dieses Satzes hängt das ganze Stück, hängt die gesuchte Theorie der modernen Revolution. Sie folgt denn auch sofort, in Gestalt einer gewaltigen Metapher:

Nein, eine Grenze hat Tyrannenmacht,
Wenn der Gedrückte nirgends Recht kann finden,
Wenn unerträglich wird die Last – greift er
Hinauf getrosten Mutes in den Himmel,
Und holt herunter seine ewgen Rechte,
Die droben hangen unveräußerlich
Und unzerbrechlich wie die Sterne selbst –

»Seine ewigen Rechte«, das sind »the Laws of Nature« der Amerikaner, »les droits naturels« der Franzosen, sind Naturrecht und Menschenrechte zugleich. Im rhetorischen Schwung der Rede erscheinen sie so selbstverständlich gegeben, als wüchsen sie tatsächlich auf den Bäumen. Die Geste des Herunterpflückens gehört sogar zum

Kern der Metapher. »Unveräußerlich« nennt Schiller die Rechte, auf die sich der Widerstand gegen das geltende Gesetz, der zivile Ungehorsam, der Aufstand und die Revolution stützen. Das ist gewiss keine philosophische und keine juristische Argumentation, es ist eine rhetorisch-emphatische. Das Pathos ersetzt die zwingende Schlussfolgerung, aber genau so treten ja die Menschenrechte auch in den Programmen der zwei Revolutionen und in den Präambeln der modernen Verfassungen auf. Man muss sie nicht beweisen, nur feierlich deklarieren – auch wenn ihre Gültigkeit keineswegs die Tatsächlichkeit der Sterne besitzt, sondern auf einem Konsens der Verfassungsgeber beruht. Dadurch, dass die Menschenrechte für ewig und unzerbrechlich erklärt werden, erscheint nun aber jedes andere Recht als im Grundsatz veränderlich. Hier steckt die Brisanz der Stelle. Wenn allein die Sterne nicht wackeln, dann wackelt alles andere, wackelt jede politische Ordnung, wackelt, heißt das in Schillers Zeit, jeder Thron. In Stauffachers Rede folgt nun der Passus:

> Der alte Urstand der Natur kehrt wieder,
> Wo Mensch dem Menschen gegenüber steht –
> Zum letzten Mittel, wenn kein andres mehr
> Verfangen will, ist ihm das Schwert gegeben –
> Der Güter höchstes dürfen wir verteid'gen
> Gegen Gewalt –

Das bezieht sich zurück auf den Anfang. Wenn allgemeine Ungerechtigkeit herrscht, entsteht ein vorstaatlicher Zustand, der legendäre Naturzustand, aus dem heraus die politische Ordnung neu erfunden und entwickelt werden muss. Der Redner sagt damit den Verschwörern, dass sie hier und jetzt ihren Staat so zu begründen hätten, als wäre es der erste überhaupt. In diesem Falle aber, das versteht sich unausgesprochen, ist eine feudale Gesellschaft mit Königen und Fürsten kein Thema mehr.

Diese Passage ist die Magna Charta des bürgerlichen Widerstandsrechts in Deutschland. Ihre rhetorische Wucht machte sie für jedes diktatorische Regime zum Skandalon, weil sie im Publikum unweigerlich Reaktionen auslöste. Sowohl die Nazis wie die DDR gebrauchten den *Tell* zunächst als Propagandastück für ihre Sache, mussten dann aber zusehen, wie er ganz anders verstanden wurde.

Von DDR-Aufführungen wird berichtet, dass beim Satz: »Nein, eine Grenze hat Tyrannenmacht«, Scheinwerfer ins Publikum gerichtet wurden, um die erwarteten Beifallsrufer zu eruieren. Und aus Hitlers Führerhauptquartier erging am 3. Juni 1941 der Erlass: »Der Führer wünscht, dass Schillers Schauspiel ›Wilhelm Tell‹ nicht mehr aufgeführt wird und in der Schule nicht mehr behandelt wird.«[114]

Vor diesem Hintergrund ist es nun beachtlich und bedenklich, dass Schiller selbst genau diese Passage für die Aufführung in Berlin, die zweite nach der Uraufführung in Weimar, zensieren sollte und tatsächlich eigenhändig zensiert hat. Dies geschah nicht etwa auf Befehl der Obrigkeit, sondern – und das ist nicht ohne Ironie – in vorauseilendem Gehorsam. Der Prozess dieses Eingriffs in die Schlüsselstelle des Werks spielte sich selbst wie ein konspirativer Akt, eine kleine Verschwörung ab.

Iffland, der führende Theatermann Deutschlands und Direktor des Nationaltheaters am Gendarmenmarkt, war von den ersten Einblicken in das neue Stück ekstatisch verzückt. An Schiller schrieb er: »Ich habe gelesen, verschlungen, meine Knie gebogen und mein Herz, meine Tränen, mein jagendes Blut hat Ihrem Geist, Ihrem Herzen, mit Entzücken gehuldigt! [...] Welch ein Werck! Welche Fülle, Kraft, Blüthe und Allgewalt! Gott erhalte Sie – Amen!«[115] Wenig später aber wurde Iffland in der Sache merkwürdig wortkarg. Die Ekstase war schweren politischen Bedenken gewichen. Er sah sich in einer Klemme. Er fürchtete eine lautstarke Zustimmung des Publikums bei der Rede über die Grenzen der Tyrannenmacht, und zwar in Gegenwart des Hofes und der Regierung – mit entsprechenden Konsequenzen für den Theaterdirektor. Aber gleichzeitig fürchtete er auch, dass ein Eingriff in Schillers Text, wenn er bekannt würde, der Regierung in die Schuhe geschoben und öffentlich als ein Akt der Unterdrückung hingestellt werden könnte, was die Obrigkeit ebenfalls schwer missbilligen müsste – mit entsprechenden Konsequenzen für den Theaterdirektor. Iffland musste also den Autor zu Änderungen an dieser Magna Charta des bürgerlichen Widerstandsrechts bewegen, ohne dass die Nötigung ans Licht kam. Einen Brief zu schreiben, wagte er nicht. Auch dieser könnte ja an die Öffentlichkeit gelangen. So beschloss er, einen vertrauten Mann zu Schiller zu schicken. Allerdings konnte auch dies noch auffallen und zu Spekulationen führen. Der Mann musste also in Weimar gewissermaßen zufällig auftauchen. Wie macht man das? Iffland kam auf die Idee, seinen Sekretär Pauli in geschäftlichen Sachen nach Leipzig reisen zu lassen.[116] Anschließend sollte er Verwandte im nahen Naumburg besuchen, das genau zwischen Leipzig und Weimar liegt. Der Schauspieler Bethmann musste den Sekretär auf dieser Reise begleiten, zu seinem privaten Vergnügen. Bethmann trug aber auch einen Brief Ifflands an Goethe bei sich, und nun sollte es so aussehen, dass der Schauspieler den Sekretär drängte, mit ihm doch auch noch nach Weimar zu fahren. Dadurch musste sich Paulis Erscheinen in Weimar für die dortige Klatsch-Gesellschaft als bloßer Freundschaftsakt ausnehmen. Der Mann konnte also unbesorgt Schiller aufsuchen und ihm den langen Fragebogen vorlegen, den Iffland zum *Tell* verfasst hatte. Neben theatertechnischen Dingen enthielt er auch Änderungswünsche aus politischen Gründen, darunter prominent die Bedenken zur Tyrannenmacht-Passage.

Obwohl der Fragebogen auf diese Weise versteckt wie ein Kassiber zu Schiller gelangte, fürchtete Iffland immer noch, er könnte irgendwann in falsche Hände kommen und als Pressionsinstrument der Obrigkeit gedeutet werden. Deshalb betonte er in dem Dokument mehrfach und geradezu penetrant, dass die »philosophisch-freie Regierung« zu Berlin weit mehr erlaube als irgendeine andere Monarchie und selbstverständlich auch gegen Schillers Original nichts einwenden würde. Das Problem sei allein der Großstadt-Pöbel, den es in Berlin leider gebe – im Unterschied zum kleinen Weimar, wo man das Stück ja auch ohne Striche habe aufführen können. In der »Menschenmasse« von Berlin könnte »ein Dutzend politischer Renommisten Momente der Widrigkeit veranlassen«, die dann sogar wie eine Äußerung des ganzen Publikums erscheinen möchten. Und weiter: »Dies, in der Gegenwart des Hofes, kann einen unangenehmen Moment geben. Um so unangenehmer, da er sicher nur still empfunden würde.« Die hohe Obrigkeit, heißt das, würde also nur still leiden an der lauten Begeisterung des Pöbels über die Grenzen der Tyrannenmacht. Die Herrschaften würden keinesfalls irgendwelche Schritte unternehmen, aber gerade ihr stilles Leiden wäre für den feinfühligen Theaterdirektor besonders schwer erträglich.[117]

Diese Konspiration zur politischen Entschärfung des *Wilhelm Tell* wurde so sorgfältig durchgeführt, wie sie eingefädelt worden war. Pauli legte Schiller den Fragebogen vor. Dieser füllte ihn aus, verweigerte allerdings seine Zustimmung zu manchen vorgeschlagenen Eingriffen, so etwa zur Streichung des großen Tell-Monologs vor dem Mord an Gessler und zur Eliminierung der Parricida-Szenen am Schluss. Einer Änderung der Tyrannenmacht-Passage aber stimmte er zu. Einige Tage später schickte er die entschärfte Fassung nach Berlin. Sie ist in der Handschrift erhalten geblieben.[118]

Wenn man die zwei Texte nebeneinander hält, steht man in einer politischen Laborsituation. Der veränderte Text macht schlagend sichtbar, was am Original anstößig war. Er verdeutlicht dessen Sinn und die versteckten Implikationen. Der ursprüngliche Text aber lässt uns die veränderte Fassung überhaupt erst verstehen. Das ergibt eine philologisch und literaturwissenschaftlich faszinierende Anlage.

<table>
<tr>
<td>Nein, eine Grenze hat Tyrannenmacht,
Wenn der Gedrückte nirgends Recht kann finden,
Wenn unerträglich wird die Last – greift er
Hinauf getrosten Mutes in den Himmel,
Und holt herunter seine ewgen Rechte,
Die droben hangen unveräußerlich
Und unzerbrechlich wie die Sterne selbst –
Der alte Urstand der Natur kehrt wieder,
Wo Mensch dem Menschen gegenüber steht –
Zum letzten Mittel, wenn kein andres mehr
Verfangen will, ist ihm das Schwert gegeben –
Der Güter höchstes dürfen wir verteid'gen
Gegen Gewalt – Wir stehn vor unser Land,
Wir stehn vor unsre Weiber, unsre Kinder!</td>
<td>Nein, eine Grenze hat Tyrannenmacht,
Wenn es zum lezten, äusersten gekommen,
Wenn rohe Willkühr alles Recht zertritt,
Wenn kein Gesetz mehr hilft, dann hilft Natur,

Das altererbte dürfen wir beschützen
Gegen Gewalt – Wir stehn vor unser Land,
Wir stehn vor unsre Weiber, unsre Kinder.</td>
</tr>
<tr>
<td>ALLE
an ihre Schwerter schlagend
Wir stehn vor unsre Weiber, unsre Kinder!</td>
<td>FÜNF ODER SECHS STIMMEN
wiederholen langsam mit Würde und Anstand
Wir stehn vor unsre Weiber, unsre Kinder.</td>
</tr>
</table>

Der mächtige Auftakt mit der Jahrhundertparole des ersten Verses bleibt bestehen. Im Original erscheint sie als eine Behauptung, die anschließend begründet wird: Es gibt eine Grenze, sie besteht in den »ewgen Rechten«. Diese Logik verschwimmt in der Neufassung fast ganz. Der Hymnus auf die Menschenrechte mit der großartigen Sternenmetapher fällt weg. Seine Aussage wird auf einen Satz komprimiert, der praktisch unverständlich ist: »Wenn kein Gesetz mehr hilft, dann hilft Natur«. Rein verbal, vom Wortmaterial her, sind zwar die wesentlichen Elemente noch da. Die Begriffe »Recht«, »Gesetz« und »Natur« fallen rasch nacheinander und stecken das Theoriefeld des Naturrechts ab. Aber das eröffnet sich dem Leser erst im Blick auf die Originalfassung. Der Satz: »Wenn kein Gesetz mehr hilft, dann hilft Natur«, tönt heute eher nach einem Bekenntnis zur Alternativmedizin als nach einer Grundregel der modernen Demokratie. Im Theater begreift ihn mit Gewissheit niemand. Damit ist die Rechtfertigung des Aufstands und der republikanischen Staatsgründung faktisch getilgt.

Nicht weniger ins Gewicht fällt die Streichung der anschließenden Verse. Deren Bedeutung würden wir vermutlich überlesen, wenn wir nicht durch Schillers Eingriff aufmerksamer geworden wären. Wie die erste Hälfte des Abschnitts vom Naturrecht, spricht die zweite vom Recht zur Gewalt im politischen Widerstand. Die Tyrannei, so die Argumentation, stellt den Naturzustand wieder her, eine Welt vor jeder staatlichen Ordnung. In diesem Naturzustand (den es wohl nie gegeben hat, der aber eines der wirksamsten Denkbilder in der politischen Philosophie der Neuzeit ist) lebt nach Schillers Darstellung der Mensch nicht friedlich mit dem Menschen zusammen, wie etwa Rousseau es meinte. Vielmehr steht, wie Hobbes es sich dachte, einer dem andern mit der Waffe in der Hand gegenüber, weil nichts anderes ihn beschützt. Er muss sie gebrauchen und darf sie gebrauchen um der schieren Existenz seiner selbst und seiner Frau und seiner Kinder willen. Das »Schwert« als »letztes Mittel« im Falle von tyrannischer Gewalt wird dabei nicht nur explizit beschworen, sondern auch theatralisch massiv verdeutlicht. Alle schlagen an ihre Waffe und bekennen sich lautstark zu deren Gebrauch.

Auf der Berliner Bühne ist vom Schwert nicht mehr die Rede. Die ausdrückliche Legitimierung der Gewalt im Rückgriff auf das Naturrecht ist aus dem Text verschwunden. Statt dass alle Verschworenen mit ihren Waffen rasseln und rufen: »Wir stehn vor unsre Weiber, unsre Kinder!«, sprechen nur noch »fünf oder sechs Stimmen« diesen Satz, und zwar keineswegs kampflustig, sondern »langsam mit Würde und Anstand« und ohne nach dem Schwert zu langen. »Das Altererbte dürfen wir beschützen / Gegen Gewalt«, heißt es jetzt. Damit wird die hochgemute Beschwörung der naturgegebenen Menschenrechte abgelöst durch eine Berufung auf das »Altererbte«, auf rechtliche Traditionen und Freibriefe, auf Juristisches also, das zur Sphäre des positiven Rechts gehört. Das trompetenhelle Bekenntnis des ursprünglichen Textes ist praktisch verstummt. Die Passage endet, um eine berühmte Zeile von T. S. Eliot zu zitieren, »not with a bang but a whimper«.

Die Uraufführung des *Wilhelm Tell*, ursprünglich für Berlin geplant, hatte in Weimar am 17. März 1804 stattgefunden, ungekürzt, unter Goethes Regie. Sie dauerte fünfeinhalb Stunden, was vor allem vom weiblichen Publikum als Zumutung empfunden wurde und zu Protesten führte. Die erste Aufführung der Berliner Inszenierung unter Iffland war am 4. Juli 1804.

Und jetzt? Was jetzt? Soll man Schiller aus dem Vorgang einen Strick drehen? Immerhin hat er das Original geschaffen und unverändert zum Druck gebracht. Oder soll man gegen Iffland vom Leder ziehen? Heroismus zu verlangen von anderen Leuten, wenn der eigene nicht mehr gefordert wird, ist wohlfeil. Das tragikomische Komplott von Regisseur und Autor gegen das eigene Stück kann überdies noch zusätzliche Gründe gehabt haben, von denen wir nichts wissen und die der Sekretär Pauli dem Dichter nur mündlich mitteilen durfte. Andererseits zeigt die Affäre auch die grundsätzliche Differenz zwischen dem Freiraum, in dem sich die Literatur entfaltet, und den Zwängen der Gesellschaft, die sie deutet, wie *sie* will. Im Schreiben ist der Autor frei, der Deutung des Geschriebenen aber muss er wehrlos zusehen. Dieses Problem wird sichtbar in Ifflands Satz auf dem Fragebogen, wo die Tyrannenmacht-Passage zur Diskussion steht: »Aber diese im hohen schönen Schwunge dargestellten Menschenrechte, mahnen an eine missverstandene, die Europa leiden machten.« Der Satz ist grammatisch missraten, im Inhalt aber unzweideutig. (Man müsste wohl das Wort »eine« streichen.) Schillers Text, so Iffland, liegt zu nahe an der Menschenrechtsdeklaration der Französischen Revolution. Er kann als Bekenntnis zu dieser Revolution verstanden werden, die Europa mit Kriegen überzogen und das Feudalsystem erschüttert hat. Diese mögliche Deutung durch die Berliner Aristokratie ist für den Autor Schiller nicht ohne tragische Ironie. In scharfer Ablehnung der blutigen französischen Revolution will er eine humane, gerechte Revolution zeigen, und sieht sich nun dem

Verdacht der Mitläuferschaft mit jener inhumanen, ungerechten ausgesetzt.

Dabei hätte der gleiche Text damals durchaus auch als ein Manifest gegen Preußens größten aktuellen Gegner gelesen und dem Berliner Publikum lautstark zu Gehör gebracht werden können. Napoleon hatte sich in Frankreich kurz zuvor zum Alleinherrscher gemacht, und noch im laufenden Jahr ließ er sich zum Kaiser krönen. In genau den Tagen, als die Uraufführung des *Tell* in Weimar stattfand, flog in Paris eine republikanische Verschwörung gegen ihn auf. Zur Abschreckung ließ er den unschuldigen Herzog von Enghien erschießen, eine Tat willkürlicher Gewalt, die den neuen Kaiser für viele als Tyrannen erwies. Die Parallelisierung Napoleons mit Gessler hätte sich also ohne weiteres aufgedrängt. Tatsächlich wurde Schillers Stück in genau diesem Sinne wenig später zu einem Propagandatext der deutschen Freiheitskriege.

Die Schriftsteller haben das Hoheitsrecht der Schöpfung, das Hoheitsrecht der Deutung haben sie nicht. Daraus entspringt ein Dilemma, in dem sie immer wieder landen. Sollen sie zu schreiben unterlassen, was sie für richtig finden, nur weil es falsch gedeutet werden könnte? Sollen sie die böswilligen oder beschränkten Leser im voraus in Rechnung stellen? Ifflands Konspiration gegen Schillers Klartext ist ein Lehrstück, aus dem keine eindeutige Lehre gezogen werden kann.

III
Erinnerung an einen Lehrer

Er war ein Rauhbein, bald gerecht, bald ungerecht, wie es ihm gerade gefiel. Seine Autorität war unangefochten. Aufregend war es, wenn er donnerte, kurzweilig, wenn er guter Laune war, etwas lief immer. Wir genossen die Knechtschaft und rächten uns dafür an andern Lehrern, die gerecht waren, aber nur unbeholfen zu donnern verstanden. Dass Lehrer an einer Klasse verzweifeln können, ahnten wir nicht. Entsprechende Signale, die es durchaus gab, fanden wir herrlich.

In der dritten Klasse des Gymnasiums unterrichtete er Deutsch.

Ein ganzes Jahr lang *Wilhelm Tell* von Friedrich Schiller. Das nimmt sich heute wie schwarze Pädagogik aus, hat mich aber für mein Leben geprägt. Da bei ihm immer etwas lief, ödeten uns auch die *Tell*-Stunden nie an. Wir mussten ein dickes Heft anlegen. Er diktierte uns Schlüsselaussagen zum Stück und zum Helden. Wir mussten sie auswendig lernen, er fragte sie grimmig ab. Eine kann ich immer noch hersagen: »Beeindruckt von den Forschungen Karl Meyers, neigt die heutige Wissenschaft dazu, die Existenz Wilhelm Tells als eine wahrscheinliche Möglichkeit zu betrachten.«

Auch zur *Tell*-Rezeption der ersten Stunde diktierte er uns kraftvolle Aussagen. Darunter war ein Satz des Theaterdirektors Iffland an Schiller nach der Lektüre des Manuskripts: »Ich habe gelesen, verschlungen, meine Knie gebogen und mein Herz, meine Tränen, mein jagendes Blut hat Ihrem Geist, Ihrem Herzen mit Entzücken gehuldigt.« Wir lachten darüber, zitierten es bei allen unpassenden Gelegenheiten, aber ein Hauch dieser ekstatischen Verehrung ging für uns doch in die Aura des Stücks über.

Ein ganzes Jahr lang *Wilhelm Tell*: Da wirkte, 1952, noch die geistige Landesverteidigung, die vielgeschmähte, meist auf etwas zu billige Weise geschmähte. Auch in Zürich war es bis weit in die Sechzigerjahre gesetzliche Vorschrift, dass jede Gymnasialklasse einmal eine Aufführung des *Tell* im Schauspielhaus gesehen haben musste. Die Bühne hatte das Stück dauernd bereitzuhalten und regelmäßig für die Schulen aufzuführen. Um diese Aufführungen vor einem Publikum, das einiges aufsässiger gewesen sein soll als die Altdorfer Bürger vor dem Gesslerhut, ranken sich heute noch Legenden in der Stadt.

Dennoch war jenes Jahr keine patriotische Orgie. Die Schweiz war eine gegebene Größe, ihre moralische Qualität ebenfalls, man dachte sich weiter nichts dabei. Weil so viel Zeit für das Stück zur Verfügung stand, rückten ganz andere Dinge in den Vordergrund. Das Drama wurde minuziös analysiert. Seine raffinierte Komposition aus unterschiedlichen Handlungssträngen wurde wichtiger als die Freiheitsparolen. Zum ersten Mal erlebte ich, dass Literatur gemacht ist, geplant, gefügt – delikate Architektur. Wir studierten die Walter-Fürst-Handlung, die Tell-Handlung, die Rudenz-Berta-Handlung (hier wurden die erotischen Aspekte eher beiläufig erledigt), dazu die Nebenhandlungen um Parricida, um Melchthal, um Baumgarten. Wir zeichneten ins Heft, wie diese Handlungsstränge einander durchdrangen, ablösten, wie sie wiederkehrten und sich am Ende glorios zusammenschlossen. Dazu kamen die Fachbegriffe der Dramaturgie, und zwar nicht nur Exposition, Peripetie und Katastrophe, sondern auch Raffinessen wie die Teichoskopie, die Stichomythie, der Botenbericht und das Retardierende Moment. Breite Behandlung erfuhr das Phänomen der Monologe. Wir untersuchten deren Ort und Funktion im dramatischen Gefüge, lernten sie auswendig und trugen sie lautstark vor.

Diese Monologe eigneten sich in ausnehmender Weise für Aufsätze. Schaudernd versetzten wir uns in den jungen Melchthal, der hinter der Tür erfährt, dass sein Vater von den Unterdrückern geblendet wurde. Über die Arie, die er daraufhin anstimmt: »O, eine edle Himmelsgabe ist das Licht des Auges …«, schrieb ich einen Aufsatz, aufgewühlt, mit Schüben von Hass. Ziemlich schwer machte es mir dabei der Satz: »Sterben ist nichts – doch *leben* und nicht *sehen*, das ist ein Unglück.« Ich zeichnete ein großes Auge mit Sonnenstrahl neben den Titel, denn dieser Lehrer verlangte am Anfang immer eine Illustration. Missfiel ihm die Zeichnung, bekam der ganze Aufsatz eine schlechte Note. Einen Sonntag lang zeichnete ich einmal an einer solchen Überschrift; nachher stand mit roter Tinte darunter: »Schäme dich, eine solche Sudelei abzugeben!« Auch diesen Satz kann ich heute noch hersagen.

Meine Wut auf die Henkersknechte von 1291 hat sich mit der Zeit verflüchtigt. Auch das Bad, das Baumgartens Frau dem Vogt von Wolfenschießen in einem Bottich neben dem Stall anrichten muss und das auf unklare Weise als schwere Unzucht hingestellt wurde, hat mich zu beschäftigen aufgehört. Nie mehr verlassen aber hat mich die Einsicht in die architektonische Dimension der Literatur, in die Wunder der formalen Setzung, in die technisch-handwerkliche Beschaffenheit großer Dichtung. Seither konnte ich nicht mehr rein empathisch lesen. Ich war gefeit gegen den Irrtum, dass Literatur der unmittelbare Ausdruck einer erregten Seele sei, Schrei und Bekenntnis und nichts weiter, gefeit gegen diese noch immer verbreitete Ästhetik, die nicht nur die Leser täuscht, sondern auch viele Autoren kaputt macht. Das habe ich jenem ungezierten Lehrer in der Innerschweizer Klosterschule zu verdanken. Er hat das Zeitliche längst gesegnet, und ich gönne ihm den Himmel, an den er so rabiat geglaubt hat, wie er zu unterrichten pflegte. Nur den Satz über meine Sudelei kann ich ihm noch nicht ganz verzeihen.

Wagner in Zürich

Eine kulturgeschichtliche Erzählung

Die Geschichte der Schweiz interessiert die Deutschen wenig. Zu Recht. Sie haben ja mit der eigenen genug zu tun. Dennoch gibt es historische Berührungspunkte zwischen den beiden Ländern, die auch für Deutschland von großer Bedeutung sind.

Wenn man das europäische 19. Jahrhundert überblickt, erscheint es wie ein klassisches Drama in fünf Akte organisiert. Diese werden markiert durch die Jahre 1815 mit dem Ende der napoleonischen Zeit, 1830 mit der revolutionären Welle gegen die politische Restauration, 1848 mit der zweiten gesamteuropäischen Revolutionsbewegung, 1870/71 mit der Gründung des deutschen Kaiserreichs und dem Deutsch-Französischen Krieg, dem ersten der drei untergründig zusammenhängenden Kriege zwischen Deutschland und Frankreich, die sich 1914 und 1939 zu Weltkriegen ausweiten sollten.

Bei dieser gewaltigen politischen Dynamik verhält es sich nun so, dass die zwei Revolutionsjahre 1830 und 1848 in der Schweiz erfolgreich waren. Sie führten hier zu dauerhaften politischen Änderungen im Sinne einer Demokratisierung und verfassungsmäßigen Neubegründung. 1830 gab es, ausgelöst durch die Pariser Julirevolution, Aufstände in allen wichtigen Kantonen. Die bisherige Herrschaft der Städte über die Landschaft wurde gebrochen, und innerhalb der Städte wurden die Macht des Patriziats und die Privilegien der Zünfte beseitigt. Versammlungsfreiheit, Pressefreiheit und die Unabhängigkeit der Gerichte wurden festgeschrieben. Das ging nicht ohne Kämpfe ab, aber in kurzer Zeit gab es überall neue Verfassungen und neue, republikanisch-fortschrittliche Regierungen. Diese begannen sofort, das Wirtschafts- und Bildungswesen im Sinne des bürgerlichen Liberalismus neu zu organisieren.

Deutschland wurde zwar in den beiden europäischen Revolutionsjahren 1830 und 1848 ebenfalls mächtig erschüttert. Es kam vielerorts zu Putschen und Aufständen. Aber die erhoffte liberale Neuordnung mit der Einrichtung eines modernen Verfassungsstaates blieb aus. Die Aufstände wurden nach anfänglichen Erfolgen mit militärischer Gewalt unterdrückt. Tausende junger Leute landeten im Gefängnis oder wurden noch jahrelang steckbrieflich gesucht. Viele wanderten als Verfolgte aus.

Und dies ist nun der Punkt, an dem die politische Geschichte der Schweiz für Deutschland wichtig wird. Weil in der Schweiz die Revolutionen und neuen Verfassungen glückten, entstanden hier für die Deutschen Zufluchtsorte und Überlebenschancen. Politischen Flüchtlingen musste nämlich von Gesetzes wegen Asyl geboten werden. Zürich als junges liberales Staatswesen gründete nach 1830 sofort eine Universität. Es war die erste Universität in Europa, die durch eine Volksabstimmung zustande kam. Deshalb steht über ihrem Portal heute noch eingemeißelt: »Durch den Willen des Volkes«. Diese Gründung aber war nur möglich mit Hilfe der vielen aus Deutschland geflüchteten Akademiker und Professoren. Praktisch die ganze neue Universität bestand aus fortschrittlichen deutschen Wissenschaftlern. Einer der heute berühmtesten war Georg Büchner. Aber auch außerhalb der Universität existierten in Zürich von jetzt an eigentliche Emigrantennester, in denen mächtig politisiert und gedichtet wurde. Der junge Gottfried Keller verkehrte in diesen Zirkeln und wurde hier zum Autor. Sein erstes Buch erschien 1846 in einem kämpferischen Emigrantenverlag, dem Literarischen Comptoir Zürich und Winterthur.

Dem Flüchtlingsschub der 1830er Jahre folgte der ebenso bedeutende der Jahre nach 1848. Und hier tritt nun Richard Wagner ins Bild. In ihm, seinem Werdegang und dessen Umschlägen, verkörpert sich das deutsche 19. Jahrhundert auf geradezu spektakuläre Weise. Er wuchs in Dresden auf und machte früh Karriere. Der Wille zum Erfolg war in ihm so brennend wie der Wille zur Kunst. Dabei lebte er dauernd in einem ökonomischen Chaos. Dem Mann, der als Komponist zu so unerhörter Planung und Konsequenz fähig war, lief das Geld wie Wasser durch die Finger. Aber er stieg auf. Mit neunundzwanzig Jahren dirigierte er in Dresden seine erste bekannte Oper, *Rienzi*, mit dreißig Jahren seine zweite, *Der fliegende Holländer*. Das war 1843. Im gleichen Jahr wurde er Königlich Sächsischer Hofkapellmeister. Eine glanzvolle Laufbahn schien gesichert.

Doch die Zeiten wurden politisch immer erregter, und Wagner, obwohl bereits Teil des kulturellen Establishments, war auf der radikalen Linken aktiv. Es waren die Jahre, die man heute als »Vormärz« bezeichnet (weil im März 1848 in Berlin, Wien und München gleichzeitig die Revolution ausbrach). Der Aufstand der liberalen Bürger schien zunächst überall Erfolg zu haben, wurde dann aber langsam zurückgedrängt und schließlich brutal erstickt. In Dresden kam es zu tagelangen Kämpfen in der Innenstadt. Es wurden Barrikaden errichtet; der Königliche Hofkapellmeister Richard Wagner war an der Front dabei. Er hatte sich mit Bakunin angefreundet, der in Europa bei jeder Revolution auftauchte und seinen breiten Bart von den Barrikaden wehen ließ. Ein zweiter Freund Wagners war der Architekt Gottfried Semper, der bereits die Dresdener Oper gebaut hatte und nun auch die schönsten und widerstandsfähigsten Barrikaden errichtete. Dresden besaß also eine Zeitlang nicht nur seine Semperoper sondern auch seine Semperbarrikaden. Der sächsische König hatte gegen seine Untertanen, die ihre politischen Rechte wahrnahmen, preußische Truppen zu Hilfe gerufen. Vier Tage lang war die Stadt ein Schlachtfeld. Wagner stand als Beobachter auf dem Turm der Kreuzkirche, von wo er seine Meldungen per Zettelwurf an die Mitstreiter in der Tiefe weitergab. Von der Laterne der Frauenkirche aus beschossen preußische Scharfschützen seine exponierte Stellung. Am vierten Tag mussten die Aufständischen kapitulieren. Sie setzten sich ab, wurden verfolgt, viele eingekerkert, Wagners engster Mitstreiter Röckel saß elf Jahre lang im Zuchthaus. Das wäre Wagner auch passiert. Er entging nur durch eine Reihe krasser Zufälle diesem Schicksal. Mit dem Pass eines Professors aus Jena machte er sich quer durch Deutschland auf in die Schweiz. Er war schneller als sein Steckbrief, verlebte aber auf der deutschen Seite des Bodensees noch eine angstvolle Nacht. Die Pässe waren nämlich am Abend eingesammelt worden, und der seinige war längst abgelaufen. Jener Professor aus Jena, der rechtmäßige Passinhaber, war gebürtiger Schwabe, und Wagner fürchtete nun, dass sein deutliches Sächsisch ihn am Morgen verraten würde. So übte er die ganze Nacht verzweifelt das Schwäbische, aus der Erinnerung und natürlich ohne Erfolg. Aber anderntags erhielt er seinen Pass kommentarlos zurück und konnte das Schiff nach dem Schweizer Ufer besteigen. Er war gerettet. Seine Frau

Minna reiste ihm nach kurzer Zeit nach. Aber noch vier Jahre später wurde der Steckbrief gegen ihn erneuert und sogar mit einem sehr realistischen Porträt versehen. Unter dem Titel »Politisch gefährliche Individuen« hieß es da:

> Wagner, Richard, ehemaliger Kapellmeister aus Dresden, einer der hervorragendsten Anhänger der Umsturzparthey, welcher wegen Teilnahme an der Revolution in Dresden im Mai 1849 steckbrieflich verfolgt wird, soll dem Vernehmen nach beabsichtigen, sich von Zürich aus, woselbst er sich gegenwärtig aufhält, nach Deutschland zu begeben. Behufs seiner Haftbarwerdung wird ein Portrait Wagner's, der im Betretungsfalle zu verhaften und an das königl. Stadtgericht zu Dresden abzuliefern sein dürfte, hier beigefügt.

Soweit der Steckbrief. Wagner hatte allen Grund, im gastfreundlichen Zürich zu bleiben. Neun Jahre sollte sein Aufenthalt insgesamt dauern. 1848 war die Schweiz aus einem lockeren Bund der Kantone zu einem modernen Bundesstaat geworden, die Verfassung hatte man kurzerhand der amerikanischen nachgebildet, nur das Amt des Präsidenten wurde aus föderalistischen Gründen auf sieben Personen aufgeteilt, den Schweizerischen Bundesrat. Dieser bildet auch heute noch die Landesregierung. Nach der politischen Reform in den einzelnen Kantonen war damit auch die Schweiz als Ganzes neu begründet. Es hatte dazu allerdings einen Bürgerkrieg gebraucht.

Da die alte Eidgenossenschaft ein junger Staat geworden war, bestand auch die politische Elite Zürichs vorwiegend aus jungen, fortschrittlichen Leuten. Richard Wagner hatte nun das Glück – er hatte eigentlich immer Glück, wenn er im Pech steckte –, vom ersten Tag an mit diesen Kreisen in Verbindung zu treten. Ein alter Freund aus der Würzburger Zeit, der Musiker Alexander Müller, der schon nach der 30er Revolution nach Zürich gekommen war, knüpfte die Beziehungen. Die zwei Staatsschreiber Sulzer und Hagenbuch, beide noch in ihren Zwanzigern und doch bereits in einem der höchsten politischen Ämter tätig, wurden seine Vertrauten und verschafften ihm auf der Stelle einen neuen, diesmal gültigen Pass. Sie waren gebildet, musikalisch interessiert und Wagner war ihnen als Komponist bekannt. In ihrem Kreis las Wagner schon am ersten Abend sein

Textbuch zu einer geplanten Oper namens *Siegfrieds Tod* vor. Dieses Projekt wuchs sich später zu dem Jahrhundertwerk *Der Ring des Nibelungen* aus; es wurde allerdings erst nach 27 Jahren tatsächlich vollendet und in Bayreuth uraufgeführt, in Anwesenheit des deutschen Kaisers Wilhelm I. Von einem Haftbefehl war dannzumal bei der Obrigkeit nicht mehr die Rede; von der Revolution bei Richard Wagner allerdings ebensowenig.

Tatsache ist nun aber, dass dieses Textbuch, *Siegfrieds Tod*, als Reaktion auf die Niederknüppelung der Revolution in Wien entstanden war. Siegfried ist der Held aus dem Volk, der gegen die alten Mächte und die neue Geldaristokratie aufsteht und dafür sein Leben lassen muss. Er war die Allegorie der niedergeschlagenen 48er-Revolution in Deutschland. Doch nicht als Signal der Kapitulation hat ihn Wagner damals gedacht, er sollte vielmehr ein Fanal darstellen für den dereinst doch noch kommenden Umsturz in ganz Europa. Wagner hoffte dabei vor allem auf Frankreich, musste allerdings erleben, dass dort schon drei Jahre später Louis Napoleon als Napoleon III. zum Kaiser bestellt wurde. Dieser verkörperte den Glanz des großbürgerlichen Paris, in dem sich alter Adel und neuer Reichtum verbündeten – eine Herrlichkeit, der auch Richard Wagner auf die Dauer nicht zu widerstehen vermochte.

Außer auf die einheimische politische Elite traf Wagner in Zürich auf viele seiner geflohenen Mitkämpfer, und er setzte sich bei seinen einflussreichen Bekannten auch für weitere Verfolgte ein. So gelang es ihm, den Architekten Gottfried Semper, der sich als ebenfalls steckbrieflich Gesuchter in Europa herumtrieb, nach Zürich zu holen. Hier entfaltete Semper eine gewaltige Tätigkeit, er baute die neue Technische Hochschule, an der er selber lehrte, und prägte über seine Schüler, aber auch durch viele eigene Bauten die Schweizer Architektur der zweiten Jahrhunderthälfte. Wagner und Semper sind die Galionsfiguren der kulturellen deutschen Emigration in Zürich um 1850, ganz ähnlich wie Thomas Mann und Bertolt Brecht es neunzig Jahre später in der kulturellen deutschen Emigration in Kalifornien waren. Und wie Thomas Mann und Brecht waren auch Wagner und Semper einerseits Verfolgte und Bedrängte, andererseits aber bereits europäische Berühmtheiten. Und wie jene waren auch sie von einer unerhörten, nie abbrechenden Schaffenskraft.

Wie es Semper mit dem Geld hielt, ist nicht näher bekannt. Das deutet auf ein solides Finanzverhalten. Bei Wagner in Zürich aber sind wir ziemlich gut dokumentiert. Seine ökonomische Praxis hat den Charakter einer ausgewachsenen Komödie. Zuerst waren es die beiden Staatsschreiber Sulzer und Hagenbuch, die den genialen Flüchtling finanziell über Wasser zu halten suchten. Einfach war das nicht, denn er war nicht nur als ein politisch Verfolgter aus Dresden geflohen, sondern auch mit einem riesigen Schuldenberg am Hals. Man hat ausgerechnet, dass seine Dresdener Schulden die dreifache Höhe seines Jahreseinkommens als königlicher Kapellmeister betrugen. Um sich zu sanieren reiste Wagner von Zürich zuerst nach Paris weiter, dort gab es Geld, aber die Pariser Oper und der ganze Musikbetrieb wurden von Giacomo Meyerbeer regiert, dem ungekrönten König der *Grand Opéra*. Meyerbeer, ein gebürtiger Berliner, hieß ursprünglich Jakob Meyer Beer, mit einem Doppelnamen also, den er zusammenzog und im Vornamen elegant italianisierte. Sein Erfolg in Paris war so ungeheuer, dass Wagner in Panik geriet und gleich wieder nach Zürich zurückreiste. Von hier schrieb er an einen Freund:

> Acht Tage in Paris genügten, um mich über den gewaltsamen Irrtum aufzuklären, in den ich hineingeworfen worden war. Erlass es mir, Dir hier umständlich über die empörende Nichtswürdigkeit des Pariser Kunsttreibens, namentlich auch, was die Oper betrifft, mich auszulassen. In den letzten Jahrzehnten sind unter Meyerbeers Geldeinfluss die Pariser Opernkunstangelegenheiten so stinkend scheußlich geworden, dass sich ein ehrlicher Mensch nicht mit ihnen abgeben kann. [...] Wie es jetzt steht, hält Meyerbeer alles in seiner Hand, d. h. in seinem Geldsacke; und der Pfuhl der zu durchschreitenden Intrigen ist zu groß, dass ganz andere und pfiffigere Kerle wie ich es längst aufgegeben haben, sich in einen Kampf einzulassen, bei dem einzig das Geld den Ausschlag gibt.

Dabei war Meyerbeer, der damals auch in Berlin das Opernleben regierte, dem jungen Kollegen schon früh hilfreich begegnet. Aber Wagner kehrte mit einem Schock nach Zürich zurück, einem Schock, der kurze Zeit später zu seiner widerwärtigsten Schrift führte. Wagner verfasste die Studie *Das Judentum in der Musik*, eine unverstellt antisemitische Polemik, die ganz gegen Meyerbeer gerichtet war. Er nahm sich Meyerbeer in dieser abscheulichen Weise nicht deshalb vor, weil er immer schon ein wilder Antisemit gewesen wäre, sondern er wurde aus Eifersucht und Hass auf die Glorie Meyerbeers zum wilden Antisemiten. Er wollte den Konkurrenten mit diesen Argumenten vernichtender treffen, als er es mit musikalischen gekonnt hätte. Auch wenn man das Erschrecken des mittellosen Flüchtlings, der weiß, dass er der bessere Komponist ist, vor Meyerbeers blendendem Glanz nachvollziehen kann, bleibt seine fanatische Reaktion doch einer der dunkelsten Punkte in Wagners Leben und Werk und der übelste Fleck auf seinen Zürcher Jahren. Man sollte dies auch nicht psychologisch zu erklären suchen. Wagners Unfähigkeit, mit Geld umzugehen, eine Schwäche, die Meyerbeer offensichtlich nicht teilte, mag bei der irrationalen Reaktion mitgewirkt haben, aber bei einem Mann, der eben noch sein Leben eingesetzt hat für die Sache der liberalen Demokratie, ist schlechthin kein Grund auszumachen, der die Niedertracht dieses Pamphlets entschuldigen könnte. Es war ein wütender Schub von Vernichtungswillen, der uns heute, da wir die weitere Geschichte des Antisemitismus in Deutschland kennen, als unheimliches Omen erscheint. Zwanzig Jahre später hat Wagner übrigens die Schrift ein zweites Mal herausgegeben, ohne jeden äußeren Anlass. Von einer vorübergehenden Verirrung kann also nicht die Rede sein.

Als Wagner nach Zürich kam, war er ein Vertreter der militanten politischen Linken. In seinem Siegfried konnte man durchaus eine Verklärung des Proletariers sehen, der für seine Rechte stirbt. Auch die gesellschaftlichen Kreise, in denen er verkehrte, waren demokratisch engagiert, sei es für die neue Schweiz, sei es, bei den Emigranten, für die Ideale der gescheiterten Revolution. Was Wagner in Paris gesehen hatte, war nun aber eine andere Welt, die Welt des großen Luxus und einer Pracht, wie sie nur eine Metropole zustande bringt. Wir kennen sie aus den Romanen Balzacs, die sich ja fast alle um das Geld drehen, mit einer in der Literatur bis dahin unbekannten Raserei immer neu um Gewinn und Verlust des Reichtums und um die Ekstasen einer verschwenderischen Lebensführung. Was für Wagner in Paris zum Ärgernis wurde, das steckte ihn zugleich an. Der grimmige Revolutionär entwickelte, nach Zürich zurückgekehrt, ein wachsendes Sensorium für Luxus und großartigen Lebensstil.

Das hing damit zusammen, dass Wagner nun auch in Zürich den Vertretern eines neuen Bürgertums begegnete, das es auf Glanz und Repräsentation angelegt hatte. Es waren wenige, und sie waren keine Schweizer, aber sie prägten das Leben der Stadt. Die eingeborenen Zürcher, die es zu Reichtum gebracht haben, waren und sind bis heute streng darauf bedacht, dass man ihnen das Geld nicht ansieht. Man lebt bescheiden und zeigt nicht, was man hat. Aber in Wagners Zürich fand sich eben nicht nur eine Emigration der Künstler und Professoren, es gab hier auch reiche Deutsche, die, liberal gesinnt, das Leben in der Republik schätzten und es gleichzeitig gerne hatten, wenn man ihnen das viele Geld ansah. Einer von ihnen war François Wille, ein Freund Heinrich Heines aus dessen Hamburger Zeit, der sich im gesamtdeutschen Parlament in der Frankfurter Paulskirche engagiert hatte, bevor dieses mit Waffengewalt aufgelöst wurde. Er zog freiwillig in die Schweiz, aber nicht ohne politische Überlegungen. Seine Frau stammte aus einer Hamburger Reederfamilie, schwerreich, eine Sloman. Die Willes richteten sich ein prachtvolles Anwesen auf einer Terrasse über dem Zürichsee ein, wo die Nachkommen auch heute noch residieren. Dort hielten sie gastfreundlich Hof, und was in Kunst und Wissenschaft einen Namen hatte, verkehrte dort. Das Niveau sowohl der Küche wie auch der Gespräche war legendär. Zu den Gästen zählten die einheimischen Künstler wie Gottfried Keller und Conrad Ferdinand Meyer, aber natürlich auch die deutsche Kolonie, neben Gottfried Semper bald auch Friedrich Theodor Vischer und Theodor Mommsen. Richard Wagner wusste die Abende funkelnd zu beleben. Der kleinbürgerliche Aufsteiger erkannte immer inniger, dass die Zukunft seiner Lebensführung am ehesten auf diesem Niveau lag – wenn möglich noch etwas höher. Der Sohn dieses François Wille, Ulrich Wille, wurde später General der Schweizer Armee während des Ersten Weltkriegs. Er war mit einer Tochter Bismarcks verheiratet und hätte es gerne gesehen, wenn die Schweiz auf der Seite Deutschlands in den Krieg eingegriffen hätte.

Neben François Wille gab es in Zürich noch einen zweiten sehr reichen Deutschen, der als Freund der Künstler und der Künste Hof hielt, Otto Wesendonck. Er stammte aus Elberfeld, einem Teil des heutigen Wuppertal, war Sohn eines Textilkaufmanns und früh in den Geschäften seines Vaters nach New York gezogen. Mit fünfunddreißig Jahren hatte ihn der Seidenhandel bereits so reich gemacht, dass er sich fortan auf die Pflege seines Vermögens beschränken konnte. Seine Frau, die junge, kunstsinnige Mathilde, mochte nicht in Amerika leben; so zog man in die Schweiz. Einige Jahre wohnten die Wesendoncks in Zürichs bestem Hotel, dem *Baur au Lac*; während dieser Zeit baute sich Otto Wesendonck seinen Zürcher Wohnsitz. Er kaufte einen großen Rebhügel außerhalb der Stadt, wandelte ihn in einen Park um und errichtete auf der Höhe eine palastähnliche Villa in einem phantasievollen Renaissance-Stil. Der Bau verkörperte bereits die historistische Repräsentationssarchitektur des späten 19. Jahrhunderts. Die zwei Anwesen von Otto Wesendonck und François Wille stehen beispielhaft für den Prozess, der von nun an die europäischen Städte verändern sollte: Die reichen Bürger ziehen aus der Stadtmitte weg, und es entstehen weitläufige Villenviertel außerhalb der alten Mauern. In Zürich betraf dies den Zürichberg und die Anhöhen über dem See, in Berlin bekanntlich den Grunewald.

Mit so großer Kelle wie Otto Wesendonck richtete in Zürich allerdings kein anderer an. Sein Park ist heute noch der schönste der Stadt. Wesendonck nannte ihn damals den »grünen Hügel«, ein Name, der von Richard Wagner nach Bayreuth weitergetragen wurde. Und Richard Wagner war hier denn auch willkommen wie nirgends sonst. Wesendonck hielt ihn finanziell über Wasser, obwohl dies eine harte Arbeit war. Der reiche Mäzen tat sich dafür mit jenem Jakob Sulzer zusammen, der Wagner 1849 den ersten Rettungsring zugeworfen hatte und inzwischen in die Regierung Zürichs aufgestiegen war. Als Wagner seinem Gönner Wesendonck 1854 wieder einmal die aufgelaufenen Schulden vorrechnete, beliefen sie sich auf gut 10 000 Franken, was man von heute aus wohl mit 20 multiplizieren darf. Der geduldige, aber doch zusehends genervte Wesendonck verständigte sich mit Sulzer dahingehend, dass Wagner unter keinen Umständen mehr ein größerer Betrag in bar ausbezahlt werden dürfe. Originalzitat: »Soviel ist klar: ihm selbst darf kein Geld in die Hand gegeben werden.« Wesendonck schickte das nötige Geld von nun an an Sulzer, der es nur in kleinen Raten an Wagner weitergab. Dieser wurde also gewissermaßen auf ein Taschengeld gesetzt. Man hoffte, ihn so ökonomisch zu disziplinieren, aber Schulden machen kann man bekanntlich auch in dieser Lage.

Auf jeden Fall hatte Wagner jetzt den Lebensstil vor Augen, den er für sein weiteres Leben allein noch gelten lassen wollte. Er tat dies nach seiner Zürcher Zeit denn auch in immer größerem Maßstab, bei entsprechenden pekuniären Konsequenzen. Tatsächlich wiederholte sich zehn Jahre später, als er vor einem immensen Schuldenberg aus Wien flüchtete, das gleiche wie in Zürich. Er war am absoluten Ende, ausgebrannt, mit lauter unfertigen Werken in der Tasche, da kam ein Brief des jungen Königs Ludwig II. von Bayern, der ihn zu sich berief und ihm ein unbegrenztes Mäzenat in Aussicht stellte. Von Sigmund Freud gibt es eine Studie über jenen menschlichen Typus, der sein Leben lang an jedem Erfolg scheitert. Anhand von Wagner könnte man eine Studie schreiben über den Gegentypus, den Mann, der aus jedem Sumpf, in den er geraten ist, umgehend von gütiger und begüterter Hand herausgezogen wird.

Als Musiker war Wagner in seinen neun Zürcher Jahren ein unbestrittener Star. Er hatte bedingungslose Anhänger und wirkte auf das lokale Musikleben kräftig ein. Den Höhepunkt seiner musikpraktischen Aktivität bildete das, was man die ersten Wagner-Festspiele nennen darf. Zu Wagners vierzigstem Geburtstag wird ihm nämlich von Wesendonck eine Konzertreihe ermöglicht, die an drei Abenden Musik aus Wagners bisherigen Opern bringt, aus *Rienzi*, dem *Fliegenden Holländer, Tannhäuser* und *Lohengrin*. Wagner darf dazu Musiker aus ganz Deutschland nach Zürich engagieren. Die Konzerte werden begleitet von einem Festessen, einem Fackelzug und Lesungen aus den Operntexten. Wie mit dem grünen Hügel und dem kleinen Schloss darauf hat Wagner nun auch mit diesen Maikonzerten von 1853 ein Modell im Kopf, das eines Tages in Bayreuth spektakulär umgesetzt und weitergeführt werden wird.

Jetzt beginnt er auch wieder zu komponieren. Bis dahin hatte er in Zürich vor allem theoretische Schriften verfasst und an den Textbüchern zum *Ring*-Projekt weitergearbeitet. Bei den Maikonzerten hört er zum ersten Mal seine Lohengrin-Ouvertüre, die sechs Jahre früher entstanden ist. Vielleicht hat dies seine musikalische Gestaltungskraft aufgeweckt. Auf jeden Fall richtet sich seine Kreativität nun mit Gewalt auf das Basiswerk der *Ring*-Tetralogie, *Das Rheingold.* Er stürzt sich in die Komposition.

Alles lässt erwarten, dass nun dieses Riesenwerk, der *Ring*, Schritt für Schritt fertiggestellt werde. Aber da schiebt sich unerwartet etwas anderes dazwischen, das zum eigentlichen Höhepunkt von Wagners Zürcher Zeit werden soll, Höhepunkt und Ende zugleich. Wesendonck überlässt Wagner ein kleines Haus am Rande seines grünen Hügels. Er denkt wohl, dessen Lebensführung so besser kontrollieren zu können. Nun hat aber Wagner die ausgeprägte Neigung, sich in die Ehefrauen befreundeter Männer zu verlieben. Was später mit Cosima von Bülow geschehen wird, geschieht auch hier schon einmal. Die fast täglichen Begegnungen und die vielen tiefsinnigen Gespräche zwischen Wagner und Mathilde Wesendonck führen zu einer immer engeren Beziehung. Sie ist neunundzwanzig, er vierundvierzig. Mathilde, ihrerseits literarisch tätig, schreibt Gedichte und Dramen und fühlt sich von Wagner in ihrem geistigen Wesen verstanden wie noch nie von einem Menschen. Wagner, der mit seiner Frau Minna in einer mühsamen Ehe lebt, blüht erotisch auf. Bald schon vertont er fünf Gedichte Mathildes; sie gehören als *Wesendonck-Lieder* zum Kanon der deutschen Musik. Und diese Komposition verknüpft sich nun plötzlich mit einem neuen Opernprojekt, das die Arbeit am *Ring* schroff unterbricht: *Tristan und Isolde.* Das Auftauchen und mächtige Sich-Entfalten dieses neuen Werks ist tief verknüpft mit der Situation auf dem grünen Hügel. Wagner organisiert mit Mathilde zusammen Konzerte in der Villa, bald im engeren familiären, bald im weiteren Kreis der guten Gesellschaft. Dazu kommt ein intensiver Briefverkehr quer durch Park und Garten. Wagner lebt und webt im Tristan-Stoff; er kann Mathilde und Isolde, Richard und Tristan nicht mehr auseinanderhalten. Ob und wie weit diese Beziehung die entzückte Schwärmerei überstieg, ist nicht bekannt. Otto Wesendonck verhielt sich nobel und verständnisvoll. Wagners Frau hingegen wurde immer eifersüchtiger. Sie bestach den Gärtner, der den Briefverkehr zwischen Wagner und Mathilde betreute, und fing eines Tages ein besonders ekstatisches Schreiben ab. Wagner spricht darin von der Freude, die ihm die Gespräche bereiteten, und fährt fort:

> Aber sehe ich Dein Auge, dann kann ich doch nicht mehr reden; dann wird doch alles nichtig, was ich sagen könnte! Sieh, dann ist mir Alles so unbestreitbar wahr, dann bin ich meiner so sicher, wenn dieses wunderbare heilige Auge auf mir ruht, und ich mich hinein versenke! Dann gibt es eben kein Object und kein Subject mehr; da ist Alles Eines und Einig, tiefe, unermessliche Harmonie! Oh, da ist Ruhe, und in der Ruhe höchstes vollendetes Leben!

Wagners Gattin konnte das wunderbare heilige Auge der Frau Wesendonck nicht so verehrenswert finden wie ihr Mann. Sie betrachtete diesen vielmehr als postalischen Ehebrecher und inszenierte einen großen Auftritt mit allen Beteiligten, wo sie das *corpus delicti* laut vorlas. Wenig später musste Wagner abreisen; auch seine Ehe mit Minna war nun endgültig zerstört. Die Liebe zu Mathilde aber lebte weiter in der Musik von *Tristan und Isolde*; zwei der *Wesendonck-Lieder* (Nr. 3 und 5) wurden von Wagner selbst als »Studie zu Tristan« bezeichnet.

Wenn man den zitierten Brief nicht mit den Augen einer verletzten Gattin liest, sondern mit geistesgeschichtlichem Gehör, dann erkennt man darin ein Echo jenes Philosophen, dem Wagner in dieser Zeit zum ersten Mal begegnete und der für ihn zum Leitstern der folgenden Jahrzehnte wurde, Arthur Schopenhauer. So wie Wagner in Zürich vom bürgerlichen Aufsteiger zum Angehörigen großbürgerlicher Kreise wurde, wurde er auch vom Anhänger Feuerbachs und Proudhons zum Schopenhauerianer. Einst hatte er die Oper verstanden als gewaltige Beschwörung der kommenden Weltrevolution, welche die Abhängigkeit der Menschen von Herrschaft und Kapital beseitigen sollte. Nun verdämmerte diese Vision und machte Platz für eine Kunst, die unter dem Schutz der Könige und des reichen Bürgertums nationale Weihespiele der Weltversöhnung inszenieren sollte. Die politikferne Kunstreligion der Klassik lebte hier romantisch gesteigert wieder auf. Ausgerechnet im demokratischen Zürich, das die Idee einer liberalen Republik so konsequent verwirklicht hatte wie kein anderer Ort in Europa, kehrte sich der Straßenkämpfer von Dresden von allen Umsturzträumen ab. Und ironischerweise war es einer der legendärsten politischen Propagandasänger der deutschen Literatur, der ebenfalls als Flüchtling in Zürich lebende Georg Herwegh, Freund von Marx und Engels, Bakunin und Feuerbach, der Wagner zum ersten Mal *Die Welt als Wille und Vorstellung* in die Hand drückte.

Diese Abkehr vom linkshegelianischen Modell der Weltveränderung, hin zu Schopenhauers indisch-mystischem Erlösungsgedanken, war allerdings keineswegs nur Wagners private Erfahrung. Sie wurde zum kollektiven Jahrhundertereignis in der deutschen Intelligenz. Der völlig vergessene Schopenhauer, dessen Hauptwerk schon 1818 entstanden war, fuhr nach der Jahrhundertmitte durch die Seelen wie ein Flächenbrand. Das berühmteste Beispiel ist Friedrich Nietzsche, der sich ja im Zeichen Schopenhauers mit Wagner verbünden wird – allerdings auf Zeit. Durch die brutale Unterdrückung des deutschen Aufstands von 1848/49 war Schopenhauers Philosophie der Resignation, des Verzichts auf die Tat, der Erlösung durch die Verneinung des Willens, zum Denksystem der Stunde geworden. Schopenhauer galt nun bis zum Ende des Jahrhunderts in Deutschland als der Philosoph schlechthin; dann wurde er in diesem Amt von Nietzsche abgelöst. Thomas Mann hat darüber vielfach berichtet.

Richard Wagner in Zürich: Das ergibt also mehr als ein paar muntere Anekdoten. Diese neun Jahre markieren einen fundamentalen Umbruch in Wagners sozialer, philosophischer und künstlerischer Existenz, und dieser Umbruch steht seinerseits zeichenhaft für die politischen und geistigen Verschiebungen in Deutschland um die Mitte des 19. Jahrhunderts. Der ganze Prozess gipfelt im neuen Kaiserreich, das 1871 in Versailles ausgerufen wird. Und genau zeitgleich mit diesem Ereignis wird die nationale Kultstätte von Bayreuth gegründet, wo Wagner nun endlich selbst als Herr eines grünen Hügels und mit der Frau eines anderen Freundes residiert.

Allerdings haben damals nicht alle Geister diese intellektuellen Wendungen mitgemacht. Gottfried Keller etwa, der mit Wagner in Zürich verkehrte und in den Häusern Wille und Wesendonck häufiger Gast war, blieb sein Leben lang ein gemäßigter Feuerbachianer und Parteigänger einer kommenden Demokratie auch in Deutschland. Es gibt von ihm ein winziges Wagner-Porträt, das, wenn man es genau betrachtet, sehr viel aussagt. In einem Brief vom 30. April 1857 an den Dichter und Freund Ferdinand Freiligrath beschreibt Gottfried Keller die Deutschen in Zürich und teilt sie in Gruppen und Professionen ein. Mitten drin heißt es: »Dann ist auch Richard Wagner ein sehr begabter Mensch, aber auch etwas Friseur und *Charlatan*. Er unterhält einen Nipptisch, worauf eine silberne Haarbürste in kristallener Schale zu sehen ist etc. etc.« Wir erleben hier förmlich mit, wie der unbestechliche Keller das flottierende Genie Wagner ins Auge fasst. Keller, der es als Erzähler wie kein zweiter verstand, komplexe Figuren von ihren kleinen Besitztümern her zu charakterisieren, tut dies nun auch Wagner gegenüber. So wie man von Fürsten sagt, dass sie ein Gestüt »unterhalten« oder schöne Sängerinnen, sagt Keller ironisch, Wagner »unterhalte« einen Nipptisch mit Kostbarkeiten wie der silbernen Haarbürste in kristallener Schale. Das Zweideutige und Eitle an Wagner, das Schielen auf die großbürgerliche Repräsentation und der narzisstische Kult mit der eigenen Person erscheinen in diesem säkularisierten Hausaltar symbolisch verkörpert. Keller gelingt es, die Spannung zwischen dem gewaltigen Künstler und dem schwankenden Charakter zu einem sprechenden Bild zu verdichten. Es ist dies eine Aufgabe, vor der alle, die sich mit Wagner befassen, früher oder später stehen.[119]

Der Heimkehrer

Eine Skizze

Nicht selten kehrt er als Rächer zurück. Der Mann mit der Mundharmonika zum Beispiel, im Film *Once Upon a Time in the West*. Als der Zug wegfährt von der einsamen Station, steht Charles Bronson auf der andern Seite des Gleises, spielt die unvergessliche Melodie und fixiert die drei stoppelbärtigen Schurken. Sie werden sich nie mehr rasieren.

Oder 2700 Jahre früher, ebenso unvergesslich, der zerlumpte Bettler auf der Schwelle des Fürstenpalastes von Ithaka, eine klägliche Figur. Nur seine scharfen Augen irritieren die Trinker an den langen Tischen. Einer wirft ihm einen Schemel an die Schulter. Auch sie werden sich alle nie mehr rasieren. Dieser Heimkehrer hat keine Pistole, wohl aber den Bogen, den kein anderer zu spannen vermag.

Mit dem Zug wie Charles Bronson kommt Claire Zachanassian in ihrer alten Heimat an. Sie hat weder Bogen noch Pistole. Ihre Waffe ist tödlicher: Geld. Damit liquidiert sie die Seelen einer ganzen Stadt. Als sie abfährt, lässt sie lauter reiche Lemuren zurück.

Doch sie sind nicht immer Rächer, die vielen Heimkehrer in der Literatur. Sie können auch mausarm sein wie der Grüne Heinrich, wie Dostojewskis Idiot, wie Meiß, der Held jenes Romans, der gleichzeitig mit Büchners *Woyzeck* entstand und dessen erzählerisches Pendant ist. Gleichrangig. Meiß hätte allen Grund sich zu rächen an den herzkalten Landsleuten, aber er ist ein anderer geworden in der Fremde, auf den Schlachtfeldern. Gotthelfs *Bauernspiegel*, den niemand liest – als hätte die Schweiz solche Bücher im Überfluss –, redet auch davon, wie der Zirkel von Rache und Gegenrache durchbrochen werden kann. Wer sagt, dieses Thema sei heute vom Tisch?

Und dann ist da Anatol Stiller. Auch er reist mit dem Zug an und hat gleich seinen Showdown. Aber in milderer Form als Bronson und Odysseus. Sein Gegner, ein Zollbeamter, wird sich anderntags wieder so sauber rasieren wie je. Aber immerhin gibt es diesen Hieb, der den Vertreter der Heimat kurzfristig um seine Mütze bringt. Stiller rächt sich nicht, er wehrt sich nur. Schäumend wehrt er sich gegen sein Vaterland, obwohl es ihn gar nicht unfreundlich empfängt: Ah, unser Stiller! Da bist du also wieder! Nein, sagt er, ich bin's nicht. Ich bin ein anderer. Nur ihr seid immer dieselben. Aufs Unerträglichste bleibt ihr die, die ihr immer wart. Stiller kehrt zurück als Katalysator der Veränderung und wird höflich neutralisiert. Hier wird an nichts gerüttelt. Wer hier rütteln will, zermürbt sich selbst.

An Max Frischs Roman kann man studieren, wie der Heimkehrer in der Literatur zum Instrument der sozialen Diagnose gerät. Ob er voller Liebe ankommt oder in altem Hass, er hat einen neuen Blick gewonnen in der Fremde. Er kann vergleichen. Er sieht Unterschiede, die den Einheimischen unbekannt bleiben. Diesen Blick kann der Autor inszenieren, ohne dass er viel dazu zu sagen braucht. So sieht Martin Salander, heimgekehrt aus Brasilien, den Zürichberg, der vordem ein gutmütiger Rebhügel war und einen braven, dünnen Wein lieferte, plötzlich als Villenviertel vor sich, eine Zone der Spekulation, das Symptom einer großen Finanzblase. Als diese platzte, kam es zur schweren Depression von 1880–90. Deren moralische Verwerfungen analysiert Kellers Roman – durch die Augen eines Heimkehrers.

In der Fremde hat man die Heimat als Ganzes vor sich. Wenn sich der Heimkehrer der Grenze nähert, verstärkt sich in der Regel diese Vision. Am gewaltigsten geschieht es im *Grünen Heinrich*. Sonst wirkt der erzählte Traum in den Romanen ja meistens etwas unbeholfen und allzu durchsichtig in der konstruierten Symbolik, hier aber wächst er zu einem gewaltigen, phantastisch leuchtenden Panorama heran, einer vieldeutigen Bilderrede über die neugeborene Schweiz. Das Vertrauen zum jungen Staat von 1848 pocht darin, jenes hochgemute Vertrauen, das im *Martin Salander* in die Enttäuschung kippt. Salander hat sich in der Fremde den Aufbruchspatriotismus bewahrt. In der veränderten, geldversessenen, von Spekulationen und Betrug verseuchten Schweiz wird er damit zum gutgläubigen Narren. Dass er sich in eine schöne Schwachsinnige verliebt, ist, politisch gelesen, ein gespenstisches Zeichen.

Während Stiller die Diagnose des Ganzen aus seinem Heimkehrerblick heraus selbst vollzieht und unverfroren formuliert, wird Salander zum hilflosen Symptom des angeschlagenen Gemeinwesens. Er gerät um ein Haar in den endgültigen Ruin. Zwar wird ihm schließlich der Star gestochen, aber dass in dem schönen Apfel der Confoederatio Helvetica der Wurm sitzen könnte, das will er bis zuletzt nicht ganz begreifen.

Es gibt also ganz unterschiedliche Verfahren, den Heimkehrer zum Medium der Diagnose zu machen. Der reine Rächer, der recht hat und recht behält, ist die einfachste Form. Sie ist wirkungsvoll, aber auch naiv. Je komplexer ein Werk ist, desto mehr wird der Heimkehrer selbst in den Erkenntnisprozess verwickelt und muss auch über die eigenen Bücher. Stillers Gericht über das »Städtchen«, wie er Zürich immer nennt – was viele seinem Autor bis heute nicht verzeihen –, hat bei allem Witz auch etwas Schrilles, Hysterisches. Der Mann ist überdreht, kein Zweifel, und seine Beschuldigungen haben auch den Zweck, das eigene Versagen zu kaschieren. Stiller hält Gericht, aber Max Frisch, der Autor, der ihn Gericht halten lässt, hält gleichzeitig Gericht über diesen Stiller und alle andern selbstgewissen Richter und Rächer. Die dunkle Einsamkeit, in der Stiller endet, ist ebensosehr dessen eigenes Werk wie das seiner unbeweglichen Landsleute. Die Ranküne gegen Frisch, die auch in der heutigen Schweiz nicht erloschen ist, beruht auf der schlichten Unfähigkeit, ihn präzis zu lesen.

Es gibt den reichen und den armen, den strafenden und den patriotischen Heimkehrer. Das platteste Muster ist der Onkel aus Amerika, der mit vielem Gold zurückkehrt und die darbenden Seinen aus aller Not befreit. Wie man aus diesem Klischee große Kunst macht, hat Dürrenmatt gezeigt, 1956, auf der Pfauenbühne. Ebenso schlicht ist das Muster vom verlorenen Sohn. Wie man daraus eine abgründige Parabel macht, ist in *Lukas 15* nachzulesen. Dort ist nicht der Heimkehrer das Problem, wohl aber der wütende Bruder, für den der Vater nie ein Kalb geschlachtet hat wie jetzt für den winselnden Hallodri, und der das nicht begreift. Zu Recht, wie es einem auch heute noch vorkommen will – was immer die Theologen dazu sagen.

Am erfolgreichsten ist die Literatur stets dann, wenn sie ein simples Grundmuster zum vielschichtigen Kunstwerk steigert. *König Lear* entsteht aus einem Volksmärchen. Und von den Heimkehrern ist keiner hintergründiger als Hamlet. Er leidet gerade daran, dass er so schlicht und eindeutig der Rächer ist, und wird darüber zu einem Charles Bronson, der den Colt nicht aus dem Halfter bringt.

Meisterschaft und Routine

Versuch über zwei merkwürdige Begriffe der Kunstkritik

Ich bin Literaturwissenschaftler, also Philologe. Das heißt: Ich bin Fachmann für Wörter. Natürlich bin ich in der Folge auch Fachmann für ganze Sätze und für aus Sätzen gefertigte Texte und aus Texten gefertigte Bücher und aus Büchern gefertigte Lebenswerke – aber die Basis bleibt das Wort. Das Wort ist ein Lebewesen von unwahrscheinlicher Zähigkeit, Wirkung und Unberechenbarkeit. Es ist da, hat seine Bedeutung, ändert seine Bedeutung, wird bald gefährlicher, dann wieder harmloser, stirbt ab, kann auch wieder zum Leben erwachen. Jedes Wort hat seine Geschichte, in vielen Fällen ist dies eine dramatische Biographie. Man denke nur an das Wort *Schönheit*. Jeder kennt es, jeder versteht es, dennoch ist es ein Abgrund. Wer es ergründen wollte, müsste in einen Vulkan steigen. Gleichzeitig halten wir es für eines der banalsten Wörter überhaupt.

Die unscharfen Begriffe in der Wissenschaft

Die Wissenschaften haben ein Problem mit der naturgegebenen Unberechenbarkeit der Wörter. Die Wissenschaften sind ja zur größtmöglichen Präzision gezwungen, weil ihre Resultate sonst diffus bleiben. Daher brauchen sie Wörter, die eindeutig sind. Ihre Begriffe dürfen nicht an den Rändern ausfransen, bald das bedeuten, bald eher etwas anderes. Wo die Begriffe verschwimmen, kann es zu keinen klaren Schlussfolgerungen kommen. Deshalb sehnt sich jede Wissenschaft insgeheim nach Begriffen, die so trennscharf sind wie Zahlen. Dann wären auch ihre Resultate von der kühlen Präzision einer mathematischen Lösung.

Die Kunst kommt nicht aus ohne den Begriff der Schönheit. Aber man stelle sich einmal vor, ein Institut für Kunstwissenschaft müsste bei jedem Werkverzeichnis, das es erarbeitet, die Arbeiten eines Künstlers einerseits nach ihrer Entstehungszeit und andererseits nach dem Grad ihrer Schönheit auflisten, vom schönsten Bild bis hinunter zu seinem äußersten Gegenteil. Die Vorstellung ist absurd, das bezweifelt niemand. Wenn wir aber den Grund für diese Absurdität angeben sollten, gerieten wir in große Schwierigkeiten.

Eines ist sicher. Die Unmöglichkeit der Aufgabe, Bilder nach dem Grad ihrer Schönheit zu klassifizieren, hängt mit dem Wort Schönheit zusammen. Es ist zu wild, zu unzähmbar, zu unberechenbar für die Wissenschaft. Obwohl wir alle keinen Tag auskommen ohne dieses Wort. Brauchen wir es denn nicht für unsere inständigsten Erfahrungen?

Es ist das Privileg des Philologen, des Wortliebhabers, wie die genaue Übersetzung der Berufsbezeichnung lautet, dass er sich mit jenen Wörtern besonders eingehend beschäftigen darf, die mehrdeutig, also wissenschaftlich untauglich sind. Der Philologe studiert ja die Wörter nicht innerhalb der wissenschaftlichen Systeme, sondern auf der freien Wildbahn, das heißt im täglichen Gebrauch. Dabei entdeckt er, dass viele Wörter, die innerhalb eines wissenschaftlichen Systems untauglich sind, dennoch ganz selbstverständlich zur Sprache der Wissenschaftler gehören, sobald sie sich ganz allgemein über die Gegenstände ihrer Wissenschaft verständigen. So verhält es sich auch mit dem Begriff der *Meisterschaft.* Im Bereich der Künste ist er wenig brauchbar für die kritisch-forschende Arbeit am einzelnen Werk, und doch tritt immer wieder die Situation ein, wo wir ohne dieses Wort nicht auskommen. Ähnlich steht es mit dem Wort *Routine.* Beide Begriffe, Meisterschaft und Routine, sind komplexer, als man denkt. Sie sind uns allen vertraut, wir verstehen und gebrauchen sie problemlos, und doch ist es keineswegs einfach, ihnen auf den Grund zu kommen. Dabei benennen sie fundamentale Gegebenheiten der Kunst, aller Künste. Sie könnten sehr wohl zu den Grundbegriffen im Sinne des alten Wölfflin gehören.

Je für sich allein genommen erscheinen sowohl Meisterschaft als auch Routine recht eindeutig. Sobald wir sie jedoch nebeneinander stellen, wird der Pferdefuß sichtbar. Da sind einmal die Wertungen, die sich mit diesen Begriffen zwingend verbinden. Meisterschaft ist so fraglos eine positive Kategorie im Bereich der Kunst, wie Routine eine negative ist. Ein Künstler, dem öffentlich Meisterschaft attestiert wird, hat ausgesorgt, was sein Renommee betrifft. Ein Künstler, dem einmal Routine attestiert wurde, hat es schwer, den bösen Stempel wieder loszuwerden. Wörter sind offensichtlich auch moralische Lebewesen. Sie tragen Gut oder Böse in sich. Das macht sie gefährlich. Sie können verletzen oder heilen, töten oder lebendig machen.

Über Nacht vom Versager zum Meister

Ich gebe ein Beispiel aus der Literatur. Gottfried Keller war in seinen mittleren Jahren, als er den Roman *Der Grüne Heinrich* und den ersten Teil der Novellensammlung *Die Leute von Seldwyla* längst geschrieben hatte, in Deutschland nahezu vergessen. In der Schweiz kannte man ihn als Lokalpolitiker und Verfasser von Vaterlandsliedern. Er lebte vom Amt des Staatsschreibers, das ihm einflussreiche Freunde gegen öffentlichen Protest zugeschanzt hatten. Der *Grüne Heinrich* war ein Misserfolg gewesen; er hatte sich kaum verkauft; die wenigen Rezensionen waren lust- und resonanzlos. 1855 war der Roman erschienen. 1869 brachte die *Neue Zürcher Zeitung* das folgende Inserat:

Außerordentliche Preisermäßigung!
Statt Fr. 20 nur Fr. 5!
Der grüne Heinrich.
Roman von Dr. Gottfried Keller. 4 Bde
Bei diesem billigen Preise wird gewiss das bekannte
und hochpoetische Werk des beliebten Zürcher Dichters
noch die verdiente weitere Verbreitung finden.
Da unser Vorrath davon nur noch sehr gering ist, so bitten um gütige baldige Bestellung
Meyer & Zeller am Rathhausplatz in Zürich[120]

Die Auflage hatte 1000 Stück betragen. Noch im Winter 1879/80 wird Keller mit 110 nicht abgesetzten Exemplaren seinen Ofen heizen. Heute kostet die Erstausgabe des Romans, wenn sie denn aufzutreiben ist, um die fünftausend Franken.

Ein Zeugnis dafür, wie Keller damals gesehen wurde, liefert Richard Wagners Autobiographie *Mein Leben.* Wagner berichtet darin über seine Emigrantenzeit in Zürich:

> Ich war nun erstaunt, in Keller einen auffallend unbehilflichen und spröd erscheinenden Menschen kennenzulernen, dessen erste Bekanntschaft jedem sofort das Gefühl der Angst um sein Fortkommen erweckte. Auch war dies wirklich der schwierige Punkt bei ihm; alle seine Arbeiten, welche wirklich von sehr originellen Anlagen zeugten, gaben sich sogleich aber auch nur als Ansätze zu einer künstlerischen Entwicklung zu erkennen, und man frug sich nun unerlässlich nach dem Werke, welches nun folgen und seinen Beruf erst wahrhaft bezeugen sollte. So kam es demnach, dass mein Umgang mit ihm nur ein fortgesetztes Fragen nach dem war, was er jetzt nun vorhabe. Er meldete mir in diesem Betreff auch allerhand gänzlich reife Pläne, von denen aber bei näherem Besehen nichts von einiger Konsistenz zu gewahren war. Glücklicherweise wusste man ihn, wie es scheint, schon aus patriotischen Rücksichten mit der Zeit endlich im Staatsdienste unterzubringen, wo er als redlicher Mensch und tüchtiger Kopf jedenfalls gute Dienste leistete, wenn auch seine schriftstellerische Tätigkeit von jetzt an, nach seinen ersten Ansätzen, für immer zu ruhen schien.[121]

Da wird ein Künstler beschrieben, der auf seinem Weg steckengeblieben ist. Die Lehrjahre haben allerlei versprochen, aber die Meisterschaft hat er nie erlangt. Er ist einer, der immer von kommenden Werken redet, aber nichts mehr liefert. Ein peinlicher Fall. Wenn man Kellers Briefe aus dieser Zeit liest, sieht man bald, dass er sich selbst ganz ähnlich darstellt. Nie hält er mit abschätzigen Worten zurück, wenn es um seine Person und sein künstlerisches Werk geht.

Da geschieht 1871 etwas Merkwürdiges. Keller ist über fünfzig. Seit fünfzehn Jahren ist von ihm kein Buch mehr erschienen. Weder vom *Grünen Heinrich* noch von den Seldwyler Novellen hat es eine zweite Auflage gegeben. Sein Name kursiert in Deutschland nur noch unter Kennern, ganz ähnlich wie es in den 1950er und 60er Jahren mit Robert Walser der Fall war.[122] Literarischer Star in Deutschland ist jetzt Paul Heyse, vielgelesen, vielgefeiert, vom bayerischen König ausgehalten, ein Turbomotor des Literaturbetriebs und selbst unablässig Dramen, Romane, Novellen, Gedichte liefernd. Dieser Paul Heyse gibt nun ab 1871 in mehreren Bänden einen *Deutschen Novellenschatz* heraus. Dabei hebt er in der Einleitung Gottfried Keller gewaltig vor allen andern Novellenschreibern heraus. Er feiert ihn mit flammenden Worten als Goetheverwandten und als »Meister des epischen Stils«.

Das verändert mit einem Schlag Kellers Bild in der deutschen Öffentlichkeit. Und – es verändert Kellers Existenz. Die Lähmung löst sich. Bereits ein Jahr später erscheint wieder ein Buch von ihm: *Sieben Legenden*, eines der Prosawunder des 19. Jahrhunderts. Und kurz darauf werden auch die Seldwyler Novellen wieder aufgelegt, vermehrt um einen großen zweiten Teil. Die *Züricher Novellen* erscheinen, später die Neufassung des *Grünen Heinrich*. Kellers Stern geht strahlend auf, erstmals, muss man sagen. Zum Meister erklärt durch den Chefkritiker seiner Zeit, findet Keller die Kraft und das Selbstvertrauen, dieser Meister tatsächlich zu sein und seine Meisterschaft zu leben, in neuer großartiger Produktivität. Und aufatmend hängt er sein Amt als Staatsschreiber an den Nagel.

Heyses Wort vom »Meister« war für Keller wie eine Taufe. Oder wie ein Föhneinbruch, der den »gefrornen Christ« auftaute. Und als derselbe Heyse Gottfried Keller in einem vielbeachteten Sonett nun auch noch als »Shakespeare der Novelle«[123] bezeichnete, war dies der letzte Stein in der funkelnden Krone.

Wie an der Regenwand, der nüchtern grauen,
Der Bogen funkelnd steht in freud'ger Helle,
So dürfen wir an deiner Farbenquelle
Im grauen Duft des Alltags uns erbauen.

Der Schönheit Blüt' und Tod, das tiefste Grauen
Umklingelst du mit leiser Torenschelle,
Du darfst getrost, ein Shakespeare der Novelle,
Dein Herb und Süß zu mischen dir getrauen.

Dem Höchsten ist das Albernste gesellt,
Dem schrillen Wehlaut ein phantastisch Lachen,
Um Heil'ges lodern Sinnenflammen schwüler.

So sehn wir staunend deine Wunderwelt.
Der Dichtung goldne Zeit scheint zu erwachen
Auf euren Ruf, unsterbliche Seldwyler.

Die Dimensionen der Meisterschaft

Was heißt das jetzt für den Begriff der Meisterschaft in der Kunst? Das Wort bezeichnet offensichtlich zweierlei, zum einen die künstlerische Fähigkeit, zum andern den öffentlichen Rang. Meister ist stets einer, der in seinem Metier den Maßstab setzt. Meister ist der, an dem man von nun an die andern misst. Insofern war die offizielle Verleihung des Meistertitels für die Meistersinger im Spätmittelalter gar nicht so falsch. Darin spiegelte sich eine kunstsoziologische Wahrheit, die ihre Geltung noch immer hat. Meisterschaft setzt nicht nur das Können, das Genie voraus, sie verlangt ebenso sehr die öffentliche Präsenz, den allgemeinen Zuspruch, den großen Applaus. Keiner hat je von Meister Kafka oder von Meister Robert Walser gesprochen, obwohl an deren Genie nicht zu zweifeln ist. Die öffentliche Anerkennung aber kam nur schleichend, gewissermaßen heimlich. Beide waren tot, als sie zu verbindlichen Messpunkten der deutschen Prosa wurden. Gottfried Keller aber wurde nach dem erwähnten Föhneinbruch überall als Meister bezeichnet und gefeiert. Auch in der Schweiz, die sofort vergaß, dass ein Deutscher ihr diesen Autor wiedergeschenkt und den größeren Teil seines Werks überhaupt erst ermöglicht hatte.

Nun ist das allerdings auch eine Epochenfrage. Die Moderne hat ihre Probleme mit dem Begriff des Meisters, und zwar schon deshalb, weil sie sich selbst ja stets aus dem Kontrast zur bürgerlichen Kunst des 19. Jahrhunderts definiert hat. Während diese den Weg des Künstlers noch durchaus in Analogie zum Weg des Handwerkers sehen konnte: vom Lehrling über den Gesellen zum Meister oder, wie etwa bei Gotthelf, vom Knecht über den Pächter zum Hofbesitzer, der auch wieder Meister hieß, sieht die Moderne den Künstler in einem unentwegten Wandel und Neubeginn. Jetzt hat der Künstler Epochen, Phasen, Perioden, aber keine vorgezeichneten Stufen mehr vom Lehrling zum Meister. Das spektakulärste Beispiel dafür ist

Picasso. Dem entspricht sehr genau das Konzept und der Begriff der *Avantgarden*, die ja immerzu neue Durchbrüche mit neuen Manifesten und neuen Skandalen schaffen mussten, um ihrer selbst sicher sein zu können. Der Avantgardist, so wie er sich in der klassischen Moderne versteht, will keinesfalls Meister sein, sondern immer neu, immer jung, immer just aus einem Ei gekrochen. Das zeigt, wie vertrackt das Wort Meister ist. Sofern es allein die Souveränität und Sicherheit im Schaffen meint, gilt es auch für viele Gestalten der Moderne, Giacometti zum Beispiel oder Thomas Mann oder Strawinski. Sofern es aber auf den spezifisch modernen Kunstbegriff verweist, der sich in Opposition sieht zum breiten bürgerlichen Publikum und der nicht das fertige, geschlossene Werk als Ziel der Kunst versteht, sondern den niemals abgeschlossenen Prozess – *work in progress* –, kommt es uns kaum mehr über die Lippen. Deshalb hat noch nie jemand vom Meister Celan geredet oder vom Meister Duchamp.[124]

Mit dem Wort »Meister« oder »Meisterschaft« verbinden sich drei Bedeutungsebenen: erstens ein normsetzendes Maß der künstlerischen Qualität, zweitens die fraglose gesellschaftliche Anerkennung, drittens bestimmte Vorstellungen von der grundsätzlichen Beschaffenheit eines Kunstwerks. In den Siebziger- und Achtzigerjahren hätte man gesagt, das Wort sei »ideologisch belastet«. Heute erscheinen Wörter, die in vielen Richtungen schillern, wieder auf neue Art interessant.

Der alte Max Frisch wurde von Jürg Federspiel einmal »unser aller Meister« genannt. Das zielte auf den Rang, den Vorbildcharakter, auch eine Art Führerschaft, die Frisch vielen jüngeren Autoren gegenüber tatsächlich ausübte. Frisch hatte diese Rolle nicht gesucht; sie wurde ihm zugesprochen. Otto F. Walter bezeichnete ihn als Capitano. In der breiteren Öffentlichkeit allerdings wurde Frisch nie Meister genannt. Dazu war vermutlich seine oppositionelle Haltung zu kombattant. Was hingegen Meisterschaft als reine Fähigkeit des Kunstmachens betrifft, braucht man nur die ersten sieben Seiten der Erzählung *Der Mensch erscheint im Holozän* zu lesen, dann weiß man wieder, was das Wort in diesem Sinne bedeutet. Die Kunst, eine Erzählung zu beginnen, leicht, unaufdringlich, aber zugleich mehrdeutig, bedrohlich und geisterhaft spannend, hier begegnet sie uns in einer unwahrscheinlichen Vollendung.

Soviel zur Meisterschaft. Wie verhält sich diese nun zur Routine? Ist Routine nicht einfach ein Element der Meisterschaft? Setzt Meisterschaft nicht Routine geradezu voraus? Wer je einem erprobten Künstler bei der Arbeit zugesehen hat, weiß, welche Faszination von der gelassenen Sicherheit ausgeht, mit der hier einer jeden einzelnen Arbeitsgang durchführt. Da ist kein Griff zuviel, und jede Handbewegung sitzt. Selbst wenn das Zeichnen oder Malen oder Modellieren ein Suchen ist, selbst wenn der Künstler im Akt des Schaffens noch nicht ahnt, wo dieser hinführt, ist doch überall die Souveränität dessen sichtbar, der weiß, was er kann und was jetzt zu tun ist. Noch unter den Anspannungen der Kreativität hat er sein sichtbares Vergnügen an jedem Teil der Arbeit. Ist das denn nicht Routine, Routine im besten Sinn? Und hat Routine also zu Unrecht einen schlechten Ruf?

Als Philologe, Fachmann für Wörter, habe ich eine Anatomie des Begriffs *Meister / Meisterschaft* vorgenommen. Ist eine solche Anatomie auch bei der *Routine* möglich? Es soll versucht werden. Zunächst fällt auf, dass das Wort Routine heute im Bereich des Sports am häufigsten gebraucht wird. Hier meint es den erfahrenen Spieler, der schon viele Wettkämpfe bestritten hat und den keine unerwartete Situation mehr aus der Fassung bringt. »Seine Routine ist Gold wert«, konnte man vor einiger Zeit in einem Sportbericht lesen. Und anderswo: »Erst 17, aber abgeklärt wie ein Routinier«. Von einem Radrennen, der spanischen *Vuelta*, war zu lesen: »Russischer Routinier Ekimov gewinnt in Valencia«. Zu einem Biathlon hieß es: »Zukunft der deutschen Goldstaffel hängt von Routinier Luck ab.« Und ein sehr erfolgreiches Dressurpferd, geboren 1995, trägt sogar den Namen Routinier. Im Jahr 2000 war es *horse of the year*. Die Abschätzigkeit, die dem Wort Routinier im Bereich der Künste eigen ist, scheint sich im Bereich des Sports verlagert zu haben in die Richtung einer unbedingten Anerkennung. Wie könnte man sonst ein Pferd aus bester Abstammung Routinier taufen?

Das Postulat der Neuheit

Der Sport und die Kunst: Vom Fußballspieler will man das Tor, vom Künstler will man das Kunstwerk. Wenn ein Tor besonders kunstreich herausgespielt wurde, gibt es zwar erhöhten Beifall, aber am Ende zählt doch nur das Tor als solches. Das Kunstwerk als solches hingegen zählt noch gar nichts; jeder Kram kann als Kunstwerk bezeichnet werden; was zählt, ist allein die Qualität. Und: Es muss neu sein. Die gleichzeitig selbstverständlichste und geheimnisvollste Bedingung, die wir an das Kunstwerk stellen, ist seine Neuheit gegenüber aller vorausgegangenen Kunst. Das Kunstwerk darf nicht wiederholen, was schon einmal einer gemacht hat. Es muss etwas hinstellen, was noch keiner hingestellt hat. Das ist so, unbezweifelbar, aber warum das so ist, liegt keineswegs auf der Hand. Wenn mir ein Bild gefällt, was kümmert es mich, ob es dies genau so oder fast so auch schon gegeben hat? Da ist das Bild; ich mache meine Erfahrung damit; der Rest ist etwas für die Kunsthistoriker. Könnte man meinen. Wir denken aber gar nicht daran, das zu meinen. Wir halten uns vielmehr einen ganzen Stall von abwertenden Begriffen, um Kunstwerke und Künstler zu bezeichnen, die gegen das Postulat der Neuheit verstoßen. Von Epigonen reden wir, von Nachahmern, Mitläufern, Vorgestrigen und Traditionalisten; wir klagen über Repetition, Imitation, Reproduktion, Stagnation, über mangelnde Originalität und fehlende Innovation. Auch die Routine und der Routinier gehören in diesen Wörterstall. Und mit dem Begriff der »schweizerischen Stilverspätung« gerät die verdächtige Kategorie des Nicht-mehr-Neuen sogar noch zu einem Teil des Nationalcharakters.

Hier, bei der Forderung nach unbedingter Originalität, liegt offenbar der kritische Punkt. Hier scheinen sich Routine und Meisterschaft am deutlichsten zu unterscheiden. Routine wäre demnach Meisterschaft minus Innovation; Meisterschaft wäre Routine plus Innovation. Eine großartige Lösung – oder etwa doch nicht? In der Tat gibt es da merkwürdige Dinge. Man denke an einen Maler wie Morandi, der immerzu die gleichen paar Tassen und Flaschen malte, und nichts stört uns dabei. Wir schauen jedes dieser Bilder mit neuem Vergnügen an, und wenn wir im Morandi-Museum zu Bologna auch noch die leibhaftigen Modelle dazu sehen, ein Tischchen voller Trödler-Geschirr, finden wir das richtig aufregend. Der alte Chagall aber, der alte Miró und der alte Dalí, in der Schweiz der späte Carigiet und der späte Tinguely, die die Galerien mit ihren Lithographien überschwemmten, sie lösen in uns jenes spezifische Unbehagen aus, für das wir die erwähnten abschätzigen Begriffe haben. Die Wiederholung als solche kann also nicht der entscheidende Punkt sein, der den Routinier vom Meister trennt.

Bei Morandi stehen wir vor dem Paradox, dass die Wiederholung selbst die Innovation ist. Unentwegt eine kleine Gruppe banalster Gegenstände zu malen wird als Ganzes, als Unternehmen über Jahre hin, zu einem Kunstakt eigener Art. Als work in progress ist es ein einziges Kunstwerk, dessen Singularität sich auch dem Teilprodukt mitteilt, ja, um eine gewagte These aufzustellen: dessen Singularität sogar noch auf die zahllosen Morandi-Fälschungen, die inzwischen überall auf der Welt in den Museen hängen, einen gewissen Glanz wirft. Die inflationäre Produktion von Blumensträußen, Tauben und fliegenden Liebespaaren aber, die vom Atelier des alten Chagall ausging, oder die entsprechenden Tinguelys oder Dalís oder Carigiets, sie verkörperten kein je eigentümliches Großprojekt, sondern traten in jedem einzelnen Blatt mit dem Anspruch der Singularität auf. Und diese Singularität wurde durch die fabrikähnliche Massenproduktion widerlegt.

Was Tinguely betrifft, muss ich allerdings einräumen, dass die Möglichkeit nicht ganz ausgeschlossen scheint, er könnte sich dieser Sache klar bewusst gewesen sein und er habe sich eines Tages absichtlich selbst in eine Tinguely-Maschine verwandelt, welche immerzu Tinguely-Blätter ausspuckte und Tinguely-Halstücher und Tinguely-Krawatten. Einst war er angetreten, um den Begriff vom erhabenen Kunstwerk und vom erhabenen Künstler zu sabotieren und unterhöhlen. Das gelang ihm zunächst vollauf. Dann aber holte ihn der Ruhm ein und machte ihn selbst zu dem, was er hatte verabschieden wollen. Er wollte Kunst machen gegen die Museen, nun nahmen ihn die Museen mit offenen Armen auf. Vor diesem Hintergrund könnte seine späte Massenproduktion auch ein Gestus der Selbstsabotage sein. Damit aber hätten wir eine weitere Variante jener spezifisch modernen Großprojekte vor uns, welche die Repetition zur Kunstregel machen und Singularität gewinnen in der Summe der Wiederholungen. Nur fällt durch diese Selbstverramschung kein spezieller Glanz mehr auf das einzelne Blatt.

Routine und Absatz

Bei der Analyse der Meisterschaft habe ich den gesellschaftlichen Aspekt hervorgehoben. Meisterschaft, sagte ich, setzt nicht nur die künstlerische Fähigkeit voraus, sondern auch die breite soziale Anerkennung. Gottfried Keller wurde durch einen Propagandaakt im deutschen Literaturbetrieb vom ewigen Anfänger auf einen Schlag zum anerkannten Meister. Wie steht es nun mit dem gesellschaftlichen Aspekt bei der Routine? Beim Routinier kann man gewiss nicht davon ausgehen, dass er in breiten Kreisen als Routinier gefeiert wird. Dafür ist der Begriff im Bereich der Kunst zu verächtlich. Zum Routinier gehört aber doch auch eine Form der öffentlichen Anerkennung: der große Absatz. Soziologisch gesehen sind Routine und Routinier Begriffe, die mit dem Markt verbunden sind. Die Routine antwortet auf eine Nachfrage. Sie produziert entsprechend der Nachfrage. Nicht nur dass sie auf dem Markt Erfolg hat, macht sie aus, sondern vor allem, dass sie auf den Erfolg mit gesteigerter Produktion reagiert. Deshalb kann die Routine auf die Meisterschaft folgen; sie kann eine Zerfallsform der Meisterschaft sein. Zur Routine gehört also in höherem Maße, als es sonst in der Kunst der Fall ist, die Verknüpfung mit dem Markt und seinen Gesetzen. Alle Kunst ist mit dem Markt verknüpft. Aber die Routine ist es auf besondere Weise. Sie produziert anders, und sie produziert immer mehr, solange der Markt sie unbeschränkt akzeptiert. Und wenn der Markt schließlich das Kunstwerk auf Krawatten, Kopftüchern, Kaffeetassen und Papierservietten will, liefert die Routine auch das.

Das alles ist nicht einfach nur abwertend gemeint. Ich verwerfe die Routine keineswegs schon im Voraus. Sie interessiert mich als Phänomen, als ästhetisches und soziologisches Phänomen. Und sie interessiert mich überdies noch unter einem weiteren Aspekt. Ich meine ihre allgemeine Nützlichkeit. Wenn die Routine auf die Nachfrage des Marktes mit erhöhter Produktion reagiert, dann kann ich daraus zwar den negativen Schluss ziehen, dass sie die Würde der Kunst dem Absatz opfere. Das ist moralisch argumentiert, kunstmoralisch. Ich kann aber auch andere Schlüsse daraus ziehen. Zum Beispiel, dass die Routine auf starke Bedürfnisse breiter Schichten reagiert. Und wer gibt mir das Recht, die ästhetischen Bedürfnisse breiter Schichten zu verurteilen? Wer gibt mir das Recht, deren Befriedigung zu bedauern? Wenn die Routine Wünsche befriedigt, die legitim sind, muss sie – so stoßend es sich ausnimmt – ihren Sinn und ihre Funktion haben. Und ist es denn nicht in Tat und Wahrheit so, dass die Werke der Routiniers weit mehr Menschen zum ersten Mal die Augen öffnen für das, was ein Kunstwerk ist, als die Werke der Avantgardisten? Irgend einmal macht jeder seine erste Erfahrung vor einem Bild, einem Gedicht, einem Roman, jene Erfahrung, die ein Tor sprengt und ihn eintreten lässt in die Räume der Kunst. Von da an kann er ohne sie nicht mehr leben. Diese Initiation ist ebenso wichtig wie das, wozu sie am Ende führt, die Kennerschaft und die kritische Distanzierung von der Routine. Das eine ist ohne das andere nicht zu haben.

Lob der Arrieregarde

So gesehen, zeigt sich eine interessante Verwandtschaft zwischen der Routine und der *Epigonalität.* Man könnte sagen, der Routinier sei sein eigener Epigone. Der Epigone arbeitet auf einer von der Geschichte überholten Position. Der Routinier verbleibt auf einer Position, die er selbst hätte überholen müssen. Der Vergleich geht allerdings nicht in jeder Hinsicht auf. Epigonen sind nämlich keineswegs immer auch Routiniers. Othmar Schoeck, Max Gubler, Meinrad Inglin oder Hermann Hesse besitzen in ihrer Kunst spürbar epigonale Züge, ohne dass sie je zu Routiniers geworden wären. Sie arbeiteten vielmehr mit ebenso strenger Selbstkritik, mit ebenso entschlossenem Formwillen wie die dezidierten Neuerer, wie Schönberg, Giacometti, Max Frisch oder Samuel Beckett.

Ich würde für die Epigonen, die keine Routiniers sind, lieber den Begriff der *Arrieregarde* verwenden. Er ist nicht sehr gebräuchlich, aber dadurch auch weniger negativ eingefärbt. Er kommt ebenfalls aus dem militärischen Bereich und meint dort die Nachhut einer Truppe, im Gegensatz zur Vorhut, welche die Avantgarde bildet. Der Kult der Avantgarden hat bis heute den Blick auf die komplexen Funktionen der Arrieregarde verstellt. Während es einigermaßen riskant bleibt, die Routiniers durch den Hinweis auf ihre kunstpädagogische Wirkung retten zu wollen, gehört es zu den bisher nicht eingelösten Aufgaben der Kunsttheorie, der Arrieregarde gerecht zu werden. Wenn wir nach der Summe aller authentischen Kunsterfahrungen, die in einer Gesellschaft gemacht werden, fragen, werden wir um die Antwort nicht herumkommen, dass drei Viertel dieser authentischen Kunsterfahrungen an Werken der Arrieregarde gemacht werden. Das spricht nicht gegen die Avantgarde. Aber es bezeugt etwas anderes: dass nämlich die Avantgarde selbst auf das Spannungsfeld zur Arrieregarde angewiesen ist. So wie die Avantgarde angewiesen ist auf die Erfahrungen, die ihre eigenen Anhänger und Förderer ursprünglich einmal bei der Arrieregarde gemacht haben. Peter Weiss, ein kühner literarischer Neuerer der 1960er Jahre, hat als Hesse-Verehrer begonnen.

Ich habe zu Beginn davon gesprochen, dass wichtige Begriffe auch eigentümlich unscharf sein können. Es zeigt sich nun, dass solche Unschärfe oft wettgemacht wird durch ein größeres Sinnpotential. Dieses tritt ans Licht, sobald man die Begriffe nicht nur für sich allein befragt, sondern nebeneinander rückt und zueinander ins Widerspiel bringt. Dann vernetzen sie sich nämlich zu einem Geflecht von Wörtern und Bedeutungen. Plötzlich werden die Wortränder und Nebenbedeutungen spannender als die Wortmitte und die trennscharfe Definition.

Auf diese Art könnte man weiterfahren, könnte weitere Begriffe einführen und verflechten. So wäre es verlockend zu fragen, wo die *Virtuosität* im Verhältnis zu Meisterschaft und Routine anzusiedeln ist und was sich für alle drei aus diesem Verhältnis ergibt. Auch Virtuosität hat in unserem Sprachgebrauch einen ungeklärt negativen Anstrich. Sie deckt sich nicht mit der Routine, ist aber ohne sie auch nicht denkbar und bestimmbar.

Nicht minder abenteuerlich wäre schließlich das Unternehmen, die Kategorie der *Konvention*, des *Konventionellen* in der Kunst, zum Thema zu machen und sie erneut in Relation zu setzen zu Meisterschaft, Routine, Avantgarde, Arrieregarde und Virtuosität. Auch Konvention ist ein anrüchiges Wort. In den 1950er Jahren gab es eine Streitschrift von Karlheinz Deschner, *Kitsch, Konvention und Kunst*, ein schlankes Buch, das mächtig Furore machte und in die kulturkonservativen Gefilde der Adenauerzeit fuhr wie Samsons brennende Füchse in die Weizenfelder der Philister. Wenn wir nun fragen, warum uns denn Konvention im Bereich der Kunst grundsätzlich verdächtig sei, zeigt sich erneut, dass dahinter das Prinzip der Innovation, die Forderung nach dem unbedingt Neuen steckt. Die Innovation scheint im 20. Jahrhundert sowohl das Prinzip der Schönheit wie auch das Prinzip der Wahrheit als oberste Bedingungen der Kunst abgelöst zu haben.

Nietzsches Theorie der Konvention

Es war Nietzsche, der diesen Zusammenhang früh erkannte. In der Aphorismenfolge *Der Wanderer und sein Schatten* liefert er auf knappem Raum eine glänzende Analyse der künstlerischen Konvention und ihrer Spannung zum Postulat der unbedingten Originalität. Man könnte von diesem Text aus das ganze Feld um Meisterschaft und Routine, Virtuosität und Arrieregarde nochmals neu beleuchten.

> *Die künstlerische Konvention.* – Dreiviertel Homer ist Konvention; und ähnlich steht es bei allen griechischen Künstlern, die zu der modernen Originalitätswut keinen Grund hatten. Es fehlte ihnen alle Angst vor der Konvention; durch diese hingen sie ja mit ihrem Publikum zusammen. Konventionen sind nämlich die für das Verständnis der Zuhörer *eroberten* Kunstmittel, die mühvoll erlernte gemeinsame Sprache, mit welcher der Künstler sich wirklich *mitteilen* kann. Zumal wenn er, wie der griechische Dichter und Musiker, mit jedem seiner Kunstwerke *sofort* siegen will – da er öffentlich mit einem oder zweien Nebenbuhlern zu ringen gewöhnt ist –, so ist die erste Bedingung, dass er *sofort* auch *verstanden* werde: was aber nur durch die Konvention möglich ist. Das, was der Künstler über die Konvention hinaus erfindet, das gibt er aus freien Stücken darauf und wagt dabei sich selber daran, im besten Fall mit

> dem Erfolge, dass er eine neue Konvention *schafft*. Für gewöhnlich wird das Originale angestaunt, mitunter sogar angebetet, aber selten verstanden; der Konvention hartnäckig ausweichen heisst: nicht verstanden werden wollen. Worauf weist also die moderne Originalitätswut hin?[125]

Das ist ein Text, der nicht außerhalb der Aktualität steht. Es wäre aber falsch, ihn einfach als kulturkonservatives Manifest zu lesen. Seine analytische Leistung geht weit darüber hinaus. Sie ist im wesentlichen kunstsoziologisch und kunsthermeneutisch. Die brisante These lautet, dass es ohne Konvention gar kein Verstehen von Kunst gebe. Und jetzt merken wir, dass wir auch bei der Diskussion von Meisterschaft und Routine die Frage nach dem Verstehen des Kunstwerks stärker ins Spiel bringen müssten. Ich schließe also mit der Feststellung, dass ich eigentlich nochmals neu anzusetzen hätte.

Dada – eine Miniatur

War das nicht alles bloß Klamauk? Wenn man so hinhört, wie über DADA gesprochen wird, auch von Begeisterten, ist der Unterschied nicht ohne weiteres festzustellen. Lautgedichte und Kostüme aus Glanzpapier und viel Nonsens und Gruppenglück im Protestgehabe, hat sich das nicht in sich selbst erfüllt, damals, und wird fade, wenn man es aufzuwärmen sucht? Gibt es etwa Tristeres als DADA-Zeitungen in Vitrinen, DADA-Manifeste an heutige Wände gepinnt? Jeder hat einmal erlebt, wie er sich in DADA-Ausstellungen anstrengen musste, um weiterhin aufregend zu finden, was er aufregend finden wollte und aufregend finden zu müssen glaubte.

Es ist viel leichter, über DADA grundsätzlich begeistert zu sein, als eine genuine Erfahrung zu machen von dem, was DADA war. Die Türen, die DADA einrannte, stehen seit Jahrzehnten offen, gähnend. Die Kunst, gegen die DADA antrat, hat längst alle Autorität verloren. Auch der Schock des Wilden ist verpufft. Afrikanische Masken dekorieren Kaffeehäuser, liegen haufenweise auf den Flohmärkten. Und was das schrille Spektakel betrifft, so tritt heute jeder lyrische Anfänger schreiend oder flüsternd auf, mit Musik und Gerassel: Performance ist Mainstream. DADA als Skandal zu erleben ist so schwierig geworden, wie Tränen zu vergießen im fünften Akt der *Maria Stuart*.

Dennoch ist DADA ein kulturhistorisches Monument, so einzigartig, schwierig, langweilig, wild und sensationell wie *Faust II*, der *Nachsommer*, *Finnegan's Wake* oder *Der Mann ohne Eigenschaften*. Aber man muss den Zugang suchen. Sympathie allein tut's nicht.

Das erste *factum brutum* ist der historische Zeitpunkt. In dem einen Jahr, da alles entsteht, was wir DADA nennen, von März 1916 bis März 1917, spielt sich die Hölle von Verdun ab: 700 000 tote Deutsche und Franzosen; findet die Schlacht an der Somme statt: eine Million Leichen; folgen sich in Italien nacheinander vier Schlachten am Isonzo; stirbt der Kaiser Franz Joseph zu Wien; beginnt der deutsche U-Boot-Krieg gegen alle Schiffe aus England, auch die neutralen; bricht die russische Revolution aus; dankt der Zar ab; lösen die USA ihre diplomatischen Beziehungen mit Deutschland auf und erklären diesem kurz darauf den Krieg.

Weltmächte, die sich für unerschütterlich hielten – immer wieder gibt es Weltmächte, die sich für unerschütterlich halten; hört das nie auf? – kollabierten. Mit ihnen stürzten Glaubenswelten ein. Kronen rollten auf dem europäischen Kontinent wie Blechspielzeug. Die Völker beteten alle zum gleichen Gott, er möge doch die andern krepieren lassen. Die Priester sangen dazu und segneten Kanonen und Gascontainer. Nichts, was gegolten hatte, galt weiterhin. Was die Maße gesetzt hatte, wurde lächerlich. Das sahen nicht alle. Die aber den Mut dazu hatten, standen vor furchtbaren Fragen: Was bleibt, wenn alle Strukturen bersten? Das Nichts? Gasgestank? Gott?

Dorthin wollte DADA vorstoßen, hinter alles Eingerichtete, ohne zu wissen, ob da Dreck sein würde oder das Absolute. Deshalb musste DADA aufreißen, zerfetzen, mit den bunten Partikeln spielen. Aber nicht um der flüchtigen Formen willen. Diese vergilbten und verwehten. Sondern um des ganz Anderen willen. Vielleicht war es grauenhaft, vielleicht herrlich. Aussprechen konnte man es nicht. Gelegentlich streifte es die Tanzenden.

Raben Drahtzaun kehrt zurück

Erinnerung an den Roman *Der verhinderte Schauspieler* von Arnold Kübler

> Einer von jenen, welche die Sprache so handhabten, dass die abgebrauchte Münze der alltäglichen Worte einen neuen Glanz und Gehalt bekam, eine Zauberkraft von der Art, dass die Dichter sich in den Gräbern rührten vor Freude und das Weltall erschauerte, weil ein gut gedachter Satz gut gesprochen zu den flüchtigen Vollkommenheiten der Erde gehörte, um deretwillen es sich zu leben, zu arbeiten und zu entbehren lohnte.

Raben Drahtzaun kehrt zurück. Zeit war's. Ein halbes Jahrhundert lang blieb er verschollen. Nun steht er wieder da, etwas schief in der Landschaft wie zu Beginn schon, in kein Erwartungsmuster passend, liebenswürdig und störend, von einem eigenartig schrägen Charme, wie er sonst kaum anzutreffen ist im schweizerischen Erzählen.

Wie soll man mit ihm umgehen? Er ist kein Opfer, an dem man Anteil nehmen könnte und dessen Schicksal uns die wohlige Empörung über eine Gesellschaft ermöglichte, zu der man zwar selber gehört, aber denn doch mit Vorbehalten. Was ihm passiert, das will er alles selbst. Er will es mit dem harten Schädel seiner bäuerlichen Vorfahren und im klaren Wissen, gegen alle Normen der bürgerlich fleißigen Schweiz zu verstoßen. In dieser ist er aufgewachsen, und er kann sie nicht mehr ausstehen. »Die Heimat war unerträglich«, heißt es einmal, und anderswo ist vom »verhassten Land Helvetien« die Rede. Böse Worte. Wer sie fallen lässt, muss damit rechnen, dass sie ihm zurückgezahlt werden, vorsichtig, aber unerbittlich, wie es in diesem Land gebräuchlich ist. Drahtzaun kümmert sich nicht darum. Er hat seinen Traum, seine Vision, seinen Wahn, seine *idée fixe* – ja, wie soll man es denn nennen, was ihn so erfüllt und selbst im Versagen noch beseligt? Auch für den Traum des Don Quijote finden wir das richtige Wort nicht, und ein kleiner Bruder jenes spanischen Ritters ist Raben Drahtzaun durchaus, wenn auch ohne den dürren Hengst und den fetten Begleiter. Dass uns das Wort fehlt, sei's aus der Psychologie, sei's aus dem Alltagsdenken, das Wort, welches die deutliche Diagnose für die Besessenheit dieses merkwürdigen Helden liefern würde, ist das Schlüsselsymptom für den vertrackten Sinn des ganzen Buches.

Man könnte es sich einfach machen – und hat es beim ersten Erscheinen des Romans auch getan –, man könnte reflexhaft die nächstliegenden Muster suchen und würde bald einmal, wie so oft, Gottfried Keller beschwören. Raben Drahtzaun sei ein neuer Grüner Heinrich: Irgendwann taucht der Gedanke beim Lesen ja wohl auf, und weil er sich gut macht, steht er rasch auch im Text der Rezensenten. Womit das Werk allerdings erledigt ist. Mag die angebliche Vorläuferschaft des berühmten Staatsschreibers für den *Verhinderten Schauspieler* auch als Lob klingen, sie verdeckt doch ganz und gar das Spezifische des Werks. Denn sie entreißt es der Zeit, aus der heraus es entstanden ist und zu der es gehört und die nun gerade nicht mehr die Schweiz, nicht mehr das Europa, nicht mehr der sittliche Kosmos Gottfried Kellers ist.

Katastrophenzeit

Diese Welt liegt 1919, als die Romanhandlung einsetzt, in Trümmern. Innerhalb weniger Jahre sind die großen Kaiserreiche kollabiert. Kein Zar mehr, kein deutscher Kaiser mehr, keine österreichisch-ungarische Monarchie mehr. Was es an Thronen sonst noch gibt, wackelt oder wird zur Folklore. Rechts und links bauen sich die radikalen Fronten auf, zwischen denen der tapfere Versuch der Weimarer Republik zerrieben werden wird – nicht ohne lauten Beifall aus der literarischen Welt.

Das Ungeheure dieses großen Untergangs wird im späten 20., im frühen 21. Jahrhundert nicht mehr klar genug gesehen. Der Zweite Weltkrieg und das Naziregime mit seinen Massenverbrechen stehen heute wie eine Nebelwand vor den Katastrophenketten des Ersten Weltkriegs, obwohl diese auch jene begründet und ausgelöst haben. Karl Kraus hat die Vorgänge von 1914 bis 1918 protokolliert, von Tag zu Tag, von Lüge zu Lüge, von Niedertracht zu Niedertracht. *Die letzten Tage der Menschheit* nannte er sein Werk. Er nahm das Wort »Menschheit« in dem alten Sinn, den es im Jahrhundert der deutschen Aufklärung besaß. Nicht die Gesamtheit aller lebenden Menschen meinte das Wort damals, sondern das, was den Menschen in seinem Wesen ausmacht und seine Würde begründet: Freiheit, Vernunft, Selbstverantwortung und Anerkennung der andern auf Grund der gleichen Natur, nicht des sozialen Rangs oder des nationalen oder biologischen Herkommens. Diese »Menschheit« als Inbegriff sittlicher Kultur brach für Kraus zusammen und riss Millionen in den Tod. Europa wütete gegen sich selbst, erfand Kampfgas und Panzer, Flugzeuge und Bomben und verklärte das endlose Abschlachten als Kampf gegen die Barbarei. Nicht ohne lauten Beifall aus der literarischen Welt.

Der Epilog von Kraus' monumentalem Stück spielt in der letzten Nacht des Ersten Weltkriegs. Die Bühnenanweisung lautet: »Schlachtfeld. Trichter. Rauchwolken. Sternlose Nacht. Der Horizont ist eine Flammenwand. Leichen. Sterbende. Männer und Frauen mit Gasmasken tauchen auf.« Das Bild als apokalyptisch zu bezeichnen, wäre eine Verharmlosung. Die Apokalypse ist eine prophetische Fiktion. Dies hier aber zeigt die genaue Wirklichkeit jenes Krieges und ist zugleich die symbolische Darstellung des Zustands, in dem er Europa zurückgelassen hat. Obwohl die deutschen Städte nicht zerstört wurden, liegt eine geistige und soziale Welt in Trümmern, rauchend aus öden Ruinen wie nach dem Zweiten Weltkrieg die deutschen Städte selbst. Das handgreifliche Zeichen dafür ist die Inflation. Sie frisst in wenigen Jahren alles ersparte Geld auf. Die ganz Reichen wissen davon zu profitieren, das mittlere Bürgertum, einst der Garant von Stabilität im Lande, rutscht in die Misere und verliert die soziale Identität. Weltvertrauen, Staatsvertrauen, Heimatsicherheit – alles ist dahin. Erst 1923 gelingt die Sanierung der deutschen Währung. Eine Billion bisheriger Mark gilt nun als eine einzige neue Rentenmark.

In genau diesen Jahren spielt der Roman. Durch dieses Deutschland, dieses Europa treibt Raben Drahtzaun, der die Schweiz nicht mehr aushält, aber recht angenehm von seinem kleinen, in der Heimat angelegten Vermögen lebt. Nicht von den Zinsen allerdings, sondern gleich vom Kapital. Sein harter Schweizerfranken gilt in Deutschland zunächst das zehn-, bald einmal das zwanzig- und mehrfache. Drahtzaun könnte Geschäfte machen und, wie viele seiner Landsleute, aus der deutschen Not seinen kleinen helvetischen Gewinn ziehen. Er denkt nicht daran. Er folgt seinem Traum, seinem Wahn, seiner *idée fixe*. Als die Inflation endlich gestoppt wird und das Chaos endet, ist auch Schluss mit seiner finanziellen Geisterfahrt. Jetzt stehen Mark und Franken 1 : 1. Und noch rascher, als es mit Deutschland aufwärts geht und voll in die Golden Twenties hinein, geht es nun mit Raben Drahtzaun bergab.

Abkehr vom bürgerlichen Erzählen

Arnold Küblers Roman lässt die Erzählmuster der Bildungs- und Erziehungsromane, welche die deutsche Literatur bis weit ins 20. Jahrhundert hinein prägten, entschieden hinter sich. Da führt kein Weg *per aspera ad astra*. Da wird niemand vom Jüngling zum Mann. Da geht der Held nicht in die vielzitierte Schule des Lebens, um durch Irrtümer und Krisen heranzureifen und schließlich die Aufgabe seines Daseins zu finden – mit der systemimmanenten Besiegelung des Werdegangs durch eine angenehme Frau. Dieses Muster war die Basis alles vormodernen Erzählens, in der Schweiz noch mehr als anderswo. Über dieses Muster konnten die Normen des bürgerlichen Lebens literarisch vermittelt werden, in einer Fülle von Vorbildern und abschreckenden Beispielen. Mit den Erziehungsromanen, Erziehungsnovellen, Erziehungsballaden rechtfertigte der bürgerliche Schriftsteller seine Existenz als Künstler gegenüber einer Gesellschaft, die ihn grundsätzlich unter Verdacht hielt. Lobend und tadelnd begleitete er die Selbstwerdung des bürgerlichen Subjekts. Er zeichnete die Geschlechterrollen vor, entwarf Mutter- und Vatermodelle, warnte vor Verführern und insbesondere Verführerinnen, und was zuletzt heraussprang war der Typus des sittlich gefestigten, arbeitsfreudigen, gesellschaftlich integrierten Menschen. Nach der Krise dieses ästhetischen Konzepts in der frühen Moderne hat der sozialistische Realismus es nochmals zum Leben erweckt. Und eine naive Literaturkritik kultiviert es in politisch verallgemeinerter Form bis heute. Sie benützt es als Alibi, um vor den schwierigen Fragen der Ästhetik in den Schonraum des moralischen Mainstreams auszuweichen. Dort ist alles einfach, und man steht immer auf der richtigen Seite.

Erst die Folie dieses herkömmlichen Modells hebt die eigentümliche Beschaffenheit von Küblers Roman ans Licht. Manches, woran man sich stoßen könnte, erscheint jetzt als überraschend folgerichtig. Die seltsame Zufälligkeit, mit der die Handlungsteile aufeinander folgen, die plötzlichen Übergänge und Ortswechsel, das Fluktuieren der Freundschaften und Liebesverhältnisse, alles gewinnt seinen Sinn aus der Abkehr von der traditionellen Erzählstruktur des gestuften Werdegangs. Diese erlaubte keinen Zufall. Was immer geschah, war für den Helden Weg und Stufe; jede neue Stadt, jede neue Freundschaft, jede neue Liebe führte ihn einen Schritt weiter. Doch wenn Raben Drahtzaun auf die südliche Insel kommt oder nach Paris oder wieder zurück nach Berlin, bleibt er stets derselbe. Er könnte nach Grönland reisen, in die afrikanische Savanne oder an den Amazonas, er würde sich nicht ändern. Auch angesichts gleitender Eisberge oder jagender Löwen ließe ihn die Sehnsucht nicht los, einmal wenigstens Uhlands *Taillefer*-Ballade so makellos zu sprechen, dass Schrift und Schall, Geist und Klang, Dichtung und Kehlkopf zusammenfinden in ekstatischer Vollkommenheit und – so steht es tatsächlich da – »das Weltall erschauert«.

Signale der Moderne

Drahtzauns Besessenheit von der Idee einer höchsten möglichen Vollendung des gesprochenen Worts schwebt irgendwo zwischen dem kindlichen Eifer Buster Keatons und der teuflischen Verbissenheit, mit der Thomas Bernhards Zirkusdirektor Caribaldi zusammen mit vier Dilettanten das Forellenquintett spielen will. Eine isolierte Vision tritt an die Stelle aller andern Werte. Das ist skandalös und auch für eine heutige Leserschaft irritierend. Man kann sich in diesen Mann nicht ohne weiteres einfühlen, so wenig wie in jenen Caribaldi oder in Kafkas Hungerkünstler. In der ringsum einstürzenden Ordnung absorbiert ein einziges absurdes Ziel den Sinn und Zweck des

Lebens. So warten Vladimir und Estragon auf Godot. Der Vergleich mag verkehrt anmuten angesichts des munteren Realismus, in dem der Roman daherkommt. Es gibt aber Stellen, wo der dunkle Hintergrund durchschimmert und die Nähe dieses Drahtzaun zu den Wartenden der radikalen Moderne – von Strindberg und Kafka bis zu Walser und Beckett – einen streift wie ein kalter Hauch. Einmal phantasiert er sich als Taxifahrer:

> Auf allen Plätzen standen die Taxen und warteten auf Fuhren. Die Fahrer saßen auf den Sitzen, stundenlang manchmal, ohne sich zu rühren, lasen oder schliefen. Wie er daheim in seinem Zimmer. Was die trieben, konnte er auch. Warten war ihm vertraut. Anstatt zu lesen würde er leise Verse reden.

Die Verlorenheit der Moderne inszeniert sich ja nicht nur melodramatisch-düster. Sie tendiert vielmehr zu einem eigentümlichen Gelächter, das man gerne überhört. In Kafka die Ankündigung der Konzentrationslager zu sehen, ist viel einfacher, als seine Komik auszuhalten. Niemand steht Kafka näher als Charles Chaplin in einigen Szenen seiner besten Filme. Und kein Roman aus der deutschsprachigen Schweiz steht Chaplin näher als *Der verhinderte Schauspieler* von Arnold Kübler.

Trug der Autor deshalb so gerne die Melone? Jene Melone, die auch auf Robert Walsers Fensterbrett liegt, von Karl Walser für die *Prosastücke* von 1916 gezeichnet, und Robert Walser sitzt daneben auf seinem legendären Reisekorb, wartend. Eines der merkwürdigsten Bilder, die es von Arnold Kübler gibt, zeigt ihn 1946 in den Trümmern Wiesbadens, mit Melone und Fliege, die Hände in den Hosentaschen, und das weiße Hemd bauscht sich hinter Hosenträgern hervor (*du*, März 1991). Siebenundzwanzig Jahre nach dem Ende des Ersten Krieges steht da ein gealterter Raben Drahtzaun mit aufgerissenen Augen im Schutt des Zweiten. So sah Minetti aus, als er den Caribaldi spielte.

Drahtzaun lebt in der großen Einsamkeit, obwohl er Freunde hat und Frauen liebt. Denn keine menschliche Beziehung übersteht auf die Dauer die Konkurrenz mit seinem Wahn vom herrlich klingenden Wort. Selbst der zauberhaften Kathrin, die bereit wäre, sein Leben zu teilen und lachend an die Stelle jenes Wahns zu treten, gibt er schmerzlich und erleichtert den Abschied. Nichts kann man ihm als Leser schwerer verzeihen, als gerade diese halb erlittene, halb bewerkstelligte Trennung. Auch hier *will* er, was ihm geschieht. Wie er die bürgerliche Welt mit ihren Regelsystemen solider Lebensführung ohne Bedenken verwirft, verwirft er auch die Möglichkeit, mit dieser außergewöhnlichen und unabhängigen Frau zusammen eine gemeinsame Welt aufzubauen. An der uneingestandenen Katastrophe, die einem beim Lesen durch die Seele reißt, zeigt sich die verborgene Dämonie der Figur. Nichts darf seinen Traum in Frage stellen, nichts darf daneben Geltung haben, auch wenn es das Schönste ist, was die lebendige Menschenwelt aufweist. Nichts. Durch dieses Nichts bewegt er sich, und er genießt es als seine Freiheit. Ein Existentialist der ersten Stunde ist er, noch ohne Theorie und Jargon, und er lebt das gewählte Dasein bis zum dunklen Ende. In der geistigen und moralischen Trümmerlandschaft nach dem Ersten Weltkrieg ist der Existentialismus entstanden, der steile Kult des Einzelnen, der nichts hat als seinen Entschluss, nichts als seine Entscheidung ins Leere hinaus. In dieser Trümmerlandschaft feiert auch der seltsame Raben Drahtzaun die einsamen Feste mit sich selbst.

Der neue Blick

Im traditionellen Erzählen hatte jedes Ding seinen Wert und seinen Ort. Nichts stand nur für sich allein. Alles verwies auf die größeren Zusammenhänge. Ein Sprung im Suppenteller deutete entweder auf die Unordentlichkeit einer Person und war damit ein Akt des erzählenden Tadelns, oder er deutete auf Armut und Not und inszenierte so das soziale Mitleid und die Kritik an den Verhältnissen. Sobald die Literatur aus dieser vertrauten Technik des Symbolisierens heraustritt, gewinnen die Dinge ein merkwürdiges Eigenleben. Jetzt gibt es keine Hierarchien mehr in der erscheinenden Welt. Alles steht gleichwertig nebeneinander. Ein neuer Blick entsteht auf alle Dinge. Diesen Blick richtet Raben Drahtzaun auf Berlin. Sein Schauen ist nicht vorstrukturiert, sein Empfinden ergibt sich allein aus dem gelebten Augenblick. Das führt zu einer Prosa von hoher Sinnlichkeit und überraschendem Witz. Das Großspurige wird banal, das Banale gewinnt Rang und Bedeutung. Was man als »alltäglich« bezeichnet und vom »Wichtigen« abhebt, gibt es nicht mehr. Drahtzaun schaut in die Großstadt:

> Es gab in seinem Umkreis nichts Alltägliches mehr, nichts, das nicht höchster Beachtung wert gewesen wäre. Auch die nüchternsten Häuserzeilen der Stadt noch bewegten sein Inneres. Die Hinterhöfe aber, die abseitigen Bauplätze, die Güter-Umschlagstellen an den Bahnhöfen und Stapelplätze waren erhabene Stätten in der Abendruhe. Lebendig empfand er die Geduld der wartenden Kohlenhaufen, die Klugheit der Bogenlampen, die Kraft der beladenen und wartenden Wagen, die Trauer der einsamen Deichsel ohne Bespannung. Er weinte im Zwielicht über die Eisenbahnschienen, über ihren Hang und Drang nach der Ferne, über die Kameradschaft der vielen dicken Möbelwagen, die im Schatten der Häuserblöcke ihre Köpfe zusammensteckten, weinte über die Verlassenheit der riesigen Alteisenhaufen und über die vergessenen Alten, die dazwischen hausten. Nichts Nebensächliches war auf der Welt, die Ergriffenheit hörte nicht auf, willenlos besah er das Dasein, ziellos, in himmlischer, trauriger Glückseligkeit.

Das ist so bewegend wie komisch. Wie einsam muss einer sein, wenn er die Dinge so sieht, und wie frei ist er zugleich von den unbewussten Befehlen, denen unsere Augen gehorchen, wenn sie schauend werten und wertend schauen. Es gibt unvergessliche Sätze in dem Buch, die sich allein diesem gefährlich besonderen Blick verdanken. Dieser hier zum Beispiel:

> In dem kahlen Raum hing ein Fliegenfänger, der war mit ausgetrockneten Fliegen so dicht bedeckt, dass die lebendigen Gott sei Dank ohne Gefahr daran herumklettern konnten.

Das ist eine Winzigkeit, gewiss, aber wie lange muss der Blick auf ihr geruht haben, bis der Satz entstand, bei dem uns wahrhaftig die Erleichterung streift, dass wir nicht selber kleben bleiben mit kletternden Füßchen.

Aus der Freiheit solcher Weltbetrachtung entspringen die vielen Menschenporträts, die den Reichtum des Romans ausmachen. Nicht nach sozialem Rang und Namen wählt der Erzähler sie aus und auch nicht nach der Funktion, die eine Figur für den Lebensweg des Helden hat. Die zwei alten Schwestern, bei denen Drahtzaun zu Beginn des Romans in der tiefsten Theaterprovinz lebt, in Örlewitz (was Görlitz meint), sind so eindringlich mitfühlend ausgestaltet wie Marianna, die erste Geliebte, oder Lukar, der jüdische Freund, dessen Aufstieg aus der sozialen Tiefe reziprok zu Drahtzauns Niedergang verläuft. Wer in diesem Erzählen auftaucht, gewinnt ein einmaliges Menschengesicht, das nach keinem Stereotyp zugeschnitten ist. Noch den Troglodyten Sakowski, den Riesen, dem Drahtzaun mit dem letzten Geld die Kneipe abkauft und der seiner flackernden Existenz das finstere Ende setzt, behält man in Erinnerung, als hätte ihn Michel Simon in einem französischen *Film Noir* gespielt.

Auf der Insel

Herrlich ist das Kapitel *Drahtzaun und die Sonne*. Herrlich und höchst seltsam. Denn es erscheint im Erzählgang so unerwartet, wie es endet, ist plötzlich da und erlischt wieder. Es erlischt – man kann es nicht anders sagen. Denn ein solches Leuchten, solch flammende Himmel und glühende Horizonte kennt das Buch sonst nicht. Wie aus einem andern Roman taucht das Kapitel auf. Es bestätigt die ungesteuerte Existenz des Helden und deren Äquivalent, das offene Erzählen. Rom, vorher, wird mit einem Nebensatz abgetan. Auch hier, bei dieser Feier der südlichen Natur auf der Insel im Mittelmeer, ist man zuerst versucht, nach herkömmlichen Kriterien zu lesen. Hier werde, könnte man denken, die reine Natur den grauen Städten gegenübergestellt, die Wahrheit des Ursprungs dem Niedergang der Zivilisation. Aber genau besehen ist die ungeheure Wirklichkeit aus Licht und Steinen, durch die Drahtzaun geht, ebensosehr Phantasma wie Realität. Diese Natur ist nicht – wie einst bei Goethe, als er durch Sizilien ritt – das, was von nun an gilt, unbedingt, das Maß alles Lebens und Erkennens. So scharf Drahtzaun jede Einzelheit sieht, so unbestechlich er auch Krankheit und Not registriert in den armen

Dörfern, die Höhepunkte sind doch Ekstasen imaginärer Art, Protuberanzen des Innern. Das Doppelgesicht seiner Lebenseinsamkeit, dass sie Gefängnis ist und Freiheit zugleich – die Existenzchiffre der Moderne –, hier wird es aufgehoben in der Erfahrung eines hingerissenen Daseins:

> Wir sind da, dachte Drahtzaun. Wo? Da: zwischen Klippen und fremdem Grün, da: wo er nichts zu suchen, nichts zu tun hatte, wo man ihn nicht kannte, nicht erwartete. Da: auf der Erde, einfach, neugeboren, zum erstenmal, da: zwischen Bäumen und Felsen, da: in der Luft, atmend und schauend. Da-Sein war alles, nicht Dort-Sein, nicht Fort-Sein, nicht im Gestern, nicht im Morgen, sondern mit allen Augen da sein, wo er war.

Man beachte die vielen »nicht« und »nichts« in der kurzen Passage; acht Mal fallen die Vokabeln. Hier wird nicht nur empfangen, hier wird auch vernichtet. Vernichtet wird, was nicht zu ihm gehört, ihm, Drahtzaun, dem Gescheiterten, der seinen Traum hat und diesen Traum mit Gewalt ausweitet zur ganzen Welt. Deshalb ereignet sich jetzt auch für ein einziges Mal der Einklang zwischen seiner inneren Besessenheit vom vollkommenen Sprechen und der ganzen äußeren Wirklichkeit. Drahtzaun rezitiert vor der sinkenden Sonne, rezitiert mit ausgebreiteten Armen alle Verse von Licht und Nacht, die er in seinem »geliebten Deutsch« kennt und die in den Zeilen Fausts über die Sonne gipfeln:

> Sie rückt und weicht, der Tag ist überlebt,
> dort eilt sie hin und fördert neues Leben …

Und keiner hört's. Der Vorgang ist lächerlich, aber vielleicht der Höhepunkt von Drahtzauns Leben. »Nur Narr! nur Dichter!«, wie ein anderer sagte. Und der Erzähler, der im Gegensatz zu Drahtzaun seine Fassung nie verliert, weiß die Gefahr der billigen Romantik mit einem ironischen Signal zu brechen. Auf das Zitat folgt der Satz: »Die ewige Sonne rückte und wich, überstrahlte ihn mit dem letzten Licht, und die Ziegenböcke wackelten mit den Hörnern hinter den Büschen«.

Das Beklemmende an diesem Glücks-Kapitel ist die Zukunftslosigkeit. Weil nichts eine Stufe bildet in Drahtzauns Lebensgang, weil aus keiner Raupe ein Schmetterling wird, weil die Idee der prozesshaften Selbstwerdung, die das bürgerliche Zeitalter geprägt hatte und die esoterische Hälfte unserer Gegenwart weiterhin beflügelt, mit schroffer Verachtung verworfen wird, müssen die unerhörten Erlebnisse auf der Insel vergehen wie ein Rauch. Deshalb ist dieser Hochgesang von der Sonne auch eine große Klage.

Die Ordnung des Vaters und die Freiheit des Sohnes

Drahtzauns Vater würde das alles nicht verstehen. Er steht gelassen in der alten Ordnung, die dem Sohn fremder geworden ist als die Ziegenböcke Sardiniens. Unter des Vaters Händen ist das Geld langsam zusammengekommen, das unter den Händen des Sohnes immer rascher schwindet. Doch die beiden befehden sich nicht. Der böse Konflikt zwischen Sohn und Vater, der in den Zeiten jäher Umbrüche oft besonders heftig aufflammt und den die Literatur gerne vorführt, um die Vorgänge der großen Geschichte im kleinen Labor der Familie zu zeigen, dieser Konflikt bleibt hier aus. Wohl ist der Vater besorgt über das seltsame Leben des Sohnes, aber er lässt ihn seines Weges ziehen und geht den eigenen gelassen zu Ende. Daher liebt ihn der Sohn und setzt ihm ein ergreifendes Denkmal.

Nicht aber dass er sich über dem toten Vater mit der Heimat versöhnte! Im Gegenteil. Jetzt will er endgültig nichts mehr wissen von ihr. Jetzt fällt der Satz: »Ohne Heimat sein, hieß frei sein.« Und man kann den Verdacht nicht abschütteln, dass auch seine *idée fixe*, der Traum vom vollkommen erklingenden Deutsch, nur ein Vorwand sein könnte, die radikale Freiheit zu gewinnen und zu leben. Im Kollaps aller alten Ordnungen öffnet sich ihm eine Perspektive, welche die höchste Gefahr mit den höchsten Genüssen verbindet. Das Werben um die Bühne, um die Karriere auf den Brettern, gibt er nämlich genau dann auf, als er endlich so etwas wie einen dauerhaften Vertrag in Händen hat. Das Theater wird ihm nie geben können, was er auf jenem Felsblock im Süden angesichts der sinkenden Sonne erlebte. Was soll er sich da weiter bemühen?

Es bleibt dem Leser, bleibt der Leserin überlassen, mit dem, was Drahtzaun einmal sein »innerstes Geheimnis« nennt, nachdenkend zu Rande zu kommen. Deshalb wird jeder den Roman in etwas anderer Weise verstehen. Das schreckliche Ende gibt in seiner wilden Komik ein letztes Echo auf das, was Raben Drahtzaun nach dem Tod des Vaters durch den Kopf geht: »Freiheit ist Gefahr. Viele schreien nach Freiheit, aber sie wissen nicht, wovon sie reden. Sähen sie, was Freiheit ist, würden sie zittern.«

Arnold Kübler – Profil eines Intellektuellen

Arnold Kübler, der Autor, hat nie ein Hehl daraus gemacht, dass er mit den Abenteuern Raben Drahtzauns auch ein Stück seines eigenen Lebens erzählte. Viele Geschehnisse des Buches decken sich mit dem, was Kübler selbst in den Jahren nach dem Ersten Weltkrieg unternommen und erfahren hat. Sogar eine Kneipe hat er eine Zeitlang in Berlin betrieben. Aber das biographische Material wird im Roman künstlerisch organisiert. Das zeigt sich schon daran, dass der Autor viele biographisch wichtige Ereignisse stillschweigend übergeht, obwohl sie erzählerisch Effekt gemacht hätten. So wurde Kübler zwar eines Tages tatsächlich zu einem »verhinderten Schauspieler«, aber nicht auf die Art, wie es Raben Drahtzaun ergeht, sondern weil ihm ein Arzt in Dresden das Gesicht verstümmelte. Er sollte eine Entzündung behandeln und operierte dabei so dilettantisch, dass eine breite Narbe quer über den Mund von Wange zu Wange zurückblieb. Fürs ganze Leben. Das machte jeden Auftritt auf der Bühne unmöglich. Ebensowenig erwähnt der Roman Küblers Berliner Erfolg als Dramatiker. Seine Komödie *Schuster Aiolos* wurde 1922, noch vor dem Tod des Vaters, über fünfzig Mal aufgeführt, und die Stars des Volkstheaters, die den Nebenschauspieler belächelt hatten, mussten nun seine Rollen spielen. Auch dies hätte ein kostbares Kapitel ergeben können. Aber die fatale Lebenskurve des Helden, seine Gefangenschaft in der Freiheit und die tragikomische Treue zu seiner Passion, wäre dadurch verfälscht worden. Dieser Roman ist nicht Abklatsch eines Lebens, sondern gebaut und gefügt, gefügt gerade in der scheinbaren Zufälligkeit, im ziellosen Treiben und Sichtreibenlassen des Helden, gefügt in der subtilen Gestaltung einer Figur. Diese ist weit mehr epochentypisch als biographisch. Wenn man literarische Verwandte sucht, findet man sie am ehesten in den Protagonisten von Erich Kästners *Fabian* und Siegfried Kracauers *Ginster*.

Als Arnold Kübler nach der chirurgischen Katastrophe unter dem Messer eines Arztes, der seine Behandlungsmethoden auf den Schlachtfeldern entwickelt hatte, in die Schweiz zurückkehrte, wurde er Leiter der neu gegründeten *Zürcher Illustrierten*. Diese war als Schweizer Pendant zur berühmten *Berliner Illustrirten Zeitung* gedacht. Kübler griff den modernen Fotojournalismus, den das Berliner Vorbild initiiert hatte, auf und entwickelte ihn weiter. Er holte junge Fotografen an sein Blatt, ohne zu wissen, welche Pioniergeneration er da um sich versammelte. Es war die Generation, auf die später Werner Bischof, Robert Frank, Georg Gerster und René Burri folgten. Alles, was heute Rang und Namen hat in der Geschichte der Schweizer Fotografie und später ihren Ruf in die Welt trug, findet sich zwischen 1929 und 1941 in Küblers *Zürcher Illustrierter*: Herbert Matter, Gotthard Schuh, Paul Senn, Hans Staub, Emil Schulthess, Theo Frey, Hans Finsler, Jakob Tuggener, Michael Wolgensinger, Hans Baumgartner … Auch der Name Brassaï taucht einmal auf. Jener neue Blick, den wir im Drahtzaun-Roman finden, ist verwandt mit dem Blick der jungen Fotografen, die Kübler suchte und schulte, die er in die Arbeiterviertel schickte und auf die Bälle der Reichen, in die Baracken der Soldaten und an die steilen Hänge der Bergbauern, nach New York und in den spanischen Bürgerkrieg. Als der Verlag die *Zürcher Illustrierte* durch eine Monatszeitschrift ersetzte, wurde Kübler auch deren Leiter. Er setzte durch, dass man sie *du* nannte – wie sie heute noch heißt – und entwickelte hier die Bildkultur des untergegangenen Blattes im neuen Rahmen weiter.

Es gibt viele Merkwürdigkeiten im Leben dieses außerordentlichen Intellektuellen. Kurz nachdem er es unternommen hatte, in der Schweiz mit dem fotojournalistischen Profil der *Berliner Illustrirten Zeitung* zu wetteifern, wurde diese von den Nazis zum Propagandainstrument degradiert. Die Redaktion musste kuschen oder fliehen; große Fotografen wie der Ungar Munkácsi setzten sich nach Amerika ab. Gleichzeitig verboten die Nazis auch die junge *Zürcher*

Illustrierte in ganz Deutschland. So kam Kübler zu der keineswegs ungefährlichen Ehre, die erste in Deutschland verbotene Schweizer Zeitung zu leiten. Der Mann, der den Roman vom Heimatverächter Drahtzaun geschrieben hatte, sah sich nun vor die Aufgabe gestellt, der von den Diktaturen bedrängten Schweiz in Bild und Text Auskunft zu geben über sie selbst. Dafür zog er mit Hilfe des Redaktionskollegen Friedrich Witz auch die Schriftsteller heran, Annemarie Schwarzenbach zum Beispiel, Albin Zollinger und Friedrich Glauser, auch den noch unbekannten Max Frisch, von dem in der *Zürcher Illustrierten* zum ersten Mal ein Bild in der Öffentlichkeit erschien. Im Oktober 1933, Foto Hans Staub. Glauser, mit Raben Drahtzaun auf seine Weise verwandt, konnte hier seinen *Wachtmeister Studer* als Fortsetzungsroman veröffentlichen und wurde rasch zum beachteten Autor.

Die Bedeutung Arnold Küblers für Kultur und Publizistik der Schweiz ist noch lange nicht endgültig erforscht. Die seltsame Mischung von Ausdauer und Unberechenbarkeit, die ihn kennzeichnet, führte dazu, dass man ihn stets nur schwer auf einen festen Begriff bringen konnte. Als die Zeitschrift *du* immer gepflegter und eleganter wurde, begann er plötzlich als Einmann-Kabarettist auf Winkelbühnen inmitten von Schrott und Gerümpel aufzutreten. Auch dem Zeichnen gab er sich immer leidenschaftlicher hin. Der alte Mann, der irgendwo auf einem Mäuerchen saß und ein Straßenstück skizzierte, gehörte lange Zeit zum Stadtbild von Zürich. Mit 76 Jahren marschierte er zu Fuß von Paris nach Basel und schrieb darüber seinen einzigen Bestseller: *Paris-Bâle à pied.* Er war oft in Paris; seine Tochter war Tänzerin und hatte Boris Vian geheiratet. Und von 1943 bis zu seinem Tod trieb er ein Riesenprojekt voran, ein Romanwerk, das jetzt tatsächlich die Chronik seines privaten und öffentlichen Lebens werden sollte. Einen dicken Band nach dem andern stellte er in die Welt, und so berühmt wie Ludwig Hohl in seiner Genfer Kellerwohnung war jahrelang Arnold Kübler in seiner Ecke des Zürcher Bahnhofbuffets III. Klasse. Dort schrieb er in den frühen Morgenstunden an den nur wenig verschlüsselten Memoiren. Als *Öppi*-Romane sind sie bekannt geworden; denn so, Öppi von Wasenwachs, nennt sich der Autor darin selbst. Viele lieben diese Wälzer und genießen ihre merkwürdige Verbindung von Uferlosigkeit und

Prägnanz. Aber die schweren Dinger haben auch den Blick auf den Erstling verstellt und bewirkt, dass ein so jugendlich blitzendes, witziges und weises Buch wie *Der verhinderte Schauspieler* fast ganz in Vergessenheit geriet.

Der Künstler als Schuft

Otto F. Walters *Herr Tourel* – ein Spitzenwerk der Nachkriegsmoderne

Da lügt einer

Sollte man den Roman nicht kurzerhand als Kriminalgeschichte lesen? Zwar ist er eines der kühnsten Unternehmen des modernen Erzählens in der deutschsprachigen Nachkriegsliteratur. Zwar verdient und verlangt er die genaue Beobachtung seiner künstlerischen Verfahren. Zwar enthält er eine unheimliche Analyse des schweizerischen Verhaltens gegenüber eigener Schuld und Bosheit. Zwar ist er geprägt von einer unvergleichlichen Kraft der poetischen Verdichtung. Aber ob man will oder nicht, nach spätestens sieben Seiten sieht man sich in der Rolle eines Detektivs. Nach spätestens sieben Seiten steht fest: Da lügt einer, und er hat Dreck am Stecken. Von jetzt an kann man nicht mehr anders, als lesend jeden Satz auf seine versteckte Wahrheit hin zu befragen. Man spürt die Lügen fast körperlich und merkt, wie man immer versessener wird auf das, was tatsächlich geschehen ist. Diese Anspannung dauert bis zum letzten Satz, in dem der Entscheid über das Ganze liegt. Tourel macht Autostop an der Straße nach dem Jura, nach Pruntrut, wo ein kleines Kind lebt, sein Sohn. Bekennt er sich jetzt zu ihm, dessen Mutter er verraten hat und verderben ließ? Hat das Lügen jetzt ein Ende? Übernimmt er endlich die Verantwortung für sein Leben und seine Taten? Der Leser, als Fahnder inzwischen erprobt, hat das Urteil in der Hand.

So sehr der Roman allein im Innern eines zwielichtigen Subjekts zu spielen scheint, so sehr ist er doch auch Darstellung einer Welt. Diese ist geschaut und gehört, gerochen und gefühlt mit vitaler Sinnlichkeit. Da ist nichts von jenem wackeren Realismus, der in der Schweizer Literatur so beliebt ist, weil er uns in solider Prosa zeigt, was wir ohnehin kennen, und mit großem Ernst auf Probleme aufmerksam macht, welche die Medien seit Jahren abhandeln. Hier wird der Leser gefordert, mehr noch: er wird gebeutelt. Wenn er aber standhält und auf das Spiel eingeht, wenn er sich hereinziehen lässt wie in eine unbekannte Musik, dann wird er mit Bildern, mit Visionen belohnt, die er so noch nie erlebt hat. Walters Erzählen bewegt sich zwischen überscharfer Realistik und Traumszenerien. Aus unseren Träumen wissen wir, dass die unwirklichen Situationen, in die wir schlafend geraten, bevölkert sein können von Dingen, die uns extrem präzis vor Augen stehen. Einzelne Gegenstände erscheinen in einem so schattenlos harten Licht, wie es unsere Vorstellungskraft im Wachzustand niemals erreicht. Ähnliches erleben wir in diesem Roman. Orte, Szenen, Figuren rücken plötzlich erschreckend nah heran. Dann verschwinden sie wieder in einem seltsam flutenden Ganzen.

Kaum je ist eine Industrieanlage in einem Roman so minuziös in allen Details gezeichnet worden wie das Zementwerk von Jammers. Die Kenner der Gegend um Olten sagen, es entspreche alles der damaligen Wirklichkeit. Und doch erinnert nichts an die aufreihende Prosa eines Reportagenschreibers. Die Einzelheiten fügen sich zu einem seltsam belebten Ganzen. Sie sind durchaus, was sie sind, und spiegeln doch in andere Bedeutungen hinüber. Was wir aus der großen Lyrik kennen, dass ein Gegenstand zu vibrieren beginnt von zusätzlichem Sinn, einem Sinn, der nicht ausgesprochen wird und uns dennoch bedrängt, geschieht hier mit den wiederkehrenden Elementen der Fabriklandschaft. Das Donnern der aus den Schwebeloren stürzenden Steinbrocken alle zwei, drei Minuten gewinnt eine gespenstische Unausweichlichkeit. Man kann ihm nicht entfliehen, überhört es vielleicht eine Zeitlang, dann schlägt es mit neuer Härte in die Ohren. Die Vorgänge im Hades wiederholen sich so für die Verdammten, endlos, immer gleich und immer wie neu. Diese akustische Wirklichkeit verbindet sich mit der geschauten und bis in die Lungen verspürten Wirklichkeit des allgegenwärtigen Staubs. Auch diesem kann niemand entrinnen. Er lagert sich überall ab, dringt überall ein, belegt alles mit seinem bleichen Grau. Zwar zieht der Roman mit keinem Wort den Vergleich zwischen dem Staub und dem andauernden Gerede, Gerücht, Geschwätz, das ebenso allgegenwärtig ist, ebenso unheimlich, ebenso unterweltlich unentrinnbar. Aber gerade weil die Analogie nicht ausgesprochen wird, rücken Staub und Sprache in ein Verhältnis der gegenseitigen Spiegelung. Am einen kann man die Beschaffenheit des andern ablesen. Die Bedrohlichkeit des Staubes für Atem und Augen verdeutlicht die Bedrohlichkeit der Reden, die Tourel fortwährend hört, die ihn umflüstern, ummurmeln, die ebenso aus ihm selber kommen wie aus den tausend Mündern der Leute. Alles ist Halluzination und doch wieder real. Nur wenn man sich als Leser dem Andrang des Geredes stellt, aus dem und in dem dieser Roman lebt, kommt man mit dem Werk zurande. Nur wenn man die plötzlich aufsteigende Angst, den flutenden Wörtern nicht gewachsen zu sein, aushält, gewinnt man den festen Stand, der die Lektüre dieses unheimlichsten Romans der neueren Schweizer Literatur zu einem aufwühlenden Ereignis macht.

Der Künstler als Schuft

Gerücht ist das Gerede, gegen das Tourel sich wehrt wie ein Erstickender, aber die Wahrheit dieses Gerüchts ist sein Gleichklang mit dem Wort Gericht. Redend kämpft der Mann gegen die Anklagen, die er in dem Gerede immerzu vernimmt, und doch ist dieses Reden selbst das Gerücht und also auch das eigenhändig veranstaltete Gericht. Wie Gerücht und Gericht verhalten sich Lüge und Wahrheit in diesem Roman, Ehrlichkeit und Betrug. Sie wuchern ineinander und auseinander. Wer in der Literatur deutliche Ordnungen erwartet, klare Trennungen von Gut und Böse, Wahr und Falsch, eine Wirklichkeit, die sich in saubere Teile auseinanderlegt und so unserem Urteil anbietet, der gerät in Schwierigkeiten. Wie angenehm kann es sein, wenn ein Roman seine Figuren schön gruppiert in die Sympathischen und die Unsympathischen. Wie wohltuend ist es, die einen lieben und die andern verabscheuen zu dürfen, immer mit guten, vom Autor gelieferten Gründen. Solche Geschenke gibt es in diesem Roman nicht. Sein Held wächst einem nicht ans Herz, und doch kommt man ihm so intim nahe, als hätte man mit ihm ein Jahr auf einer einsamen Insel gelebt.

Ist er ein Schuft? Teilweise sicher. Ein Teufel? Sein Name, Tourel, unterscheidet sich von diesem Wort nur durch zwei Buchstaben, und ein Verführer ist er ja ohne Zweifel, ein Anstifter auch und Aufhetzer. Nur wirkt »Teufel« zu eindeutig. Denn Tourel ist nicht nur Täter, sondern auch Ausgelieferter. Aber ein Zug ins Diabolische ist da, auch im theologischen Sinn: der Teufel als gefallener Engel. Es gibt in dem Roman versteckte religiöse Signale. »Jammers«, der Ort, wo schon der Vorgängerroman *Der Stumme* spielte, leitet sich von »Jammertal« her, in alten Kirchenliedern eine Bezeichnung für die diesseitige Welt, die in Schuld und Nöten auf Erlösung wartet. Und fast am Schluss sagt Albert zu Tourel: »Erbsünder sind wir alle«. Tourel lacht darüber, ist aber betroffen. Und gibt im nächsten Satz endlich zu, dass dieser Albert, der Freund, der ihn immer am schärfsten beobachtet hat, eine Erfindung ist, eine Konstruktion innerhalb seines Endlosgeredes. Er braucht ihn für das Gericht über sich selbst, das er inszeniert und doch nicht anerkennt. »Erbsünder« ist also sein eigenes Wort. Und damit rückt das Neugeborene, zu dem sich dieser Lügner, Vagabund und kleine Gauner am Schluss auf den Weg macht, auch in die Nähe eines Erlöserkindes.

Und nicht zu vergessen: Tourel ist ein Künstler. Er ist ein Fotograf, dessen Position sich in der Entwicklung der modernen Fotografie genau lokalisieren lässt. Wie Werner Bischof geht er von der Ästhetik Hans Finslers aus und macht den Schritt zur Dokumentarfotografie. Im Roman steht dafür einerseits der isolierte Kiesel im raffiniert berechneten Licht, andererseits das Ringen um ein Gesamtbild des Zementwerks. Auch das Experiment mit dem Gesicht der jungen Frau, Contessabeth, die er zwölfmal übereinander ablichtet, entspricht diesem genuin künstlerischen Suchen. Es ist die meistzitierte Szene des Romans. Und eine der beklemmendsten. Denn während Tourel das Gesicht zwölfmal sucht und auf den Film holt, verführt er auch das naive Geschöpf, redend, erzählend. Ein Erzähler ist er ja ebenfalls, ein Sprachkünstler, Wortsetzer und Wortverdreher. Ein

Lügner von künstlerischem Rang. Ein Autor ohne Buch. Er schildert dem Mädchen das Haus, das sie zusammen bewohnen werden, schildert das Glück des Zusammenlebens, schildert alles so, dass sie es nie mehr aus dem Kopf bringt und noch als Verratene und Verlassene, als seelisch Zerrüttete rührend gläubig davon berichtet. An diesem Vorgang wird deutlich, wie sehr und auf wie unbehagliche Weise *Herr Tourel* auch ein Künstlerroman ist. Dieser Künstler ist nicht das Opfer der Gesellschaft, er tut nur so. Von den feierlichen Rollen, die man in der Schweiz für die Künstler, die Schriftsteller vor allem, parat hält, erfüllt er keine. Er leidet nicht an der Enge, ist nicht das politische Gewissen des Landes, ist kein Ausgegrenzter (das macht er schon selbst), ist kein verkanntes Genie und kein einsamer Weiser, er ist ganz einfach ein entschiedenes Talent und ein windiger Kerl. So was gibt's. Obwohl man es nicht gerne hört. Die Klischees sind attraktiver. Walters Leistung ist auch in diesem Punkt noch nicht erkannt worden.

»Die Sprache der Neutralen«

Überall der Staub, überall die Sprache, das Jammers-Deutsch. Dieses Wort fällt schon im ersten Satz und behält den ganzen Roman durch einen merkwürdigen Beiklang. Als wäre es die Sprache der Lüge, die Sprache, in der man doppelzüngig reden kann. Albert meint einmal, es sei »die typische Sprache der Neutralen, der Deutschschweizer schlechthin, die sich sowohl auf keine Seite hin festzulegen als aber auch sich von jeder Verantwortung zu drücken imstande seien [...]«. Für eine Sekunde reißt hier das geschlossene Bildergefüge des Romans auf und rückt alles in den größeren Zusammenhang der politischen Schweiz und ihrer Mentalitätsgeschichte. Für eine Sekunde bloß, man liest leicht darüber hinweg, aber wenn man es wirklich gehört hat, setzt einem das Ganze jetzt noch ganz anders zu. Als der Satz fällt, weiß der Leser noch nicht, dass Albert eine Erfindung Tourels ist, eine Verdopplung seiner Person, genau so wie neun Jahre später Malina in Ingeborg Bachmanns Roman eine Abspaltung der weiblichen Hauptfigur sein wird. Sobald wir das wissen, liest sich der Roman aufregend anders. Alberts Marderaugen sind nun plötzlich

Tourels eigene, und damit werden auch die Marder im Bootshaus und im Keller, eine der hinreißendsten Erfindungen des Buches, teuflische Emanationen seiner gequälten bösen Seele.

Ein Roman fordert seine Leser

Der Kritiker Walter Widmer, der der Schweizer Literatur nicht nur viele glänzende Essays, sondern mit seinem Sohn Urs auch einen glänzenden Autor geschenkt hat, begrüßte den Roman begeistert. Gleichzeitig erklärte er dezidiert, man müsse das Buch zweimal nacheinander lesen. Das stimmt tatsächlich. Wer den Vorschlag ernst nimmt, hat aber nicht etwa doppelte Mühe mit einem schwierigen Werk, sondern erlebt den zweiten Durchgang als atemverschlagend spannend. Jetzt schießt das Puzzle zusammen. Die schleiernden Nebel werden durchsichtig. Zwar reißt nicht alles Lügengewebe auf, einige Fragen bleiben offen, aber man sieht jetzt deutlich die großen Zusammenhänge. Kaspar Tourel erscheint vielleicht als der noch üblere Kerl, indem nun ja auch die Untaten Alberts an ihm hängen bleiben (die schlimme Affäre von Kehrbrugg zum Beispiel), aber wir erkennen ihn auch viel klarer als einen Menschen im Kampf mit seiner Schuld. Sein rasendes Reden deckt eine Not auf, die ihn uns auf neue Weise nahe rückt. Die Momente zum Beispiel, wo er nur noch schreit, wo sein Sprachgespinst zerfetzt wird von seinen Schreien, als wäre er ein Gefolterter – einmal geschieht es in der Schlüsselpassage am Bahnhof Lyss, die mit dem Erwachen im Gefängnis endet, ein anderes Mal ganz am Schluss, bevor Tourel von den Arbeitern aus Jammers vertrieben wird –, diese Momente erweisen sich jetzt als Augenblicke der Entscheidung.

Weder Frisch noch Dürrenmatt haben ihren Leserinnen und Lesern gegenüber je so viel riskiert wie Otto F. Walter in *Herr Tourel*. Sein erster Roman, *Der Stumme*, war ein sensationeller Erfolg gewesen. Auch in Deutschland wurde 1959 diskutiert, welcher der drei frappanten Erstlinge jenes Jahres der wichtigste sei: *Mutmaßungen über Jakob* von Uwe Johnson, *Die Blechtrommel* von Günter Grass oder *Der Stumme* von Otto F. Walter. Die Erwartungen an dessen zweiten Roman waren daher enorm. Drei Jahre später, mit vierunddreißig, legte ihn der Autor vor. Er war überzeugt, dass die Leser jetzt auch ein riskanteres Erzählen annehmen und dass sie die schlüssige Komposition hinter den Sprachkaskaden erkennen würden. Er täuschte sich. Man lobte zwar, aber mit Vorbehalten. Man wollte Ordnung in der Literatur, Ordnung als gegebene Größe, nicht als etwas, das errungen werden muss im Durchgang durch das Chaos. Der Erzähler Walter verstummte für ein Jahrzehnt. So ganz aus seiner erregten schöpferischen Mitte heraus wie im *Tourel* hat er später nie mehr geschrieben.

Die Barriere besteht heute noch. Die kalkulierte Unübersichtlichkeit des Romans ist weiterhin eine Provokation. Aber zu der Musikalität, in der sie erscheint, zu ihrer Sinnlichkeit, zu dem Gleiten und Aufleuchten der hyperrealistischen Bilder ist der Zugang leichter geworden. Viele Filme sind heute so hart geschnitten wie Walters Erzählblöcke, und die junge Literatur vernetzt sich passioniert mit Musik und musikalischen Strukturen. Da sollte es doch endlich möglich sein, dem mächtigen Dahinströmen dieses Romans in einer Freiheit zu begegnen, die den frühen 1960er Jahren noch versagt war.

Auskunft über das Zeitgerüst

Dennoch muss es erlaubt sein, den Lesern einige Arbeit abzunehmen und das Zeitgerüst des Romans in vier Schritten so zu verdeutlichen, wie es sich nach konzentrierter Lektüre zeigt:

I Die Gegenwart, in der Tourel redet, sind neun Tage im Juni 1961. In dieser verlängerten Woche haust er in der Bootshütte an der Aare in Jammers, palavert gegen die Marder an, schreibt Verteidigungsschriften und streicht um die Orte herum, an denen er sich ein Jahr früher aufgehalten hat. Am Ende dieser neun Tage bricht er in den Jura auf.

II Tourels frühere Anwesenheit in Jammers dauerte fünf Monate, vom 6. Juni bis 8. November 1960. Damals hat er hier fotografiert, hat den Schneckenzüchter Mohn zum Freund gewonnen und sich sowohl an die Arbeiter wie an die alte Besitzerin des Zementwerks herangemacht. Er verkehrte in der Tankstellenkneipe des Juuli Jeheb, hat dessen Nichte Beth Ferro verführt und geschwängert (sie ist eine Schwester des Stummen), später auch einen brutalen Abtreibungsversuch finanziert. Die Arbeiter des Zementwerks hetzte er zu einem dilettantischen Streik ohne gewerkschaftliche Abstützung auf und drückte sich schließlich vor aller Verantwortung, indem er das Weite suchte.

III Es folgen sieben Monate Landstreicherei und Kleinkriminalität, von November 1960 bis zum erwähnten Juni 61, als er wieder in der Bootshütte unterkriecht. Stationen sind unter anderen Kehrbrugg, Lyss, Neuchâtel, Moutier, Dornach. Als er nach Jammers zurückkehrt, hat Contessabeth eben bei Mohn im Autofriedhof ihr Kind geboren und ist daran gestorben. Das Kind lebt bei Beths Tante im Jura.

IV Während dieser sieben Monate wird in Jammers Contessabeth von ihrem Onkel Juuli in einem finstern Raum eingesperrt. Juuli fürchtet sich vor Gerüchten über sein Verhältnis zu der jungen Nichte. Sie sei im Jura, lässt er verlauten. Kurz vor der Niederkunft kann sie sich befreien und flieht, geistig verwirrt, zu Mohn. Nach ihrem Tod wird Juuli der Blutschande verdächtigt; man rottet sich gegen ihn zusammen; er stirbt auf unklare Weise. Tourel vernimmt dies alles stückweise in den neun Junitagen.

Zwischen diesen Zeit- und Handlungsstrecken schwingt der Roman frei hin und her. Es entsteht eine bewegliche Bühne, auf der sich die ungleichzeitigen Vorgänge in scheinbarer Gleichzeitigkeit ereignen. Das Medium ist eine ebenso frei fluktuierende Sprache, in deren Intonation und strömendem Zug die Leitfigur der jungen Autoren jener Jahre, William Faulkner, hörbar wird. Einige der Gestalten, die in dem kreisenden Geschehen auftreten, wird man nie mehr vergessen. Die glückliche Contessabeth bleibt so gegenwärtig wie die zerstörte, und Mohn, der Arme im Geiste, dessen Schnecken das sanfte Gegensymbol zu den bissigen Mardern bilden, wird zu Verkörperung der einfachen Güte. Von Mohn geht zuletzt eine kleine Hoffnung aus – vielleicht sogar für den zwielichtigen, von den Mardern seines Gewissens gehetzten Künstler und Meisterlügner Kaspar Tourel.

Eine Autorin entdeckt den Raum zwischen Schlaf und Wachen

Die Geschichten der Adelheid Duvanel

> Herakleitos sagt, dass die Wachenden ein und dieselbe gemeinsame Welt haben, während sich von den Schlafenden ein jeder zu seiner eigenen abwende.
>
> *Aus den Fragmenten der Vorsokratiker*

> Unsere ganze Geschichte ist bloß Geschichte des wachenden Menschen; an die Geschichte des schlafenden hat noch niemand gedacht.
>
> *Georg Christoph Lichtenberg im Sudelbuch K*

Aus Adelheid Duvanels Einzigartigkeit entstehen auch die Abschrankungen, die sich um ihr Werk ziehen.

Gewöhnlich finden wir uns bei eigenwilligen Autoren fürs erste zurecht, indem wir sie vergleichen. Irgendetwas erinnert an anderswo Gelesenes, und schon hat man ein Etikett: wie Kafka …, wie Kleist …, wie Robert Walser … Das ist zwar meistens wenig zutreffend, aber es befreit aus der unangenehmen Lage, das Einmalige begreifen und benennen zu müssen.

In vielen Fällen hört man bei jungen Autoren allerdings ein tatsächliches Vorbild heraus, die Intonation eines Bewunderten, der dem Anfänger die Zunge gelöst und es ihm möglich gemacht hat, selbst zu reden. So stand Max Frisch zunächst im Banne Albin Zollingers, Dürrenmatt im Banne Claudels, Otto F. Walter im Banne Sherwood Andersons und Hermann Burger im Banne Thomas Bernhards. Dies festzustellen, ist keine Etikettierung, sondern ein erster Schritt zur Bestimmung der künstlerischen Identität eines Schriftstellers, der seinen Weg sucht.

Bei Adelheid Duvanel scheitert man mit beiden Betrachtungsweisen. Weder finden sich einleuchtende Ähnlichkeiten mit anerkannten Erzählerinnen oder Erzählern, noch sind offenkundige Vorbilder auszumachen. Alles, was ihre Kunst so bedrängend macht, ist von

Anfang an da. Phasen einer Entwicklung, Stufen auf einem Weg vom imitierenden zum eigenen Erzählen sind nicht zu erkennen. Auch die charakteristische Struktur der Handlung, die die einzelnen Texte prägt, eine oft kaum merkliche Handlung, die dennoch Steigerungen, Umschläge und harte Abstürze kennt, ist gleich zu Beginn schon gegeben. Ein gewisser Märchenton wird zwar in den frühen Texten häufiger vernehmbar als später, aber eine Entwicklung im eigentlichen Sinn entsteht dadurch nicht.

Dies sind sachliche Feststellungen. Sie bedeuten noch keine künstlerische Wertung. So hartnäckig, wie diese Frau schreibend sie selbst ist und sie selbst bleibt bis zum letzten Tag, könnte es sehr wohl auch ein Dilettant treiben. Weder der Wandel noch die Wandellosigkeit machen bereits den Dichter aus. Dennoch gibt die Beharrlichkeit Aufschluss. Sie besagt, dass hier eine Autorin arbeitet, die sehr früh jene Erfahrung machte, ohne die es kein gültiges Werk gibt, das plötzliche Wissen nämlich: So ist es richtig, so muss ich schreiben, das ist meine Kunst! Und dabei blieb sie. Was heute so viele Talente ins Abseits und zu unnötigem Scheitern führt, die Verlockung, auch mal einen Roman zu schreiben, auch mal ein Theaterstück, auch mal ein Hörspiel oder einen Krimi oder ein paar Kolumnen, scheint Adelheid Duvanel nie auch nur gestreift zu haben. Es gibt Gedichte von ihr, aber nicht allzu viele, und sie fallen kaum ins Gewicht gegenüber dem, ich wage das Wort, monumentalen Korpus der Erzählungen. Die Frau, die so viele Gefährdete, Schwache und Verlorene geschildert hat, war als Künstlerin stark, ausdauernd und kompromisslos. Es ist überliefert, wie sehr es sie verletzte, wenn ihr Vater wieder einmal herablassend von den »Gschichtli« sprach, die sie da immer schreibe. »Gschichtli« – in dem verächtlichen Wort steckt das Vorurteil, dass richtige Literatur ausgreifend zu sein habe, dickleibig, dröhnend, Bücher mit Ellenbogen. So geriet einst Robert Walser in Wut, als Max Rychner ihn den »Shakespeare des Prosastücklis« nannte. Walser redete den Kritiker dafür als »Dr. Mäxchen Rychner« an.

Ausdauer und Hartnäckigkeit Adelheid Duvanels sind aufs engste verknüpft mit ihrem Formwillen. Nicht eine Charakterfrage stellt sich hier, sondern eine der Kunst. Auf dem kleinsten möglichen Raum die größte mögliche Verdichtung zu erreichen, das war der ästhetische Imperativ, unter dem sie stand, unter den sie sich immer von neuem stellte. Dabei meint Verdichtung sowohl die Sprache wie auch den Inhalt. Man versuche einmal, in ihren Texten ein Wort zu finden, das man streichen könnte. Dann versuche man es bei einem andern, einem besonders erfolgreichen Autor vielleicht. Die Erfahrung ist lehrreich.

Was aber meint Verdichtung des Inhalts? Es ist zunächst die Fähigkeit, ein ganzes Leben zusammenzuraffen in *einem* seelischen Zustand, in *einer* körperlichen Verfassung, an *einem* Ort, in *einem* Geschehen. Wohl können sich diese Bestandteile von Fall zu Fall auch vermehren; es treten zwei, drei, vier Personen auf und an unterschiedlichen Orten. Aber der zentrale Vorgang bleibt die Erschaffung der einzelnen Person, an diesem Tag in diesem Zimmer, mit dem Aufdämmern ihrer Vergangenheit und dem, was sie vornimmt, drinnen oder draußen.

In Texten, wo man kein Wort streichen kann, gewinnt jede Wendung Gewicht. Da ist kein Satz, der nicht mit dem Ganzen verbunden wäre. Nimm ihn weg, und das Werk zerbricht. Jede Erzählung von Adelheid Duvanel erschafft einen kleinen Kosmos, eine kugelförmige Welt, die in sich selber lebt. Darin bewegen sich ein paar Leute, die einzigartig sind. Sie haben ein Gesicht, das es nur einmal gibt, und auch ein solches Schicksal. Es sind Persönlichkeiten im alten, stolzen Sinn des Wortes. »Persönlichkeit« meinte einst den Menschen, der zu sich selbst gefunden hat. Der geworden ist, woraufhin er angelegt war. Das freie Subjekt. Der Begriff ist heute verkommen zur Bezeichnung für soziale Prominenz; Nadelstreifenherren sind Persönlichkeiten.

Aber wie denn? Freie Subjekte sollen die Figuren Duvanels sein? Sie, die in jeder Geste, in ihrem ganzen Verhalten als Gefangene erscheinen, Gefangene der Einsamkeit, Gefangene der Sucht, Gefangene verrottender Familien, diese Zimmersitzer, Eckenkauerer, Bettbewohner, stets das Fensterglas zwischen sich und der Welt? Diese kleinen Oblomows aus den Vorstädten sollen Persönlichkeiten sein im alten, stolzen Sinn des Wortes? Das muss ein Witz sein.

Es ist ein Witz. Es ist der Witz aller dieser Geschichten. Duvanel geht hinter den Prozess zurück, durch den der Begriff der Persönlichkeit allmählich gleichbedeutend wurde mit sozialem Erfolg, Einfluss und Macht. Sie geht zurück dorthin, wo die Frage nach der

Würde und Wahrheit der Person noch gestellt und beantwortet wurde ohne die Bedingung des gesellschaftlichen Ansehens und der Verfügungsgewalt über andere. Sie geht zurück dorthin, wo einst auch das Kind erstmals zu einem Wesen eigener, vollgültiger Beschaffenheit erklärt wurde, kein unfertiger Erwachsener, sondern eine Gegengestalt zum Erwachsenen und diesem in vielem überlegen. Damals wurde auch der Verrückte, der Verschrobene als Gegengestalt begriffen und erhielt seinen Rang und Ort in der verbindlichen Literatur: Goethes Tasso, Hoffmanns Kreisler, Büchners Woyzeck. Alle drei laufen am Rande des Abgrunds dahin, stören, sind ein Ärgernis. Umgeben von »Persönlichkeiten« im Sinne der Nadelstreifenherren, stellen sie deren Begriff vom richtigen Menschen durch ihre bloße Existenz in Frage.

Ähnliches geschieht bei Duvanel. Mit einer wilden Hingebung holt sie eine Figur um die andere ans Licht und gibt ihr einen Namen, ein Gesicht, ein Schicksal. Das ereignet sich schon in dem stereotypen Vorgang der Namensnennung, der zu den fast aufsässigen Regeln dieser Geschichten gehört. So fängt man doch heute keine Erzählung mehr an, sagt uns das literarische Designgefühl, und dann können wir uns der Magie dieses wiederkehrenden Moments doch nicht entziehen. Es ist wie ein Taufakt:

> Der magere Jochen möchte Isländer sein; er stellt sich vor, dass er dann das Recht hätte, zu schweigen und zu fischen.

> Annie kennt Roland, seitdem sie eine Zeitlang im gleichen Bus zur Arbeit fuhren, und er einmal sagte: »Schönes Wetter heute«.

> Der Himmel fällt in Fetzen herunter. Die Straßenbahn hält vor Willibalds Haus. Bevor er die Tür aufschließt, kratzt er mit dem Schlüssel in seinen roten Bartstoppeln.

> Ernestos Brille war stets schmutzig; er sah die Welt verschwommen, was ihm nur recht war.

> Grolo sagte: »Wenn jemand für mich Falschgeld herstellen würde!« Max hatte ihm zwei Zähne eingeschlagen.

Norma ist schön wie eine Vase, die von einer weißen Hand getragen wird und die sich wünscht, fallengelassen zu werden.

Mit dieser Namengebung im Auftakt, die etwas Altertümliches hat (»Eduard – so nennen wir einen reichen Baron im besten Mannesalter […]«, beginnt ein Roman aus dem Jahre 1808), treten die Figuren im wörtlichen wie in jedem andern Sinn aus der Namenlosigkeit. Die An-Onymen erhalten ihr Onoma, das Wort, das sie zur Person macht. Und diese Person sind sie dann, dürfen sie sein, würdig und wahr noch in den dunkelsten Geschichten vom Verschwinden in Kälte und Einsamkeit.

Zu den Zeiten, als Adelheid Duvanel schrieb, wurde die Literatur weithin sozialkritisch gelesen und nach ihrem sozialkritischen Gehalt beurteilt. Dafür schienen diese Geschichten zunächst sehr geeignet. Waren es denn nicht lauter Opfer der gesellschaftlichen Verhältnisse, die da vor den Lesern vorüberzogen? Aber dann wollte die Rechnung doch wieder nicht aufgehen. Wo blieb die Anklage? Wo waren die Täter und die Bezichtigung der Täter und das Gericht über die Täter? Wohl tauchten gelegentlich Mächtige und Einflussreiche auf, aber nicht so, wie man es erwartete, nicht als die exemplarischen Ausbeuter, in denen sich alles Übel der herrschenden Zustände verdichtete. Auch eine klare Geschlechtertheorie war nicht zu erkennen. Den Männern ging es nicht besser als den Frauen. Bosheit und Leiden, Sehnsucht und Liebesverlust erschienen wahllos auf beide Geschlechter verteilt. Von einem Gericht über das Tätergeschlecht – »Ihr Männer, ihr Ungeheuer!« – konnte keine Rede sein. Das alles machte Adelheid Duvanel verdächtig. Sie eignete sich nicht für Frontenbildungen, stand quer zu den lauten Programmen. Den Linken wie den Bürgerlichen war sie gleichermaßen unangenehm. Sie war nicht öffentlich verwertbar. So ließ man sie gerne stehen. Was ist schon Kunst, wenn sie kein Wasser liefert auf meine Mühle!

Es gibt diesen Satz von Heraklit, dem Denker aus der dunklen Frühzeit. Die Menschen, sagt er, leben als Wachende alle in einer gemeinsamen Welt, im Schlafe aber tritt jeder in seine ganz eigene Welt ein. Das ist nicht einfach eine Traumtheorie. Traumtheorien waren stets billig zu haben. Botschaften der Götter sind die Träume oder Heimsuchungen böser Geister, üble Verführungen oder interessante

Nachrichten. Man erfährt eine Lottozahl, wird vor einem Fehltritt gewarnt, am Narrenseil herumgeführt oder von einem Unhold gequält. Dass die Schlaf- und Traumexistenz des Menschen seine naturhafte Person genau so sehr ausmachen könne wie die helle Tagesexistenz, dass die beiden einander nicht als das Wahre und das Falsche gegenüberstehen, sondern jede gleichermaßen wahr sei, das wagte nach Heraklit nur selten einer zu denken. In dem uralten Satz steckt eine ganze Anthropologie. Wir akzeptieren sie auch heute noch nicht. Zwar gestehen wir seit den Romantikern und Freud dem Traum einiges mehr zu, aber woran wir weiterhin unbedingt festhalten, ist die scharfe Grenze zwischen dem Wachleben und dem Schlafleben.

Als Lichtenberg eine Geschichte des schlafenden Menschen forderte, muss er an Heraklit gedacht oder aber dessen dramatische Erkenntnis seinerseits erlebt haben. Sein Leitspruch zu Beginn des *Sudelbuches C*, »The whole man must move together«, ist deshalb auch so zu verstehen, dass die Ausgrenzung der traumgeprägten Eigenwelt aus der vernunftbestimmten Gemeinschaftswelt zu einer Verkümmerung des Einzelnen und zu einer Verzerrung des menschlichen Wissens über den Menschen führen müsse. Theoretisch ist das leicht gesagt; die Tücken zeigen sich in der Praxis. Denn in der modernen Zivilisation steht alles, was aus der Welt der »Schlafenden« in die der »Wachenden« tritt, unter dem Verdikt des Pathologischen. Wer bei sich selbst so etwas zulässt, spinnt. Einfacher kann man es nicht sagen. Einfacher kann man nicht sagen, was so viele Gestalten Adelheid Duvanels bewegt.

Die Leistung dieser Autorin ist weit weniger eine sozialkritische als eine anthropologische. Hinter ihrem Werk steht eine mächtige Wahrheit: die Grenzen zwischen Schlaf und Wachen, zwischen der eigenen und der allgemeinen Welt sind durchlässig. Dass sie mit einem scharfen Strich gezogen seien, ist eine Täuschung. Diese stammt aus der Abwehr des Fremden. Auch aus der Angst der Vernunft vor ihren eigenen Rändern. Wenn die Grenze vom scharfen Strich zum Raum wird, zu einer Zone, wo es von beiden Seiten hereinweht, verlieren wir die Sicherheit – uns selbst wie den andern gegenüber.

Diesen Raum betreten wir nun in den Zimmern, in denen die Leute Duvanels wohnen. Hier ereignen sich immerzu die Übergänge. Hier weht es herein von beiden Seiten, und manchmal besetzt die eine das Ganze endgültig. Dann regiert der »Schlaf« den Ort und das Subjekt. Das ist nicht leicht zu ertragen, und wir retten uns jeweils rasch in den erwähnten Satz, der einfacher nicht mehr sein kann: »So einer spinnt.«

In den meisten Fällen aber löst sich nur die schroffe Trennlinie auf. Doch auch dies bringt uns in Schwierigkeiten. Wir merken, dass wir zwar viele Begriffe haben für das, was hier geschieht, dass diese Begriffe aber immer von der scharfen Grenze ausgehen. Wir reden vom Phantasieren, von Vorstellungen, von Tagträumen, Projektionen und Einbildungen – und alle diese Wörter setzen die klare Differenz zur Wirklichkeit voraus. Dass hier auch eine andere, ebenso reiche, ebenso lebendige Wirklichkeit sein könnte, davon weiß unsere Sprache nichts. Sie hat ja nicht einmal die Möglichkeit, die Belebtheit der Puppe, die das kleine Mädchen mit sich herumschleppt, zu benennen.

In diesen Räumen, die wir betreten, wenn wir Duvanel lesen, wissen wir nie genau, kommen sich die Leute immer mehr abhanden oder gewinnen sie endlich sich selbst. Gehen sie endgültig zugrunde oder finden sie eine neue, waghalsige Möglichkeit zu überleben? Wird der Schatten zum Licht, wenn das Licht sich verschattet? Es gibt Anzeichen für beides. Man mag es von Fall zu Fall neu bedenken. Wichtig bleibt eins: dass die Autorin ihre Gestalten nie verrät. Noch den hilflosesten, einsamsten belässt sie ihre Würde. Sie bleiben, mit einem alten Wort, unsere Nächsten.

Wo die Grenze zwischen der gemeinsamen und der eigenen Welt zum Raum wird, gewinnen auch die gewöhnlichsten Dinge eine neue Qualität. Das beginnt schon mit dem Hut der Mutter in dem frühen Text von 1963. Er führt jenes merkwürdige Eigenleben, das ihn als Bewohner zweier Zonen ausweist, des »Schlafs« und des »Wachens«. Von hier aus ist der eigentümliche Realismus in den Erzählungen Adelheid Duvanels zu verstehen. Jede Kleinigkeit wird überscharf gesehen, aber nicht nur als soziales Symptom, als Zeichen der Armut oder des Reichtums, sondern auch als etwas, das plötzlich ein Eigenleben gewinnen kann. Deshalb lassen sich diese vielen herumliegenden Dinge auch nicht in literarisch gewohnter Weise lesen, als Symbole, die das Geschehen wie Metaphern kommentieren. Wenn es etwa plötzlich heißt: »Am Boden des Zimmers liegen auf einem weißen Papier, das sich im Luftzug bewegt, lange schwarze Handschuhe«, versagen vor diesem Bild, das aufleuchtet wie in einem Film von Buñuel, unsere gewohnten Deutungsverfahren. Ist das ein Sinnbild, also ein Ergebnis künstlerischer Setzung? Oder ein Symptom, also ein Zeichen für den seelischen Zustand des Mannes, von dem erzählt wird? Der Raum, in den es von beiden Seiten hereinweht, verwandelt auch die gewohnten literarischen Verfahren und fordert uns neue Weisen des Lesens ab. So auch in den zwei vielleicht hinreißendsten Geschichten von der Liebe, die Adelheid Duvanel geschrieben hat, *Begegnung* und *Die erste Betonkirche Europas*. Einmal ist es der kleine Marienkäfer aus Holz mit vom Luftzug bewegten Beinen und Kopf, das andere Mal das von der Tischlampe verbrannte Buch (»Es hat nun auf jeder Seite bis in seine Mitte einen braunen Fleck«), was uns die Deutung abfordert. Aber sie will nicht so flink und schlüssig gelingen, wie wir's gerne hätten. Immer bleibt ein Widerstand, ein Zweifel. Man muss Adelheid Duvanel lesen lernen. Dabei lernt man lesen.

Dies betrifft auf besondere Art die unverstellt poetischen Passagen, die in die Erzählungen eingesetzt sind wie kleine Collagen aus glänzenden Papieren. Oft sind es eindeutig von der Erzählstimme geformte Textteile, oft Erfahrungen der Figuren; gelegentlich bleibt die Perspektive unentschieden. Aber man erkennt die Passagen stets sofort als eine Redeweise, die sich vom übrigen Text unterscheidet. In der Regel handelt es sich um Naturbilder, Momente der Witterung und des Lichtwechsels. Sie sind dichterisch überraschend, nicht selten kühn, auch befremdend. Ihre Wiederkehr wird zu einem Merkmal der Duvanel-Geschichten. Wenn die erste Irritation überwunden ist, ertappt man sich dabei, dass man auf die Stellen wartet.

Adelheid Duvanel ist gestorben, als hätte sie sich selbst erzählt. Sie ist erfroren mitten im Sommer, in einer eiskalten Nacht, im Wald. Hier hatte sie sich verkrochen und mit Medikamenten in tiefen Schlaf versetzt. Vielleicht hat sie mit der Möglichkeit des Todes gerechnet. Sie kannte beides, das solide bürgerliche Leben und die Not am sozialen Rand. Sie hat viel gezeichnet, aber die Zeichnungen eigenen sich nicht als Illustrationen ihrer Erzählungen. Diese sind ihr eigentliches Werk. An jede Geschichte hat sie sich hingegeben wie besessen. Die Welt verschwand um sie, wenn sie schrieb. Nichts war mehr da als dieser winzige runde Kosmos mit den zwei, drei merkwürdigen Einwohnern und dem plötzlichen Licht am Himmel. Man darf ihre Arbeiten nicht von ihrer Biographie aus lesen. Das verwischt nur, worauf es ankommt, die souveräne Kunst und die Nachrichten über uns selbst.

Bei der Nachricht vom Tode Niklaus Meienbergs

Da ist zunächst ein heftiges Empfinden der Leere. Als wäre einer aus der Stube gegangen. Wie kommt das? Habe ich mich denn nicht in letzter Zeit mehr über ihn geärgert als gefreut? Kam er mir nicht fremd vor, Donnerstag vor einer Woche, als ich ihn an der *Räuber*-Premiere im Schauspielhaus von weitem sah und er in seiner roten Windjacke sehr allein und unruhig durch die Gänge strich? Ein wenig sah er aus wie ein Karl Moor, den man im Rahmen von Restrukturierungsmaßnahmen entlassen hat. Und jetzt geht er hin und schaut zu, wie Schillers Stück den Dienst offenbar auch tut.

Warum nun dieses Gefühl der Leere? Weil sein Werk und seine körperliche Gegenwart nie zu trennen waren. Er war in einer Weise als Person vorhanden, als Person unmittelbar da, wie kein anderer Autor meiner Erinnerung. Bei Frisch hatte die leibhaftige Präsenz in der Stadt einen abgerückten, fast legendären Einschlag. Wenn man ihn zufällig sah, war man überrascht, erlebte den Moment als Geschenk und erzählte zuhause davon. Mit Meienberg war überall zu rechnen. Das gehörte zu ihm: dass keiner vor ihm sicher war. Viele fürchteten sich vor ihm, erlebten ihn als gefährlich. Deshalb gab es immer auch eine Kultur der Schmeichelei um ihn herum, die er erkannte und die ihm wohl nur halbwegs behagte.

Wie weit war seine öffentliche Person selbst eine Anfertigung, ein Produkt des Künstlers Meienberg? Seine engsten Freunde wissen das vielleicht, am besten wohl die Frauen, mit denen er zusammengelebt hat. Jedenfalls war man immer wieder irritiert, wenn hinter der aggressiven Wucht seiner Selbstdarstellung die Zeichen einer ebenso extremen Sensibilität sichtbar wurden. Man brachte das nicht recht zusammen. Und man erkennt wohl erst heute langsam, wie dieser Zusammenfall der Gegensätze seine Kunst begründete.

Seine Kunst? Das ist seine Prosa. Und seine Prosa, das ist eine Polyphonie der Klänge, eine Bündelung unterschiedlichster Töne oft noch im einfachen einzelnen Satz, wie es das in der Schweiz bisher nicht gegeben hatte und wie es ihm keiner seiner Imitatoren nachmachen konnte. Den erhabenen Schall der Bibel verband er unmittelbar mit der derben Umgangssprache, den öffentlichen Hohn unter voller Namensnennung konnte er überblenden mit delikaten Metaphern und zärtlichen Bildern. Ein durchaus akustisches Ereignis ist diese Prosa. Durch die Kadenzen Baudelaires hindurch hört man die schnarrenden Hausfrauen im St. Galler Supermarkt und das hohle Röhren unserer Politiker. Er entlarvt seine Feinde, indem er sie ein paar ganz gewöhnliche Sätze sprechen lässt. Das nimmt sich dann im Gefüge aller Klänge so kläglich aus, als wären sie bei einer öffentlichen Peinlichkeit ertappt worden. Etwas von der altertümlichen Rhetorik der bekehrenden und exorzierenden Mönche steckt in dieser Prosa und sehr viel auch vom Gegenteil, vom bösen, voltairianischen Witz der Aufklärer. Es riecht nach Weihrauch, und es klirrt von eingeschlagenen Kirchenfenstern.

Michail Bachtin, der russische Literaturwissenschaftler, hat den Begriff der Polyphonie für die künstlerische Gestalt der Prosa eingeführt und gezeigt, wie sich deren Qualität von der Mehrstimmigkeit aus bemisst. Er meint damit nicht nur eine musikalisch-ästhetische Struktur des Schreibens, sondern das leibhaftige Erschallen unterschiedlichster sozialer Stimmen im Text, die akustische Gegenwart der ganzen, von Macht und Ausbeutung gebrandmarkten Gesellschaft. In solcher Polyphonie liegt das Geheimnis der Prosa Niklaus Meienbergs und seiner besten Arbeiten. Und hier liegt auch der Grund, warum seine Wirkung in der Schweiz eine ganz andere und weit stärkere war als in Deutschland. Zur Klangfülle seiner Sätze gehören nämlich unverzichtbar die tausend Nuancen des Dialekts, die er in einer Weise künstlerisch fruchtbar machen konnte, wie es vor ihm nur Gotthelf tat. Diese muss man mithören können, und das ist jenseits der Grenze fast nicht möglich. Es war das immense Spannungsfeld, das sich zwischen seiner wilden Aggressivität und seiner ungeschützten Empfindsamkeit auftat, was den polyphonen Reichtum seiner Prosa ermöglichte. Welche Einsamkeit dazu ebenfalls gehörte, beginnen wir langsam zu ahnen.

Jörg Steiner und die Leere zwischen den Dingen

Eine Andeutung zum Roman *Weißenbach und die anderen*

Jörg Steiner ist der Meister der gewaltigen Kleinigkeit. Er weiß, dass in der Literatur die Hauptsachen nicht ausgesprochen werden können. Es geht zwar nur um sie, und wir wollen von nichts anderem hören, wollen nichts anderes wissen als sie, aber wenn sie einer ausspricht, zucken wir mit den Schultern. »Das Leben ist kurz.« Dieser Satz meint eine Hauptsache, und er lässt uns kalt. »Was wäre das Leben ohne die Liebe?« Das ist auch so ein Satz. Oder: »Die Menschen sind freie Wesen.« Oder: »Die Menschen sind unfrei.« Lauter Hauptsachen. Wer sie ausspricht, macht uns gähnen. Hör auf mit den Sprüchen! Dennoch lesen wir alle Bücher, die wir lesen, nur wegen dieser Hauptsachen. Wegen der Freiheit, wegen der Liebe, wegen des Todes.

Jörg Steiner weiß, dass man von den Hauptsachen nur auf dem Umweg über die Nebensachen reden kann. Daraus hat er seine Ästhetik entwickelt. Ihr Ziel ist die Wirkungsgewalt der Kleinigkeit. Das gibt sich allerdings nicht von selbst und nicht schon dadurch, dass man es weiß. Wenn ich von ein paar Männern an einem Wirtshaustisch rede, dann sind da ein paar Männer an einem Wirtshaustisch und nichts weiter. Wenn Jörg Steiner von ein paar Männern an einem Wirtshaustisch redet, beginnt zugleich das geheimnisreiche Spiel mit den Hauptsachen.

Dieses Spiel will auch von uns, den Lesern, gelernt sein. Steiner gibt keine Gebrauchsanweisung. Er setzt auf den Leser, der die Herausforderung spürt, auf die Leserin, die die Provokation annimmt. Keine Gebrauchsanweisung zu geben, ist für einen Autor riskant. Leser können sich nämlich auch verlesen. Aber das Verlesen ist immer noch besser als das Lesen nach Gebrauchsanweisung. Diese ruiniert jedes Buch. Es gibt Autoren, die demolieren fortlaufend, was sie schaffen, indem sie zu jedem Text eine Anleitung liefern, zu jedem Abschnitt einen Kommentar. »Lesen Sie die Packungsbeilage oder fragen Sie Ihren Germanisten«, ist im Bereich der Literatur der schlimmste Ratschlag.

Was Jörg Steiners Roman *Weißenbach und die anderen* besonders reich macht, ist die Art und Weise, wie die Ästhetik der gewaltigen Kleinigkeit musikalisch und kompositorisch durchgeführt wird. Es ist ein Buch der Leerräume. Was erzählt wird, schwimmt vereinzelt dahin, treibt wie verloren in weißen Wassern. Ein Trümmerbuch ist es. Die Abstände zwischen den Dingen sind immens. Lauter Löcher. Diese Abstände auszuhalten, wird zur Aufgabe für die Leser. Wer es aushält, macht die Erfahrung, dass in dieser Leere plötzlich die Hauptsachen aufscheinen – die Liebe, der Tod, die Freiheit.

Soweit es noch so etwas wie eine Handlung gibt in dem Werk, ist sie ihrerseits ein Geschehen des Auseinanderdriftens. Die paar Männer, die sich im Café zu treffen pflegen und die man in der Stadt »die Barone« nennt, sind am Ende voneinander entfernt wie Schiffbrüchige, auseinandergetrieben von einer unbegriffenen Strömung. Die artistische Gestalt des Romans, der mit Leere und Lücken als künstlerischen Strukturen operiert, wird schrittweise zur Erscheinungsform einer sozialen Wahrheit. Was ist es, das uns so unaufhaltsam von einander entfernt? Diese Frage, die keine der Figuren stellt und die doch jede erlebt, macht den unheimlichen Kern der Erzählung aus – die stumme Frage und die stumme Antwort.

Dabei ist es ein Buch des scharfen Blicks. Alles einzelne, jedes Handlungsfragment, jeder Lebensfetzen ist mit den Augen eines Epikers gesehen. Der schmale Band steckt voll zersplitterter Geschichten. Und jede Szene, die berichtet wird, ist sinnlich gegenwärtig und greifbar. Aber je konkreter die Trümmer erscheinen, umso verschwiegener, verschlossener, unzugänglicher wird die Leere, in der sie dahinschwimmen.

Man kann die Verbindung zwischen den Teilen selber schlagen, kann lesend konstruieren, was als Vernetzung und Entwicklung verweigert wird. Sobald man es versucht, zeigt es sich, dass der Text dies wünscht und dass er durchsetzt ist von entsprechenden Andeutungen. Je nach der Art des Verknüpfens ergibt sich dann ein anderes Ganzes. So hat Otterwill, die Kleinstadt, in der alles spielt, einen merkwürdig allegorischen Einschlag. Es ist nicht einfach ein Jammers mehr, ist nicht *noch* ein Spiessbünzen, *noch* ein Ingoldau, *noch* ein Amrain, *noch* ein Güllen, *noch* ein Ruch, *noch* ein Trubschachen. Es besitzt zwar den unverkennbaren Charakter eines Schweizer Kaffs, bald lauwarm, bald lauernd, und doch hat es auch etwas gläsern Konstruiertes, meint gerade nicht den regionalen Winkel, sondern ein ganzes Land. Das wäre zu zeigen am Schlüsselsymbol des »Söckelchens« – ein leerer Denkmalfuß –, das den Text leitmotivisch durchzieht. Das Buch auf die Entzifferung dieses einen Zeichens hin zu studieren, ist allein schon ein intellektuelles Erlebnis.

Im persönlichen Gespräch mit Jörg Steiner macht man eine ähnliche Erfahrung. Er ist immer ganz präsent, hellwach als Gegenüber, aber wenn ein Thema angeschlagen wird, von dem man weiß, dass es beide beschäftigt, kann er plötzlich ausweichen. Er verstummt nicht, er sagt nur etwas ganz anderes und verdeckt freundlich die Leere, die er tatsächlich entstehen lässt. Man kann das als Diskretion betrachten, aber Diskretion wäre sehr oft gar nicht nötig. Es ist das jähe Empfinden, dass alles, was jetzt gesagt werden könnte, zwar die Sache betrifft, aber doch falsch wäre. Zu eindeutig ausgesprochen, zu sicher im Urteil, zu vieles verdeckend, was doch auch noch dazu gehört. Bei seinem Freund und Lebensnachbarn, Schreibgefährten, Bechergenossen Peter Bichsel ist es auf gegensätzliche Weise ähnlich. Dieser verstummt nicht, ist nicht unversehens bei einem ganz anderen Gegenstand, sondern fährt mit einer abenteuerlichen Behauptung auf. Die trägt er so leidenschaftlich vor, dass einem jeder Widerspruch auf der Zunge erstirbt. Erst im Nachhinein, wenn man seine Stimme in der Erinnerung wieder hört, wird einem bewusst, dass er die gleiche Not – etwas sagen zu müssen, was sich so geradehin nicht sagen lässt – mit einem rhetorischen Feuerschlag pariert hat. Dabei bringt man den Verdacht nicht los, er habe die leidenschaftliche These, die sich als das Ergebnis langen Nachdenkens präsentiert, im gleichen Moment erfunden, kraft seiner poetischen Inspiration. Denn Inspirierte sind sie beide, die schreibenden Freunde, die Dioskuren am Jura, die – das gibt es in der Tat – einander nie als Konkurrenten erlebten und denen nie ein Tropfen Eifersucht in den brüderlichen Becher fiel.

Klaus Merz und die weiten Räume

Der Grüne Heinrich von Klaus Merz ist genau so dick wie ein Bleistift Caran d'Ache 341–2. Er heißt *Jakob schläft*. Gäbe es Bleistifte, die so dick sind wie der *Grüne Heinrich* von Gottfried Keller, müsste man mit zwei Händen schreiben. Dennoch kann ich mir Leute vorstellen, die ins Zweifeln gerieten, wenn sie entscheiden müssten, welches der beiden Bücher sie mehr lieben. Die Liebe schaut bekanntlich auf keine Maßstäbe. Das unterscheidet sie von der Wissenschaft und von der Ökonomie. Und das hat sie mit der Kunst gemeinsam. Die zweieinhalb Seiten des *Unverhofften Wiedersehens* von Johann Peter Hebel wiegen gleich schwer wie die 772 Seiten des *Doktor Faustus* von Thomas Mann.

Jakob schläft, der Grüne Heinrich von Klaus Merz, besitzt einen merkwürdigen Untertitel. Er lautet: »Eigentlich ein Roman«. Ist das eine Entschuldigung? Ein preziöser Schnörkel? Bei Klaus Merz, der jedes Wort so behutsam aufnimmt und in Händen hält, als wär's ein Neugeborenes, kann man sicher sein, dass er keinen Untertitel aus bloßer Koketterie setzt. Es muss ihm damit ernst sein. Und sobald auch wir diesen Ausdruck ernst nehmen – »Eigentlich ein Roman« – erkennen wir darin eine grundsätzliche Äußerung des Autors über seine Kunst. Ich weiß, lautet diese Äußerung, dass ein Roman ein dickes Buch ist, in dem Massen von Wirklichkeit, Kolonnen von Figuren, Ketten von Ereignissen in Szene gesetzt werden, ein Buch in dem Schicksale anlaufen, sich steigern und verknüpfen, umschlagen, im Dunkel enden oder wieder ins Licht finden. Ich weiß, lautet diese Äußerung, dass ein Roman ein dickes Buch ist, in dem einer scharf beobachteten Außenwelt die ebenso reiche Innenwelt eines Helden gegenübersteht, und die Außenwelt ist ethnologisch und geographisch so zuverlässig geschildert, wie es die Innenwelt psychologisch und moralisch ist. Ich weiß das alles, lautet diese Äußerung, und ich weiß, wie schmal mein Buch daherkommt, und doch ist es »eigentlich ein Roman«. Denn schaut nur hin, schaut nur genau hin, und ihr findet die Ereignisse und die Figuren, ihr findet die Schicksalskurven, ihr findet die Finsternis und das Licht, und Stoff genug ist da für die Ethnologen wie die Psychologen, und wenn's sein muss, bleibt auch für die Sexualforscher noch etwas übrig. Das reicht doch »eigentlich«, oder nicht?

Es reicht tatsächlich, und dass es reicht, ist der Zauber dieser Kunst. So etwas will studiert sein. Also denn die Frage: Wie ist das möglich? Ob Klaus Merz ein Stück Prosa schreibt oder ein Gedicht, immer erscheint vor uns ein Stück Wirklichkeit in extremer Verdichtung, schwere Materie. Es ist überschaubar, selten länger als zwei Seiten. Das Entscheidende aber geschieht, wenn es endet. Wenn es endet, expandiert die Verdichtung. Sie schießt aus ins Imaginäre, wird zehnfach, hundertfach. Der Brocken dehnt sich zur Landschaft. Im Roman *Jakob schläft* treten diese Entfaltungen alle nebeneinander. Sie fügen sich zusammen, und es entsteht das Panorama eines Lebens. Leuchtend und tönend rollt es sich aus zur bevölkerten Welt eines dicken Romans.

So begegnen wir denn im Werk von Klaus Merz immer beidem, dem Stück Schrift da vor uns auf dem Papier und dem weiten Raum, den es eröffnet. Das eine ist vielleicht nur handgroß, das andere reicht zum fernen Horizont. Um es filmisch zu sagen: Bei Klaus Merz zoomt die Nahaufnahme stets in die Totale. Dass wir selbst es sind, die diese Bewegung mit unserer Vorstellungskraft vollziehen, merken wir beim Lesen gar nicht. Wir erleben nur die Öffnung und ein starkes Gefühl von Luft und Aufschwung. Immer ist bei ihm diese Luft da, Merzluft.

Ein Text aus dem neuen Buch *Löwen Löwen*, einem Venedig-Buch. Vier Zeilen im Flattersatz; man weiß nicht, ist es ein Gedicht oder ein Prosastück. Bei Merz ist die Grenze durchlässig.

> NACH TORCELLO HINAUS, zur Ursprungsinsel, dem
> Goldglanz im Chor, vors tausendjährige Mosaik:
> Das Weltgericht tagt. Im Weihwasserbecken liegt
> fingerdick Staub.

Das beginnt harmlos wie eine Reisenotiz, naiv fast: »Nach Torcello hinaus ...« Auch ein Schulaufsatz könnte so anfangen. Aber genau diese Banalität ist nötig, um die Steigerung zu ermöglichen, die nun

Stufe um Stufe erfolgt, bis das Weltgericht tagt. Die Fahrt zurück zum Ursprung Venedigs führt zugleich in die mythische Zukunft, zum Ende der Weltgeschichte. Dann, mit dem letzten Satz, geschieht ein Zoom von der Totale zur Einzelheit. Diese Einzelheit, die in Nahaufnahme vor uns herangeholt wird, ist nicht etwa, wie zu erwarten wäre, das Gesicht des Weltenrichters hoch oben auf dem gewaltigen Mosaik und auch nicht der sitzende Satan ganz unten, der den Antichrist wie ein Baby auf dem Schoß hält. Diese Einzelheit ist der fingerdicke Staub im Weihwasserbecken. Der Kontrast ist schroff, fast höhnisch. Spott über das Heilige, über Himmel und Hölle? Aber Staub ist auch ein Wort mit biblischem Anklang. Genesis 3,19: »Staub bist du, und zum Staub kehrst du zurück.« Mit dem letzten Wort des Textes beginnt in uns eine Gegenbewegung, eine Expansion der inneren Bilder setzt ein. Jahrhunderte des Glaubens und Unglaubens, der Jenseitsschrecken und Diesseitshoffnungen, der Diesseitsschrecken und Jenseitshoffnungen tun sich auf, und ihre Gewalt verkommt, verstaubt wörtlich in dem Becken, das niemand mehr füllt. Es zählt so wenig wie das ganze goldgleißende Weltgericht, die Engel und die Teufel, die Verdammten und die Geretteten. Das Mosaik ist zum Postkartenmotiv verkommen; das Sakrale hat sich verflüchtigt. Die Welt, die an den Weltuntergang im Weltgericht glaubte, ist samt diesem Glauben selber untergegangen. Nur die Prophezeiung der Genesis bleibt peinlich gültig. Dennoch und wie zum Trotz behält der lapidare Satz mitten im Text seinen Klang: »Das Weltgericht tagt.« Ein Satz, in dem es von ferne donnert. Er zwingt uns, kaum haben wir die alten Schrecken verstauben lassen, zur Frage, vor welchem Gericht sich die Weltgeschichte denn für uns abspielt.

So wirft Klaus Merz seine Leser vom Allernächsten ins Weite und vom Weitesten zum Allernächsten. Immer ist diese Bewegung da, dieser Sprung, der etwas aufreißt und Luft hereinströmen lässt, Merzluft.

Damit verknüpft ist sein überscharfer Blick für die einfache Arbeit, die Dinge und Griffe der Küche, der Werkstatt, der Fahrzeuge, auch die Dinge und Griffe der Liebe. Von dem ganz Gewöhnlichen nämlich ist der Absprung am leichtesten möglich, der Aufflug, die unerhörten Kontakte. Auch eine Fahrt ins Verrückte kann sich so ergeben, in den Traum, ins Phantastische. Alle Meister des Phantastischen waren ja zugleich grimmige Realisten. Klaus Merz gehört zu ihnen, der Verfasser, zum Beispiel, der Erzählung *Gottfried*. Merz setzt für dieses Schreiben bei seiner alltäglichsten Welt an, der Welt im Winkel, im Wynental. Wer weiß schon, wo das Wynental liegt? Mit dem Wynental verglichen ist das Toggenburg von kalifornischer Bekanntheit. Trotzdem ist Merz kein Regionalist. Er braucht das Wynental gar nicht, das Wynental kann ihm gestohlen bleiben, er braucht nur hin und wieder einen Quadratmeter davon. Zum Abstoßen.

Oder er braucht einen Kopf, einen lebendigen Menschenkopf. Die sind überall etwa gleich, im Wynental, im Toggenburg und in Kalifornien. Aus dem Wynental kommt der Kopf seines Großvaters, so wie er uns unvergesslich bleibt, der Kopf des Bienenzüchters, von dem es heißt:

> Schwärmte ein Volk, tauchte er in seinen persönlichen Jungbrunnen ein. Er bestrich sich den rasierten Kopf mit Honig und trug die Abtrünnigen als summende Krone heim.

Das steht in dem Buch, das »eigentlich ein Roman« ist, und ist eigentlich ein Gedicht. Der Mann mit der summenden Krone könnte auch ein Schamane aus Kamtschatka sein oder ein Häuptling der Aborigines. Er stammt aber aus dem Wynental, dort, wo es an Kamtschatka angrenzt und an Venedig.

Und dann ist da noch dieser andere Kopf, der Kopf des Bruders. Er ist viel zu groß, ein Wasserkopf, Hydrozephalus, nach dem Lexikon ein »abnorm vergößerter Schädel infolge übermäßiger Ansammlung von Zerebrospinalflüssigkeit in den Hirnhöhlen«. Es bewegen sich viele körperlich Gezeichnete durch die Welt von Klaus Merz. Der erste, nie zu vergessende, immer neu mit Zärtlichkeit beschworene ist dieser Bruder. Auch im Venedigbuch steht er plötzlich wieder da, der Langverstorbene. Alles, was Schicksal heißt und Ertragen und wilder Widerstand dagegen, verdichtet sich in ihm und strahlt von ihm aus auf die andern Beschädigten. Bei ihm lernen wir, wie der gezeichnete Körper die Liebe *und* die Bosheit der andern Menschen vermehrt.

Man könnte versucht sein zu sagen, Klaus Merz schreibe so ausdauernd, weil er mit dem Bruder nie zurande komme und auch nie,

nie mit ihm zu Rande kommen wolle. Das wäre zudringlich. Aber dass dieser Autor seit 1967 an der Arbeit ist, folgerichtig, unaufhaltsam und mit langem Atem, dass sich in ihm das Handwerksethos seiner Vorfahren mit poetischer Verwegenheit paart und mit der Lust an Schussfahrten, das darf man gewiss sagen. Die Schussfahrten auf zwei Rädern haben ihm in der Jugend zerschrammte Knie und Knöchel eingetragen, heute verdanken wir dem Glück in der sausenden Luft die Fülle einer eigenwilligen Kunst.

Gerold Späth oder das flüssige Herz der Welt

Seit Gerold Späth können wir den Zürichsee erleben, als wäre er der Mississippi. Absurd ist der Vergleich nicht. Auf der Nord-Süd-Linie zwischen der Ufenau und der Lützelau, entlang der Koordinate 702, beträgt die Distanz von Ufer zu Ufer genau drei Kilometer. Das schlägt den Mississippi, wenn auch nicht den Amazonas. Allerdings gelangen wir im Hinterland der zwei Schweizer Ufer nicht auf die ungeheuren Ebenen, die sich östlich und westlich des *Ol' Man River* dehnen, sondern wir landen auf der einen Seite im Tösstal und auf der andern im Wägital. Das bringt die Dimensionen wieder etwas ins Lot. Und *Yoknapatawpha County* begrenzt sich hier auf Rapperswil mit ein paar grünen Hügeln.

Andererseits kann man von der Lützelau ohne weiteres hinüberschauen auf jene Mississippi-Insel, auf der Huckleberry Finn und sein schwarzer Freund Jim sich ihr Refugium eingerichtet haben.

Solche literarischen Verknüpfungen sind keine Projektionen auf Gerold Späths Werk, sie zielen vielmehr in die Mitte seiner künstlerischen Dynamik. Das Lokale und das Weltweite erscheint bei ihm wie Einatmen und Ausatmen, ein Wechsel immerzu, jedes sinnlos ohne das andere. Dies gilt zuerst einmal von den Schauplätzen. Da wird auf der einen Seite der Blick in die engen Gassen von Barbarswila mit den Jahren immer schärfer, er erfasst die stets winzigeren Dinge, so dass man schließlich meint, man könne die Pflastersteine zählen und kenne die Jasser in den Wirtshäusern persönlich. Auf der andern Seite aber kann der Horizont jederzeit aufreißen und den Blick freigeben tief hinein in die afrikanischen Steppen, in die Wüsten von Arizona oder die Regenschleier von Irland. Und noch und noch geschieht tatsächlich der Aufbruch aus dem Nest, Ausfahrt hebt an, ein gewaltiges Reisen, sei's gezielt, sei's ziellos, und die einen kehren zurück mit dem Koffer voller Geschichten, andere bleiben verschollen.

Wie für seine Schauplätze gilt das Gesetz des Ein- und Ausatmens auch für die literarischen Verfahren Gerold Späths. Wohl hat er einen

Fuß in der wackeren Tradition der Schweizer Kleinstadtepik von Gottfried Kellers Seldwyla über Spitteler und Inglin bis zum »Städtchen« des Heimkehrers Stiller, zu Otto F. Walters Jammers, zu Gerhard Meiers Amrain und Reto Hännys Ruch – die Sammlung ließe sich fortsetzen. Auch die Tradition der Spießbürgersatire bedient er ausgiebig; sie gehört ja, mit unterschiedlichem Säuregrad, zu allen erwähnten Beispielen. Dennoch sprengt sein Erzählen den herkömmlichen Realismus auf ganz eigene Art. Am auffälligsten ist, wie die Register gewechselt werden. Vielleicht hat das mit dem Orgelbau zu tun, von dem der Autor herstammt. So werden bei ihm abwechselnd ganz unterschiedliche Stimmen aus der literarischen Tradition hörbar. Wenn er den See schildert und beschreibt, wie dieser sich täglich, stündlich ändert, wie seine Oberfläche lebt und bebt, mit Pulsen wie unter der Haut eines Tieres, erinnert man sich an Joseph Conrads Blick auf das Meer. Wie Conrad kennt Späth die Namen aller Formen von Wogen und Wellen und Fältelungen des Wassers, die Namen auch der Winde, die diese Gestalten bewirken. Geht es aber vom See zu den Menschen, dann tritt die Sehweise des Schelmenromans ins Spiel, von *Don Quijote* über *Simplizissimus* und *Schelmuffsky* bis zu *Tom Jones* und manchen späteren. Diese literarischen Roadmovies haben im Verlauf der Jahrhunderte abertausend Porträts von Leuten aus allen Schichten der Gesellschaft ans Licht gebracht, Porträts, in denen das Volk im vielfältigsten Sinne nicht nur anschaulich wurde, sondern erstmals auch zu seiner urtümlichen Verlautung kam, zu einem ungeheuren Chor von Stimmen. Der picarische Roman, der durch alle Schichten einer Epoche führt, ist immer auch ein akustisches Ereignis. Er tönt in tausend Zungen, tönt so, wie es tönen würde, wenn ein Bild von Pieter Brueghel nicht nur unsere Augen, sondern auch unser Trommelfell erreichte. Und dieser Klangtumult des picarischen Romans hallt weiter in Gerold Späths Erzählwelt, sobald er das entsprechende Register zieht.

Geht es dann aber etwa ums Fischen, und früher oder später geht es bei Späth immer ums Fischen, dann taucht weder der Umriss von Grimmelshausen im Hintergrund auf noch der Umriss von Joseph Conrad, sondern die Silhouette des großen Meisters von Leine und Rute, Ernest Hemingway. Es sind allerdings weniger die Kämpfe mit den Schwertfischen, an die man sich jetzt erinnert; maritimes Großwild treibt sich um Ufenau und Lützelau eher selten herum. Aber Hemingway kennt auch alle Raffinessen der Kunst, wie sie am Ufer von Barbarswila betrieben wird. In der wunderbaren Erzählung *Big, Two-Hearted River* beschreibt er minuziös das Fischen eines einsamen Mannes, vom Suchen und Präparieren der Köder bis zu Triumph oder Niederlage gegenüber dem wildlebendigen Geschöpf, und dieses Tun ist zugleich ein Prozess der Heilung aus einem schwer traumatisierten Zustand. Etwas von der ursprünglichen Unschuld, die einen in Hemingways Geschichte streift, liegt auch über dem Fischen bei Gerold Späth. Es ist Arbeit, aber außerhalb der kapitalistischen Zwänge, Arbeit von höchster Könnerschaft, doch ohne finanzielle Rendite, in der landläufigen Sicht also falsche Arbeit, nach anderer Betrachtung aber endlich einmal ganz freie, sich in sich selbst erfüllende Arbeit. Also Kunst.

Beim Fischen sind die Menschen Späths, insbesondere seine Erzählerfiguren, mit dem See enger verbunden als beim Schwimmen oder Tauchen. In die Zeit gestellt und alternd in der Zeit wie wir alle, kommunizieren sie jetzt mit der Zeitlosigkeit des Gewässers. Von daher stammt wohl die mythische Dimension, die der See bei Späth hat. Für einen seiner großen Vorgänger im Loben und Preisen des Zürichsees, Conrad Ferdinand Meyer, war die Seetiefe der Raum des Todes und der Toten. Sein Ulrich von Hutten sucht die Ufenau zum Sterben auf. Meyer hörte die Stimmen der geliebten Toten gefährlich lockend aus der dunklen Tiefe herauf. Oft war er selbst mit dem Boot so lange draußen, ganz allein und in der Nacht, dass man fürchtete, er käme nicht mehr zurück. Das, was Späth gerne »die Seehaut« nennt, war für Meyer die Grenze zwischen Leben und Tod; er erlebte sie als einen Ort der schaudernden Lust. Eine seiner Visionen war der Schwimmer, der das Land nie mehr betritt, nur noch in den Wellen lebt und dem mit den Jahren Schwimmhäute wachsen zwischen den Fingern. Auf ihn schrieb er das Gedicht *Nicola Pesce.* Wenn Meyer abends mit dem letzten Dampfer von der Stadt nach Hause fuhr, kam ihm das Gefährt wie der Nachen Charons vor, der den schweigenden Passagier über den Acheron trägt.

Solche Todessucht kennt Gerold Späth nicht. Er hat es entschieden mit dem Leben und den diesseitigen Genüssen. Als mythische Gegebenheit setzt der See bei ihm andere Bedeutungen frei. So wie heute lag er schon da, als die Römer über die Bündnerpässe gezogen kamen, lag er da, als die Alemannen anfingen, die Höhenzüge zu roden, lag er da, als man an den Ufern ringsum dazu ansetzte, einander um des lieben Gottes willen totzuschlagen. Vor solcher Zeitlosigkeit wird das Menschenleben kurz und schnell. Ich kenne denn auch keinen Autor, bei dem so viele Lebensgänge auf nur einer oder anderthalb Seiten ablaufen wie bei Gerold Späth. Immer neue rücken nach, so wie auf den Bildern des erwähnten Pieter Brueghel immer weitere Menschen von allen Seiten ins Bild hereinzudrängen scheinen. Das ganze Gewimmel von Gesichtern und Schicksalen in diesem Lebenswerk – überscharf gesehenen Gesichtern, mit allen Seelenkräften erfühlten Schicksalen – kann ich mir nicht anders zurechtlegen denn als Gegenspiel zum unveränderlichen Dasein des Sees. Wenn der erfahrene Fischer reglos seine Rute hält und die Stelle fixiert, wo die Schnur durch die Seehaut dringt, gesammelt wie die alten Mystiker, gewinnt sein eigenes verzischendes Leben wundersamen Anteil an der Tiefenruhe des Wassers.

Deshalb blüht die genuin poetische Kraft Gerold Späths stets so bezwingend auf, wenn es gilt, von der Schönheit des Sees zu reden. Ein Poet nämlich ist dieser Mann, ein Poet von Rang und Gnaden. Das vergisst man leicht über dem Komödiantischen, dem Derben, dem Spießerspott und den wüsten Genüssen. Hingegeben den Rhythmen und Klängen der Sprache, formt er sie neu und anders weiter; er bereichert sie durch den Wildwuchs der Mundart, lässt ihr die Zügel schießen und zwingt sie gleich wieder zu strenger Gestalt. Überall ist Musik in diesem Erzählen. Sie überspannt in großen Bögen und kleinen schnellen Takten das Brueghelsche Jahrmarkttreiben der abertausend Figuren. Und wenn Musik das ist, wovon die Liebe sich nährt, wie Shakespeare im ersten Vers einer seiner schönsten Komödien sagt – »If music be the food of Love, play on […]« –, dann dürfen wir annehmen, dass die Kunst Gerold Späths sowohl in ihrem Sanften und Schimmernden wie auch in ihrem Schrillen und Schrägen das Zeugnis einer großen, lebenslangen Liebe ist. Play on!

Skizze zum Kriminalroman

Am Beispiel von Hansjörg Schneiders *Tod einer Ärztin*

Mit dem Kriminalroman ist es wie mit dem Knoblauch. Man liebt ihn sehr, oder man kann ihn nicht ausstehen. Zwischenpositionen finden sich selten, beim Knoblauch nicht und nicht bei den Kriminalromanen. Allerdings haben die Kriminalromane gegenüber dem Knoblauch einen großen Vorteil. Man riecht sie den Lesern nicht an. Man kann in der Straßenbahn sieben Stationen lang störungsfrei neben jemand sitzen, der in einen Mankell vertieft ist, während die Situation im andern Fall unweigerlich zu Stresssymptomen und Fluchtreflexen führt.

Der Grund für dieses gefühlsmäßige Verhalten dem Kriminalroman gegenüber ist schwieriger zu finden, als man denken würde. Der Begriff der Unterhaltung reicht hier nicht aus. Allein schon die Frage, warum denn zum Krimi unbedingt der Mord gehört, zeigt, wie vertrackt die Sache ist. Es könnte doch eigentlich genau so spannend sein, herauszufinden, wer ein Auto gestohlen hat oder in eine Konditorei eingebrochen ist. Spannung, sollte man denken, ist ja nicht von der Art des Verbrechens abhängig, sondern allein von der Kunst der Autorin oder des Autors, die Neugier auf den Täter offenzuhalten. Anscheinend verhält es sich aber doch nicht so. Sonst wären nicht neunundneunzig Prozent aller Kriminalromane und der entsprechenden Serien am Fernsehen Mordgeschichten. Sind Krimileser, Krimiseher also blutrünstig? So einfach ist es wohl nicht. Es gibt Leute, die schauen regelmäßig und begeistert die populären TV-Folgen mit Kommissaren und Anwälten, hoffen aber immer, der Mord sei zu Beginn schon geschehen und sie müssten ihn nicht mitansehen. Ist dies dann doch der Fall, halten sie sich mit beiden Händen die Augen zu und warten, bis ein sachlicher Dialog das Ende des herzlosen Geschehens anzeigt. Nicht die menschliche Grausamkeit, die zum Mord gehört, scheint unabdingbar zu sein, sondern – ja was denn sonst?

Die menschliche Schuld. Und ihre Sühne. Denn ebenso bedingungslos, wie wir vom Kriminalroman den Mord verlangen, verlangen wir von ihm die Bestrafung des Täters. Er braucht nicht einmal hinter Gitter zu kommen, obwohl es für unser schlichtes Gemüt immer sehr angenehm ist zu sehen, wie der Typ endlich verhaftet wird. Es gibt aber viele Formen von Vergeltung, und oft tritt auch im Kriminalroman an die Stelle der Justiz das, was man »poetische Gerechtigkeit« nennt. Bei dieser wird das moralische Bedürfnis des Lesers dem bösen Handeln gegenüber durch einen Vorgang befriedigt, von dem Polizei und Richter gar nichts wissen. Er kann sich allein im Innern des Täters abspielen, als Last des Gewissens zum Beispiel, oder in einem Ereignis, das diesen quälend trifft, ohne dass es öffentlich bekannt wird. Der Fall bleibt dann juristisch ungelöst, die Leserinnen und Leser aber sind dennoch zufrieden. Sie haben das Böse erlebt, die Schuld und deren Vergeltung, und dieser Ablauf hat in ihnen ein eigentümliches Gefühl der Zufriedenheit ausgelöst. Je größer die Schuld war, umso tiefer die Genugtuung. Genau deshalb braucht es den Mord, genau deshalb reicht ein Fahrraddiebstahl nicht aus und auch ein erschossener Hund nicht. Der Mord an einem Menschen ist für das spontane Empfinden das Verbrechen schlechthin; dessen angemessene Bestrafung erleben wir daher als eine Konsolidierung unseres immer gefährdeten Grundvertrauens in die Weltordnung. Wir fühlen uns wieder ein bisschen besser zuhause auf dem Erdboden.

Den Literaturwissenschaftler fasziniert am Kriminalroman, dass er die letzte literarische Gattung ist, die bestimmte vorgegebene Regeln erfüllen muss und erfüllen will. Das galt einst für alle Literatur. Dann kamen die Originalgenies und romantischen Spontaneitätsfanatiker, und jetzt soll jedes Buch erstmalig und einmalig sein. Obwohl diese Einmaligkeiten einander zuletzt doch wieder gleichen wie die Nasen der Schafe. Der Kriminalroman aber bekennt sich zu seinen Mustern und Regeln. Man braucht sie nicht aufzuzählen; sie sind bekannt. Innerhalb dieser Muster und Regeln sind dann wieder tausend Variationen möglich – wie einst beim Sonett oder bei der Komödie.

Gerade an die Komödie, und zwar an die älteste, derbste, plebejischste Form, die Commedia dell'arte, erinnert der Kriminalroman am auffälligsten. Wie die Commedia dell'arte arbeitet auch er mit stehenden Figuren, die wir umso mehr genießen, je genauer wir sie schon kennen: der arrogante Vorgesetzte des Detektivs zum Beispiel, die vornehme Villenbesitzerin mit der anrüchigen Vergangenheit, der reiche Unternehmer, der einst seinen Kompagnon beseitigt hat, das arme Mädchen in Schwierigkeiten, der zu Unrecht verdächtigte brave junge Mann, der bunte Haufen der Wirte und Barkeeper, der Barmaids und Huren, wo sich der Fahnder seine Informationen holt. Mit vielen bereitliegenden Mustern spielt der gewiefte Kriminalschriftsteller, und dieses Spiel ist seine Kunst. Das verbindet ihn mit dem guten Koch. Nichts ist schrecklicher, als ein Essen aus lauter Gerichten, von denen wir noch nie gehört haben; nichts herrlicher, als ein Essen aus lauter Gerichten, die wir bestens kennen und doch mit diesen Geschmacksnuancen noch nie gekostet haben.

Tatsächlich sind die Kriminalromane zuerst und zuletzt ein Genussmittel. Und da sie weder zu Leberschäden führen noch zu Raucherbeinen, da keine ungewollten Schwangerschaften zu befürchten sind und keine Dealerszenen sich entwickeln, dürfen die Kriminalromane zu den wenigen absolut gefahrlosen Genussmitteln zählen, und das heißt doch wohl: Sie sind ein Segen der Menschheit.

Es ist kein Zufall, dass Essen und Trinken im Roman *Tod einer Ärztin* von Hansjörg Schneider eine so große Rolle spielen. Und es ist kein Zufall, dass es die einfachsten Formen von Essen und Trinken sind, die da behutsam und genau zur Sprache kommen. Speck und Bohnen, Wurstsalat und Bier, Wildschweinschinken mit Weißbrot, Tomaten und Käse … Es wird viel gegessen auf den 260 Seiten, und die Qualität der schlichten Mahlzeiten wird vom Erzähler beurteilt und registriert, als ob es sich um kriminalistische Spuren handelte. Einfaches Essen – man kann sich bekanntlich mit vielen Leuten über die besten Restaurants von Berlin oder Paris unterhalten, aber über die besten Bratwürste in der Schweiz kann man nur mit wenigen erlesenen Kennern reden. Das ist die Dialektik der Einfachheit. Sie ist ein zentrales Ereignis auch der Kunst.

Im *Tod einer Ärztin* wirkt die Dialektik des Einfachen nicht nur im wiederkehrenden Motiv des meditativen Essens, sie wirkt auch in der Anlage und Durchführung der Handlung, des Plots. Den schlechten Krimiautor erkennt man am spektakulären Beginn, wo sich ein unheimliches Rätsel auf das andere türmt. Und je dramatischer der

Rätselaufbau war, umso banaler und unbeholfener in der Motivierung erfolgt dann später die Auflösung. Bei Schneider hingegen fängt es nicht besonders aufregend an: Mord an einer Ärztin, mit einem Messer, also Handarbeit, eine unschöne Sache, gewiss, aber für einen Krimileser doch ein Routinebeginn. Die fast penetrante Konventionalität dieses Anfangs wird jedoch im Verlauf des Erzählens schrittweise komplexer, die Umrisse der Hauptfiguren füllen sich mit abgestuften Farben, und doch bleiben die Regeln des Genres eingehalten. Obwohl man über alle nötigen Informationen verfügt, ist man über den Täter bis zuletzt im ungewissen und rechnet mit immer neuen Möglichkeiten.

Der Erzähler Schneider zeichnete sich schon in seinen Anfängen, dem frühen Text *Die Ansichtskarte* zum Beispiel, durch die rhythmische Führung seiner Prosa aus, ihren ruhigen, leise bewegten Gang. Das bewährt sich auch in seinen Kriminalromanen und hebt sie aus der Massenproduktion heraus. Gelegentlich merkt man sogar, woher dieser Rhythmus stammt; die Herkunft wird nämlich im Text selbst einige Male zum Ereignis. Es ist der Rhythmus eines Waldgängers, der geht und schaut und denkt und fühlt und spürt, gleichmütig, und doch mit jeder Pore offen für die Dinge. Das mag seltsam klingen angesichts eines Stadtromans, aber es macht das Besondere gerade dieses Kommissärs Peter Hunkeler aus. Der Mann erblickt tatsächlich noch in der steinernen Stadt Basel mehr Pflanzen, Bäume und vegetatives Leben als Mauern, Pflaster und Beton. Daraus entsteht eine eigentümliche Spannung zwischen Idyllik und Realismus, sowohl in der Komposition der Szenen wie auch in der Erfahrung des Kommissärs selber. Hunkeler fährt, so kommt es einem beim Lesen vor, zwischen der heißen Stadt und dem kühlen Land immerzu hin und her. Kaum ist er hier, muss er wieder dort sein. Dieses Gegenspiel der Orte und Stimmungen, des Genusses und des Unbehagens, prägt das Buch durchweg und überträgt sich merkwürdig auf das lesende Gemüt. Die Unruhe ist ein Zwang, aber die Ruhe wäre der Tod.

Und im Tod besitzt dieser Roman denn auch sein innerstes Geheimnis. Jeder gute Roman hat einen rätselhaften Kern, in dessen Nähe wir beim Lesen geraten, der aber nie ganz erschlossen wird. Hier ist er verkörpert in der Gestalt des Mörders. Mit ihr bricht der Autor die Regeln der Gattung Kriminalroman schließlich doch noch auf. Durch sie gibt er für kurze Zeit den Blick frei in eine unheimliche Tiefenzone, in den Raum, wo sich die Doppelgänger regen, die Schatten des eigenen Ichs, lautlose Silhouetten, die man nicht wahrhaben will und die irgendwann auf einen zukommen und sagen: Schau mich an. Du kennst mich.

Der Pilatus

Gesichter und Geschichten eines Berges

Jeder kennt den Berg, und keiner kennt ihn ganz. Denn in Wahrheit ist er ein mächtiger Gebirgszug, der sich mit Graten und Senkungen, mit ausgreifenden Nebenrücken und bald steilen, bald gestuften Flanken weit dahinzieht, felsengrau, waldschwarz und wiesengrün. Was allen vertraut ist und gern für das Ganze genommen wird, ist die klippenschroffe Front nach Nordosten. Sie ragt über der Stadt Luzern in den Himmel, gefährlich und abweisend. Die Kontur erinnert an den gezackten Buckelrücken eines Sauriers und steht in einem auffallenden Kontrast zur sanften Horizontlinie des berühmten Gegenübers, der Rigi. Während der Pilatus, von Luzern aus gesehen, wild und lotrecht auffährt, liegt die Rigi kamelfromm da. Man kann allerdings hier wie dort zu Tode stürzen.

Der Unterschied zwischen den zwei profilierten Bergen wurde früh bemerkt und eine Zeitlang auch zugunsten der Rigi ausgelegt. So nennt im Jahre 1811 der Publizist Joseph Businger in seinem Buch *Die Stadt Luzern und ihre Umgebungen* die Rigi eine »reizende Schöpfung«, und zwar ausdrücklich »im Gegensatz des gegenüberstehenden nackten, zerrissenen Pilatus«. Der »Rigiberg« sei »gerade so, wie man sich alle Gebirge der Alpenwelt gerne wünschen möchte«. Diese Aussage ist aufschlussreich. Sie zeigt, dass man in den ersten Jahrzehnten des Alpentourismus noch keineswegs den direkten Kontakt mit dem Hochgebirge suchte, sondern eher die lieblichen Landschaften und die Orte, von denen aus man ungefährdet und hinter langen Fernrohren in die wirklich wilden Zonen blicken konnte. Businger macht allerdings auch sofort klar, dass für die wissenschaftliche Erkundung der Gebirgswelt, also das, was man heute »die Entdeckung der Alpen« nennt, der Pilatus stets die unvergleichlich wichtigere Rolle spielte: »So ausgebreitet heute der Ruf und so allgemein der Besuch des Rigi ist, so groß und noch berühmter war einst der Namen des Pilatusbergs; indem kaum ein Hochgebirge der Schweiz so viel beschrieben und so oft bereiset worden ist, als dieser Felskoloss.«

Wenn die Rigi also um 1800 das Touristenziel schlechthin war, was war dann damals der Pilatus? Er stellte, knapp gesagt, die Verkörperung der ganzen Gebirgswelt dar. Die Rigi war das Sofa, von dem aus man die gefährlichen Riesen betrachtete; der Pilatus aber war der erste dieser Riesen selbst. Deshalb hat sich um den Pilatus stets alle Furcht und alle Faszination, aller Schrecken und alle Begeisterung, die die Gebirgswelt in den Menschen auslösen kann, verdichtet. Um es mit zwei kunsttheoretischen Schlüsselbegriffen des 18. Jahrhunderts zu sagen: Die Rigi war schön, der Pilatus war erhaben. Drachen hausten in seinen Schluchten und Spalten. Gelegentlich sah man von Luzern aus, wenn die Sonne schon untergegangen war, einen Lindwurm hinüberfliegen zur Rigi, gleißend im letzten Licht und einen zischenden Feuerschweif hinter sich herziehend. Ein Ort der Geister und Dämonen war der Pilatus, ein Gegenstand alles dessen, was wir heute Aberglauben nennen. Gerade deshalb aber wurde er auch zum Ort der systematischen Widerlegung von Mythen und Märchen, zum Ort der Wissenschaft. Wenn wir die Wissenschaften insgesamt als den jahrhundertelangen Prozess der menschlichen Selbstbefreiung von Glaubensängsten aller Art bezeichnen dürfen, dann kommt dem Pilatus in diesem Prozess eine einzigartige Rolle zu, eine Rolle mit dramatischen Einschlüssen.

Es gibt Gründe für die Annahme, dass die Römer den Berg *pilleatus* nannten, als sie die heutige Schweiz kolonisierten. Immer andere Wolken lagerten um dessen Gipfel; häufig trug er einen Nebelhut oder eine herabgezogene Wolkenkappe. *pilleus* heißt auf Lateinisch »Filzhut«, »Mütze«, »Kappe«. *pilleatus* wurde einer genannt, der sich ein Käppchen über die Ohren gezogen hatte. Der Pilleus war das Standeszeichen der Fischer und Seefahrer. In der Römerzeit waren die kappentragenden Fischer auf dem See ein alltägliches Bild. Bevor sie ausfuhren, schauten sie zum Berg hoch, um die Wetterlage zu prüfen. Bis heute ist der Pilatus sprichwörtlich für seine veränderlichen Kopfbedeckungen, sprichwörtlich als Ort der Wetterküche und der Wetterprognosen. Wie an der Kirchenuhr die Zeit, kann man an ihm die meteorologische Situation ablesen. Die Kinder wissen es:

Trägt der Pilatus einen Hut,
Wird das Wetter gut.
Trägt er eine Kappen,
Fängt es an zu gnappen. (wackeln, kippen)
Trägt er einen Degen,
Gibt es sicher Regen.

Als die deutschsprachigen Alemannen langsam in die Innerschweiz einwanderten und die keltisch-römische Bevölkerung in die Bergtäler zurückdrängten, übernahmen sie viele lateinische Orts- und Bergnamen, ohne sie zu verstehen. Und was man nicht begreift, deutet man um. Als Sinngebung für das unverständliche Pilleatus bot sich sofort der berühmt-berüchtigte römische Landpfleger Pilatus an, unter dessen Regime Jesus von Nazareth in Jerusalem hingerichtet worden war. Von dem musste der Berg seinen Namen haben. Und da man in den felsigen Gipfeln über Luzern die Wüsten der Hochgebirge unmittelbar vor Augen hatte und in den Wüsten der Hochgebirge nach allgemeiner Überzeugung die bösen Geister hausten – »Fahr in dein Gebirge!« riefen die mittelalterlichen Geisterbanner den vagabundierenden Teufeln zu –, musste der Landpfleger Pilatus jetzt logischerweise ein böser Geist sein, der irgendwo in den Felsen, Schrunden oder Grotten des zerklüfteten Berges seinen Schlupfwinkel hatte. Den Namen »Zerklüfteter Berg«, *fractus mons*, hatten die Römer dem Pilatus ebenfalls gegeben. Er lebt weiter in der Bezeichnung »Fräkmünt« für die Alp am Fuße der Nordwand. Dort gab es immer besonders viele Drachen. Auch auf der Gegenseite, an der Obwaldner Flanke, heißt eine hochgelegene Viehweide »Fräkmünt«. Obwohl die Deutung mit der Fischerkappe die reizvollste ist, muss man zugeben, dass die ältesten Urkunden immer vom Fractus mons, Frakmont, Frekmünd, fragmounde, fragmond sprechen. Namen, die lateinischen Ursprungs sind, gibt es in der Gegend viele. Gleich neben dem Fuß des Pilatus liegt Kehrsiten, früher Kirsiten geschrieben; das geht zurück auf das lateinische *ceresetum*, der Kirschgarten. Die angenehme Lage war der Frucht, die die Römer über die Alpen gebracht hatten, günstig. Nicht weit davon befindet sich der Flecken Stans, früher Stannes, der seinen Namen daher hat, dass er zwischen Sümpfen lag, *in stagnis*. Die Urkantone, in denen die Eidgenossenschaft gegründet wurde, waren einst lebendige römische Provinz, und Deutsch sprach da noch lange niemand.

Aber vielleicht ist nochmals alles anders und sowohl den Pilleatus wie den Fractus mons haben Gelehrte erfunden, die einem unverständlichen älteren Namen ein elegantes und gebildetes Design geben wollten. Dass sich die römischen Fischer indessen einen tüchtigen Pilleus über die Ohren zogen, wenn sie zum Kreuztrichter hinausruderten, wo die besten Fische stehen, ist angesichts des regenfreudigen Luzerner Wetters nicht zu bezweifeln.

In Anbetracht der Tatsache, dass die ersten Expeditionen in dieses Felsmassiv über der Stadt Luzern zusammenfallen mit dem Beginn der wissenschaftlichen Naturforschung in der Schweiz und dass sich schließlich auch noch die sprachwissenschaftliche Namenkunde an der Arbeit seiner Entzauberung beteiligte, kann man mit Fug und Recht sagen, der Pilatus sei nicht nur ein gewaltiges Stück Natur, nicht nur ein brodelnder Herd der Mythen und Legenden, sondern auch ein Labor der Wissenschaft. Seine magische Aura hat das rationale Denken herausgefordert und zu verwegenen Experimenten angestachelt.

Zunächst aber wurde die Gespenstersage ausgebaut. Die Menschen müssen ja die bösen Geister erst einmal erfinden, bevor sie vor ihnen in Angst und Schrecken geraten können. So entwickelte sich die Pilatussage zu einem halben Roman, in den auch noch der Kaiser Tiberius und Veronika mit ihrem Schweißtuch verwickelt waren. Als Selbstmörder habe der schlimme Landpfleger geendet, heißt es in den Berichten, aber sein Geist habe keine Ruhe gefunden. Zuerst sei er in den römischen Tiber gefahren, dann in die Rhone bei Vienne, dann in den Genfersee bei Lausanne, und immer habe er mit Hilfe der vielen Teufel, die ihn umschwirrten, Gewitter und Erdbeben verursacht. Man musste ihn wieder verjagen und anderswo einsperren. Schließlich trieb man ihn auf den Gebirgsrücken südwestlich der Stadt Luzern und gab diesem auch gleich seinen Namen. Da hauste der Dämon zunächst auf einer Felsenspitze, die man heute noch sehen kann, genannt das Mittaggüpfi. Wer etwas von Landkarten versteht, findet den Ort unter den Koordinaten 656.980/202.550. Hier tobte er aber wüster als je. Aus der Ferne konnte man zusehen, wie er sich auf seinem steinernen Thron als Herrscher gebärdete, satanisch stolz, wie er brandschwarze Wolken hochtrieb und Blitze dreinwarf und Hagelwetter losschickte, so dass alle Bergbäche anschwollen und Verheerungen anstellten weit herum. Es war ein böses Dabeisein. Bis eines Tages ein fahrender Schüler daherkam, ein Venediger, wie man die ersten reisenden Forscher in den Alpen nannte. Der konnte mehr als Brot essen und nahm es mit dem schändlichen Landpfleger auf. Mehrere Tage dauerte der Kampf mit Bannsprüchen, Zauber und Gegenzauber. An der Stelle, wo damals der Venediger stand, wächst bis heute kein Gras. Zuletzt musste Pilatus zähneknirschend nachgeben und in ein versumpftes Seelein in der Nähe der Oberalp fahren. Wer etwas von Landkarten versteht, findet den Ort unter den Koordinaten 658.350/202.640. Da steckte er nun und konnte nicht mehr schaden. Nur einmal im Jahr tauchte er auf, am Karfreitag, zur Stunde, wenn in den Kirchen die Passion gefeiert wurde. Dann saß er mitten im See auf seinem alten Thron und in der alten Richtertracht und wusch sich in einem Silberbecken immerzu die Hände. Bart und Haar fielen eisgrau und meterlang an ihm herab, und auf seiner Schulter saß eine Elster. Man schaute besser nicht hin, denn wer ihn sah, überlebte das Jahr nicht. Wenn aber einer irgendwann Steine in das Seelein warf und den Geist in der Tiefe verhöhnte, gewann dieser seine alte Macht zurück. Dann zogen Unwetter auf, und die Wildbäche brachen los und verwüsteten die Bergflanken und die Dörfer und zuletzt auch die fromme Stadt Luzern, alles, was links von der Reuß gebaut war.

Die Stadtregierung musste Vorsichtsmaßnahmen treffen. Was wäre das für ein Amtsverständnis, wenn man zuließe, dass jeder übermütige Esel und Hooligan die halbe Stadt unter Schutt und Wasser setzen kann! Überdies war auch der Spruch bekannt geworden, mit dem sich der versenkte Landpfleger am sichersten provozieren ließ: »Pilat! Pilat! Wirf us din Kaat!« (Kot) Diesen Satz konnte er durchaus nicht ertragen. Es begann schon zu donnern, bevor er noch fertig ausgesprochen war. Also schickte die Regierung jedes Jahr im Mai einen Stadtknecht zu den Sennen auf den Alpen Bründlen und Oberalp und ließ sie schwören, keinen Menschen in die Nähe des Pilatusseeleins zu lassen.

So alt wie die Gesetze sind die Versuche, sie zu übertreten. Obwohl die strengen Verbote bis gegen 1600 in Kraft blieben, begannen die mythenkritischen Expeditionen bereits zweihundert Jahre früher. 1387 wurden sechs Priester in Luzern zu Gefängnis verurteilt, weil sie es gewagt hatten, den Pilatus zu besteigen. Niklaus Bruder aus Zürich war der Anführer. Hundert Jahre später, in der Zeit des Humanismus, wurde diese Bergfahrt zu einem eigentlichen Ritual des wissenschaftlichen Aufbruchs. Die besten Namen der frühen Schweizer Wissenschaftsgeschichte finden sich unter den Pilatusforschern: Felix Hämmerlin, Vadian, Myconius, Conrad Gessner, Felix Platter, Renwart Cysat ... Die entscheidende Tat unternahm 1585 der Luzerner Stadtpfarrer Johann Müller. Er vollzog endlich am Pilatussee den Grundakt der modernen Naturwissenschaft: das Experiment. Im Beisein vieler Zeugen warf er Steine in das Sumpfwasser, beschimpfte den Geist in mehreren Sprachen, rief schallend: »Pilat! Pilat! Wirf us din Kaat!« – und nichts geschah. Dann ließ er ein paar mutige Burschen durch den Tümpel waten. Von einem Abgrund keine Rede! Jetzt zog auch die Stadtregierung die Konsequenz. Sie ließ die kleine nasse Senke abgraben, und die Legende versickerte zusammen mit dem fauligen Wasser.

Angesichts der Stellung, die der Pilatus in der Wissenschaftsgeschichte einnimmt – ihm galt die erste Lokalflora der Schweiz, die erste Bergmonographie, die erste Spezialkarte, das erste Bergrelief – wäre es nur folgerichtig gewesen, wenn die Stadt Luzern auch die erste Universität der Schweiz erhalten hätte. Aber lange Zeit scheiterten alle Gründungsversuche. Nun besitzt sie die jüngste. Aber diese blüht und hält die Fahne des unvoreingenommenen Denkens hoch, welche einst die mutigen Humanisten oben auf den grauen Klippen in den Bergwind stellten.

Politisch gehört der Pilatus keineswegs allein den Luzernern. Das sei mit einem gewissen Nachdruck festgehalten. Die ganze spektakuläre Gipfelzone, alles, liegt auf dem Hoheitsgebiet von Ob- und Nidwalden, und genau genommen sind es die Nidwaldner, die der Stadt Luzern die herrliche Krone aufsetzen. Von einer entsprechenden Dankbarkeit weiß die Geschichte allerdings nichts zu berichten. Vielmehr werden die Bewohner der Urkantone von den Stadtluzernern mit einer leisen, aber unüberhörbaren Herablassung als »Länder« bezeichnet – ein Ausdruck, mit dem sich allerlei rustikale Vorstellungen verbinden –, und der Verfasser dieses Aufsatzes, der aus

Stans stammt und in einem Haus aufgewachsen ist, das bis zum Dach voller Bücher steckte, musste sich als junger Mann in der Stadt Luzern mehrfach die Frage gefallen lassen, ob er unter Ziegen aufgewachsen sei: »Hend er Geiße deheime?« Die Noblesse des älteren Herkommens – Luzern schloss sich ja dem Bund der Urkantone erst nach dreißig Jahren an – erträgt solche Sticheleien lächelnd.

Wenn man den Pilatus betrachtet, erlebt man seine merkwürdige Vielfalt in der Einheit, sein immerzu wechselndes Gesicht. Wer von Nordwesten her blickt, ungefähr von Ruswil aus, käme nie auf den Gedanken, dass dieser langgestreckte Bergzug etwas mit der dramatischen Front über der Stadt Luzern zu tun haben könnte. Von Osten her gesehen, ungefähr von Stans aus, erscheint er weder gestreckt noch kronenähnlich, sondern als reichmodelliertes, doppelgipfliges Gebilde mit breiten Mulden und vorgelagerten Buckeln. Die Südsicht wiederum, der Blick von Sachseln her zum Beispiel, macht besonders deutlich, was zum Pilatus so wesentlich gehört und doch am wenigsten bewusst ist: dass er eine ausgedehnte alpine Kulturlandschaft darstellt, eine bäuerliche Welt mit zahllosen Bergweiden und Wäldern, die genutzt wurden seit ältesten Zeiten. Das Pilatusseelein wäre nie so berühmt geworden und auch nicht zu seiner Legende gekommen, wenn es sich nicht in der Nähe der beiden nahrungreichsten Alpen am Pilatus befunden hätte, Bründlen und Oberalp.

Und doch empfindet man den Berg als Einheit. Er bleibt unverwechselbar bei aller Vielfalt. Der Grund dafür ist nichts Spitzfindiges und nichts Mysteriöses. Er liegt in einer schlichten geographischen Tatsache. Wie kaum ein anderer Berg am unmittelbaren Alpenrand steigt der Pilatus nämlich für den Blick aus drei Himmelsrichtungen, Norden, Osten, Süden, von der ungefähren Seehöhe (434 Meter über Meer) zur Gipfelhöhe von über 2100 Metern hoch. Das lässt ihn so herausgerückt erscheinen, als hätte er einen Schritt ins Mittelland hinaus getan. Er hat diese Eigenschaft mit der Rigi gemeinsam, die allerdings niedriger ist, und mit dem Alpstein, dem Geschwistergebirge im Osten der Schweiz, das mit seinem Gipfel, dem Säntis, wie ein riesiges Schiff vor den steinernen Wogen der Alpen vor Anker liegt. Um den Pilatus kann man auf gleichmäßiger Höhe zu drei Vierteln herumgehen. Immer neu erhebt sich dabei der Berg aus einer immer anderen Ebene heraus und reckt sich in die spielenden Farben des Himmels.

Der Pilatus war nie ein heiliger Berg wie der Fudschijama oder der Olymp. Er war unheimlich, gefährlich und verrufen. Die Bauern und Sennen, die Holzer und Köhler erlebten ihn als einen Ort der harten Arbeit, die Intellektuellen als einen Ort der praktizierten Aufklärung. In der patriotischen Mythologie, die für das politische Überleben der Schweiz so wichtig war, spielte er kaum eine Rolle. Dabei ist diese patriotische Mythologie in seinem Schatten erstmals formuliert worden, von Hans Schriber, Landschreiber in Sarnen, einem geborenen Engelberger, der um 1470 im *Weißen Buch von Sarnen* die älteste zusammenhängende Gründungsgeschichte der Eidgenossenschaft mitsamt der Tell-Legende vorlegte und die drei Urkantone Uri, Schwyz und Unterwalden durch ein einfallsreich gestricktes Netz von Heldengeschichten verknüpfte. Es wäre ihm ein Leichtes gewesen, den einen und andern dieser wackeren Männer auch auf den Pilatus zu schicken oder einen besonders bösen Vogt in einem besonders schwarzen Bergsee zu versenken. Das geschah nicht, und so blieb der Berg stets etwas am Rande der politischen Sakrallandschaft der Schweiz um Rütli und Gotthard, Morgarten und Sempach. Die Luzerner versuchten das Manko wettzumachen, indem sie das Löwendenkmal in eine stadteigene Felswand meißelten. Aber da dieses Monument den Kampf der Schweizer Söldner gegen die republikanischen Revolutionäre der Stadt Paris feierte, stand es recht schief im Bilderbuch der demokratischen Schweiz.

Es macht den Reiz des Pilatus aus, dass man ihn in keiner Weise auf einen Nenner bringen kann. So eindeutig er als Touristenziel erscheint, mit den drei Bergbahnen, die den östlichsten Gipfel über die Nord- und die Südflanke erschließen, so weitläufig ist er gleichzeitig mit seinen vielen einsamen Hängen und Tälchen und Terrassen, die man nur vorsichtig und gut ausgerüstet aufsucht. Manche Geheimnisse, wie etwa die Lage der Narzissenwiesen oder der Schnepfenstriche, erfährt man von den Kennern nur hinter vorgehaltener Hand. Die Brennpunkte des Fremdenverkehrs haben überall die Eigenschaft, dass sie scharf begrenzt sind. Oft braucht es bloß ein paar Schritte, und schon fühlt man sich meilenweit entfernt von den Souvenirkiosken und den trippelnden Kolonnen mit ihren surrenden

Kameras. Das ist an der Adria so, ist vor dem Eiffelturm so und vor dem Schiefen Turm zu Pisa, in San Francisco und auch am Pilatus. Der Tourismus prägt nur eines seiner vielen Gesichter. Er hat ihn berühmt gemacht und hält ihn im Bewusstsein. Er befördert den Berg zu dem, was man einen Standortvorteil mit hohem Marktwert nennt, und bewirkt, dass schöne Fotobücher mit interessanten Vorworten über ihn erscheinen. Auch war die touristische Erschließung eine technische Spitzenleistung wie der Eiffelturm oder die Golden Gate Bridge. Wer den Pilatus aber kurzerhand auf seine Funktion im internationalen Reisebusiness reduziert, täuscht sich und verpasst darüber ein herrliches Stück Welt.

Weder die aufgeklärte Wissenschaft noch der Fremdenverkehr konnten die Aura des Pilatusmassivs wirklich beseitigen. Sowohl die unmittelbare Gegenwart der Zacken und Felswände wie auch der Blick aus der Ferne auf die bald entrückte, bald scharf umrissene Silhouette vermitteln eine Ahnung von dem Unergründlichen, das der Koloss am Alpenrand einst für die Menschen besaß. Alle Gefahren der Natur ballten sich damals um ihn. Deshalb baute man zu seinen Füßen allerorten weiße Kirchen und Kapellen. Sie zeugen von einer dritten Welt zwischen Aberglauben und Wissenschaft und sind, wie etwa die Wallfahrtskirche von Hergiswald, berühmt auf ihre Weise. Auch wenn sie heute mehr um ihrer Kunstwerke als um ihrer Segenskräfte willen aufgesucht werden, wenn die Kenner häufiger hinpilgern als die Frommen, etwas machen sie dennoch deutlich: Die Menschen mögen der Natur ein Geheimnis um das andere entreißen, es taucht dahinter jedesmal ein neues auf.

Anmerkungen

1 Jacob Burckhardt: *Über das Studium der Geschichte. Der Text der ›Weltgeschichtlichen Betrachtungen‹ auf Grund der Vorarbeiten von Ernst Ziegler nach den Handschriften herausgegeben von Peter Ganz*. München 1982, S. 343.

2 A. a. O., S. 348 f.

3 Das heutige Wort Streik wurde im 19. Jahrhundert auch auf Deutsch in der englischen Form, also Strike, geschrieben.

4 A. a. O., S. 374 f.

5 Die Zeichnung ist abgebildet in: Christoph Becker (Hrsg.): *Rudolf Koller*. Katalog zur Ausstellung im Kunsthaus Zürich vom 18. 12. 2002 bis zum 2. 3. 2003, S. 45. Neben aufschlussreichen Aufsätzen finden sich hier weitere Entwürfe, darunter eine großartig expressive, nahezu abstrakte Pastellskizze (S. 50). Sie belegt, dass der Maler in seiner Konzeptarbeit immer stärker von der Vision einer bedrohlichen Dynamik erfasst war. Vgl. auch den Kommentar dazu von Bernhard von Waldkirch.

6 Alle Zitate aus Hallers *Die Alpen* stammen aus der Ausgabe: Albrecht von Haller: *Versuch Schweizerischer Gedichte. Eilfte vermehrte und verbesserte Auflage*. Karlsruhe 1778. Erste Ausgabe Bern 1732.

7 Zum wissenschaftshistorischen Vorfeld von Hallers *Alpen* vgl. die Sammelbände: Marchal, Guy P. und Mattioli, Aram (Hrsg.): *Erfundene Schweiz. Konstruktionen nationaler Identität*. Zürich 1992 (darin insbesondere die Aufsätze von Ute Heidenreich Vischer und Guy P. Marchal) und Bosconi Leoni, Simona (Hrsg.): *Wissenschaft – Berge – Ideologien. Johann Jakob Scheuchzer (1672–1733) und die frühneuzeitliche Naturforschung*. Basel 2010 (darin insbesondere die Aufsätze von Thomas Maissen, Guy P. Marchal und Hubert Steinke/Martin Stuber).

8 Jeremias Gotthelf: *Der Bauernspiegel*. Zürich 1986, S. 388.

9 Versuch schweizerischer Gedichte. A. a. O., S. 122.

10 Walter Muschg: *Gotthelf. Die Geheimnisse des Erzählers*. München 1931, S. 556.

11 *Zeitgeist und Berner Geist*, II. Teil, 20. Kap.

12 Gottfried Keller: *Sämtliche Werke*. HKKA. Band 5, S. 250 f.

13 Keller, HKKA. Band 8, S. 267 f.

14 Rezension zu Gotthelfs *Zeitgeist und Berner Geist* von 1852.

15 Keller, HKKA, Band 24, S. 373.

16 Hans G. Nutzinger: *Von der forstwirtschaftlichen zur kulturellen Nachhaltigkeit*. In: *Erwägen-Wissen-Ethik (EWE)* 21, 2011.

17 Dieses und alle folgenden Zitate Keller, HKKA, Band 5, S. 273 ff.

18 Keller, HKKA, Band 1, S. 346.

19 Im Gedicht *Der sterbende Mensch*. In: *Gedichte*. Frankfurt am Main 1989, S. 68.

20 Dieses und alle folgenden Zitate aus: Alexis de Tocqueville: *Über die Demokratie in Amerika.* Stuttgart 1985, S. 145–147.

21 Vgl. den Aufsatz *Rousseau als Ideologe* in Herbert Lüthi: *Werke,* Band V, Zürich 2005, S. 389–399.

22 Keller, HKKA, Band 3, S. 247 f.

23 Ebd. S. 249.

24 Goethe: *Wilhelm Meisters Lehrjahre.* Erstes Kapitel des dritten Buches.

25 Meinrad Inglin: *Urwang.* Zweite Auflage. Zürich 1973, S. 208.

26 Ebd.

27 Lucius Burckhardt, Max Frisch, Markus Kutter: *achtung: die schweiz. Ein Gespräch über unsere Lage und ein Vorschlag zur Tat.* Basel 1955, S. 16.

28 kurt marti: *kleine zeitrevue. Erzählgedichte.* Zürich 1999, S. 37.

29 Friedrich Dürrenmatt: *Versuche.* Zürich 1988, S. 53.

30 Jeremias Gotthelf: *Die Wassernot im Emmental.* Zürich 1978, S. 70 f.

31 Beat Sterchi: *Blösch.* Roman. Zürich 1983, S. 36.

32 Eine merkwürdige Parallele zur Schlächterei der Kühe im Roman *Blösch* findet sich beim Tessiner Autor Giovanni Orelli. Dessen Roman *La festa de ringraziamento,* Mailand 1972 (in der deutschen Übersetzung *Ein Fest im Dorf*), dreht sich um das Niedermetzeln einer ganzen Kuhherde durch die Schweizer Armee am Eidgenössischen Dank-, Buß- und Bettag.

33 Sterchi: *Blösch.* A. a. O., S. 429.

34 In verdichteter Form dargestellt in: Herfried Münkler: *Heroische und postheroische Gesellschaften.* In: *MERKUR. Deutsche Zeitschrift für europäisches Denken.* Heft 8/9. 61. Jahrgang. August/September 2007, S. 742–752.

35 Dazu der Aufsatz: *Kritischer Patriotismus. Die Auseinandersetzung der Schweizer Schriftsteller mit der guten und der bösen Schweiz.* In: Peter von Matt: *Die tintenblauen Eidgenossen. Über die literarische und politische Schweiz.* München 2001.

36 Edgar Bonjour: *Geschichte der schweizerischen Neutralität.* Neun Bände. Basel 1965–1976. Unter dem *Bonjour-Bericht* versteht man in der Regel die Bände 3–6.

37 Unabhängige Expertenkommission Schweiz – Zweiter Weltkrieg: *Die Schweiz, der Nationalsozialismus und der Zweite Weltkrieg. Schlussbericht.* Zürich 2002.

38 Friedrich Nietzsche: *Sämtliche Werke.* Kritische Studienausgabe in 15 Bänden. Hrsg. von Giogio Colli und Mazzino Montinari. Band I. München/Berlin 1980, S. 265.

39 Vgl. dazu Peter von Matt: *Kritischer Patriotismus. Die Auseinandersetzung der Schweizer Schriftsteller mit der guten und mit der bösen Schweiz.* In: *Die tintenblauen Eidgenossen. Über die literarische und politische Schweiz.* München 2001, S. 131–143.

40 Nietzsche: *Werke* (a. a. O.), Band I, S. 293.

41 Vgl. dazu Peter von Matt: *Die Inszenierung des politischen Unbewussten in der Literatur.* In: *Die tintenblauen Eidgenossen* (a. a. O.), S. 96–103.

42 Vgl. dazu Peter von Matt: Der *Traum an der Grenze. Zur literarischen Phantasie in der Schweiz.* In: *Die tintenblauen Eidgenossen* (a. a. O.), S. 113–122.

43 Vgl. dazu den immer noch wegweisenden Aufsatz von Max Wehrli: *Der*

Schweizer Humanismus und die Anfänge der Eidgenossenschaft. In: *Schweizer Monatshefte.* Heft 2. Zürich, Mai 1967, S. 127–146.

44 *Gedichte* von Heinrich Leuthold. Dritte vermehrte Auflage. Frauenfeld: Huber 1884, S. 179.

45 Jeremias Gotthelf: *Sämtliche Werke in 24 Bänden.* In Verbindung mit der Familie Bitzius hrsg. von Rudolf Hunziker und Hans Bloesch. 17. Band. Erlenbach/Zürich: Rentsch 1936, S. 46.

46 Ebd. S. 56.

47 Ebd.

48 Ebd. S. 58.

49 Ebd. S. 67.

50 Dass der Diogenes-Verlag seine Gotthelf-Auswahl später noch mit einer Ausgabe des *Bauernspiegels* ergänzte, ging auf einen persönlichen Vorstoß Dürrenmatts beim Verleger zurück.

51 Friedrich Dürrenmatt: *Der Besuch der alten Dame. Eine tragische Komödie.* Zürich 1956, S. 93.

52 Gottfried Keller, HKKA, Band 4, S. 77.

53 Ebd.

54 Ebd.

55 Dass mit Cesario Eduard Korrodi gemeint sei, hat mir Frisch im Gespräch bestätigt. Im weiteren Verlauf des *Tagebuchs mit Marion* wird dann allerdings betont, dass Cesario nicht nur für einen bestimmten Menschen stehe, sondern für eine ganze Gruppe resp. den Typus der kulturkonservativen Leitfigur in Zürich. Dazu zählten damals neben Korrodi auch Leute wie Emil Staiger, Walther Meier und Max Rychner, alles Mitglieder jener legendären »Freitagsrunde«, die sich im Café Odeon zu treffen pflegte. Vgl. dazu Erwin Jaeckle: *Die Zürcher Freitagsrunde. Ein Beitrag zur Literaturgeschichte.* Zürich 1975 und ders.: *Zeugnisse zur Freitagsrunde.* Zürich 1984.

56 Max Frisch: *Endlich darf man es wieder sagen. Zur Rede von Emil Staiger anlässlich der Verleihung des Literaturpreises der Stadt Zürich am 17. 12. 1966.* In: *Weltwoche,* Zürich, 24. Dezember 1966. Eine umfassende Dokumentation und Diskussion dieser Debatte erschien in zwei Heften der Zeitschrift *Sprache im technischen Zeitalter,* hrsg. von Walter Höllerer, Stuttgart. Nr. 22, April/Juni 1967 und Nr. 26, April/Juni 1968.

57 Max Frisch: *Tagebuch mit Marion.* Zürich 1947, S. 8.

58 Ebd.

59 Ebd. S. 10.

60 Ebd. S. 37.

61 Max Frisch/Friedrich Dürrenmatt: *Briefwechsel. Mit einem Essay des Herausgebers Peter Rüedi.* Zürich 1998, S. 166.

62 Vgl. dazu Peter von Matt: *Der Autor in der Falle. Die Selbstvergewisserung Friedrich Dürrenmatts in der Polemik gegen Max Frisch.* In: Peter von Matt: *Die tintenblauen Eidgenossen. Über die literarische und politische Schweiz.* München 2001, S. 241–254.

63 Ich weiß das aus persönlichen Äußerungen Frischs mir gegenüber. Weil ich Präsident der von ihm 1979 gegründeten Max-Frisch-Stiftung war, kam es in seinem letzten Lebensjahrzehnt zu vielen offiziellen und privaten Begegnungen mit ihm.

64 *achtung: die Schweiz. Ein Gespräch über unsere Lage und ein Vorschlag zur Tat.* Basler politische Schriften 2. Basel 1955. Die signalrote Broschüre erschien ohne Verfassernamen, aber mit der Anmerkung auf dem Titelblatt: »Diese Broschüre ist das Ergebnis einer Diskussion zwischen Lucius Burckhardt, Max Frisch und Markus Kutter [...]« – Das Projekt erscheint vorbereitet im *Fünften Heft* des Romans *Stiller*, wo Stiller über die Architektur der Schweiz und ihr Versagen angesichts der Aufgaben der Gegenwart spricht. Mit diesem Versagen zielt er nicht zuletzt auf die ungehemmte Überbauung der begrenzten Landreserven. Von heute aus gesehen, eine der prophetischen Passagen des Romans. Max Frisch: *Stiller. Roman.* In: Max Frisch: *Gesammelte Werke in zeitlicher Folge.* Herausgegeben von Hans Mayer unter Mitwirkung von Walter Schmitz. Band II. Frankfurt am Main 1976, S. 594–598. S. 598 fällt auch bereits der Satz, der die Schrift *achtung: die Schweiz* parolenhaft eröffnet: »Man ist nicht realistisch, indem man keine Idee hat.«

65 *Tagebuch 1946–1949.* In: Max Frisch: *Gesammelte Werke.* A. a. O., Band II, S. 467.

66 Dürrenmatts halb skeptische, halb anerkennende Reaktion auf das Stück führte zu einem Antwortbrief Max Frischs, am 15. Februar 1951, der als wichtigster und erhellendster Kommentar zu dem schwierigen Werk gelten kann. Frisch stellt hier den Grafen Öderland als eine mythische Figur dar, die nur in Legenden und Balladen existiere, von der aber plötzlich jemand so erfasst werden könne, dass er sich mit ihr identifiziere. Dies geschehe dem Staatsanwalt, wenn er mit der Axt in der Ledermappe losziehe. Max Frisch/Friedrich Dürrenmatt: *Briefwechsel.* A. a. O., S. 123–126.

67 Man vergleiche zu diesem Zusammenhang die dramatischen Seiten über den Begriff der Freiheit im Roman *Stiller.* Max Frisch: *Gesammelte Werke.* A. a. O., Band III, S. 546–548.

68 Vgl. dazu die kontrovers diskutierte, aber unumgängliche Studie: Stefan Breuer: *Anatomie der Konservativen Revolution.* Darmstadt 1993.

69 In Nestroys Stück *Kampl oder das Mädchen mit Millionen und die Nähtern.* Erster Akt, Elfte Szene. In: Johann Nestroy: *Gesammelte Werke.* Hrsg. von Otto Rommel. Fünfter Band. Wien 1948–1949 (photostatischer Nachdruck 1962), S. 567.

70 Friedrich Dürrenmatt: *Turmbau. Stoffe IV–IX.* Zürich 1990, S. 56–60.

71 *Brief aus Biel.* Robert Walser: Das Gesamtwerk (GW), Hrsg. von Jochen Greven. Genf und Hamburg 1966–1975, Band VII, 10.

72 Ebd., S. 13.

73 *Sonntag auf dem Land.* GW VII, 37.

74 *Zigarette.* GW VII, 215.

75 *Geschwister Tanner.* GW IV, 288.

76 *Frau Scheer.* GW VI, 299.

77 *Jakob von Gunten.* GW IV, 447.

78 *Die Untergasse.* GW VI, 133.

79 *Luise.* GW II, 290.

80 GW I, 8.

81 Wieland: *Agathon.* In: ders.: *Werke,* hrsg. von Fritz Martini und Werner Seiffert, Bd. 1. München 1964, S. 836 und 839.

82 7. Buch, 9. Kapitel und 8. Buch, 5. Kapitel.

83 Vgl. dazu den Vergleich zwischen den Typen des romantischen und des aufklärerischen Mentors in meinem Aufsatz *Abschied von der Dämonie. Wilhelm Hauffs Weg in die Klarheit.* In: Peter von Matt: *Das Wilde und die Ordnung. Zur deutschen Literatur. München 2007,* S. 150 ff.

84 Gustav Freytag: *Soll und Haben. Roman in sechs Büchern.* Leipzig (65. Auflage) 1906, Band I, S. 41 (1. Auflage 1855).

85 Jeremias Gotthelf: *Sämtliche Werke in vierundzwanzig Bänden,* 4. Band: *Wie Uli der Knecht glücklich wird. Eine Gabe für Dienstboten und Meisterleute.* Erlenbach – Zürich: 1921, S. 34.

86 GW IV, 7.

87 GW IV, 10.

88 Ebd.

89 GW IV, 13 f.

90 GW IV, 15.

91 GW IV, 306.

92 Einen in seiner Explizitheit verblüffenden Beleg bilden die Schlusssätze von Gotthelfs *Uli der Knecht.*

93 GW IV, 310.

94 »Sie selbst streckte sich, als sie starb, im Tode noch stolz aus, und noch nie ward ein so langer Frauensarg in die Kirche getragen und der eine so edle Leiche barg zu Seldwyla.« Gottfried Keller, HKKA, Band 4, S. 214.

95 GW I.

96 GW II, 205.

97 GW I, 24.

98 Vgl. dazu Joseph Jurt: *»Une manière absolue de voir les choses«. Flaubert ou l'art pur.* In: Daniel Jacob, Thomas Krefeld, Wulf Oesterreicher (Hrsg.): *Sprache, Bewußtsein, Stil. Theoretische und historische Perspektiven.* Tübingen: Gunter Narr Verlag 2005, S. 197–215.

99 Zitiert bei Jurt, S. 213.

100 An Louise Colet am 16. Januar 1852. Zitiert bei Jurt S. 212.

101 GW VII, S. 69 f.

102 Vgl. Jurt, S. 207.

103 *Zwei Männer.* GW VI, 254. Vgl. dazu auch Robert Walser: *»Der Räuber«-Roman. Transkription des Faksimiles.* Im Auftrag des Robert Walser-Archivs der Carl-Seelig-Stiftung Zürich neu entziffert und herausgegeben von Bernhard Echte und Werner Morlang. Zürich: Suhrkamp Verlag 1986, S. 20–25.

104 Ebd., S. 17–20.

105 »Doch uns gebührt es, unter Gottes Gewittern, / Ihr Dichter! mit ent-

blößtem Haupte zu stehen.« Hölderlin: *Wie wenn am Feiertage* … Strophe 7, Vers 3 f.

106 Vgl. dazu Kapitel LXVI der *Lebensgeschichte*. Ulrich Bräker: *Sämtliche Schriften*. Hrsg. von Andreas Bürgi u. a. Vierter Band. München/Bern 2000, S. 485.

107 *Ilias*. Erster Gesang. Vers 565ff und 586 ff.

108 »du weist das seit einigen u. drisig jahren mein vorsatz ist, mich nicht an dir zuvergreiffen« *Sämtliche Schriften*, Dritter Band. A. a. O., 1998, S. 406 f.

109 *Sämtliche Schriften*. Dritter Band. A. a. O., S. 401.

110 *Sämtliche Schriften*. Vierter Band. A. a. O., S. 473.

111 *Sämtliche Schriften*. Vierter Band. A. a. O., S. 474.

112 Ebd.

113 *Sämtliche Schriften*. Dritter Band. A. a. O., S. 43 f. und S. 61 ff.

114 Reproduziert in: Barbara Piatti: Tells Theater. Eine Kulturgeschichte in fünf Akten zu Friedrich Schillers Wilhelm Tell. Basel 2004, S. 214.

115 Schiller: Nationalausgabe. Band 40/I, S. 174.

116 Brief von August Wilhelm Iffland, dem Direktor des Königlichen National-Theaters am Gendarmenmarkt in Berlin, an Schiller vor der Berliner Aufführung. Iffland, der schon 1782 bei der Uraufführung der *Räuber* den Franz Moor gespielt hatte, wird selbst den Tell spielen.

Berlin den 7^{n} Aprill 1804

Einige Stellen in Tell, sind mir in Betreff der Vorstellungs*art*, nicht deutlich. Einige Stellen geben mir politische Bedencklichkeit. Ueber die lezteren, kann ich hier nicht nachfragen, und nachfragen wollen. Es bleibt alles mir überlassen. Ich schicke daher mit meinen Ideen darüber, den Sekretair des Theaters Herrn Pauli, einen Mann von Sinn und Gefühl, meinen Freund, an Sie. Es soll *hier* Niemand wissen, dass und weshalb er geht. Es muss, dünckt mich, in *Weimar* Niemand wissen weshalb er dort ist. Meine Fragen und Wünsche, so wie wenn Sie die lezteren zu erfüllen für recht achten sollten, dürfen dort und hier nicht bekannt werden. Ich glaube man machte damit für Sie, mich und die Tendenz des Tell, ein Aufheben ohne Noth. Ich sage also hier, Herr Pauli, hat ein Engagementsgeschäft in Leipzig, besucht Verwannnte in Naumburg und Herr Bethmann der zu seinem Vergnügen ihn begleitet, bringt und dringt ihn nach Weimar, wohin ich an H von Göthe ihm Briefe zu Erlangung des Götz von Berlichingen mitgegeben und einen Brief an Sie, der Ihre Bekanntschafft ihm erwerben soll, dabei – wie es denn wircklich der Fall ist – sollen zwischen Ihnen und der Direction Beredungen für mehrere Punkte auf Zukunft getroffen werden. Genehmigen Sie das und da sein Auffenthalt nur zwei Tage sein kann, sprechen Sie ihn gleich. Könnte er dort Tell geben sehen: so wäre es ein großer Gewinn für die hiesige Vorstellung. Ich bitte nichts, versage mir die Hoffnung nicht und verehre Sie und den Tell von ganzen Herzen. Das Uebrige was sich nicht schreiben lässt, durch Herrn Pauli mündlich. Ihr Iffland

Lassen Sie mich noch das zum Ueberfluss hinzusetzen, was Ihre Menschenkunde dem Manne auf den ersten Blick ansehen wird, dass H Pauli ein durchaus ehrlicher und vester Mann ist. Ich habe ihn beauftragt über mehrere Gegenstände, die sich nicht, oder nur schwierig schreiben lassen, ausführlich mit Ihnen zu reden. Schenken sie ihm Ihr Vertrauen ohne Rückhalt, so wie er von mir zu Ihnen ohne allen Rückhalt reden wird. (Schiller: Nationalausgabe. Band 40/I, S. 196 f.)

117 Aus Ifflands geheimem Fragebogen, den der Sekretär Pauli Schiller am 9. April 1804 zur Beantwortung vorlegen musste.

Die Rede des Stauffacher: »Nein, eine Grenze hat Tirannenmacht« pp »Wir stehn vor unsre Weiber, unsre Kinder!« wünsche *ich*, nur ich, geändert. Die Berliner *Regierung* verstattet alles, was man in keiner Monarchie verstattet. Diese philosophisch-freie Regierung kann es auch verstatten. Aber diese im hohen, schönen Schwunge dargestellten Menschenrechte, mahnen an eine missverstandene, die Europa leiden machten. *Will* der Dichter einen Pöbel – wie jede *so* große Volcksmasse ihn hat, zu einem tumultuarischen Aufjauchzen reizen?? Dieses – mit dem, was nachkommt – könnte einen Effect machen, den der Dichter nicht will und den ich nicht wünschen kann. Dem *reinen* Menschen ist diese Stelle ehrwürdig; ich möchte nicht der Menge *Gelegenheit* zum Missbrauch geben.

Die Kinder rennen mit Trümmern [der Burg Zwing Uri] über die Bühne und rufen: »Freiheit! Freiheit!« Ich weiß nicht, was mehr zur Sache gehört als dieser Ruf. Doch möchte ich wünschen, sie riefen etwas, das mehr den Hass gegen Gessler verkündete, als den Jubel über das Ende der monarchischen Regierung.

[Schiller schlägt als Ersatz den Ruf: »Rettung und Erlösung!« vor.]

Ich wiederhole, dass weder Hof, noch das eigentliche Publicum mir Aengstlichkeit auferlegen. Ganz ein anderes ist aber ein Schauspiel, wie Tell, in Weimar zu geben, wo das Verhältniss der geringeren Menschenzahl, dem Parterre, was dicht vor den Augen des Hofes ist, gewisse, gleichsam gesellschaftliche Conventionen bildet und stillschweigend versichert. Diese fallen hier, in der großen, vom Hofe entfernten, so verschiedenen Menschenmasse weg. Ein Duzend politischer Renomisten können Momente der Widrigkeit veranlassen, die mit falschem Schein den Stempel einer Aeußerung des Publicums tragen. Dies, in der Gegenwart des Hofes, kann einen unangenehmen Moment geben. Um so unangenehmer, da er sicher nur still empfunden würde. Dem möchte ich begegnen, und deshalb wende ich mich mit Gradheit an Sie. Um so unbefangener durch einen mündlichen Ausleger, da alsdann von allen Theilen darüber kein Buchstabe gewechselt worden ist. (Schiller: Nationalausgabe. Band 10, S. 449–460. Hier auch weitere Einzelheiten zur Berliner Aufführung.)

118 Schiller an Iffland mit einigen von diesem gewünschten Neufassungen, darunter dem Stauffacher-Zitat. Andere verlangte Eingriffe lehnte Schiller ab.

Weimar 14 April 1804

Hier übersende ich Ihnen, werthester Freund, die veränderte Leseart der drei bedenklich gefundenen Stellen. Möchten sie nun für Ihre Verhältnisse passend seyn! Anders konnt ich mich nicht fassen, ohne dem Geist des ganzen Werks zu widersprechen, denn wenn man einmal ein solches Süjet, wie der Wilh Tell ist gewählt hat, so muss man nothwendig gewisse Saiten berühren, welche nicht jedem gut ins Ohr klingen. Können die Stellen, wie sie jetzt lauten, auf einem Theater nicht gesprochen werden, so kann auf diesem Theater der Tell überhaupt nicht gespielt werden, denn seine ganze Tendenz so unschuldig und rechtlich sie ist, müsste Anstoß erregen. […]

H Paulis Bekanntschaft war mir sehr angenehm. Ich habe in ihm einen Mann von Einsicht und Geist und einen braven Mann schätzen lernen. Empfehlen Sie mich ihm aufs beste. Ganz der Ihrige Schiller. (Schiller: Nationalausgabe. Band 32, S. 123 f.)

119 Viele Informationen und Zitate sind den folgenden drei Publikationen zu verdanken: *Kunstwerk der Zukunft. Richard Wagner und Zürich (1849–1858)*. Hrsg. von Laurenz Lütteken unter Mitarbeit von Martina Hanke. Zürich 2008. – Friedrich Dieckmann: *Die postrevolutionäre Zuflucht. Richard Wagner in Zürich*. In: *Sinn und Form*. März/April 2009, zweites Heft, S. 206–225. – Jens Malte Fischer: *Richard Wagners ›Das Judentum in der Musik‹*. Frankfurt am Main und Leipzig 2000.

120 Reproduziert in: Keller, HKKA, Band 19, S. 17.

121 Zitiert in: Rosen unter Alpenschnee. Deutsche Emigranten in der Schweiz 1820–1885. Hrsg. von Rolf Weber. Berlin (DDR) 1983, S. 316.

122 Vgl. Paul Heyse an Hermann Kurz am 15. März 1871: »Von Kellers Romeo und Julia sprechen immer noch nur die Eingeweihten. Es ist noch nicht zu einer zweiten Auflage gekommen.« Zitiert in: Fridolin Stähli (Hrsg.): »Du hast alles, was mir fehlt …«. Gottfried Keller im Briefwechsel mit Paul Heyse. Stäfa 1990, S. 67.

123 Das Sonett ist zitiert bei Stähli, a. a. O. S. 82. Es erschien in der »Deutschen Rundschau«, der damals führenden Literaturzeitschrift, im Februar 1877.

124 Christoph von Tavel hat mich darauf hingewiesen, dass Paul Klee als Lehrer am Bauhaus den offiziellen Titel »Meister« trug. Dass Klee im allgemeinen Diskurs über die Malerei der Moderne als Meister bezeichnet würde, ist hingegen kaum denkbar.

125 Friedrich Nietzsche: Menschliches, Allzumenschliches. Zweiter Band. Der Wanderer und sein Schatten. Aphorismus Nr. 122.

Nachweise

Alle Texte wurden für die vorliegende Ausgabe durchgesehen. Einzelne erfuhren eine eingreifende Überarbeitung und Erweiterung. Wenn mehrere Nachdrucke vorliegen, werden diese im Folgenden nicht erwähnt. Die Überschriften decken sich zum Teil nicht mit den Überschriften im Erstdruck.

Die Schweiz zwischen Ursprung und Fortschritt. Zur Seelengeschichte einer Nation. – Der Essay wurde im Jahr 2011 für diesen Band geschrieben.

Rede auf dem Rütli am 1. August 2009. – Die Rede wurde am schweizerischen Nationalfeiertag bei der traditionellen Bundesfeier auf dem Rütli gehalten. Im Druck erschienen am 2. August 2009 in der *NZZamSonntag.*

Das nationale Symbol in der postheroischen Gesellschaft. – Vortrag im Rahmen der Tagung *Nationalgeschichte im Zeitalter der Interpretation – die Schweiz im Fokus,* 18./19. September 2010, Nationalmuseum Zürich.

Behagen und Unbehagen im Föderalismus. Über die seelische Wirklichkeit der Grenzen. – Referat vor Mitgliedern aller kantonalen Regierungen am *ch Regierungsseminar 2006* am 5. Januar 2006 in Interlaken.

Die Sprache in der Demokratie. – Rede an der Feier zum 225-jährigen Bestehen der *Neuen Zürcher Zeitung* am 12. Januar 2005.

Deutsch in der Deutschen Schweiz. – Erweiterte Fassung eines Vortrags an der internen Veranstaltung zur sprachlichen Weiterbildung der Abteilung Information von Radio DRS im Radiostudio Bern am 21. November 2006.

Was bleibt nach den Mythen? Das neue literarische Nachdenken über die Schweiz. – Vortrag am Symposion *Mythos Schweiz? Zur Konstruktion und Dekonstruktion des Schweizerischen in der Gegenwart.* Trinity College University of Dublin und University of Maynooth, 19.–21. Oktober 2006. Im Druck erschienen in: Jürgen Barkhoff, Valerie Heffernan (Hrsg.): *Schweiz Schreiben. Zur Konstruktion und Dekonstruktion des Mythos Schweiz in der Gegenwartsliteratur.* Berlin/New York 2010.

Vom literarischen Gedächtnis der Schweiz. – Festvortrag an der Feier *Zwanzig Jahre Schweizerisches Literaturarchiv* am 14. Januar 2011 in der Schweizerischen Nationalbibliothek Bern.

Die Künstler und das Geld. Soll der Staat die Kunst finanzieren? Sind Dichter und Maler Unternehmer? – Referat an der Wirtschaftstagung der CVP Schwyz am 25. Januar 2008 in Brunnen.

Die Kunst der Intrige und die Politik. – Eine erste, kürzere Fassung dieses Textes wurde für die *Frankfurter Allgemeine Sonntagszeitung* geschrieben.

Deutschland, die Schweiz und die Literatur. – Überarbeitete Fassung eines Textes in *Die Literarische Welt.* Samstag, 25. April 2009. Nummer 17, S. 1.

Die Schrecken der Vollkommenheit. Zum 100. Geburtstag von Max Frisch. – Erschienen in *Frankfurter Allgemeine Zeitung.* Samstag, 14. Mai 2011, Nr. 112.

Der Liberale, der Konservative und das Dynamit. Zur geschichtsphilosophischen Differenz zwischen Max Frisch und Friedrich Dürrenmatt. – Der Aufsatz geht zurück auf einen Vortrag im Rahmen der Tagung *Theater und Geschichte* im Centre Dürrenmatt, Neuchâtel, vom 25. Juni 2008. Er ist erschienen in: Elio Pellin, Ulrich Weber (Hrsg.): *»Wir stehen da, gefesselte Betrachter«. Theater und Gesellschaft.* Sommerakademie Centre Dürrenmatt Neuchâtel. Herausgegeben vom Schweizerischen Literaturarchiv. Band 2. Wallstein Verlag Göttingen/Chronos Verlag Zürich 2010.

Wenn Dürrenmatt Geschichten erzählt. – Die ursprüngliche Fassung des Textes ist erschienen als Nachwort zum Band: Friedrich Dürrenmatt: *In den Verliesen der Wirklichkeit. Erzählungen.* Ausgewählt von Daniel Keel und Peter von Matt, Nachwort von Peter von Matt. Manesse Verlag Zürich 2004.

Wie weise ist Robert Walsers Weisheit? – Der Text geht zurück auf den Schlussvortrag am Symposium *Ferne Nähe* zum 50. Todestag Robert Walsers vom 6. bis 9. Dezember 2006 an der Universität Zürich. Er ist erschienen in: *Robert Walsers »Ferne Nähe«.* Neue Beiträge zur Forschung, hrsg. von W. Groddeck, R. Sorg, P. Utz und K. Wagner. München 2007.

Der Autor als Ehemann. Über Ulrich Bräkers Lebensstrategie. – Vortrag in der Bibliothek Vadiana St. Gallen am 12. November 2010 zum Abschluss der Ausgabe: Ulrich Bräker: *Sämtliche Schriften.* Herausgegeben von Andreas Bürgi, Heinz Graber, Christian Holliger, Claudia Holliger-Wiesmann, Alfred Messerli und Alois Stadler. Fünf Bände. Verlag C.H. Beck, München und Paul Haupt, Bern, 1998–2010. Im Druck erschienen am 26. Februar 2011 in der *NZZ.*

Drei Perspektiven auf Schillers *Tell.* – *Eine Woche verändert Europa* geht zurück auf einen Gedenkartikel zu 200 Jahre *Wilhelm Tell* in: *Neue Zürcher Zeitung,* Nr. 1, Samstag/Sonntag, 3./4. Januar 2004, S. 33. – *Schiller zensiert seinen eigenen Text* geht zurück auf einen Vortrag an der Tagung des Ordens Pour le mérite in Göttingen am 1. Oktober 2007; Tagungsthema war der zivile Widerstand. Erstdruck in Horst Albach (Hrsg.): *Über die Pflicht zum Ungehorsam gegenüber dem Staat.* Mit Beiträgen von Gerhard Casper, Peter von Matt, Albrecht Schöne und Christian Tomuschat. Göttingen 2007. – *Erinnerung an einen Lehrer:* Beitrag zur thematischen Beilage *(M)ein Lehrer* in: *Neue Zürcher Zeitung. Literatur und Kunst.* Samstag/Sonntag 22./23. März 2008, Nr. 68, Seite B 2.

Wagner in Zürich. Eine kulturhistorische Erzählung. – Vortrag anlässlich der Tagung des Ordens Pour le mérite vom 3. bis 5. Oktober 2009 in Zürich. Der Vortrag wurde am 5. Oktober in der Park-Villa Rieter bei der Villa Wesendonck gehalten. – Gedruckt in: Orden Pour le mérite für Wissenschaften und Künste. *Reden und Gedenkworte*. Achtunddreißigster Band 2009–2010. Göttingen 2010.

Der Heimkehrer. Eine Skizze. – Publiziert in der Saisonvorschau 2009/10 des Schauspielhauses Zürich, S. 13 f., erschienen im Mai 2009.

Meisterschaft und Routine. Versuch über zwei merkwürdige Begriffe der Kunstkritik. – Vorgetragen am Schweizerischen Institut für Kunstwissenschaft in Zürich, 2. Dezember 2003.

DADA – eine Miniatur. – Erschienen in: *Schweizer Monatshefte*, 83. Jahr, Heft 8/9, August/September 2003.

Raben Drahtzaun kehrt zurück. – Nachwort zur Neuausgabe des Romans *Der verhinderte Schauspieler* von Arnold Kübler, Zürich 2006. Die Erstausgabe erschien 1934 in Leipzig und ist textidentisch mit der noch im gleichen Jahr in Zürich erschienenen Ausgabe.

Der Künstler als Schuft. Otto F. Walters Herr Tourel – ein Spitzenwerk der Nachkriegsmoderne. – Überarbeitete Fassung des Nachworts zu Otto F. Walters Roman *Herr Tourel*, Zürich 2008.

Eine Autorin entdeckt den Raum zwischen Schlaf und Wachen. Die Geschichten der Adelheid Duvanel. – Nachwort zu Adelheid Duvanel: *Beim Hute meiner Mutter*. Erzählungen. Zürich 2004.

Bei der Nachricht vom Tode Niklaus Meienbergs. – Meienberg schied am 22. September 1993 durch Suizid aus dem Leben. Der Text erschien am 27. September 1993 in der *Basler Zeitung*.

Jörg Steiner und die Leere zwischen den Dingen. Eine Andeutung zum Roman Weißenbach und die andern. – Überarbeitete und erweiterte Einführung zu einer Lesung von Jörg Steiner am 4. Dezember 1994 im Theater am Neumarkt, Zürich.

Klaus Merz und die weiten Räume. – Überarbeitete Fassung der Laudatio anlässlich der Verleihung des Gottfried-Keller-Preises der Martin-Bodmer-Stiftung an Klaus Merz am 13. März 2004 im Zunfthaus zur Zimmerleuten in Zürich. Im Druck erschienen am 4. April 2006 in der *NZZ am Sonntag*.

Gerold Späth oder das flüssige Herz der Welt. – Laudatio bei der Verleihung des Gottfried-Keller-Preises der Martin-Bodmer-Stiftung an Gerold Späth am 8. Mai 2010.

Skizze zum Kriminalroman. Am Beispiel von Hansjörg Schneiders Tod einer Ärztin. – Gesprochen anlässlich einer Lesung von Hansjörg Schneider im Literaturhaus Basel am 20. März 2001.

Der Pilatus. Gesichter und Geschichten eines Berges. – Der Text ist eine Überarbeitung des Vorworts zum Fotobuch *Pilatus – Ein Berg – Hundert Ansichten* des Fotografen Hansjürg Buchmeier. Kriens-Luzern (Brunner Verlag) 2008.

Personenregister